BIBLIOTECA
JOSÉ GUILHERME
Merquior

Copyright © Júlia Merquior 2011
Copyright da edição brasileira © 2015 É Realizações
Título original: *Formalismo & Tradição Moderna*

Editor | Edson Manoel de Oliveira Filho

Coordenador da Biblioteca José Guilherme Merquior |
João Cezar de Castro Rocha

Produção editorial, capa e projeto gráfico |
É Realizações Editora

Preparação de texto | Alyne Azuma

Revisão | Geisa Mathias de Oliveira

Reservados todos os direitos desta obra. Proibida toda e qualquer reprodução desta edição por qualquer meio ou forma, seja ela eletrônica ou mecânica, fotocópia, gravação ou qualquer outro meio de reprodução, sem permissão expressa do editor.

CIP-Brasil. Catalogação na fonte
Sindicato Nacional dos Editores de Livros, RJ

M521f
2. ed.
    Merquior, José Guilherme, 1941-1991
        Formalismo e tradição moderna : o problema da arte na crise da cultura / José Guilherme Merquior. - 2. ed. - São Paulo : É Realizações, 2015.
        512 p. ; 17 cm. (Biblioteca José Guilherme Merquior)

    Inclui bibliografia
    ISBN 978-85-8033-201-8

      1. Arte. 2. Arte moderna. 3. Indústria cultural. I. Título. II. Série.

15-23599   CDD: 709.81
                                                CDU: 7.036(81)

09/06/2015 16/06/2015

Os direitos desta edição pertencem a
É Realizações Editora, Livraria e Distribuidora Ltda.
Caixa Postal: 45321 · 04010 970 · São Paulo SP
Telefax: (5511) 5572 5363
e@erealizacoes.com.br · www.erealizacoes.com.br

Este livro foi impresso pela Edições Loyola para É Realizações, em julho de 2015. Os tipos usados são da família Sabon LT Std e Industrial736 BT. O papel do miolo é off white norbrite 66g, e, da capa, cartão ningbo star 250g.

Formalismo & Tradição Moderna

O problema da arte na crise da cultura

José Guilherme Merquior

2ª edição ampliada

para HILDA

in memoriam:
M. Cavalcanti Proença (1905-1966)
Augusto Meyer (1902-1970)
Eugenio Gomes (1897-1972)

SINAIS DE TRÂNSITO

Para nós, a arte não é mais o modo supremo com o qual a verdade se proporciona existência.
Hegel, *Estética*, t. 1º, cap. 1, I.

"Belo é", diz Kant, "o que provoca um prazer *desinteressado*". – Desinteressado! Comparai semelhante definição com essa outra, de um verdadeiro "espectador" e artista – Stendhal, que chama em algum lugar a beleza de *une promesse de bonheur*. (...) Quem tem razão, Kant ou Stendhal?
Nietzsche, *Genealogia da Moral*, III, 6.

A mesure que les demi-sots deviennent plus nombreux, la part de la forme diminue.
Stendhal, em carta a Balzac (1840).

Et s'il est encore quelque chose d'infernal et de véritablement maudit dans ce temps, c'est de s'attarder artistiquement sur des formes, au lieu d'être comme des suppliciés que l'on brûle et qui font des signes sur leurs bûchers.
Artaud, *Le Théâtre et son Doublé*.

Periodicamente, taluno sogna un definitivo Ottimo Pastore ove addottrinati gentiluomini con voce nasale educheranno la letteratura a nobili missioni. Oppure, com avvocatesco fervore e astuzia da casista, scoprono che dopo tutto la letteratura già collabora alle migliori sorti dell'uomo, è illuminante e servizievole. Ne raschiano l'epidermide di metafore finché ne vien fuori lo Spirito del Tempo, ed un liquame mollicio, biancastro, che è la Weltanschauung. *Ma essa, cortigiana di vocazione, rifiuta di farsi moglie virtuosa, onesta e schietta campagna (...) Da cortigiana si farà prostituta dei porti, puttana dai camionisti. (...) È uno scandalo inesauribile.*
Giorgio Manganelli, *La Letteratura come Menzogna*.

O verdadeiro, como o falso, é o que os homens *dizem*; e na *linguagem* os homens concordam. Esta não é uma concordância de opiniões, mas de forma de vida.
Wittgenstein, *Investigações Filosóficas*, I.

Perfeição é para os tolos... O leão, quando chega a entrar em forma, já virou tapete há muito tempo.
Carlos Saldanha, *Bebhè-Gomão Anuncia*.

Sumário

Apresentação à segunda edição
    Relendo José Guilherme Merquior: 40 anos de
Formalismo & Tradição Moderna
    por José Luís Jobim 19
Advertência 39

Parte I: Arte e alienação na sociedade de massa
    1. Kitsch e antikitisch (arte e cultura na sociedade
       industrial) 44

Parte II: História da literatura em perspectiva cultural
    1. Érato e Clio: lírica e história no Ocidente moderno 100
    2. Fragmentos de história da lírica moderna
       (de Goethe a Laforgue) 118
    3. A estética do modernismo do ponto de vista da
       história da cultura 133
    4. O dia em que nasci moura e pereça 167

Parte III: Metodologia e história da crítica literária
    1. O problema da semiologia da literatura 174
    2. Do signo ao sintoma (reflexões sobre a semiologia
       da literatura) 180
    3. Para o sesquicentenário de Matthew Arnold 216

Parte IV: Problemas de história da estética e de teoria
da literatura
    1. Formalismo e neorromantismo 228
    2. A estética semiológica (Mukarovsky e depois) 349

Parte V: Arte e cultura na história da(s) arte(s)
 1. O problema da interpretação estilística da pintura clássica (um desafio para o método formalista) 372
 2. Sentido e problema do "pop" – "pop" e hiperrealismo 401
 3. Problemática do teatro contemporâneo: de Artaud a Grotowski 423

Posfácios à 2ª edição
 A modernidade alternativa de José Guilherme Merquior
  por João Cezar de Castro Rocha 442
 A dialética da militância
  por Peron Rios 455

Bibliografia geral 479
Índice onomástico 497

FORMALISMO
&
TRADIÇÃO MODERNA

São Paulo, 7 de fevereiro de 1975

Caríssimo José Guilherme

Imagino você envolvido em expedientes de mudança. Ainda que seja para Londres - e nas circunstâncias prestigiosas em/Hilda, Júlia, Pedro e você a fazem -, imagine a sua absorção em tarefas e afazeres imediatos e inadiáveis.

Apesar disso, e louvado na paciência do amigo, escrevo este bilhete para dizer-lhe, conforme combinamos, que até agora os dois missionários de Roraima não nos enviaram os seus curriculos. Isto significa que teremos que aguardar um pouco mais para apresentarmos ao Levi-Strauss o projeto de trabalho sobre material indígena. Darei a você notícia disso, mesmo depois de sua mudança.

Em ritmo de bilhete, digo-lhe também que, há pouco, em companhia do Hermenegildo Bastos, ouvi do Antonio Cândido a seu respeito, Merquior, referências que, além de entusiásticas, davam a justa medida do conceito e do respeito invejáveis que você inspira.

Outro assunto: José Pinto, dono da Livraria Informática, me informa que seu livro "Formalismo e Tradição Moderna" é tão procurado e vende tão bem que ele, seguindo norma da livraria que patrocina mesas-redondas, debates, etc., pensa (com convidados especiais e selecionados) em dedicar-lhe uma reunião mesmo com sua ausência.

Terminando o bilhete, mando-lhe aquela entrevista de Bojunga sobre o "Planoplenário". A propósito, o Nilo Scalzo também aguarda ansioso o seu artigo para publicar no "Estado".

Caso não nos falemos por ora, José Guilherme, desejo-lhe - com Lina e Emilie - a você, Hilda, Júlia e Pedro ventura, esplendor e tudo de bom.

Grande abraço
do seu
Mário

M. Chamie
04514 Rua Pintassilgo 52
Vila Uberabinha
S.P.

Carta de Mário Chamie.
Fonte: Arquivo José Guilherme Merquior/É Realizações Editora

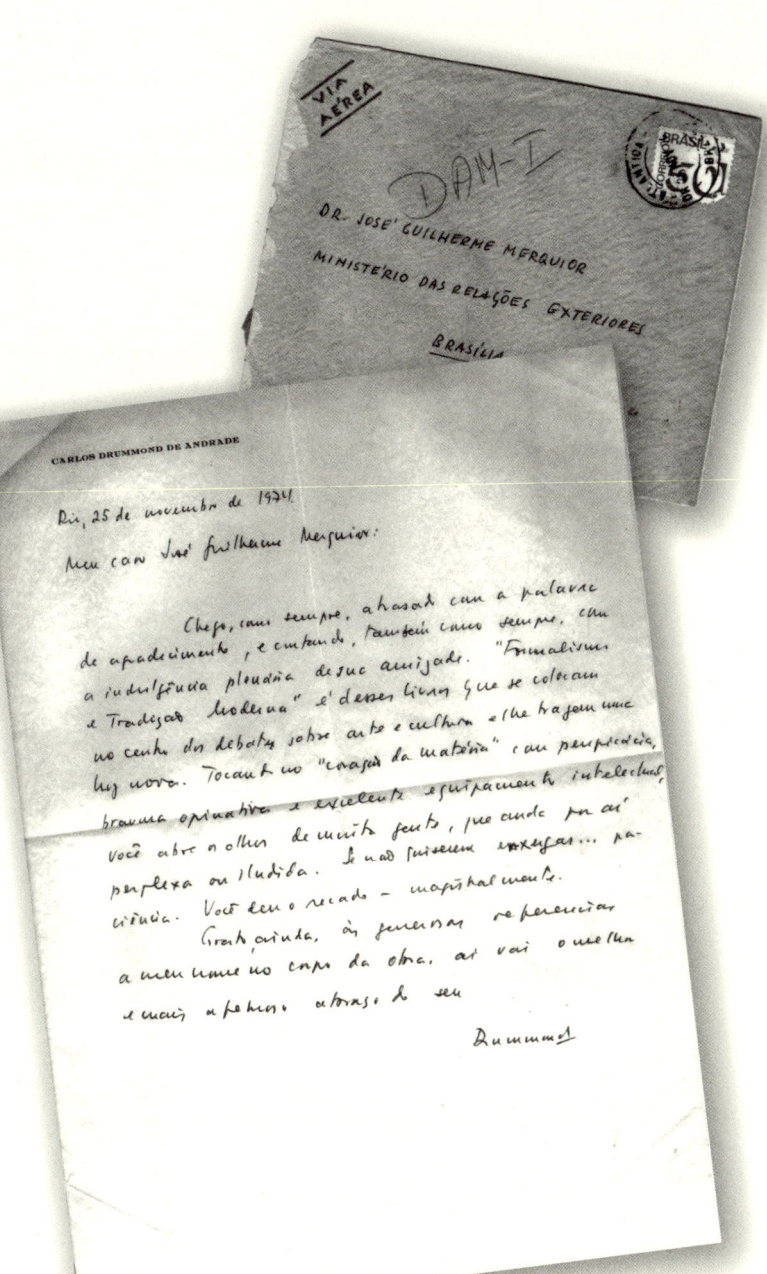

Carta de Carlos Drummond de Andrade.
Fonte: Arquivo José Guilherme Merquior/É Realizações Editora

2130 University Ave., ap. 109
Madison, Wisconsin 53705,USA

6 de Dezembro de 1974

Meu caro Merquior.

    Recebi "Formalismo & Tradição Moderna", uma das poucas obras críticas brasileiras que me despertou entusiasmo nos últimos tempos. Principalmente abriu-me o apetite da discussão intelectual. Antes de comentá-la, aí vão algumas notícias pessoais.

    Desde o nosso encontro no Rio e a minha vinda para cá, tencionava escrever-lhe. Mas cheguei com pressão alta, tive de dividir-me entre o trabalho e cuidados médicos. E encontrei o trabalho mais ou menos espoliativo: 3 cursos de uma só pancada. A primeira vez que isso me ocorre. Praticamente não se pensa em outra coisa além das aulas. Queria discutir com você uma afirmação sua, quando desmontou o texto de Costa Lima (que eu não conhecia até àquela altura): a de que, depois de Hegel, a Estética deixou de ser uma reflexão sobre a Beleza para se tornar numa reflexão sobre a Arte (algo assim). Lembrei-me de que tinha em casa Theory of Beauty de Harold Osborne, cujo conteúdo é discutido no livro The Language of Criticism de John Casey (Methuen, Londres,1966). Mas Casey, parece, está mais preocupado com o problema de valor da obra literária, fundamento do juízo (tema que você coloca sutilmente no final do seu exemplar estudo"Kitsch e Antikitsch"). De qualquer forma, não veja a Beleza exilada do cenário especulativo de nossa época. Osborne concentra-se em nossa resposta à Beleza(algo que me fez lembrar vagamente da "Estética de recepção" de H.R.Jauss), mas dá como propriedade essencial da Arte a Beleza. Liga a propriedade essencial à resposta e ao valor. Osborne: "The value we assign to beauty derives from its power to awaken and exercise our dormant capacities of awareness."(ob.cit.,p. 126). Aliás, na Aesthetics and Criticism já tinha assinalado: "This is why the experience of beauty is valued. It is valued because it makes us more vividly alive than we otherwise know how to be."(p. 228-9).

    Outra coisa: queria aplaudir a sua intervenção quanto à superficialidade da crítica francesa do momento e à importância da crítica alemã, descurada no Brasil(acabo de sair de algumas leituras de Kate Hamburger e de E. Lämmert). Mas isso será assunto para outra conversa, em que a Fenomenologia teria necessariamente de entrar. Hoje não dá.

    Ainda sobre a Beleza: Walter Benjamin, que você conhece tão bem, refletiu sobre ela, por vezes. Ex.: quando condena a degradação da alegoria, situada deliberadamente para além da beleza. E Pound, que define o belo artístico como "a Gasp between two chichés"? Bem sei que ambos teriam sido estetas por acidente.

    Mas falemos de "Formalismo & Tradição Moderna": você se aproxima cada vez mais do ponto ótimo da visão crítica genuína, isto é, brasileira. Recebi o livro em má hora, pois estou engajado com exames finais do semestre e 3 encomendas de trabalhos para Congresso e publicações. Mas vou voltar a ele publicamente,dada a necessidade de chamar a atenção para alguns aspectos importantes da vida nacional. A sua disposição para o diálogo e para a polêmica aguçou um faro instantâneo como um relâmpago para ir direto ao coração de certos problemas.

    A esta altura, não li todo o livro. Mas já li bastante dele e já conhecia alguns ensaios (como aquele sobre M. Arnold; curioso é que tive em mãos, há dias, a coleção Essays in Criticism organizada by Sister Thomas Marion Hoctor, que dá um prefácio pejado de erudição sobre Matthew Arnold e suas afinidades intelectuais. Com Sainte-Beuve, por ex.). Mas o ensaio sobre

Kitsch me encheu as medidas. Vale por uma carta de princípios.

Fui convidado a participar de um encontro latinoamericano, que irá tratar da Ideologia da Dependência. O assunto me interessa. Anda sendo estudado no México, na Argentina, no Peru e na Venezuela. No Brasil, é preocupação sobretudo dos sociólogos: Fernando H. Cardoso, Otávio Ianni, Hélio Jaguaribe. Os escandinavos têm dado boa colaboração teórica. Principalmente, que eu saiba, Johan Galtung, que dirige o Journal of Peace Research. Ele formulou alguns modelos estruturais do imperialismo, da violência, da dominação que têm enorme interesse. Chama a atenção para o aspecto da fase da Comunicação e do Transporte com que os setores hegemônicos dos países hegemônicos se entrosam com os setores hegemônicos dos países periféricos, por identidade de objetivos. Há um distanciamento estrutural dos setores periféricos dos países hegemônicos e dos setores periféricos dos países periféricos. A manipulação dos meios de comunicação torna possível evitar a violência direta, sem se desfazer o mecanismo repressivo. H. Arendt, citado por você, parece falar a mesma linguagem de Galtung: "A persuasão regulava a relação dos cidadãos da polis, porque excluía a violência física."(Formalismo..., p. 47).

Pois bem: devo produzir um trabalho sobre o mecanismo da dependência na área da indústria cultural. O seu livro caiu do céu, pois me trouxe inspirações em muitos campos. O Estruturalismo e certo tipo de vanguarda me parecem, agora, índices do diálogo travado entre Elite e Elite, não lhe parece? Conheço, aliás, um estudo interessante do poeta Enzensberger a propósito da indústria cultural(você cita o poeta em Formalismo...). Mas a fundamentação teórica me tem privado de boa parte das noites: ando em maré deficitária de sono.

Recebi aqui um folheto, "13 jovens cartunistas brasileiros", apresentados por Henfil. Me falaram, os 13 jovens, muito mais do Brasil que uns 10 trabalhos lidos de deslumbrados da PUC e tantos vanguardeiros. O problema é ficar na periferia, mas de olho aberto. Melhor que ficar no centro, mas de olhos vendados.

Quando você define o kitsch, p. 33, vi o retrato do Barroco. Não lhe ocorreu isso? Ah, o kitsch político: J. Quadros, a Argentina... tantos exemplos. Por falar em kitsch, Baudelaire o tinha sentido. Sra o poncif. Em francês há também o croûte, que vem da gíria da pintura. Além do cliché, claro. O norte-americano tem o corny; o espanhol possui cursi. No Brasil, a arte vicária é cafona, como em Portugal o objeto kitsch é piroso(de Pires).

Muito obrigado pelo livro, Merquior. Concordo em gênero e caso com as dedicatórias: Cavalcanti Proença, A. Meyer e E. Gomes, três homens que colaboraram muito para a visão da obra literária como um campo potencial de experiências infinitas de inteligência. Eles prepararam o campo para nós e tantos outros importantes (lembre-me referir Ferreira Gullar, cujo livro sobre a vanguarda, ortodoxo em alguns pontos, contém iluminações admiráveis. Mas a media forçou um silêncio constrangedor em torno da obra). Muito obrigado.

A sua piada sobre Renoir nos EEUU fez-me rir por várias vezes(p.35). Aqui esteve uma novelista e ensaísta inglesa, Christine Brooke-Rose. Vive hoje na França. Propôs uma tese, que acho furada: Teoria X Crítica. Tomando as funções de Jakobson, procura reservar um campo para a Crítica (função emotiva, f. referencial) e outro para a Teoria (f. conativa, código). E' claro que estou sendo esquemático, mas no conjunto a simplificação retrata a tese, que me pareceu simplória.

Tambem por aqui passou A. Boal, que fez conferência sobre o teatro da Am. Latina. Tem sido aplaudidíssimo nas universidades. Tem idéias novas e as sabe apresentar. Fala um inglês impecável.

Eis tudo. Mando-lhe um abraço de verdadeira estima. Acho fundamental o que você disse: "é consubstancial ao exercício do juízo estético a faculdade de animar o diálogo entre os homens..."(p. 48). Encontro-me em permanente diálogo com Formalismo & Trad. Moderna, que estou achando o seu melhor livro.

Fabio

PS. Também você tem suas recorrências. Em A Astúcia da Mímese o problema do valor está muito bem posto. Ex., p. 40!

Carta de Fábio Lucas.
Fonte: Arquivo José Guilherme Merquior/É Realizações Editora

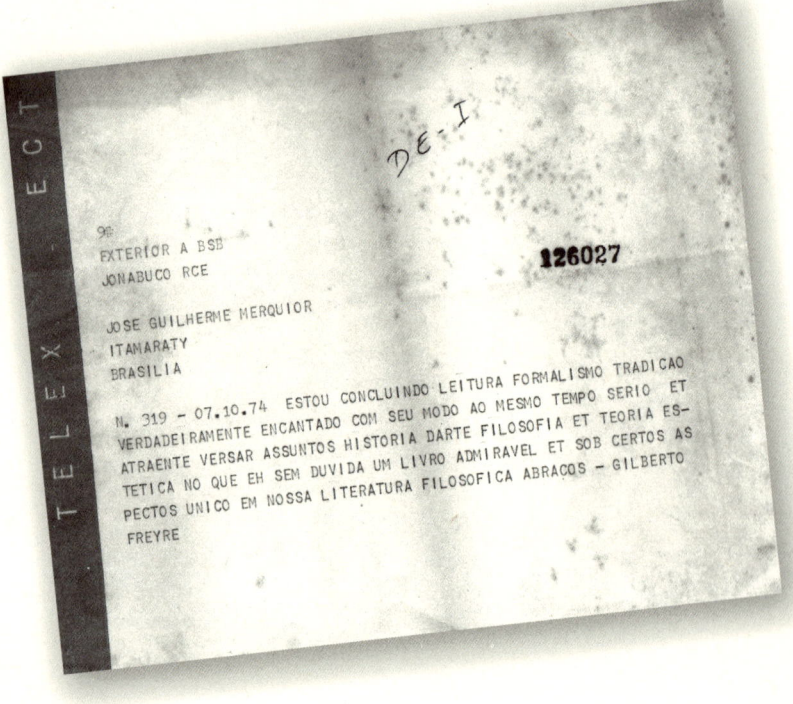

Telegrama de Gilberto Freyre.
Fonte: Arquivo José Guilherme Merquior/É Realizações Editora

exposições, debates) quanto no da distribuição e divulgação (consórcios, cooperativas, editoras). Uma das mais interessantes experiências nesse sentido é a da Cooperativa de Autores Paulistas (seus criadores são José Louzeiro e Álvaro Alves de Faria), que tem objetivos bem definidos: funcionar como editora para solucionar o problema básico daqueles que, produzindo livros, não desejam abrir mão de algumas prerrogativas, que incluem a qualidade do texto, sem preocupações meramente comerciais. Os organizadores acentuam que a CAP não terá qualquer característica de agremiação literária. "Trata-se apenas de entidade que selecionará textos para suas edições. Esses textos poderão ser de poetas, ficcionistas, teatrólogos e ensaístas."

A CAP funcionará inicialmente com um número limitado de escritores e jornalistas. Está sendo fixada a cota mensal de cada membro, que deverá oscilar entre 100 e 150 cruzeiros mensais. Os volumes lançados obedecerão a um padrão, tipo livro de bolso, e não deverão custar mais de 5 cruzeiros. O primeiro volume da Cooperativa deverá ser lançado em janeiro de 1975.

O poeta isolado

Apesar desses esforços, muitos poetas continuam tendo queixas contra o sistema no qual ocorre o processo de produção poética, no Brasil. Álvaro de Faria, que está lançando um manifesto no qual procura "desmistificar a crise da poesia", a ser publicado junto com a reedição de seu livro *Quatro cantos de pavor e alguns poemas desesperados*, nega a possibilidade de situar uma nova geração de poetas paulistas como grupo. "Na verdade, ela não existe. Os poetas, diante de tantos problemas para editar seus livros, estão no fundo de uma redação de jornal, trabalhando em publicidade, etc. Temos ótimos poetas em São Paulo, como Otoniel Santos Pereira, Oswaldo de Camargo, Eunice Arruda, Carlos Felipe Moisés, Neide Arcanjo e vários outros. De vez em quando seus nomes aparecem nos nossos jornais ou revistas, anunciando um novo livro, quase sempre autofinanciado."

Para Álvaro de Faria, o poeta luta com o problema também junto aos jornais, "que preferem dar cobertura aos medalhões que não existem mais, que estão escrevendo como há trezentos anos, sem a mínima condição de se situarem no tempo e no espaço de hoje. Esses homens merecem sempre de nossos suplementos literários a atenção que um jovem nem sonha um dia merecer. Está tudo falido e talvez seja inútil tentar mudar alguma coisa".

LIVROS

A crítica da falsa cultura

Merquior: alfinetadas estimulantes

FORMALISMO & TRADIÇÃO MODERNA: O PROBLEMA DA ARTE NA CRISE DA CULTURA, José Guilherme Merquior, 332 páginas, Cr$ 30,00.

José Guilherme Merquior é hoje não só um dos mais afiados críticos literários do Brasil, mas também um dos mais eruditos, no melhor sentido da palavra. A prova disto pode ser encontrada logo no primeiro dos treze ensaios (*Kitsch e Antikitsch*) que compõem seu novo livro. Em apenas quarenta páginas, Merquior cita centenas de autores, demonstrando sentir-se à vontade com todos. O mesmo acontece com os textos restantes. Outro terreno onde o autor de *Formalismo & tradição moderna* exibe a sua habilidade diz respeito ao método. Merquior descortina os seus horizontes teóricos na obra de Claude Lévi-Strauss e no humanismo da escola neo-hegeliana de Frankfurt (Adorno, Benjamin e outros).

Com esse suporte, o crítico passa à análise dos estilos formadores da tradição moderna na arte ocidental, procurando desmontar os mecanismos de esvaziamento da forma pelo formalismo estético, na sociedade industrial. Ele vê o impulso formalista na arte como "tendência a despojar-se de significações mais densas, a renunciar a fazer do(s) estilo(s) uma forma viva articulada com os problemas centrais da cultura, e a fundamentar, nessa mesma articulação, a ressonância universal da imagem artística". Arte implica, portanto, crítica ou problematização da cultura — e todo formalismo redundaria na alienação do empenho estético. "Antiformalismo", afirma Merquior, "é apenas outro nome para antialienação."

Em tom polêmico, o crítico indica claramente as conseqüências de sua posição. Uma delas é tachar Max Bense (teórico alemão muito divulgado no Brasil pelos concretistas) de "insigne jogral da estética alienada" e considerar o ideogramatismo de Ezra Pound (também muito divulgado pelos concretistas) como "interpretação inteiramente irracional não só da cultura ocidental quanto da chinesa". No campo das artes plásticas, ele coloca a *pop art* e o hiper-realismo como vigorosas reações artísticas a todos os abstracionismos ("lírico", "informal", etc.), que se teriam convertido em "atrofia da semântica plástica". Na visão de Merquior, o *pop* "é a aplicação corrosiva da obra de arte dessacralizada ao fetichismo da imagética comercial".

A intenção de Merquior é evidente. Do início ao fim do livro, multiplicam-se as alfinetadas (exemplo: "99% da crítica literária estruturalista é *Kitsch*"), uma atitude particularmente estimulante nesta época de silêncios em torno do objeto *cultura*. Tanto mais que o autor, ao atacar com mordacidade, abre corajosamente o seu próprio flanco a críticas de diversas ordens, que podem partir mesmo de seus admiradores.

Preciosista

Merquior se deixa arrebatar no livro por um excesso de citações que, em muitos trechos, parecem impedi-lo de dar livre curso a seu pensamento. Um certo preciosismo cultural transparece na enumeração de autores, na superabundância das evidências com que o crítico procura justificar suas posições. Isto se explicaria certamente pela sua rica formação humanista, seu convívio prolongado com as grandes obras da estética ocidental, a que tem acesso incontestável.

Por outro lado, quando começa a aplicar a classificação de *Kitsch* em autores como Ionesco, Arthur Miller, Tennesse Williams, Phillipe Sollers, Júlio Verne, H. G. Wells e muitos outros, pode tornar-se vulnerável a acusações de moralismo cultural ou de crítica aristocratizante via clubes de valores. Outros pontos do livro clamam por um debate minucioso e aceso e parece ser exatamente isto o que espera José Guilherme Merquior. Tudo indica que ele escreveu *Formalismo & tradição moderna* ao som de "pode vir quente que eu estou fervendo".

Muniz Sodré

Visão, 4 de novembro de 1974

APRESENTAÇÃO À SEGUNDA EDIÇÃO

Relendo José Guilherme Merquior: 40 anos de *Formalismo & Tradição Moderna*

José Luís Jobim[1]

> E com as mãos secas, aqui estamos – nus, mudos,
> indigentes, como se tivéssemos acabado de nascer.
> "Depois da História", Marcos Siscar

Em 1974, quando foi publicado *Formalismo & Tradição Moderna*, seu autor já tinha destaque nos jornais e suplementos literários, por sua atuação como crítico e teórico da literatura e das artes, e por sua disposição para assumir posições bem definidas e defendê-las no debate público. Na resenha desse livro para a revista *Visão*, Muniz Sodré enfatiza os dois lados pelos quais Merquior ganhou fama: a qualificação acadêmica e a capacidade para a polêmica:

> José Guilherme Merquior é hoje não só um dos mais afiados críticos literários do Brasil, mas também um dos mais eruditos, no melhor sentido da palavra. (...) Tudo indica que ele escreveu *Formalismo & Tradição Moderna* ao som de "pode vir quente que eu estou fervendo".[2]

---

[1] Universidade do Estado do Rio de Janeiro/Universidade Federal Fluminense, Rio de Janeiro/Niterói, Estado do Rio de Janeiro, Brasil. Doutor em Teoria Literária (UFRJ), professor titular do departamento CULT (UERJ) e associado IV do Departamento de Ciências da Linguagem (UFF). E-mail: jjobim@id.uff.br

[2] Muniz Sodré, "A Crítica da Falsa Cultura". *Revista Visão*, 4 de novembro de 1974, p. 96. Para o leitor mais jovem, esclareço a referência. Trata-se de uma música de Erasmo Carlos, de grande sucesso, cujo refrão é o seguinte: "Se você quer brigar / E acha que com isso estou sofrendo? / Se enganou, meu bem, / Pode vir quente que eu estou fervendo!"

Arquivos de jornais e revistas fornecem ao pesquisador de hoje dados mais visíveis sobre aquela época. Por isso, começaremos essa argumentação com uma faceta invisível para o leitor de agora: a correspondência recebida por Merquior sobre esse livro.

É importante lembrar que, no sistema cultural brasileiro, a relação epistolar entre autores é fundamental não só para a compreensão de como se estrutura a sociabilidade literária e cultural, mas também porque, pelo menos desde o Modernismo, uma parte significativa do que poderíamos chamar de *crítica de intervenção* ocorreu através de troca de cartas. Quando lemos a correspondência de Mário de Andrade, por exemplo, verificamos que ele tanto pede opinião a colegas escritores sobre seus escritos literários e críticos, como também recebe pedidos sobre o que seus colegas escreveram. Tudo isso vai se refletir na produção textual posterior, inclusive com a alteração de textos antes de serem publicados.

Aliás, um dos correspondentes de Mário nos anos 1920 também vai enviar carta a Merquior, cinquenta anos depois. Carlos Drummond de Andrade era apenas um jovem, buscando conselhos com um escritor mais velho, nos primórdios do Modernismo, mas nos anos 1970, já era um dos autores de maior prestígio da literatura brasileira. Eis a opinião dele, expressa em correspondência manuscrita de 25 de novembro de 1974:

> *Formalismo e Tradição Moderna* é desses livros que se colocam no centro dos debates sobre arte e cultura e lhe trazem uma luz nova. Tocando no "coração da matéria" com perspicácia, bravura opinativa e excelente equipamento intelectual você abre os olhos de muita gente, que anda por aí perplexa ou iludida. Se não quiserem enxergar... paciência. Você deu o recado – magistralmente.[3]

---

[3] Carlos Drummond de Andrade, *Carta Manuscrita a José Guilherme Merquior*. Rio de Janeiro, 25 de novembro de 1974. Arquivo José Guilherme Merquior/É Realizações Editora. Agradeço a João Cezar

Fábio Lucas, escrevendo da Universidade de Wisconsin, Madison (EUA), também expressou entusiasmo com o livro, em carta de 6 de dezembro de 1974: "Recebi 'Formalismo e Tradição Moderna', uma das poucas obras críticas brasileiras que me despertou entusiasmo nos últimos tempos. Principalmente abriu-me o apetite da discussão intelectual".[4] Nomeando Merquior como interlocutor de ideias, Lucas explicita: "A sua disposição para o diálogo e para a polêmica aguçou um faro instantâneo como um relâmpago para ir direto ao coração de certos problemas".[5] E vai logo comentando uma reflexão de Merquior sobre Hegel, e fazendo observações sobre um dos ensaios do livro: "Quando você define o *kitsch*, p. 33, vi o retrato do Barroco. Não lhe ocorreu isso? Ah, o *kitsch* político: J. Quadros, a Argentina...".[6]

Da Fundação Joaquim Nabuco, em Recife, Gilberto Freyre também enviou um telegrama para o Itamaraty, dirigido a Merquior:

ESTOU CONCLUINDO LEITURA FORMALISMO TRADIÇAO VERDADEIRAMENTE ENCANTADO COM SEU MODO AO MESMO TEMPO SERIO ET ATRAENTE VERSAR ASSUNTO HISTORIA DARTE FILOSOFIA ET TEORIA ESTETICA NO QUE EH SEM DUVIDA UM LIVRO ADMIRÁVEL ET SOB CERTOS ASPECTOS ÚNICO EM NOSSA LITERATURA FILOSOFICA.[7]

Mário Chamie, em carta de 7 de fevereiro de 1975, declara: "[...] ouvi do Antônio Cândido a seu respeito,

---

de Castro Rocha e à Editora É Realizações pelo acesso à correspondência inédita que será citada aqui.

[4] Fábio Lucas, *Carta Datilografada a José Guilherme Merquior*. Madison, Wisconsin (EUA), 6 de dezembro de 1974. Arquivo José Guilherme Merquior/É Realizações Editora.

[5] Ibidem.

[6] Ibidem.

[7] Gilberto Freyre, *Telegrama n. 319 – 07.10.74*. Arquivo José Guilherme Merquior/É Realizações Editora.

Merquior, referências que, além de entusiásticas, davam a justa medida do conceito e do respeito invejáveis que você inspira". E acrescenta, sobre o livro:

> Outro assunto: José Pinto, dono da Livraria Informática, me informa que seu livro "Formalismo e Tradição Moderna" é tão procurado e vende tão bem que ele, seguindo norma da livraria que patrocina mesas-redondas, debates, etc., pensa (com convidados especiais e selecionados) em dedicar-lhe uma reunião mesmo com sua ausência.[8]

Claro, para o leitor de hoje entender melhor o impacto daquela publicação, precisaremos ainda falar um pouco mais sobre o seu contexto.

I. Um pouco de contexto

O termo *formalismo*, no Brasil dos anos 1970, serviu como pretexto para muita polêmica. No debate intelectual daquela época, era comum trabalhar com o par opositivo *forma* e *conteúdo*. Contrapunham-se, de um lado, os *conteudistas*, mais interessados nas referências sociais da literatura, e de outro os *formalistas*, mais interessados na forma em que se constituíam as obras literárias. Como veremos adiante, Merquior vai apresentar uma posição diferente, que pode ser resumida da seguinte maneira: "O formalismo é [...] o nome geral da consciência estética[9] acometida por indiferença ou insensibilidade em relação à problemática da civilização".

Lembremo-nos de que, no Brasil dos anos 1970, estávamos em plena ditadura militar. No Rio de Janeiro, principalmente na Pontifícia Universidade Católica, havia

---

[8] Mário Chamie, *Carta Datilografada a José Guilherme Merquior*. São Paulo, 7 de fevereiro de 1975. Arquivo José Guilherme Merquior/ É Realizações Editora.

[9] José Guilherme Merquior, *Formalismo & Tradição Moderna*. Rio de Janeiro, Forense; São Paulo, Edusp, 1974, p. 217. Ver, neste livro, p. 305.

a disseminação de um certo Estruturalismo francês, que podia ser evocado pelos críticos *conteudistas* de então como exemplo de *formalismo*. No entanto, o movimento teórico que originalmente se denominou *Formalismo* na Europa era muito anterior, e Merquior já assinalava isso: "[...] a chamada crítica "estruturalista" francesa dos últimos anos (R. Barthes, T. Todorov, etc.) se considera herdeira dos formalistas de 1920".[10]

A conexão do Estruturalismo com o Formalismo Russo deu-se graças à publicação de uma antologia de textos selecionados e traduzidos para o francês por Tzvetan Todorov, em 1965, através da qual aqueles teóricos e críticos russos ganharam maior notoriedade internacional. Todorov, naquela época, foi membro destacado do grupo de teóricos estruturalistas franceses da literatura, embora tivesse nascido na Bulgária. Sua antologia ganhou uma notoriedade muitas vezes superior à de Victor Erlich, que já tinha publicado outra seleção de textos dez anos antes (*Russian Formalism: History, Doctrine*, de 1955), cuja circulação ficou mais restrita aos eslavistas. No Brasil, aquela antologia francesa, com prefácio e introdução diferentes da edição original, teve mais de uma edição.

Já o Estruturalismo tcheco, anterior ao francês e diferente dele, teve muito menos divulgação e impacto na época. No Brasil, a mesma editora que havia publicado a antologia dos formalistas russos publicou também, em 1978, uma antologia dos estruturalistas tchecos que não teve o mesmo sucesso.[11] Por isso, é importante chamar a atenção sobre o ensaio denso e instigante que Merquior dedicou a Mukarovsky e seus companheiros de Praga. Aquele crítico e teórico tcheco estava muito longe de fazer parte do cardápio intelectual da época,

---

[10] Ver, neste livro, p. 306.

[11] Dionísio Toledo (org.), *Círculo Linguístico de Praga: Estruturalismo e Semiologia*. Textos reunidos, anotados e apresentados por Dionísio Toledo. Trad. Zênia de Faria, Reasylvia Toledo e Dionísio Toledo; introdução de Julia Kristeva. Porto Alegre, Globo, 1978.

de modo que a relevância merecida que lhe dá Merquior certamente contribuiu para trazê-lo à cena do debate intelectual entre nós.

Os *conteudistas* no Brasil daquele momento predominantemente se viam como *de esquerda*, e, a bem da verdade, foi no próprio ambiente eslavo que se produziram as primeiras críticas àquele Formalismo, inclusive políticas. Leon Trotski, por exemplo, na década de 1920, em seu *Literatura e Revolução* (cuja primeira edição brasileira é, não por acaso, de finais dos anos 1960), já apontava a estreita relação daquele movimento teórico com os futuristas russos, o que, segundo ele, levaria a uma concepção equivocada de que a arte se encontra sempre "em obras de formas puras".[12] Essa suposta concepção explicaria a virulência do ataque de Trotski à escola formalista que ele considera "um aborto",[13] porque, na sua visão, os formalistas, ao proclamarem que a essência da poesia está na forma, teriam reduzido sua tarefa a uma análise essencialmente descritiva e semiestática de elementos da arte vistos como formais, deixando de lado a conexão com o social.

Assim, se a crítica de esquerda nos anos 1970 de algum modo relacionou-se com posições muito anteriores, é importante assinalar aqui que, como veremos, para Merquior o termo *formalismo* não terá o mesmo sentido que os *conteudistas* da época majoritariamente lhe atribuíam. Na verdade, o crítico brasileiro vai dialogar com um pensamento *de esquerda* muito mais sofisticado do que o do ambiente russo das primeiras décadas do século XX: o da chamada Escola de Frankfurt.

Quando se trata do trabalho de crítica da obra artística, Merquior não deixa de situar o próprio método analítico *formalista* em seu contexto histórico, atribuindo

---

[12] Cf. Leon Trotski, "A Escola de Poesia Formalista e o Marxismo". In: *Literatura e Revolução*. 2. ed. Rio de Janeiro, Zahar, 1980, p. 143-60.

[13] "Tal como é atualmente representada por Chklovsky, Jirmunski, Jakobson e outros, ela [a escola formalista] não passa de insólito aborto". Ibidem, p. 144.

sua origem a Heinrich Wölfflin, com a ressalva de que o impulso de valorização da forma em um sentido isolacionista já ocorria antes, mas ainda não havia sido sistematizado dessa maneira:

> A inclinação propriamente formalista da análise formal consiste, portanto, em isolar a forma de toda articulação com o significado cultural da obra de arte, tanto no que se refere à cultura material quanto no que concerne à cultura espiritual. Cronologicamente – e isso é que parece dar razão à ideia conteudística de que estudo de forma e formalismo se confundem – essa inclinação coincide com a própria emergência da análise da forma, em Wölfflin.[14]

Sem dúvida, não podemos ignorar a relação de Merquior com o chamado Estruturalismo francês, relação que não se limitou à discussão sobre os fundamentos da teoria literária produzida pelo grupo considerado "Estruturalista" (Barthes, Todorov, Greimas, Genette, etc.), à época. Sua proximidade com Claude Lévi-Strauss pode explicar a adoção de um tom ainda predominantemente conciliatório, não obstante as críticas duras ao trabalho teórico de Todorov e Jakobson e dos supostos estruturalistas brasileiros de então, que expressam algumas das reservas que já tinha àquele movimento teórico.

De fato, Merquior foi aluno de Lévi-Strauss, escreveu um livro sobre seu pensamento,[15] e manteve com ele um diálogo epistolar que será publicado em breve, na Biblioteca José Guilherme Merquior coordenada por João Cezar de Castro Rocha.

Em *Formalismo & Tradição Moderna*, escolheu atacar mais agressivamente apenas o que se produzia no Brasil em nome desse Estruturalismo, e mesmo assim somente em breves passagens. No ano seguinte, voltou ao assunto em outro livro: *O Estruturalismo dos Pobres e Outras Questões*.

---

[14] Ver, neste livro, p. 268-69.

[15] José Guilherme Merquior, *A Estética de Lévi-Strauss*. Trad. Juvenal Hahne Jr. 2. ed. São Paulo, É Realizações, 2013.

Ainda em *Formalismo & Tradição Moderna*, Merquior diplomaticamente argumenta que o *"verdadeiro estruturalismo"* (seja lá o que isso quer dizer) não deve apresentar a tendência a isolar a literatura do vínculo concreto com a cultura histórica, não podendo, portanto, descender da estética do formalismo russo, a não ser em alguns pontos particulares, como a atenção ao texto, que seria compartilhada com muitos outros movimentos teóricos, como o *New Criticism*, a *Stilkritik* suíço-alemã, o neoaristotelismo de Chicago, entre outros.[16]

De todo modo, as referências ao Estruturalismo francês continuarão a aparecer em sua obra, nas décadas seguintes, tanto em livros que tematizam autores específicos, como *Michel Foucault ou O Niilismo da Cátedra* (1985) quanto em grandes panoramas que conjugam história intelectual e crítica de ideias, como *De Praga a Paris: Uma Crítica do Estruturalismo e do Pensamento Pós-estruturalista*. Este último livro, curiosamente, foi primeiro publicado em inglês (1986), na Verso (uma tradicional editora *de esquerda*), depois em espanhol (no México, na prestigiosíssima editora Fondo de Cultura Económica), para somente em 1991 sair em português, no Brasil.

É interessante aqui assinalar que, desde o momento em que Merquior escreve *Formalismo & Tradição Moderna* até 1986, ele vai modificar seu estilo, não só diminuindo o número de referências bibliográficas explícitas ao longo do texto, mas também tentando o mais possível usar um vocabulário de circulação mais ampla. Ele também passa a utilizar um tipo de redação mais fácil para a compreensão de um público bem informado mas não exatamente especializado nos temas abordados.

Formalismo & Tradição Moderna, originalmente coeditado pela Forense Universitária com a Editora da Universidade de São Paulo, é um livro com menos concessões, fazendo uso de uma argumentação cerrada e uma profusão de citações diretas, alusões e notas bibliográficas, que, na boa tradição acadêmica, tornam claro para o leitor os

---

[16] Ver, neste volume, p. 306.

autores com os quais Merquior dialoga, ajudando a compreender com maior precisão as suas referências.

Por outro lado, além do Estruturalismo francês, há também neste livro um diálogo intenso com ideias fundamentais dos frankfurtianos, diálogo que já tinha sido desenvolvido anteriormente em *Arte e Sociedade em Marcuse, Adorno e Benjamin* (1969), e que faz parte do horizonte dos críticos da época, constando não somente do repertório de críticos paulistas de formação mais sociológica, mas também da bibliografia de críticos de outros perfis, como Eduardo Portella, em cuja tese de doutorado (1970) são listados Adorno, Marcuse e Benjamin.[17]

É em diálogo com os frankfurtianos que Merquior escolhe o *kitsch* como alvo de interesse. Discutir o *kitsch* era moda na época, mas Merquior retoma o termo como designativo de objetos, obras de arte ou espetáculos de mau gosto, mais ligados à cultura de massa, porém pretensiosos. Para ele, a sociedade massificada, comprimida nas cidades grandes, seria particularmente vulnerável a esses produtos. Desenvolvendo sua argumentação na direção contrária a certos críticos de então, que buscavam justificar a arte *kitsch* a partir de uma posição em que consideravam que o mau gosto e a pretensão deveriam ser aceitos como parte importante do cenário contemporâneo, Merquior acusa esses críticos de tentarem neutralizar o sabor de acusação e denúncia que fundamentava o uso do termo *kitsch* para desqualificar obras que não merecessem ser bem consideradas. Para ele, a justificação do *kitsch* baseia-se na alienação feita estética – e na estética da alienação. Daí sua condenação veemente aos intelectuais que ele chama de *kitschistas*:

> Os intelectuais *kitschistas* são intelectuais que abjuraram a fé nos valores da cultura. [...] A tática desses renegados consiste em xingar a alta cultura de repressiva. Reivindicando indulgência para com os "prazeres" alienados do "homem comum", posando

---

[17] Eduardo Portella, *Fundamento da Investigação Literária*. Rio de Janeiro, Tempo Brasileiro, 1974, p. 63.

de "democratas" hostis ao "elitismo" da alta cultura, os *kitschistas* se fazem apóstolos da tolerância. Mas nós já vimos bem o que essa tolerância filistina encerra em matéria de agressividade. Essas "defesas" ideológicas do homem da rua e do gosto "popular" só servem para dar razão àquele epigrama dos *Minima Moralia*, de Adorno: "O burguês é tolerante: seu amor aos homens como são reflete o seu ódio ao homem como ele deve ser".[18]

Diga-se de passagem, a adoção de um sentido desqualificador para o termo *kitsch* torna ainda mais pesada a afirmativa de Merquior sobre a crítica estruturalista de base francesa dessa época: "99% de toda crítica literária dita estruturalista é *kitsch*".

Para Merquior, a cultura de massa seria um derivado da invasão, pela sociedade de consumo, do terreno da arte e dos objetos culturais, gerando o gosto *kitsch*. Essa invasão geraria distorções, tanto no caso da "alta cultura" quanto no da arte "popular", que deixaria de ser autenticamente popular. Para ele, na contemporaneidade, a alta cultura, em função de seu estetismo radical, estaria mais vulnerável à *kitschização*, mas a raiz do que há de intrinsecamente aristocrático na tradição moderna é o compromisso da arte com a crítica da cultura. Por oposição à "cultura autêntica", a "cultura de massa" aspiraria apenas a entreter, e os objetos produzidos por ela seriam tão consumidos quanto os bens materiais mais utilitários.

O estetismo da grande arte moderna, para Merquior, não significava um afastamento do social, mas uma tentativa de questionamento das formas socialmente vigentes. Essa é uma opinião convergente com a de outro crítico importante da época que também chamava a atenção para a historicidade e a socialidade das formas literárias: Antonio Candido. Merquior considera que a literatura é um produto da inteligência humana inserida em um contexto histórico-social, e não de algum elemento biológico ou físico, mesmo no caso de gêneros, como a

---

[18] Ver, neste livro, p. 73.

lírica, supostamente mais ligados a um subjetivismo mais acentuado. Ele argumenta que a lírica moderna responde tanto a uma história interna da arte literária, que paga tributo ao caráter social das formas artísticas, quanto externa, em resposta às grandes transformações sociais e culturais do Ocidente.

Para Merquior, a tradição da arte moderna soube honrar o imperativo ético-estético da grandeza; soube escapar à sina da arte na dispersão dos valores da cena contemporânea, que é a degradação do estetismo em *kitsch*. O problema seria que a cultura de massa, ao disseminar um gosto por objetos artísticos pré-formatados, reduziu o público potencial da grande arte, que passou a ser considerada *difícil*, *hermética* e outras coisas parecidas, justamente por não se reduzir aos padrões genéricos com os quais a sociedade de consumo já habituara o público de massa, impondo um sistema de produção que basicamente consistiria em *mais do mesmo*.

No entanto, se a busca de novas formas e conteúdos causou uma recusa do público de massa a um tipo de arte que passou a ser vista como "hermética", Merquior lembra que o ideal de incomunicabilidade ostentado pelas letras contemporâneas é, pelo menos desde Mallarmé, uma estratégia cultural, dirigida com toda razão contra a suposta "comunicabilidade" fácil da literatura de massa. Assim, para ele: "Seria completamente errôneo tomar essa guerrilha contra a *prostituição* da comunicação verbal por um repúdio literal e inumano do comunicar".[19]

II. Formalismo, sociedade urbano-industrial e marginalização da arte

Por tudo o que dissemos até agora, o leitor já terá percebido que há um núcleo na argumentação de Merquior: a ideia de que a civilização urbano-industrial vem gerando espécies de arte e de comunicação "desumanizantes",

---

[19] Ver, neste livro, p. 185.

por oposição a uma arte que serviria a um processo formativo e crítico do indivíduo em relação ao mundo em que se insere.

Merquior presume como finalidade a formação personalizada de sujeitos críticos através do contato com objetos artísticos estruturados criticamente em relação ao seu contexto. Essa formação implicaria também uma assimilação "espontânea", pelo sujeito, do saber e da tradição crítica corporificados nos objetos da alta arte, em contraste com a submissão despersonalizada aos modelos pré-formatados da cultura de massa. Seria o encontro do público com essas manifestações culturais que tornaria possível a elaboração de novos sentidos para a vida.

Por oposição à "cultura autêntica", Merquior considera que a "cultura de massa" aspira apenas a entreter, e que os objetos produzidos por ela são tão consumidos quanto os bens materiais mais utilitários. Para ele, a "cultura de massa" é um derivado da invasão, pela sociedade de consumo, do terreno da arte e dos objetos culturais, gerando o gosto *kitsch*. Essa invasão geraria distorções, tanto no caso da "alta cultura" quanto no da arte "popular", que deixaria de ser autenticamente *popular*.

Talvez algum leitor já tenha identificado, nesse ponto, um certo substrato de sentido de *autenticidade* que pode ser também comparado historicamente com propostas de *autenticidade* "*de raiz*" remontando a projetos artísticos oitocentistas para coleta de narrativas e poemas "anônimos" ou atribuídos a bardos e autores supostamente *autênticos*. Este tipo de proposta abrange desde *The Minstrelsy of the Scottish Border* (1802), passando pelos contos de Grimm, ou, no caso brasileiro, por José de Alencar (lembremo-nos de O Nosso Cancioneiro [1874]), chegando até o trabalho de Mário de Andrade. Há aí uma certa ideia de recuperação de um núcleo de sentido original, manifestado no passado de um povo e articulado nas formas artísticas. Quanto mais anônimas essas formas, melhor, porque mais representativas de uma suposta enunciação *popular*, com um sujeito autoral socialmente coletivo. Assim, *autêntico*, nesse viés de sentido, seria o que, na contemporaneidade, mantém um núcleo artístico orgânico, uma gema original inalterada diante da massificação dos modelos prontos.

Em oposição à *autenticidade*, o *kitsch* se apoiaria na automatização da experiência artística, na abdicação do senso crítico, na reação de um público dominado pelos mecanismos de massificação. Por isso seria importante a autonomia mesma do juízo estético, e, para argumentar nessa direção, Merquior traz a sua interpretação daquele livro que, na obra de Kant, é considerado o núcleo de sua reflexão sobre estética: a *Crítica do Juízo* (1790). Na visão de Merquior, Kant teria recusado a relativização do julgamento sobre obras de arte, expressa no ditado "gosto não se discute". Como os fruidores da arte não se contentariam em produzir juízos válidos apenas para cada indivíduo, de algum modo o julgamento de cada um solicitaria a aprovação de todos os demais, pois, a partir da proposta de que o desfrute da arte deve ser desinteressado, o prazer proporcionado pela obra artística não seria derivado apenas de condições individuais absolutamente privadas, mas teria relação com o senso comum, naquilo em que o senso comum, como "juízo sem conceito", vai muito além do indivíduo.

Ao mesmo tempo em que considera a *Crítica do Juízo* (1790) como marco decisivo da legitimação da autonomia da arte, Merquior também credita a Kant a tendência posterior a transformar a arte em puro jogo abstrato, sem raízes no drama da cultura e sem lançar luz sobre os problemas da existência.

Assim, se os artistas e o público gradualmente se liberam de seguir os parâmetros vigentes até o neoclassicismo, e passam, a partir da *Crítica do Juízo*, a reconhecer a autonomia da função estética, essa autonomia também serviu de argumento de base para o surgimento de um tipo de arte que seria puro jogo abstrato, sem raízes sociais e sem lançar luz sobre os problemas da existência. A radicalização da autonomia poderia, então, significar um *exílio da densidade do mundo*, transformando a arte em mero jogo, evasivo em relação ao contexto social em que se insere:

Entre essa destinação histórica ao ludismo evasionista e a natureza íntima da arte, uma tensão dialética logo se estabeleceu. Astutamente, a nova arte, que o novo *éthos* burguês tentaria reduzir a mero "recreio do espírito", passa a empregar seu próprio solipsismo contra a cultura que a marginaliza. Parte da essência do romantismo reside na utilização *desse impulso de acentuação do peculiarmente estético como estratégia da crítica da cultura vigente*.[20]

Adepto da concepção weberiana de *desencantamento do mundo*, a partir do Iluminismo, Merquior sustenta que também a autonomia da esfera estética em relação à religiosa foi importante, mas acrescenta que o utilitarismo e o materialismo predominantes na sociedade urbano-industrial vão gerar também, como contrapartida, um desejo de revitalização de visões de mundo totalizantes de cunho transcendental, para compensar os efeitos traumáticos das transformações da consciência religiosa diante dessa nova sociedade urbano-industrial:

> A atribuição de uma tarefa sacralizadora à arte, em conexão com o repúdio ao utilitarismo da moral burguesa, se exprime com perfeita nitidez na palavra de Fr. Schlegel: "a poesia, em sua aspiração de infinito, em seu desdém pelo útil, possui a mesma finalidade e as mesmas antipatias que a religião"; e a avidez com que o círculo dos Schlegel sorveu a filosofia de Fichte demonstra quanto era intensa a demanda por totalizações ideológicas suplementares.[21]

Poderíamos dizer, aqui, que a valorização por Merquior de Matthew Arnold, autor cuja faceta religiosa já estava bem fora do âmbito de interesse dos críticos nos anos 1970, guarda um paralelo com essas *totalizações ideológicas*. Isso porque Merquior claramente se identifica com a valorização da literatura promovida por

---

[20] Ver, neste volume, p. 231.

[21] Ver, neste livro, p. 232.

Arnold, em um movimento contra "a secura ético-estética do *homo oeconomicus* vitoriano".

De fato, no capítulo dedicado ao sesquicentenário de Matthew Arnold, Merquior atribui ao crítico britânico uma atitude que é também dele: considerar o texto literário como "arma de uma *crítica da civilização*".[22] O crítico brasileiro poderia assinar embaixo da ideia arnoldiana da literatura como agregadora de uma *paideia*, ou seja, como fonte de valores de raiz que se contraporiam à nova civilização do trabalho mecânico, espiritualmente mutilador. Aliás, o próprio Merquior poderia ser evocado em sua formação intelectual como exemplo de *uomo universale*, cujo processo de autoformação guarda relação com os valores da *Bildung* weimariana.[23] Se esses valores eram vistos como anacrônicos em uma sociedade de consumo cada vez mais massificada, a denúncia renovada dos males que se instalavam é uma das facetas mais reiteradas do trabalho de Merquior.

De algum modo, revendo o passado recente, podemos dizer que a tradição da arte moderna substituiu o substrato religioso por um lugar vazio, a ser preenchido conforme as conveniências do momento. Como resultado da ausência de um conteúdo (ou religioso ou idealizado) que fornecesse uma direção de sentido para a criação do artista, alternativamente se apresentou a expressão do sujeito autoral como núcleo *autêntico* e original daquela criação. Manifesta-se, assim, o pressuposto de que criar é fazer emergir de um sujeito intransitivo um produto artístico cuja gênese ocorre no próprio autor, colocando em segundo plano os fatores contextuais.

A partir disso, a obra pode ser vista como manifestação do sujeito singular e único que através dela se exprime, e valorizada de acordo com o que oferece como materialização da riqueza desse sujeito, e não mais como fruto do *Zeitgeist*, do "espírito do tempo".

---

[22] Ver, neste livro, p. 221.

[23] Ver, neste livro, p. 221.

Se, por um lado, esta posição "subjetivista", representada no pensamento estético de Benedetto Croce tinha mérito na sua participação reativa contra um certo reducionismo, generalizado na segunda metade do século XIX, que visava interpretar a obra artística como derivada do "espírito do tempo", por outro lado recaía também em posições reducionistas, mas diametralmente opostas. A valorização da experiência viva do sujeito singular, tanto na criação quanto na fruição da obra, nessa segunda posição, é vista como expressão vibrante da riqueza e energia do sujeito singular, que passa então a ser matriz de tudo:

> A arte isolada, a arte vestal da estética croceana, é uma atividade estanque, resultante de uma "faculdade" estanque (a intuição-expressão), correlato mental do agir insulado do produtor moderno. Sobretudo, essa arte distilada representa a versão estética do pensar não menos ilhado do especialista, modelo da pesquisa científica inconsciente das suas raízes culturais.[24]

Assim, enquanto a interpretação da obra como exemplo encarnado do "espírito" de seu tempo gerou um determinismo taineano ou um positivismo pseudossociológico, a interpretação da arte como expressão de um subjetivismo absoluto e intransitivo resultou na abertura para uma concepção de arte como expressão de um impulso vital, mas desconectado do universo circundante. Claro, ambos os extremos são redutores da complexidade da relação da arte com os criadores e receptores dela.

No que diz respeito às ligações do pensamento estético com correntes filosóficas contemporâneas, é muito interessante a hipótese de Merquior de que, a partir das tensões e dilemas da Primeira Grande Guerra, coloca-se em xeque a tipologia perspectivista das "visões do mundo" e há um retorno ao projeto de "filosofia como

---

[24] Ver, neste livro, p. 250.

ciência rigorosa". Para Merquior, Edmund Husserl será fundamental na elaboração de uma teoria em que a vivência do sujeito, processada para determinar essências por trás do fluxo vivencial, pode apresentar-se como instância apodítica, a partir da qual se demonstraria o que é possível conhecer.

Lembramos que, no Rio de Janeiro dos anos 1970, havia intensa discussão sobre a obra de Martin Heidegger (que foi, como se sabe, aluno de Husserl), no campo dos estudos literários. Eduardo Portella, como crítico e diretor da editora Tempo Brasileiro, já havia publicado traduções pioneiras, feitas pelo professor Emanuel Carneiro Leão, da *Introdução à Metafísica* (1966) e de *Sobre o Humanismo* (1967), além de ter escrito um artigo na *Revista Tempo Brasileiro* (número 13/14), intitulado "Quem tem Medo de Martin Heidegger", em 1967. No ano da publicação de *Formalismo & Tradição Moderna*, Portella publicou em livro sua tese de doutorado (defendida em 1970), *Fundamento da Investigação Literária*, e até o fim dessa década, a pós-graduação em Teoria Literária da Universidade Federal do Rio de Janeiro tinha como bibliografia, além dos livros de Portella, a tradução portuguesa de O *Poético*,[25] livro do filósofo Mikel Dufrenne, cuja obra principal, *Fenomenologia da Experiência Estética* (1953), foi um desdobramento do pensamento husserliano para as artes.

Merquior tem uma hipótese clara para o momento em que se origina a marginalização da arte: "A matriz histórica da marginalização da arte foi a instalação da sociedade urbano-industrial no século XIX".[26] Para ele, essa marginalização teria continuidade no momento em que escrevia, porque a adoção do que ele chama de *impulso formalista* pelos seus contemporâneos implicaria a tendência a evitar significações mais densas ou a renunciar a produzir e usufruir de formas artísticas mais

---

[25] M. Dufrenne, O *Poético*. Trad. Luiz Arthur Nunes e Reasylvi K. de Souza. Porto Alegre, Globo, 1969.

[26] Ver, neste livro, p. 230.

vivas, isto é, mais articuladas com os problemas centrais da cultura. Como seu livro tem duas referências no título *Formalismo* e *Tradição Moderna*, cabe agora perguntar: e a *tradição moderna*?

III. Tradição moderna

Merquior caracteriza a *tradição moderna* como o conjunto de tendências estilísticas surgidas desde cerca de um século e meio atrás e, de forma esquemática, marcadas por dois aspectos: "a) a reação crítica contra os modos de vida impostos pela sociedade urbano-industrial; e b) a fidelidade a uma poética essencialmente distinta das coordenadas estéticas vigentes durante a precedente era clássico-romântica".[27]

Ele assinala a sobrevivência, desde 1850, de traços românticos na arte contemporânea, em permanente conflito com essa tradição. Como resultado, esses traços podem ou ser incorporados produtivamente à arte moderna, sendo submetidos a uma lógica na qual eles se transformam em outra coisa, ou permanecer como "resíduo" inassimilado, como um "vírus esterilizante". "Vírus esterilizante" por quê? Porque, tendo perdido a função que tinham no sistema anterior, e a relação com a vida de então, teriam-se convertido em *fontes de formalismo*, servindo apenas para manter ou reforçar os "fatores de insensibilidade da arte aos problemas da cultura contemporânea".[28]

Para Merquior, depois de entrarem em cena as elites burguesas, a desintelectualização e a vulgarização da arte se articularam com outro preconceito romântico: o entendimento da *originalidade* como absolutamente oposta à tradição e às convenções. Alternativamente, ele prefere pensar a tradição como *integração superatória* de uma forma socialmente vigente, ou seja, como algo que está ligado a um estilo artístico enraizado vitalmente na

---

[27] Ver, neste livro, p. 266-67.

[28] Ver, neste livro, p. 267.

sociedade, e, a partir desse enraizamento vital, consegue fazer emergir uma inovação, que não prescinde das raízes que lhe dão sentido.[29]

A *tradição moderna*, segundo Merquior, consistiria no complexo estilístico que caracteriza a era pós-romântica, concretizando-se inicialmente, entre outros, em Baudelaire, Flaubert, Dostoievski, Wagner, na plástica impressionista, etc. Predominaria até os anos 1970, através de seus descendentes, derivados ou sucessores.[30]

Para Merquior, como a arte pode dizer algo não sabido (talvez *pressentido*, mas não propriamente *conhecido*) sobre a cultura e a sociedade, ela pode também reivindicar uma função gnoseológica importante, embora diferente de outras modalidades de conhecimento. O período que engloba a *tradição moderna* seria particularmente rico, com o antagonismo entre a grande arte e as tendências culturais dominantes:

> Ora, os gestos estilísticos com que a arte entra em conflito com os rumos da civilização são outras tantas *iluminações críticas* do quadro sóciocultural; ao rebelar-se contra a orientação dos costumes, contra os valores em curso, as obras de arte aclaram de forma original (às vezes, pioneira) a própria sociedade. Longe de "refletir" simplesmente a moldura social, elas proporcionam às ciências humanas um testemunho inédito sobre a sua evolução.[31]

A força da (grande) literatura, para ele, se encontraria na superação do uso verbal cotidiano e utilitário, que remeteria a sentidos pragmáticos. Produto de um impulso para o conhecimento, de natureza diferente do científico (isto é, sem as suas concepções e métodos), a literatura geraria conhecimento "pela oblíqua refração da plenitude do real nos crespos da mesma linguagem que a sonegara".[32]

---

[29] Ver, neste livro, p. 296.

[30] Ver, neste livro, p. 305.

[31] Ver, neste livro, p. 339.

[32] Ver, neste livro, p. 341.

Para Merquior, escrever, mesmo para os que têm a ilusão de serem responsáveis absolutos pela origem e pelo controle de suas obras, é inscrever-se em redes histórico-sociais de sentidos e o grande desafio do momento em que escreveu *Formalismo e Tradição Moderna* era tratar da crise da cultura moderna.[33] E isso só poderia ser feito se o crítico soubesse ler a história *no texto poético*, em vez de dissolvê-lo na história.[34] Se, como ele diz, "nada existe no poema que não tenha existido antes na história da cultura, a não ser o próprio poema",[35] então a atenção ao quadro mais geral, para ele, não deveria ocorrer em detrimento do objeto artístico, porque, embora esse objeto sempre pague tributo à tradição em que se insere, ele também representa uma configuração única, que deve ser apreciada em suas peculiaridades. Creio que esse ponto de vista permanece atual e relevante para o leitor de hoje, quarenta anos depois da sua publicação original. Vamos, então, reler José Guilherme Merquior.

---

[33] Ver, neste livro, p. 113.

[34] Ver, neste livro, p. 462.

[35] Ver, neste livro, p. 200.

ADVERTÊNCIA

Não faltará quem leia o primeiro elemento desse título – *Formalismo e Tradição Moderna* – como uma espécie de definição do seu segundo elemento, tomando o formalismo por uma das principais características da tradição moderna no terreno da arte. Nada mais natural, tantos e tão insistentes vêm sendo os ditos e escritos a respeito da experiência da forma, ou da *mística* da forma e da "linguagem", na arte moderna e nas vanguardas que a precederam, desde o fim do romantismo.[1]

Na verdade, quisemos justamente contar com o que há de aliciante nessa aproximação automática entre modernidade e formalismo – mas só o fizemos para poder problematizá-la.

Formalismo e *tradição moderna* figuram neste livro como polos antitéticos de uma mesma situação cultural: o problema da arte na civilização burguesa, tal como esta se firmou após a industrialização do Ocidente, a secularização de sua cultura e o declínio das elites de tipo tradicional. "Civilização burguesa" inclui naturalmente, neste sentido, os países ditos socialistas.

Nascidos no mesmo meio histórico, formalismo e modernidade estética são irmãos inimigos. O que estas páginas perseguem no campo múltiplo da estética e da sociologia da arte, da história da literatura, do teatro e da plástica, da poética e da teoria da crítica – é o combate

---

[1] Conforme o leitor já verifica por essa simples indicação de ordem histórica, nosso conceito de tradição moderna não coincide nem com a fórmula análoga da antologia filosófico-literária de Richard Ellmann e Charles Feidelson Jr., *The Modern Tradition* (Oxford University Press, 1965) – que parte de Goethe, Blake e Friedrich Schlegel, e não do pós-romantismo – nem, a rigor, com a "tradição do novo" de Harold Rosenberg (*The Tradition of the New*. Nova York, Horizon Press, 1959) – que parte do pós-romantismo, mas obedece a uma problemática bem diversa da nossa.

permanente entre a forma, significação humana e crítica, e a forma, rito alienado.

Os treze ensaios que compõem este livro se distribuem, quanto à sua redação, pelos últimos seis anos, seguindo inspirações diferentes. O mais antigo, "Fragmentos de História da Lírica Moderna", se prende ao segundo ensaio de minha última coletânea de crítica literária, A Astúcia da Mímese, publicada somente em 1972. O longo texto chamado "Formalismo e Neorromantismo" teve sua primeira seção publicada, sob outro título, no "Suplemento Literário" do *Minas Gerais* (04/07/1970); ele deve muito (entre outras fontes) à poética benjaminiana da alegoria, sinteticamente exposta no meu *Arte e Sociedade em Marcuse, Adorno e Benjamin* (1969). O ensaio sobre a pintura clássica da Renascença florentino-romana constituía primitivamente um subproduto da discussão da análise wölffliniana em história da arte realizada no corpo de "Formalismo e Neorromantismo". Os escritos sobre *pop art* e hiper-realismo e sobre a moderna estética da *mise en scène* são tentativas de focalizar tendências atuais da arte, inexplicáveis do ângulo formalista.

A mesma ambição anima, naturalmente, todos os ensaios da segunda parte (história da literatura) sem excluir a análise estilística do soneto de Camões estampada pela revista carioca *Littera* em seu número comemorativo do quarto centenário da edição de *Os Lusíadas*; um resumo bem esquemático do estudo dedicado ao modernismo brasileiro saiu no Suplemento Literário de *O Estado de S. Paulo* em 14/05/1972; "Érato e Clio" foi incluído no terceiro número da revista *Hora*, do departamento de letras e ciências humanas da Universidade Federal de Juiz de Fora. Os três textos da terceira parte – dos quais um, o ensaio sobre Arnold, foi publicado em Colóquio/Letras n. 10 (Lisboa, novembro de 1972). – retomam e desenvolvem a polêmica com a crítica literária formalista da atualidade apenas esboçada nas ultimas páginas de *A Astúcia da Mímese*. "O Problema da Semiologia da Literatura" integrará os

Cadernos da PUC (Rio); "Do Signo ao Sintoma" pretende ser uma plataforma de discussão metodológica que usa a perspectiva semiológica *contra* a esclerose formalista da crítica estrutural (com esse ensaio, cumpro uma promessa feita no último capítulo do citado *Arte e Sociedade...*: a de elaborar uma contribuição [ainda que indireta] à metodologia da analise literária). O *pendant* de "Do Signo ao Sintoma" na área da teoria estética está na quarta parte: é o estudo "A Estética Semiológica". Finalmente, o longo trabalho da abertura do volume "Kitsch e Antikitsch" deseja combinar a sociologia da arte com a problemática da estética, sempre no horizonte da crise da cultura contemporânea, tal como me propus analisá-la no livro, também recente, *Saudades do Carnaval*.

À exceção dos "Fragmentos de História da Lírica Moderna", todos os ensaios contêm amplas referências bibliográficas. É esperança do autor que elas sirvam – tanto ou mais do que estes escritos – para a ampliação e aprofundamento do debate universitário e extrauniversitário sobre problemas estéticos no Brasil.

J. G. M.
Rio de Janeiro, setembro de 1973.

Agradeço à professora ELIANA MELO
a cuidadosa elaboração do índice de nomes.

Parte I

ARTE E ALIENAÇÃO NA SOCIEDADE DE MASSA

Kitsch e Antikitsch
(arte e cultura na sociedade industrial)

*a Alexandre Eulálio,
Antonio Carlos Villaça,
Marcílio Marques Moreira
e Roberto Schwarz.*

Art is man's nature.
Burke

Uma obra calculada com base numa concordância absoluta com os valores vitais reconhecidos é sentida como fato possivelmente estético, mas não artístico – é sentida como algo simplesmente agradável (kitsch). Somente a tensão entre os valores extraestéticos da obra e os valores da coletividade confere àquela a possibilidade de influir na relação entre o homem e o real, que é a missão própria da arte.

Jan Mukaróvsky

"Uma das preocupações mais constantes dos estudos de estética nos últimos dez anos vem sendo – ao lado do interesse pela crítica "estruturalista" e pela semiologia, e da atenção à arte *pop*, ao hiperrealismo e ao neodadá – o fenômeno do kitsch. Kitsch é, como se sabe, a etiqueta alemã para os objetos, obras de arte ou espetáculos de mau gosto, franca ou tacitamente "comerciais", mas com pretensões a exibir valores "sublimes". O vulgar que aspira a parecer refinado, a cafonice (inconsciente) que *bota banca* de "beleza". O espanhol tem um nome para isso: "*cursi*". O português, o francês, o italiano se resignaram a adotar a palavra alemã, *kitsch*, que de resto não traz nenhuma conotação nacional e designa, ao contrário, uma forma de produção artística fortemente internacionalizada.

Mas o francês possui alguns conceitos pejorativos que focalizam aspectos determinados do kitsch: *le tape-à-l'oeil* (arte de efeito), *l'art pompier* (por exemplo, a pintura acadêmica de inspiração filistina), *le toc...*

Falamos em produção artística *internacionalizada* em relação ao kitsch; e não obstante, nos nossos dias, a própria arte de vanguarda (em princípio, o oposto da vulgaridade kitsch) se tornou cada vez mais cosmopolita, cada vez mais "planetária" na escolha de seus modelos e fontes de influência. Desde os tempos heroicos da arte moderna – desde a segunda e terceira décadas do Novecentos –, a chamada alta literatura, tal como a plástica, o teatro ou a música, *universalizou* suas pautas de referência estilísticas; a arte moderna (nesse ponto continuadora do simbolismo francês, que era bem anglófilo e germanófilo) raramente foi nacionalista.

Porém, a internacionalidade do kitsch é muito diferente. Não repousa no cosmopolitismo elitista dos estilos de vanguarda, mas, sim, no fato de que o *kitsch é uma expressão da cultura de massa.*

A arte da massa é um produto da Revolução Industrial. Até o aparecimento da sociedade urbano-fabril, lembra Dwight MacDonald,[1] defrontavam-se apenas a arte da "alta cultura" e a arte popular. Ora, a arte popular vinha do povo; do povo da sociedade tradicional, que ainda não tivera seus "mores" desfigurados pelas migrações de massa ligadas à procura de mão de obra industrial. Com essas migrações, levas e levas de camponeses, imersos numa cultura tradicional, se converteram abruptamente em operários ou lumpemproletários destituídos de cultura própria. Já a arte de massa vem "de cima", isto é, dos *mass media* – que não são, evidentemente, focos de cultura verdadeiramente popular e, sim, veículos de comunicação controlados pelo *establishment* burguês ou, nos países socialistas, pela "nova classe" dos hierarcas do

---

[1] D. MacDonald: "Masscult & Midcult". In: *Partisan Review*, n. 4 (1960); coligido no livro *Against the American Grain*. Nova York, Random House, 1962.

Partido Comunista. A distinção povo x massa, frequentemente xingada de elitista, é, portanto, um dado irrecusável da história social da cultura.

Os românticos julgavam que a arte popular brotava espontaneamente do povo. Hoje ninguém acredita mais nisso: sabemos que a arte plebeia sempre imitou os moldes patrícios. A literatura de cordel absorveu estórias nascidas no *epos* feudal; a arte popular refletia módulos composicionais da pintura (e da gravura) "de autor". Às vezes, esse processo imitativo era encorajado pelos próprios protagonistas da grande arte: Dürer destinava suas xilogravuras ao público mais comum, reservando suas gravuras sobre metal aos estratos mais ricos e mais sofisticados.

Se aproximarmos o conceito de arte popular do folclore, verificaremos, com Piotr Bogatyrev e Roman Jakobson,[2] que a diferença realmente importante entre arte culta e arte popular reside menos na questão da originalidade do que na analogia existente entre, de um lado, obra folclórica e *língua* e, de outro, entre obra "culta" e *fala,* nos termos de Saussure. O "texto" folclórico pertence sempre a um nível semiológico que equivale à língua: ele é *dado*, e o seu recitante só se pode permitir, ao atualizá-lo, a pequena margem de variação de que a fala dos indivíduos dispõe em relação às normas da língua. A literatura folclórica existe em estado de *língua*, ao passo que, na literatura culta, o texto se apresenta como uma criação da *fala* individual.

O estreito democratismo do espírito contemporâneo mal esconde sua repugnância diante da ideia de que o "povo" (visto como classe, e não, como na sociologia mística dos românticos, como comunidade cultural) não

---

[2] P. Bogatyrev e R. Jakobson, *Die Folklore als eine besondere Form des Schaffens* (1929), republicado em R. Jakobson, *Selected Writings* IV. Paris-Haia, Mouton, 1966; trad. fr.: R. Jakobson, *Questions de Poétique*. Paris, Seuil, 1973. Para um confronto da analogia folclore-língua com o problema da "oralidade" na literatura latino-americana, v. J. G. Merquior, "Situación del Escritor", na obra coletiva *América Latina en su Literatura* (org. por C. Fernández Moreno). Cidade do México, Ed. Siglo XXI, 1973.

seja "criador". No entanto, conforme Arnold J. Toynbee (*Study*, IV, 16) mostrou, a imitação (*mimesis*) pelas camadas populares do comportamento cultural das "minorias criadoras" é um processo histórico regular; a mímese "plebeia" só falha quando as minorias deixam de ser criadoras e passam a ser simplesmente dominantes (*Study*, IV, 13).

É claro que as "minorias criadoras" podem *ou não* ser camadas socialmente dominantes. As pequenas comunidades de culto que foram, nas cidades do Baixo Império, as "ecclesiae" cristãs eram minorias criadoras, mas não elites. O paralelo que Toynbee tem em mente não é a aristocrática teoria das elites de Pareto: é antes a sociedade de "moral aberta" de Henri Bergson, onde a individualidade dos "santos" prevalece sobre o "*esprit de corps*" de qualquer patriciado (Toynbee se refere explicitamente às inovações culturais dos "*homines religiosi*" ao delinear o seu conceito de mímese, análogo à imitação socioplástica de Gabriel Tarde).

Entretanto, no terreno da arte, a imitação procede geralmente de cima para baixo. As mesmas antigas comunidades cristãs, quando inspiraram uma plástica própria, representando em relevos e mosaicos os personagens e histórias do Evangelho, recorreram sistematicamente às técnicas, temas e formas de arte romana. O Bom Pastor – uma das primeiras figuras da iconografia paleocristã – não passava inicialmente de um Orfeu de relevo clássico; as primeiras igrejas eram basílicas readaptadas. A complexidade do fazer artístico e seus numerosos aspectos técnico-institucionais contribuem para firmar a primazia estética da produção "culta", imitada pela arte dos estratos inferiores da sociedade.

Porém, quando as minorias dominantes não se revelam mais *antropoplásticas* (Werner Jaeger), quando perdem o poder de plasmação cultural, e seu domínio não mais se apoia num *éthos* suscetível de conquistar o consenso vivo da comunidade, a imitação da arte culta pela arte "popular" ganha um sentido marcadamente *ideológico*. Isso se torna claramente sistemático com a entrada em cena da arte de massa. À imitação ingênua e saudável da arte aristocrática pela cultura plebeia tradicional, tipificada pela influência da canção de gesta na épica de cordel, sucede então a imitação bastarda. Arnold Hauser[3] analisou muito bem uma das suas primeiras grandes manifestações: a adulteração da tragédia clássica no melodrama oitocentista.

Da cultura de massa, bastardo muito pouco eugênico da sociedade industrial, nasceria, por sua vez, nesse médio Novecentos em que ainda vivemos, uma criatura não menos repelente, mas bastante mais sutil: a *midcult*. Para D. MacDonald (op. cit.), *midcult* é a produção estética de massa intencionalmente "respeitável" – é a arte que opera com clichês e efeitos automáticos, como toda arte de massa, mas procura, ao mesmo tempo, qualificar-se como arte sofisticada. A arte *midcult* "finge respeitar os modelos da alta cultura: na realidade, porém, os vulgariza"; ela é a arte de massa que se disfarça pudicamente como uma folha de parreira "cultural".

De certo modo, a arte *midcult*, ligada ao pseudorrefinamento do consumo de massa característico da "sociedade opulenta" (John Kenneth Galbraith), força o kitsch a aprimorar-se. Tomemos, como ilustração, o romance "exótico": Pearl S. Buck, que MacDonald julga *midcult*, é na verdade um caso modelar de kitsch "puro"; mas o *Quarteto de Alexandria*, de Lawrence Durrell, é um kitsch infinitamente mais "civilizado", "*high brow*", um kitsch que sabe o que fez um Joyce – e o dilui em virtuosismos de "fatura" (como Durrell "escreve bem"!...) e piscadelas "eruditas". No romance "social", o Morris West de *As Sandálias do Pescador* é kitsch sem complexos, kitsch cru; mas a obra de John Steinbek pode ser considerada um kitsch depurado – um estilo *midcult*. Para ficarmos na área nacional, kitsch não é só a dramaturgia de Pedro Bloch, a poesia de J. G. de Araújo Jorge, a ficção tipo *O Meu Pé de Laranja Lima* (que é

---

[3] A. Hauser, *The Social History of Art*, 1948, livro VI, cap. 6 (trad. port.: Lisboa, ed. Jornal do Foro, 1958).

kitsch à enésima potência) ou os fétidos programas "humanitários" daquele personagem de Millôr Fernandes, o Chávio Flavalcanti; kitsch é também a pintura abstrata "lírico" decorativa de Manabu Mabe – que é, naturalmente, de muito mais "bom gosto" que o *O Meu Pé* ou a palhaçada televisional do Chávio.

MacDonald faz outras observações muito pertinentes a respeito da gênese sociológica da *masscult*. Seu ensaio localiza boa parte do elenco da literatura kitsch, de Byron e Walter Scott, românticos kitschizantes, primeiros grandes exploradores do culto do eu e da produção em série do texto bestellerizável, a Edna Ferber (*Giant*) e Leon Uris (*Exodus*). Poderíamos atualizar sua seleção vindo até a mais recente obra-prima do açucaramento sentimental, *Love Story*. Mas esses poucos exemplos já nos possibilitam isolar alguns traços básicos da arte kitsch: seu *status* na escala dos valores estéticos; sua maneira de atuar na percepção estética; sua função ideológico-existencial; e sua radicação sociológica.

Na escala dos valores estéticos, o kitsch é uma inovação histórica de significado considerável. Efetivamente, até o advento da cultura de massa, *a arte ruim era da mesma natureza que a arte boa*: era produzida segundo os mesmos modelos, para o mesmo público. Com o kitsch, essa situação muda completamente. André Malraux advertiu que não podemos falar da ruindade de uma obra kitsch como falamos, por exemplo, de uma pintura ruim em estilo gótico ou barroco. O mau escultor da Idade Média ou do barroco podia ser ruim, mas não era esteticamente *inautêntico*. Já a arte da *masscult* "não tem sequer a possibilidade teórica de ser boa" (MacDonald).

A forma específica da atuação do kitsch em termos de percepção estética é a "reação controlada": a especialidade do kitsch consiste em *digerir* previamente a arte para o consumidor.[4] A obra kitsch já contém as reações do leitor

---

[4] "Kitsch é o que surge consumido", dirá Umberto Eco no segundo capítulo do seu *Apocalípticos e Integrados* (trad. do ital.). Trad. Geraldo

ou espectador, dispensando maiores esforços perceptivos e interpretativos. A arte kitsch aplica e generaliza a mordaz observação de Theodor W. Adorno sobre a música "culinária", isto é, agradável e oca: "a composição escuta em lugar do espectador...".

Fundamentalmente, a reação controlada é o exato inverso da verdadeira percepção estética. Esta se distingue pela capacidade de vivenciar *dificuldades*. Na atividade prática, o processo perceptivo se deixa dominar pelo que o historiador de arte Ernst H. Gombrich, em seguida ao psicólogo Jerome Bruner, apelidou de *"gating"*.[5] O *"gating"* é um princípio de economia atuante na percepção, princípio pragmaticamente orientado. Por exemplo, com frequência, quando lemos um livro, interessados no conteúdo, ficamos completamente desatentos a suas particularidades tipográficas. Na percepção estética, o mecanismo do *"gating"* – da "catarata" com que fechamos os olhos, no agir corrente, a tudo o que não interessa a nossos objetivos práticos – sofre por assim dizer uma suspensão. O processo perceptivo passa a admitir vários registros simultâneos, detém-se em meandros polifônicos, a tudo atento, de tudo curioso. A "contemplação" estética é isso: pura volúpia do perceber errante, livre de toda urgência prática. Mas essa volúpia tem um preço, que é o enfrentamento de dificuldades perceptivas muito mais numerosas do que as da visão pragmática. Em particular, para *integrar* os múltiplos dados perceptivos acumulados pela visão sem *"gating"* – e cuja integração é necessária à captação da obra de arte como estrutura coerente – o indivíduo é convidado a um esforço mental bem superior ao ordinário. Gombrich chega a sugerir que, na plástica moderna, esse esforço de percepção se faz acompanhar de um fator compensatório, identificado com estímulos às

---

Gerson de Souza. São Paulo, Perspectiva, 1970.

[5] Ver E. H. Gombrich, "Vom Wert der Kunstwissenschaft für die Symbolsforschung" [Sobre o Valor da Ciência da Arte para a Pesquisa dos Símbolos]. In: Hermann Bauer et al., *Probleme der Kunstwissenschaft II*. Berlim, Ed. de Gruyter, 1966; trad. ital.: Gombrich, *Freud e la Psicologia dell'Arte*. Turim, Einaudi, 1967.

fantasias do processo primário ou inconsciente. Assim, a dificuldade de "decifrar" uma tela cubista seria compensada pelo prazer das associações polissêmicas proporcionadas pelo próprio empenho da decifração.[6]

A função existencial da "reação controlada" no kitsch é a honesta "distração"... O consumidor perfeito do kitsch é o indivíduo que só gosta de filmes carregados de "poesia", e a gente que repete frases do gênero: "a vida já é tão cheia de problemas; no cinema, o que se deseja é um pouco de distração". Com o kitsch, o homem de negócios, o burocrata, o trabalhador procuram pateticamente descansar do seu cansaço rotineiro, aliviando a maceração cansada pela "fadiga urbana" naquela

... pequena hora noturna de compensação (...)

de que fala Drummond na Rosa do Povo; hora em que se

destilam ópios de emergência.
("José")

Está claro que esse mesquinho consolo no quotidiano reificado é ele mesmo um instrumento da alienação, instrumento *ideológico* a serviço da cultura repressiva.

A distração do homem alienado, proporcionada entre outros pela arte kitsch, é constitucionalmente solitária. O homem da massa é um isolado, mesmo quando em grupo; é um membro da *"lonely crowd"* de David Riesman. Na tipologia dos sistemas culturais, a sociedade de massa que Hans Freyer chamou de sistema secundário[7] se caracteriza pela tendência a reduzir os indivíduos a simples participantes dos vários "jogos" sociais; a reduzi-lo a um átomo estereotipado, peça eminentemente *adaptada* ao sistema social. Daí, na grande cidade, que é teatro existencial da sociedade de massa, o divórcio que se instala

---

[6] Ver "Psychoanalysis and the History of Art" (1953). In: E. H. Gombrich, *Meditations on a Hobby Horse*. Londres, Phaidon, 1963.

[7] Hans Freyer, *Teoria da Época Atual* (trad. do alemão). Trad. F. Guimarães. Rio de Janeiro, Zahar, 1966; comentado em J. G. Merquior, *Saudades do Carnaval: Introdução à Crise da Cultura*. Rio de Janeiro, Forense, 1972, p. 97 e 146-47.

entre a vida abstrata do homem enquanto intérprete de papéis desumanizados, excessivamente impessoais, e o "reino da alma" sempre em busca de compensações para o ego ínfimo, para a individualidade desprezada. A maioria dos mitos da arte kitsch, como a lenda dos "*self-made men*", ou a glamorosa "excentricidade" das vedetas dos *mass media*, são clichês destinados a suprir a carência de egotismo própria à cultura de massa.

II. Kitsch e efeitismo

Nos anos 1920, o regime soviético pré-estalinista encorajou o cinema de vanguarda – mas as massas russas continuavam a preferir as películas à Hollywood. O fato ilustra bem com que extensão o kitsch está enraizado na consciência das massas; uma extensão seguramente maior do que pensam os que se inclinam a considerar o fenômeno da mentalidade estética degradada um simples reflexo de condicionamentos efêmeros, impostos pelos interesses dos "donos" da "indústria cultural".[8] Não se trata aqui de dar razão aos distribuidores cretinos, que alegam dar ao povo "o que ele quer": chanchada e melodrama; trata-se, isso sim, de levar mais longe a indagação sobre as raízes psicossociais do kitsch. Em outras palavras: de penetrar mais fundo na geologia moral do homem da massa e de seu antepassado cultural imediato – o burguês.

Ao examinar a experiência estética peculiar ao kitsch, deparamos com o mecanismo da reação controlada. O kitsch é a estética do digestivo, do "culinário", do agradável-que-não-reclama-raciocínio. O kitsch faz cosquinhas na boa consciência do homem "médio", que detesta pensar, porque vive

---

[8] Ver Max Horkheimer e Theodor W. Adorno, "A Indústria Cultural". In: *Dialektik der Aufklärung*, 1947 (trad. ital.: *Dialettica dell'Illuminismo*. Turim, Einaudi, 1966). [Edição brasileira: Max Horkheimer e Theodor W. Adorno, *Dialética do Esclarecimento*. Trad. Guido de Almeida. Rio de Janeiro, Zahar, 1985.]

> *fugindo à verdade*
> *como de um incêndio*
> (Drummond)

Como sempre, boa consciência e má-fé andam de braços dados.

Mas a reação controlada, garantia da alienada "distração", não esgota as metas psicológicas do kitsch. Este visa também ao *efeito*. O kitsch é uma arte vocacionalmente efeitista, feita *"pour épater"*.[9] No seu artigo da *Partisan Review*, "Avant-garde and Kitsch" (artigo pioneiro na análise do monstro), Clement Greenberg[10] afirma que, enquanto a arte de vanguarda, sendo, como é, "abstrata", introspectiva e reflexiva, dedicada às explorações "metalinguísticas", tende a imitar os *processos* da arte, o kitsch imita os efeitos da arte. Numa época em que toda arte autêntica cultiva o que se poderia chamar de califobia, tornando suspeito o hedonismo estético, o estilo comercial estende a mão ao "bonito"; regala-se com o "deleite" produzido pelo recurso descarado aos truques mais teatrais.

O kitsch não é só um narcótico e um digestivo; funciona, antes disso, como um excitante vulgar. Excitar, para poder "distrair" – como poderia ser de outro modo, se a questão é distrair esse pobre zumbi, sonâmbulo quase totalmente insensível, que é o homem comum do nosso tempo? O kitsch é o *tape-à-l'oeil*, a arte dos efeitos que ferem a vista. No entanto, o efeitismo não nasceu com o kitsch. A arte da surpresa e dos efeitos teatrais remonta, pelo menos, ao barroco. "*È del poeta il fin la meraviglia / chi non sa far stupir, vada alla striglia*"... clamava o seiscentista Marino. O próprio Góngora, embora mais requintado, não desdenhava o *"efectismo"*. Mas o barroco foi justamente o primeiro estilo ocidental a

---

[9] Efeitista, como *efectista*: tomemos emprestado essa palavra, tão expressiva, a nossos companheiros hispânicos.

[10] Clement Greenberg, "Avant-Garde and Kitsch" (1939), coligido no livro de B. Rosenberg, D. M. White et al., *Mass Culture*. Glencoe, Free Press, 1960.

comprometer-se com uma finalidade *ideológica*. A teatralidade da pintura sacra de Caravaggio, Rubens ou Reni, e da escultura religiosa de Bernini ou Raggi (*Morte de Sta. Cecília*, Sta. Agnese in Piazza Navona, Roma) provém de um emocionalismo reclamado pela "propaganda fide" da Contrarreforma.[11] É claro que a Idade Média se serviria abundantemente da arte para fins de catequese e doutrinação; porém, só com o barroco, estilo de uma Igreja abalada pelo cisma protestante, é que a edificação pela arte, essa "Bíblia dos iletrados", adquiriu cunho francamente ideológico. A *pietas* das elites medievais era culturalmente espontânea; mas a religiosidade seiscentista tem muito de voluntarista e mecânico, talvez porque as condições reais de vida, nessa infância dos tempos modernos, eram muito mais infensas ao genuíno *éthos* cristão, à caridade e ao senso comunitário, do que os *mores* prevalecentes até a Alta Idade Média.

Contudo, embora marcada por uma forte margem ideológica, a arte barroca ainda repousava num consenso cultural tão vasto quanto ativo. Antes da secularização da cultura (que só se firmaria no século XVIII), o apelo aos valores religiosos contava com sólida ressonância popular. No Seiscentos, a paideia cristã estava interiormente minada e, a médio e longo prazos, condenada ao recesso como foco de criação cultural; não obstante, a sociedade, católica ou reformada, ainda não dispunha de alternativa para o cristianismo como foco de cultura. Essa posição ambígua da ideologia religiosa parece explicar por que a arte de propaganda do barroco pôde fomentar efeitos *anagógicos*, e preservar uma qualidade estética, absolutamente inexistente na produção kitsch. Em síntese, a arte barroca, expressão ideológica da transição entre a sociedade europeia tradicional e a moderna, foi o produto de uma *cultura*, enquanto o kitsch não passa de uma exalação da *carência* de cultura (de paideia). Por isso

---

[11] Sobre o impacto (negativo) do emocionalismo barroco no ideal clássico-heroico absorvido pela plástica ocidental por obra do humanismo renascentista, ver o já citado *Saudades do Carnaval*, p. 122-24.

mesmo, o efeitismo barroco possuía *legitimações* impensáveis no âmbito do *tape-à-l'oeil* kitsch.

Logo, a simples ocorrência de efeitismo, sem maiores qualificações, não nos autoriza a falar em kitsch. Até porque, o efeitismo de Góngora, como o de Caravaggio, faz parte de uma organização formal arquicomplexa de signos (verbais ou plásticos). Na obra desses cumes do barroco, o efeitismo não exclui o trajeto múltiplo, intelectualmente exigente, da verdadeira percepção estética (é precisamente nesse ponto, aliás, que a maioria dos gongóricos e dos "*tenebrosi*" caravaggistas ficarão muito aquém dos dois mestres; bons epígonos, eles se concentrarão quase exclusivamente nos "efeitos" mais fáceis do cultismo ou do "*chiaroscuro*"). Já a arte kitsch dispensará sem hesitação a convivência com requisitos mentalmente elevados. É com o kitsch que a arte do efeito se converte ao "agradável", ao "culinário" e digestivo.

III. O NASCIMENTO DO KITSCH NO ESPÍRITO DA BURGUESIA

Se o kitsch não se confunde com o efeitismo *in genere*, só se identificando, ao contrário, com um determinado tipo de arte de efeito – o estilo "digestivo", *qual terá sido, então, a sua origem social específica?* Ela se encontra no declínio da hegemonia cultural das elites tradicionais, pré-capitalistas. De certa maneira, a proliferação de padrões estéticos fáceis e digestivos é um caso especial do abandono da "alta cultura" como elemento de formação humana. Em seu clássico *De la Démocratie en Amérique*, Tocqueville nota que é só nas sociedades *aristocráticas* que a classe cultural e politicamente dirigente, conservando-se de modo hereditário acima da multidão, entretém "uma ideia grandiosa de si e do homem".

A partir de 1800, com a consolidação do predomínio cultural de elites *burguesas*, esse "ideal heroico" desaparece do programa educativo do Ocidente. Para a moderação burguesa, a paideia aristocrática da "glória", do risco pessoal e dos prazeres fortes sempre cheirara a extravagância e imoralidade. Já bem antes da voga do utilitarismo, quando o pensamento burguês ainda se exprimia em roupagem religiosa, as grandes ideologias da "ascese intramundana" (Max Weber) no mundo moderno, como o calvinismo e o jansenismo, não davam trégua à moral heroica, fruto do casamento do humanismo renascentista com o *éthos* da nobreza de antes da monarquia absoluta.[12]

O refluxo de uma paideia humanística (bem diversa do simples e fossilizado "amor aos clássicos" impingido no colégio) – o recesso de uma moral aristocrática, mais generosa e menos hipócrita, senão mais ética, do que a mesquinha temperança e o repressivo pundonor burgueses – contribuiu diretamente para despojar o comportamento médio da gente cultivada de elegância, espontaneidade e graça. Um século atrás, ligeiramente fartos do puritanismo vitoriano, os profetas da cultura tipo Matthew Arnold começaram a pedir *sweetness and light* em vez de só "princípios" e "correção". Percebendo as deficiências (embora ainda não os defeitos) do moralismo burguês, Arnold aconselhou seus contemporâneos a salpicar mais "helenismo" que "hebraísmo" no molho da cultura. "Hebraísmo" era sinônimo (herdado de Heine) de consciência *rigorista*; "helenismo", o equivalente a consciência *espontânea*: justamente a espontaneidade que faltava e falta ao "homem culto" do nosso tempo.

E, todavia, se é verdade que cultura, como processo formativo, implica a livre *personalização* da herança cultural, como poderia ela subsistir sem um mínimo de espontaneidade "aristocrática"? Cultura, recorda Hannah Arendt, é vocábulo de origem bem romana.[13] Deriva

---

[12] Sobre as raízes humanistas do ideal heroico e sua sobrevivência na Idade Moderna, v. *Saudades do Carnaval,* op. cit., p. 30-34 e 109-18; para a crítica jansenista da moral heroica, ver o excelente livro de Paul Bénichou, *Morales du Grand Siècle*. Paris, Gallimard, 1948 (nova ed., 1970).

[13] Ver Hannah Arendt, "A Crise na Cultura: Sua Importância Social e Política". In: *Entre o Passado e o Futuro*. Trad. Mauro W. Barbosa. São Paulo, Perspectiva, 1972 (ed. original em inglês 1963).

de *colere*, cultivar, cuidar de, preservar, e conota originalmente: a agricultura (essa coisa importantíssima para os romanos, e quase secundária para os gregos, povo de marinheiros e pastores) e o *culto* religioso. Agricultura e culto como atividades em que o cuidar e o tomar cuidado se opõem à desenvoltura da técnica enquanto irrespeitosa dominação da natureza. Cícero teria sido o primeiro a falar em "cultura" no sentido intelectual.

Jaeger, citado por H. Arendt, sugeriu que a "*cultura animi*" ciceroniana – cultivo do espírito – era uma tradução do grego "paideia", isto é, de educação *como formação* (cf. o alemão *Bildung*). Mas Marrou[14] chama atenção para a outra palavra com que Cícero traduzia paideia: a palavra *humanitas*. Ora, a equação paideia = cultura = humanitas nos convida a pensar o conceito de cultura não tanto no seu uso alemão (*Kultur*), de que se aproximou o emprego do termo em antropologia, mas sim no seu velho sentido francês – naquele sentido antropoplástico *perfectivo* (Marrou), e não só educativo-preparatório, em que cultura se refere sobretudo a cultura *pessoal* como produto de uma assimilação *espontânea* do saber e da tradição. Foi, sem dúvida, pensando *nessa* aura semântica da palavra cultura que José Ortega y Gasset, falando da "barbárie da especialização", lamentou que houvesse hoje muito mais cientistas, mas muito *menos homens cultos* do que em 1750.

O desaparecimento da moral aristocrática parece ter levado consigo a espontaneidade da cultura pessoal; por isso, o nosso mundo continua tão atrozmente destituído da "*sweetness and light*" reclamada por Arnold. Porém, outros aspectos do "fim da cultura" não são menos interessantes, nem menos significativos. A cultura como paideia não vive só em conexão íntima com a personalidade; vive também num estado superlativo de *intencionalidade*. De intencionalidade no sentido fenomenológico: uma cultura viva é sempre *transitiva*, está sempre orientada para "objetos" autônomos e duráveis, que são os *valores*

---

[14] Henri-Irénée Marrou, *St. Augustin et la Fin de la Culture Antique*. Paris, Payot, 1938, p. 552-54.

culturais. A "*intentio*" da cultura faz com que ela gravite em torno dos valores, atraída e norteada por eles.

O leitor terá percebido que, focalizando o problema dos valores, passamos quase insensivelmente da cultura como bagagem e talento pessoais para o plano da cultura no sentido "teutoantropológico" do termo. A passagem foi deliberada, ou melhor, imposta pela natureza das coisas: pois em que se resume toda a nossa argumentação senão em tentar demonstrar que a cultura enquanto cultivo pessoal do espírito só é possível na vigência de determinadas condições antropológicas de cultura? A agonia do "homem culto" não é uma questão abstratamente "moral": é um problema de sociologia da cultura.

A intencionalidade da cultura nos coloca, portanto, diante do problema dos valores. H. Arendt usa aqui uma antítese iluminadora, ao distinguir a cultura, como fenômeno do *mundo*, dos fenômenos da *vida*. A "vida" é indiferente ao ser em si dos objetos; o processo vital subordina os objetos às necessidades, reduz o objeto ao útil e à função. O "mundo", ao contrário, contempla os objetos como valores *per se*, comporta-se frente a eles com carinho e cuidado desinteressados.

O pensamento weimariano de Arendt faz da relação mundo/objeto uma nobre instância do *desinteresse*, lei fundamental da atitude estética segundo Kant. O "mundo" é o espaço natural dos valores, o reino da cultura pessoal enquanto livre e espontânea assimilação do suprapessoal, do coletivamente *humano*. De acordo com as teses da primeira parte da *Crítica da Razão Prática*, liberdade e espontaneidade não se definem pelo capricho arbitrário, e sim pelo respeito autodeterminado da norma ética. Assim, ao desinteresse da função estética se alia, no pensamento de Arendt, a espontaneidade do respeito moral.

Quando a sociedade de massa se apropria dos objetos culturais nasce a *masscult* (Hannah Arendt). Mas a "cultura" de massa não aspira à cultura nem ao "mundo" – aspira somente ao entretenimento, onde os objetos culturais são tão *consumidos* quanto os bens materiais mais utilitários. Logo, a cultura de massa representa o banimento do mundo enquanto espaço da cultura autêntica.

A cultura de massa é, na verdade, *anticultura*. A maioria esmagadora de seus habitantes se compõe de analfabetos letrados. Os conhecidos sociólogos americanos Paul Lazarsfeld e Robert K. Merton denunciaram a existência, na sociedade contemporânea, de um grande número de pessoas que adquiriram um "analfabetismo formal": uma capacidade de ler consternadoramente desacompanhada de entender a fundo o que se lê. Na sociedade de massa, lê-se mais, porém, compreende-se menos.[15] O crítico George Steiner fala de "*subliteracy*".[16] Nessas condições, como estranhar que o kitsch prospere, triunfe e contamine à vontade?... O kitsch é a expressão estética da anticultura semianalfabeta e subletrada.

IV. O CONTRA-ATAQUE DA SOCIOLOGIA À CRÍTICA DA CULTURA

Não obstante, há quem ache a cultura de massa menos alienada do que a própria atitude dos que condenam o kitsch em nome de critérios elitistas. Passando em revista um estudo que levanta exatamente essa questão, o dos Bauers,[17] o grande sociólogo Talcott Parsons distingue ao menos três posições doutrinárias entre os intelectuais que verberam a cultura de massa.[18]

A primeira posição é "rousseauísta": presumindo a bondade intrínseca da natureza humana, ela atribui a má qualidade dos atuais padrões culturais ao ambiente social

---

[15] Paul Lazarsfeld e Robert K. Merton, "Mass Communication" (1948), coligido em Rosenberg e White, *Mass Culture*, op. cit.

[16] Georg Steiner, *Extraterritorial*. Nova York, Atheneum, 1971, p. 160.

[17] Raymond e Alice Bauer, "America, 'Mass Society' and Mass Media". *Journal of Social Issues*, vol. 16, n. 2, 1960.

[18] Talcott Parsons, "The Mass Media and the Structure of American Society" (em colaboração com Winston White), 1960; recolhido em Parsons, *Politics and Social Structure*. Nova York, Free Press, 1969. Vários traços da mesma atitude antielitista se encontram no ensaio de U. Eco citado na nota 4.

desfavorável. Não existiria assim um problema específico de padrões culturais, mas apenas uma situação social que aliena o indivíduo e o impede de consumir com critério os objetos culturais. É o ponto de vista de Erich Fromm e dos culturalistas marxizantes. A segunda posição é a de elitistas conservadores, como Ortega y Gasset (*La Rebelión de las Massas*, 1929) e T. S. Eliot (*Notes Towards the Definition of Culture*, 1948). Aqui se pretende que as massas, sem a tutela de uma elite zelosa, tenderão sempre a reclamar o pior em matéria de cultura. Finalmente, teríamos a posição daqueles que os Bauers chamam de "elitistas culturais e democratas sociais": trata se da *intelligentsia* liberal e avançada no terreno político-social, e que contudo daria prova, inconscientemente, ao censurar a deterioração dos padrões culturais, de uma secreta relutância em abdicar de seus privilégios como guardiães da arte e da cultura.

Para uma certa crítica social, que tende a identificar automaticamente os privilégios culturais da *intelligentsia* com privilégios de classe, esse "desmascaramento" da *Kulturkritik* pela sociologia tem muito charme. Não é à toa, pensam esses críticos sociais, que os críticos da cultura como Eliot são ao mesmo tempo conservadores declarados no terreno político-social; quanto aos democratas culturalmente elitistas, quem sabe se não passam de mandarins, progressistas de fachada, intimamente ainda marcados pelo "*odi profanum vulgus*" da cultura de classe?

As observações de Raymond Williams sobre a cultura da sociedade industrial na Grã-Bretanha[19] parecem reforçar a tese dos críticos sociais. Prendendo a noção de *massa* mais ao seu sentido proletário do que à sua acepção demográfico-urbana, Williams acha que "de fato, não existem massas; existem apenas modos de considerar as pessoas como massa", e insiste em lembrar que o conceito de democracia de massa é com frequência um

---

[19] R. Williams, *Culture and Society 1780-1950*. Londres, Chatto & Windus, 1961; v. especialmente a conclusão.

preconceito; seu antônimo, nem sempre explicitado por seus utilizadores, é democracia de classe, isto é, democracia meramente formal, pseudodemocracia.

Endossando a crítica dos Bauers à *intelligentsia* democrata, mas culturalmente elitista, Parsons esboça uma análise do problema da cultura de massa situando-o no contexto global da evolução da sociedade. Com o progresso da *diferenciação de funções das unidades do sistema social*, progresso inerente à *modernização*, os "produtores" em sentido lato – produtores de bens econômicos, de apoio político ou de mensagens culturais – vão deixando de ligar-se aos seus clientes de maneira predeterminada (*ascriptive*). Em regra, na sociedade moderna, os produtores não conhecem previamente a identidade e a quantidade dos seus clientes. Estes não são mais compradores fixos, suseranos feudais ou parafeudais, nem mecenas da espécie tradicional.

Ao desaparecerem os produtores "*ascriptively bound*", a produção cultural passa a operar obedecendo a um mecanismo *análogo ao mercado*. Em consequência, as acusações dos críticos da cultura à produção kitsch poderiam ser traduzidas em termos de mazelas econômicas:

1. a concentração dos *mass media* na baixa cultura seria comparável ao perigo econômico dos monopólios;
2. a degradação dos produtos culturais no kitsch equivaleria à redução da qualidade dos produtos comerciais fabricados em massa;
3. a "manipulação" do leitor e do espectador, à exploração econômica;
4. enfim, a invasão do "mercado" cultural por objetos inferiores, solapando o senso crítico dos consumidores, será um bom paralelo para os efeitos psicológicos da inflação: assim como, na inflação, a liberdade de escolha do consumidor sucumbe à necessidade de fugir à rápida desvalorização da moeda, no "mercado" cultural kitschizado a capacidade de seleção fica prejudicada pela pletora do sem-valor.

Porém, a conclusão de Parsons é bem decepcionante para o catastrofismo dos elitistas do espírito: em vez de reconhecer a ocorrência sistemática dessas quatro deformações no "mercado" cultural, Parsons pensa que eles são, como seus equivalentes econômicos, situações-limite, em geral não verificadas na prática. E em vez de partilhar o *Kulturpessimismus* dos críticos da cultura, prefere sublinhar fatores positivos como, por exemplo, o acesso das camadas populares à leitura e aos museus, a heterogeneidade dos meios de comunicação de massa (os meios são vários, e têm várias audiências) e o fato de que a concorrência dos *media* mais jovens, como a televisão, acabou, grosso modo, forçando seus predecessores (rádio, cinema) a aprimorar o nível de seu repertório.[20]

---

[20] O horizonte teórico dessa resistência de Parsons às jeremiadas de crítica da cultura é, com toda a certeza, sua visão global do processo evolutivo das sociedades modernas, admiravelmente exposta em vários ensaios dos anos 1960 e, em particular, nos dois livros geminados *Societies – Evolutionary and Comparative Perspectives* (1966) e *The System of Modern Societies* (1971), ambos publicados por Prentice Hall, Englewood Cliffs, Nova Jersey. No segundo desses volumes, Parsons deixa claro que considera o problema central das sociedades modernas menos cultural do que propriamente *social*. Em outras palavras: as principais tensões e dificuldades da sociedade moderna não se localizariam, na terminologia parsoniana, no nível das funções de definição e conservação de metas (*goal maitenance*) nem dos mecanismos de motivação (latência) as quais incumbem aos subsistemas da sociedade "política" e "cultura"; elas se localizariam, sobretudo, no nível das funções de *integração* do sistema social, funções essas que incumbem ao subsistema batizado pelo sociólogo de "*societal community*". Embora reconhecendo a enorme relevância desses estudos parsonianos – que, aliás, bastariam para absolver sua obra da pecha de abstencionismo em relação à análise sociológica concreta, bem levianamente difundida em meios influenciados pelo antiparsonismo marxizante (e conceitualmente bem precário) de C. Wright Mills (*The Sociological Imagination*, 1959), não conseguimos, pessoalmente, deixar de situar a crise dos valores no centro da problemática moderna (cf. a propósito o livro *Saudades do Carnaval*). Parsons erigiu a sua teoria do sistema social (*The Social System*, 1951) a partir de uma aguda e fascinante montagem teórica: a conjugação da perspectiva weberiana (sociologia como compreensão da ação social) com o senso durkheimiano da sociedade como *conjunto orgânico* de estruturas *normativas*. É, porém,

Infelizmente, apesar de todas as inegáveis conquistas em matéria de democratização da cultura, e da não menos irrecusável qualificação a propósito da heterogeneidade dos *media* (bem maior do que geralmente se admite), resta o fato de que a civilização urbano-industrial vem engendrando variedades de arte e de comunicação amplamente desumanizantes, e, sem dúvida, com a participação maciça dos chamados meios de comunicação de massa. Não foi nenhum elitista de formação puramente humanística, e sim dois sociólogos de alta categoria, Lazarsfeld e Merton (op. cit.), quem afirmou que os *media* funcionam eminentemente como veículos de *imposição* de normas sociais. Ora, basta ligar a televisão para questionar seriamente – sem falar no aspecto coercitivo do processo – o teor das normas em causa. Quanto à "heterogeneidade" dos meios de massa, ela se reduz, na prática, a uma ínfima proporção de programas sensíveis e inteligentes... A burrificação pelo vídeo triunfa e tripudia sem contestação.

---

nossa impressão que, nesse estrutural-funcionalismo (que incorpora ainda a teoria do superego de Freud, assimilada à teoria da interiorização da norma social), uma das dimensões mais sugestivas do ponto de partida weberiano – a saber, a crítica dos valores *nietzscheana* que inspirava Weber – terminou como que reprimida pelo otimismo com que Parsons contempla a sociedade democrática pós-rooseveltiana. O liberal Parsons (que se houve com corajosa dignidade durante a onda macarthista, sendo, inclusive, forçado a "exilar-se" temporariamente de Harvard) parece desconfiar – não sem razão – de que os críticos da cultura sejam menos liberais do que deviam... Contudo, o próprio Weber, que foi social-democrata, poderia servir de prova de que a crítica da cultura não é obrigatoriamente conservadora, nem marxista (da espécie denunciada pelos Bauers). Mesmo porque caberia duvidar que a própria democracia – paixão da sociologia indiferente à crise dos valores – tenha condições de sobreviver, a longo prazo, à deterioração da cultura como paideia. Sobre o nietzscheanismo de Weber, v. Eugène Fleischmann, "De Weber à Nietzsche". *Archives Européennes de Sociologie*, t. V, n. 2, 1964; sobre Parsons, v. William C. Mitchell, *Sociological Analysis and Politics – The Theories of T. Parsons*. Prentice Hall, 1967; Robert W. Friedrichs, *A Sociology of Sociology*. Nova York, Free Press, 1970, esp. caps. 2, 7 e 12; e Guy Rocher, *T. Parsons et la Sociologie Américaine*. Paris, PUF, 1972.

Raymond Williams (op. cit.) critica uma das teses mais correntes do elitismo cultural – a de que o predomínio dos meios de massa instala a comunicação de tipo "impessoal" – argumentando que a impessoalidade, no sentido de impossibilidade de diálogo, não é uma característica exclusiva dos programas de televisão. Afinal, não podemos ler Aristóteles ou Goethe contando com a possibilidade de dialogar com eles... Mas esse tom jocoso escamoteia o *verdadeiro* problema da comunicação de massa – aquele que Walter Benjamin indigitou[21] ao destacar o declínio do significado ético e humano do *narrar* na moderna "informação" de massa. A impersonalização do comunicar não é algo empírico no sentido neutro e "factual": é um processo relativo ao *valor* da comunicação.

Valor esse capaz, inclusive, de superar a impessoalidade mecânica do veículo de comunicação. A literatura da Segunda Revolução Industrial possui uma página modelar a esse respeito; é a passagem da *Recherche* (no *Côté de Guermantes*) em que o narrador, recordando seu telefonema de Doncières, a guarnição de seu amigo Saint-Loup, para Paris, celebra o poder evocatório da voz humana mediada pelo aparelho. Proust assinala nesse mesmo texto a impersonalização ulterior da conversa telefônica, à medida que ela se banalizaria; mas o fato é que, na ligação de Doncières, a "mágica" de Bell, tornando o vulto querido da *grand'mère "invisible mais présent"*, vencia o caráter impessoal – comparado ao do diálogo face a face – da conservação.

De resto, como notaram os existencialistas, o próprio diálogo "*in praesentia*" pode a todo instante cair no impessoal e na banalidade; cair no reino do "se" (*on*, *man*, etc.), do "sujeito" – precisamente – impessoal. Uma visão correta do problema deverá levar em conta as múltiplas

---

[21] Walter Benjamin, "O Narrador", texto alemão de 1936, agora no vol. *Schriften*. Frankfurt, Suhrkamp, 1955; trad. fr.: *Poésie et Révolution*. Paris, Denoël, 1970; em ital.: *Angelus Novus*. Turim, Einaudi, 1962; comentado em José Guilherme Merquior, *Arte e Sociedade em Marcuse, Adorno e Benjamin*. Rio de Janeiro, Tempo Brasileiro, 1969, p. 123-26, e *Saudades do Carnaval*, op. cit., p. 151.

combinações possíveis entre a impessoalidade *virtual* da comunicação pelos *media* e o tipo de *fala* (ou leitura) que se serve deles. Conforme o tipo de fala, os meios de massa verão ou não confirmada a sua carga desumanizante. Na comunicação pela palavra escrita da maioria absoluta da imprensa de massa, o tipo de fala, isto é, o estilo jornalístico, tende maciçamente a confirmar a desumanização. Mas a existência e o sucesso de um antijornal de massa como *Le Monde* provam que jornalismo não precisa ser necessariamente sinônimo de informação fria e acrítica.

Em última análise, o "desmascaramento" da crítica da cultura pela sociologia é salutar. É sempre útil submeter os hábitos mentais da *intelligentsia* ao filtro da sociologia do conhecimento. A hipótese de que o elitismo cultural dos críticos da cultura reflete impulsos "teocráticos", ligados à situação socioprofissional dos intelectuais, é digna de permanente verificação. O conceito de cultura de massa pode efetivamente, e a cada instante, sofrer distorções consciente ou inconscientemente ditadas pelos privilégios dos intelectuais na sua qualidade de portadores específicos dos valores da "cultura". Além disso, a contracrítica da cultura feita por sociólogos representa uma sadia advertência contra a inclinação e generalizações inexatas, de cunho pejorativo, acerca do papel dos meios de massa. Salientando a diversidade virtual dos *media* e dos seus públicos, a sociologia põe em evidência a possibilidade de os meios de massa virem a ser utilizados, ou pelo menos *bem mais* utilizados do que até aqui, de maneira mais permeável aos valores culturais genuínos. Muitos críticos da cultura "democratas sociais e elitistas culturais" – como Adorno e Marcuse, por exemplo – adotam uma visão monoliticamente negativa dos meios de comunicação de massa; mas o simples realismo aconselharia a travar a luta contra o kitsch, o mau gosto e a imbecilização *no interior mesmo dos circuitos de disco ou da TV*.

Fora, porém, desses limites, a anti-*Kulturkritik* da sociologia ameaça perder de vista um problema da mais real contundência: a questão da crise dos valores. Essa questão se identifica, do nosso ângulo temático, com o problema do imperialismo do kitsch – com o que gostaríamos de denominar *kitschização*. Todavia, antes de enfrentá-la em caráter final, é necessário lidar com outra fonte de resistência ao conceito de kitsch.

V. A TENTATIVA DE LEGITIMAÇÃO DO KITSCH

O gume crítico do *conceito* de kitsch sobrevive – bem afiado – às restrições da sociologia ao processo movido pela *intelligentsia* humanista contra a cultura de massa. Mas o conceito de kitsch vem topando ultimamente com novos e mais terríveis inimigos; novos e mais terríveis aliados, ou cúmplices, da *coisa* kitsch: é que alguns autores se empenham em *neutralizar* a noção de kitsch, retirando-lhe todo sabor de acusação e denúncia. Se se tratasse apenas de meia dúzia de ingênuos tentando "justificar" a arte kitsch, o fenômeno talvez nem merecesse registro; mas o ataque é muito mais sério. Parte de intelectuais atuantes e reputados, e visa a uma sutil demolição *interna* do significado crítico da ideia de kitsch.

A nosso conhecimento, a ilustração mais completa dessa tentativa de esvaziamento crítico da noção de kitsch é o livro de Abraham Moles,[22] o criador da "teoria informacional da percepção". Moles se detém menos na análise da arte kitsch propriamente dita do que na dos *objetos* kitsch (ver, op. cit., passim, e em especial o cap. IV). Ao focalizar a literatura (cap. VII), por exemplo, só aborda praticamente o kitsch cru do romance melodramático ou de uma pegajosa obra-prima do lirismo sentimental, "O Soneto de Arvers". Contudo, seus argumentos são claramente aplicáveis à arte *midcult* – e estão longe de limitar-se, em suas implicações teóricas, ao mau gosto dos cartões-postais ou dos *souvenirs* turísticos.

---

[22] Abraham Moles, *Le Kitsch – L'Art du Bonheur*. Paris, Mame, 1971; edição brasileira: *O Kitsch: A Arte da Felicidade*. Trad. Sergio Miceli. São Paulo, Perspectiva, 1975.

Moles desenvolve esforços comoventes para fazer humor: mas, como ele próprio adverte (cap. II, 4), esse distanciamento humorístico não deve iludir-nos: sua apologia do kitsch se leva bem a sério. O ponto de partida é a oposição dos "valores da felicidade" aos da beleza transcendente, julgada "encombrante" (*sic*). O espírito kitsch é a estética do prazer, e da espontaneidade no prazer (cap. V, 3)... Moles adere com entusiasmo ao culto *pra frente* do direito imediato ao "prazer" (e, de preferência, ao prazer "de luxo", ao hedonismo do *gadget*, do consumo tecnológico). Pena é que o professor Moles, diretor do Instituto de Psicologia Social da Universidade de Estrasburgo, escreva sobre o *bonheur* quotidiano como se nunca tivesse ouvido falar em dessublimação repressiva... Essa inocência é o preço que se paga por ter lido McLuhan em vez de Marcuse.

Mas vamos examinar as bases teóricas do paladino do kitsch. Moles se apoia bastante no Edgar Morin de *L'Espirit du Temps*.[23] Há dez anos, farejando com argúcia a maré montante da dessublimação que marcaria os anos 1960, o sociólogo Morin descobria, com uma indulgência de marxista recém-*défroqué* (ver a sua *Autocritique*, 1959), que o *bonheur* é o "*leitmotiv* da cultura de massa" (*L'Espirit...*, p. 174). A cultura de consumo, reconhece ele, mitologiza a realidade empírica; não obstante, mais profundamente ainda, incorpora a seus ritos profanos (incapazes de "*decorum*", porque essencialmente presos à libido e à libidinagem *privadas*) a própria ideia-mãe das grandes religiões – a ideia da salvação individual. A "felicidade" propiciada pelo consumo é um avatar dessublimante dos impulsos soteriológicos, salvacionistas, da alma moderna. Abandonando à religião as angústias existenciais, acomodando-se matreiramente com a censura de Estado e Igreja, a cultura de massa se entrega à busca da felicidade terra a terra. Moles fará disso um verdadeiro eureca para a sua legitimação do kitsch.

---

[23] Edgar Morin, *Cultura de Massas no Século XX* (*L'Esprit du Temps*). Rio de Janeiro, Forense, 1969.

Morin se enternece diante da "humanização" (*sic*) a que a cultura de massa submete a técnica moderna: o automóvel permite reencontrar a "natureza perdida", possibilita o *weekend* idílico (até o filme de Godard...). Os ritos do lazer tecnológico proporcionam um valioso "suplemento de subjetividade" (op. cit., p. 238) às vítimas da reificação social. Mas esse "suplemento de subjetividade" não passa de uma caricata variante do *supplément d'âme* que, segundo um certo Bergson, prima pela ausência na sociedade moderna. Pois Morin chega a considerar textualmente a psicologia do consumo de massa uma "contra-alienação" (id. ibid.)!... – e insiste em especular, vagamente lírico, sobre a possibilidade dos produtos estandardizados do consumo funcionarem como "vitaminas da alma" e "pastilhas de personalização" (id., p. 239).

O herói dessa mirífica personalização pseudo-hedonista é o burguês hodierno. Morin vê nele um ser libidinoso, liberto dos freios morais que reprimiam os seus antepassados carolas e avarentos (id., p. 240). Esmagado pelas redes burocráticas, esse novo indivíduo se desforra no consumo de massa; e sua desforra é superindividualista, passando por cima de classe e de família (id., p. 242). Em suma: o lazer de massa é libertação. Libertação e, bem entendido, rejuvenescimento, embora Morin reconheça que a juventomania do consumidor de massa tem algo de infantilizante (id., p. 243). O autor de *L'Esprit du Temps* valoriza muito o comportamento *meta-ascético* do homem de hoje, *bon vivant* por vocação. Moles completa-lhe o retrato lembrando (*Le Kitsch*, p. 79) o "consumo ostensivo" de Thorstein Veblen. Na *conspicuous consumption* a satisfação hedonista se casa com o amor ao *status* pessoal.

Morin absolve a cultura de massa; Moles, o kitsch. Não admira que ambos precisem de álibis. O de Morin é meio pueril: consiste em lembrar que a alta cultura foi quase sempre conservadora e acadêmica – e que a alta cultura antiacadêmica era sempre impopular e incompreendida ("*Qu'existait-il avant la culture de masse? Hölderlin, Novalis, Rimbaud étaient-ils reconnus de leur vivant?"* – *L'Esprit...*, p. 64). Fechemos os olhos diante do equívoco sobre a incompreensão de Novalis, que nada tem em comum com a dos outros dois poetas. Morin parece confundir estranhamente as bolas. Naturalmente, nenhuma época exaure a compreensão de obras decisivas; dentro desses limites, porém, Dante e Petrarca, Shakespeare e Calderón, Racine e Goethe, Balzac e Tolstói – que não são nada inferiores aos dois grandes poetas "malditos" mencionados por Morin – foram aceitos e reconhecidos pelos seus respectivos tempos. Logo, como sugerir que o reconhecimento da alta cultura – sabido que esta não é, obviamente, "popular" – só premia a mediocridade?

Morin confessa o seu desejo de "rebaixar a cultura culta" (p. 18) para, entre outros objetivos, satisfazer alguns impulsos sadomasoquistas de que os intelectuais são particularmente gulosos (id., ibid.). No fundo, não se interessa tanto pela *argumentação* contra a alta cultura: prefere ridicularizar o inimigo a combatê-lo. Reproduz com aprovação as diatribes de Harold Rosenberg[24] sobre os críticos que condenam o kitsch do ponto de vista da arte, mas, quando falam de arte, só exprimem ideias kitsch... Moles também zomba com gosto das estéticas exigentes, divertindo-se em notar que elas ficam inevitavelmente marginalizadas (cap. XIII, 5 *in fine*). A rigor, quem tem razão é Morin: o alimento natural do masoquismo desses intelectuais que, justificando o kitsch, mutilam sua própria sensibilidade (sejamos generosos) é a agressão sádica contra tudo o que a cultura autêntica, na sua muda presença, exige e significa. Dá vontade de perguntar: se a alta cultura é mesmo tão inócua e vazia como dizem os intelectuais kitschistas, por que tanta fúria em rebaixá-la? Ou será que, ao lado de um sadomasoquismo honestamente admitido (por Morin), os intelectuais kitschófilos ainda padecem de má consciência? Morin foi de fato muito oportuno ao citar o sarcasmo de

---

[24] Harold Rosenberg, "Popular Culture and Kitsch Criticism". *Dissent*, inverno de 1958; republicada no volume *The Tradition of the New*. Nova York, Horizon Press, 1959.

Rosenberg sobre a crítica com ideias kitsch em matéria de arte – porque este é exatamente o caso dele, Morin. Nada mais kitsch, com efeito, do que interpretar o processo histórico pelo qual as artes se foram dissociando dos valores religiosos como uma evolução puramente esteticista (*L'Esprit...*, p. 100-03). Para Morin, no entanto, o grande significado cultural da autonomização da experiência estética consistiu na afirmação de um ludismo hedonista, de tal modo que "a cultura de massa é, sem dúvida, a primeira cultura da história do mundo a ser tão plenamente estética" (ibid.); fora desse eufórico ludismo antitranscendental, assimilado por Morin à consciência *irônica* em Hegel (*Filosofia do Direito*, § 140), a arte só tem a oferecer algumas remunerações afetivas; e a cultura de massa, as suas espúrias mitologias. Vê-se por aí o quanto, em 1962, a estética de Morin era alienadinha. A conquista da condição profana pela arte é identificada com a adoção de um esteticismo inteiramente alheio ao sentido cultural efetivo das grandes obras artísticas. Aceitando a tese de Morin, teríamos que reduzir a significação do *Quixote*, do *Gulliver*, dos *Demônios* ou do *Processo*, da escultura de Michelangelo, da pintura de Goya, do lirismo de Baudelaire ou da música de Beethoven, à mera efervescência de um prazer lúdico, desligado de todas as problemáticas do homem e da sociedade. Felizmente aprendemos com Benjamin ("A Obra de Arte na Época de sua Reprodutibilidade Técnica") a conceber de modo muito menos pobre e esquemático o processo de secularização da produção artística.

Era de esperar: a justificação do kitsch repousa na alienação feita estética – e na estética da alienação. A partir de semelhante base, compreende-se que Moles perca tempo com tipologias do kitsch no nível epidérmico (cap. IV: kitsch religioso, erótico, futurista, etc.) com distinções pouco relevantes (kitsch "doce" e kitsch "amargo", segundo Alexander Gonda) e, sobretudo, com excursões pela história da arte forradas de equívocos. Ele classifica corretamente de kitsch os estilos imitativos oitocentistas, como a arquitetura neogótica (Casas do Parlamento, em Londres, por Charles Barry e Augustus Welby Pugin), neorrenascentista (Biblioteca Nacional de Munique, por Gartner; Reform Club, em Londres, por Barry) ou neobarroca (Ópera de Paris, por Charles Garnier; estilos guilherminos, na Alemanha, e eduardiano na Inglaterra); mas em compensação, labora de erro em erro no campo das outras artes.

Por exemplo: sustenta impávido a permeabilidade da estética maneirista ao kitsch (seria conveniente indagar: que maneirismo? O de Pontormo e Rosso? o de Michelangelo? o de Júlio Romano? o de Bronzino? o de Palladio? o de Tintoretto, Bruegel, Giambologna, El Greco ou Callot?... a eminência artística desses nomes obriga a menos leviandade nas aproximações com a antiarte kitsch). Fala em kitsch onde quer que ocorra uma estética da acumulação, ou da combinação de vários *media* artísticos (e, no entanto, do barroco ao escultor neodadá César, a acumulação tem sido um princípio estético de indiscutível qualidade). No campo da pintura alemã, põe um artista como Adolf Menzel (1815-1905) (que cultivou, é certo, o academismo, mas cuja técnica pictórica e cujo tratamento da luz, vigorosamente pré-impressionista, se situavam, em 1840, na vanguarda da plástica europeia) na companhia dos pequenos mestres do Biedermeir e de um neorromântico estritamente acadêmico como Arnold Boecklin.[25] Acolhe uma concepção ultrassimplista do kitsch em Wagner e no *art nouveau* – e uma concepção ingenuamente unilateral a respeito das relações (que julga exclusivamente antitéticas) entre kitsch e impressionismo, ou kitsch e funcionalismo. Enfim, considera a estética *pop* uma legitimação do kitsch – o que é desentender completamente a dimensão crítica do *pop* sério, predecessor imediato do não menos sério hiperrealismo.

Não fosse o interesse de certas análises sobre a primeira infância da sociedade de consumo (cf. as páginas dedicadas à psicologia do grande *magasin*, cap. VI, 7),

---

[25] Sobre Menzel, ver a fina análise de Fritz Novotny, *Painting and Sculpture in Europe, 1780-1880*. Londres, Pelican, 1960, p. 157-63.

o livro cairia todo sob a égide do pior confusionismo crítico e metodológico (o seu método "encantatório" [cap. II, 5] é uma piada à parte). Moles se recusa explicitamente (cap. XIII, 3) a qualquer discussão de valor. Entretanto, seu "dossiê científico" (cap. XIII, 4) não se furta a indicar o "valor pedagógico" do kitsch (cap. VI, 9); nem, tampouco, a arreganhar os dentes contra a alta cultura e sua higiene antikitsch. Logo, a apologia do kitsch é, querendo ou não, uma posição axiológica – só que péssima, a exemplo de todas as posições que pretendem eximir-se da definição de valores. Assim como a pior política é frequentemente a dos que "não fazem política", o abstencionismo crítico da kitschofilia não passa, na realidade, de *juízo* deformante e deformado.

Nos anos 1970, curado do seu pilequinho de *masscult*, Morin virou um intérprete sensível e inteligente da contracultura *hippie* americana (cf. o seu *Journal de Californie*, 1970). Ultimamente, atento à evolução mais moderna da biologia, da etologia, da ecologia, da cibernética, da pré-história e da antropologia, proporcionou-nos uma estimulante reflexão transdisciplinar – *Le Paradigme Perdu: La Nature Humaine* (Paris, Seuil, 1973). Porém, Moles, preso aos mitos cientificistas da estética da informação, continua aparentemente bem longe de renunciar à alienação festiva da sua teoria do kitsch. Glorificando as dessublimações "digestivas" do consumo de massa, os ensaios kitschistas viram objetivamente candidatos a rivais de *Playboy*... Mas é preciso reconhecer que, nessa competição, eles não têm nenhuma chance de vitória. O masoquismo do kitschista, esse aprendiz de feiticeiro, desperta uma nêmesis irônica: ela torna a escrivinhação anticultura não só errônea como supérflua. Como guia para o paraíso das delícias kitsch, Hugh Hefner é muito superior, convenhamos, a Abraham Moles... O assassinato da alma crítica do conceito de kitsch é uma empresa totalmente frustrada: não garante sequer a popularidade – essa virtude tão kitsch.

Assim, a cultura mobilizada contra si própria se vinga dos que a traíram. Tal como o "prazer" do consumidor beócio, que o intelectual kitschista pretende legitimar, a "racionalidade" do kitschismo é pura aparência. O "prazer" do consumidor de kitsch, conforme observaram Horkheimer e Adorno (op. cit.), se converte rápida e forçosamente em *tédio* – porque, para continuar como puro prazer e "distração", se obriga a evitar qualquer esforço mental, escravizando-se às associações mais rotineiras, mais desprovidas do encanto da novidade. De forma análoga, a "razão" do ensaísmo kitschista, ao encontrar seu reflexo no descaro ideológico da baixa imprensa de dessublimação, se identifica com o irracional e assiste, ato contínuo, à dissolução de suas pretensões lógico-retóricas. O kitsch pode vencer – mas não saberá jamais convencer.

Os intelectuais kitschistas são intelectuais que abjuraram a fé nos valores da cultura. De certo modo, são os cristãos novos do filistinismo, noviços secretamente angustiados entre os adoradores de Baal. A tática desses renegados consiste em xingar a alta cultura de repressiva. Reivindicando indulgência para com os "prazeres" alienados do "homem comum", posando de "democratas" hostis ao "elitismo" da alta cultura, os kitschistas se fazem apóstolos da tolerância. Mas já vimos bem o que essa tolerância filistina encerra em matéria de agressividade. Essas "defesas" ideológicas do homem da rua e do gosto popular" só servem para dar razão àquele epigrama dos *Minima Moralia*, de Adorno: "O burguês é tolerante: seu amor aos homens como eles são reflete o seu ódio ao homem como ele deve ser".

VI. Kitsch e esteticismo

No fim do livro, Moles faz questão de dissociar-se da concepção "demonológica" do kitsch. Trata-se de uma referência ao grande romancista e crítico austríaco Hermann Broch (1888-1954), que analisou o kitsch como "o mal na literatura". Os escritos de Broch sobre esse tema[26]

---

[26] O ensaio essencial de Broch sobre o kitsch se intitula "O Mal no Sistema de Valores da Arte". Publicado na *Neue Rundschau* de

constituem, a nosso ver, o ápice crítico da teoria do kitsch. (Em consequência, o crítico Moles demonstra real lucidez ao separar-se deles.)

A originalidade de Broch está em unir a descrição estilística do kitsch a uma verdadeira *sociopsicanálise da burguesia* – classe que foi, como vimos, o berço sociológico da arte "digestiva". Assim, a kitschologia brochiana nos leva de volta ao problema focalizado na terceira parte do presente ensaio: o problema da determinação das origens socioculturais do kitsch.

Morin e Moles vinculam o kitsch à índole *meta-ascética* do burguês contemporâneo. O burguês vitoriano era um caráter ascético; mas seus atuais descendentes vivem mergulhados nas volúpias da dessublimação. O kitsch, "arte do prazer", inimigo das estéticas *exigentes*, é um dos alimentos desse *éthos* desascetizado. Por outro lado, conforme percebeu Tocqueville, a burguesia oitocentista, ao assumir a hegemonia cultural, não se pautou, à maneira das antigas elites aristocráticas, por critérios "heroicos" de elevação do gosto e da conduta; em vez disso, abandonou tacitamente os imperativos grandiosos da *alta* cultura. Nesse sentimento – e, evidentemente, *só* nesse – é que o reinado da burguesia inaugurou uma democrática "era da classe média", marcando o "fim das elites".

Nesses dois pontos, Broch defende uma concepção exatamente inversa. Para ele, a burguesia de 1800 não repeliu os ideais elevados da alta cultura – procurou antes *assimilá-los*, numa intensa fome de exuberância, estilo e "*décor*". Daí ter patrocinado o pomposo efeitismo do kitsch, trocando, por exemplo, a sobriedade da arquitetura neoclássica pelo ornamentalismo esteticista

---

agosto de 1933, foi coligido por Hannah Arendt no vol. póstumo *Dichten und Erkennen*. Zurique, ed. Rhein, 1955 (trad. fr.: *Création Littéraire et Connaissance*. Paris, Gallimard, 1966). Broch consagrou ainda ao kitsch uma bela conferência feita no seminário de germanística de Yale, em 1951, igualmente reproduzida em *Dichten und Erkennen*. Pertinentíssimo é também o ensaio sobre Hofmannsthal que abre o volume.

do falso gótico e, mais tarde, do falso barroco (Ruskin[27] não hesitará em afirmar: *"ornamentation is the principal part of architecture"*).

A contradição entre esse argumento e o de Tocqueville é mais aparente do que real. A observação de Tocqueville foi feita de olhos postos na burguesia americana do limiar do século XIX – burguesia de uma sociedade destituída de estratos aristocráticos. Já Broch pensa, naturalmente, nas burguesias europeias da época romântica, profundamente marcadas pela herança cultural da nobreza. E aqui, sua tese sobre a "fome de *décor*" ganha toda a significação. Nada revela melhor a sede de transfiguração estética do público burguês do que a mania da ópera. A ópera, que o burguesíssimo doutor Johnson ainda ousava definir como "um divertimento exótico e irracional", virou paixão da burguesia oitocentista. Esta não "engoliu" a maioria dos seus melhores romancistas – mas atravessou o século se enamorando perdidamente dos Rossini, Verdi e Puccini. Ao redor de 1880, o delírio operístico conquista também os Estados Unidos, onde, aliás, a alta burguesia se "veblenizava" em rápida cadência – convertendo-se em massa às insígnias do "consumo ostensivo".

Na Europa de 1800, a burguesia, em parte contaminada pela libertinagem do século precedente, dispõe-se a *temperar* o ascetismo protestante e os ideais espartanos da Revolução Francesa com uma nova complacência em relação ao comportamento "estético" e exuberante. A eticidade burguesa, tanto tempo contraposta à estetização aristocrática da existência, principia a ceder. A alta burguesia pós-revolucionária arquiva o puritanismo neoclássico, começa a inebriar-se de efusões e languidez românticas.[28]

---

[27] Citado por Nikolaus Pevsner, *An Outline of European Architecture*. 5ª ed. Londres, Pelican, 1957, p. 273.

[28] A própria arte neoclássica irá perdendo sua primitiva austeridade. Friedrich Antal (*Classicism and Romanticism*. Londres, Routledge & Kegan Paul, 1966) indicou o enlanguescimento da pintura de David (porta-voz dos valores "romanos" em 1780) durante o Diretório e o Império. O classicismo de 1800 será açucarado e "romântico", como em Canova e Prudhon.

Em lugar, porém, de aceitar plenamente a exuberância vital longamente reprimida, a burguesia triunfante caiu vítima dos seus velhos impulsos ascéticos. Passou a estetizar – mas a estetizar, *sublimando*. "A frigidez puritana foi transportada para o domínio da paixão" (Broch). O *éthos* burguês experimentou uma secreta ambivalência ante os valores erótico-estéticos. Desejava imitar as antigas elites, satisfazer sua própria fome de "*décor*" – e contudo, incapaz de libertar-se do seu rancoroso e imemorial desprezo pela vida fidalga, não pôde deixar de impor uma inflexão desfiguradora ao instinto de exuberância. *Por isso, converteu o apetite de estilo e de grandeza na religião do "sublime"*. Como assinalou Huizinga, a alma vitoriana afogou o ludismo livremente exuberante da cultura de elite tradicional na obsessão do "grave". A jubilosa afirmação dos impulsos estéticos se metamorfoseou em *melancolia cósmica*. A "fome de décor" teve de resignar-se ao cinzento *decorum* do "*way of life*" oitocentista. A "grande arte" que a burguesia finalmente se consentiu nasceu marcada por essa persistente ascetização do instinto. O *éthos* burguês conseguiu emascular a exuberância vital.

Tal é a raiz sociopsicanalítica do kitsch, segundo Broch; pois a arte kitsch não é senão "exuberância *simulada*". O kitsch é o efeitismo que pretende conferir uma aura de "infinito" aos produtos do estilo imitativo, obediente a "receitas". A ópera oitocentista, gênero eminentemente "de efeito", epitomiza a presença do kitsch na arte "séria". O academismo se encarregará de manter a arte "nobre" permeável ao contágio do kitsch. Aprofundando o conceito de kitsch, era fatal que Broch surpreendesse o estigma do monstro no próprio santuário da arte elevada e culta.

Mas o autor da *Morte de Virgílio* vai ainda mais longe. Contempla no veneno kitsch um subproduto da crise geral dos valores, em que se debate a civilização ocidental. Católico platonizante, Broch julga o valor estético – a beleza – consubstancial à verdade. O verdadeiro artista, ensina ele, não persegue a beleza; sua missão é "ficar à espreita do objeto", a exemplo dos Dürers ou Rembrandts, e receber a beleza "como um fruto maduro" que premia, por assim dizer, *inesperadamente* a obra bem-sucedida. *A procura do belo pelo belo é uma heresia moderna, nascida da desintegração do sistema dos valores.* O esteticismo, como a *Realpolitik* ou a economia "pura", foram inconcebíveis enquanto o Ocidente soube integrar e hierarquizar sua panóplia axiológica. No esteticismo – na "arte pela arte" – a qualidade ética do agir artístico se perde. Ora, o esteticismo é a matriz da pseudoarte, do kitsch. "A essência do kitsch é a confusão da categoria ética com a categoria estética." O kitsch não aspira ao bom trabalho, mas sim ao *belo* trabalho – somente o efeito lhe interessa. O kitsch busca efeitos medularmente *esteticistas*, isto é, não simplesmente estéticos, mas "puramente" estéticos, estéticos enquanto isolados, enquanto radicalmente indiferentes à inteireza humana do sistema dos valores. Logo, ele representa a (pseudo) arte da cultura sem bússola ética; *o kitsch é o mal, na arte.*

Verifique o leitor por aí se o conceito "demonológico" de kitsch em Broch é coisa que esteja ao alcance das ironiazinhas filistinas de um teórico alienado tipo Moles. Longe de representar qualquer "moralismo" estreito, o conceito brochiano de kitsch nos oferece a fonte pela qual se transita do plano da descrição do kitsch *patente* – do kitsch ostensivamente inculto dos objetos turísticos e pintores dominicais – ao plano, muito mais decisivo, do kitsch como vírus atuante na própria alta cultura.

Broch nos impede de esquecer que o kitsch, embora explicitado pela cultura de massa, *é um fenômeno cuja complexidade transcende a órbita habitual desta última.* A cultura de massa fabrica uma arte sentimentaloide e moralista, mesmo depois do advento das dessublimações de consumo. Porém, ao emigrar para as altas esferas da cultura sofisticada, o kitsch – demônio ubíquo e proteiforme – é capaz de vestir o traje despistador do esteticismo mais intransigente; é capaz de fazer-se ultrassofisticado. A kitschização mina, assim, por *dentro*, os aristocráticos valores da alta cultura. Na verdade, desde o romantismo, esse solapamento nunca cessou de ocorrer. Na sociedade industrial, o kitsch é o vampiro da grande arte, o súcubo esteticista que visa a destruir cada esforço de reautentificação semântica do estilo. O perigo não vem só de que, na expressão de Morin (p. 16), "o mecenato tenha sido substituído pelo *mercenariato*"; vem também, ou principalmente, da contínua e silenciosa ameaça sob a qual vive, lutando para viver, tudo o que o homem dos nossos dias ainda produz de genuinamente artístico.

VII. A vida dupla da arte na sociedade de massa

A demonstração, feita por Broch, do parentesco espiritual existente entre o efeitismo do kitsch, a exuberância *simulada* da arte de passatempo e o esteticismo moderno é altamente perturbadora – porque nós nos acostumamos a encarar precisamente o esteticsmo e o *l'art pour l'art* como um dos sinais mais típicos do antiacademismo da arte de *vanguarda*. Se o kitsch (baixo ou disfarçado, plebeu ou sofisticado) é esteticista, e se a vanguarda é o próprio antikitsch, que pensar do fato, aparentemente irrecusável, de que quase todo o vanguardismo, de Schlegel a Gautier e Baudelaire, e deste até Benn, cultivou a arte pela arte?

A única maneira de fundamentar a diferença do esteticismo de vanguarda e o kitsch é reprisar a descrição estilística deste último. Já vimos que o kitsch é a estética do mecânico, a produção de reações controladas e também constatamos que o *efeitismo* é consubstancial ao kitsch. Ora, o efeitismo kitsch opera por meio de uma intrínseca *teatralidade*. A fórmula de Broch – *simulação de exuberância* – não poderia ser mais adequada. Não há kitsch "institucional", nem arte kitschizada – não há kitsch manifesto ou latente – que não denote uma dose considerável de *turgidez*, de empolamento, de inchação.

Na tradição pós-romântica, esse efeitismo túrgido se confunde com um certo tipo de ênfase. No segundo Oitocentos, a combinação de ênfase com *decorum* – de gradiloquência e *cant* leva, fatalmente, à intumescência kitsch.

A ênfase "sublime" não sobreviveu – em termos de valor artístico – ao romantismo. Paul Verlaine tinha razão em querer torcer o pescoço da eloquência; pois o *páthos* altissonante só resistiu à inautenticidade naqueles raros exemplos em que o estilo enfático foi mobilizado *contra o decorum* cultural: no romance carnavalizado de Dostoievski[29] na filosofia dionisíaca e "coreográfica" de Nietzsche (e é a pouca propensão da ênfase de Wagner a dissociar-se do "sublime" que "data" muita coisa na sua ópera).

O romantismo ainda pôde ser legitimamente enfático. Seu *páthos* se nutria de impulsos de *idealização* que, embora em larga medida ideológicos, e embora já corroídos pela decadência do gosto subsequente ao recesso das elites aristocráticas, ainda se abeberavam na antiga capacidade de plasmação cultural do Ocidente. A mística romântica da totalidade, o aspecto "religioso" do romantismo, reflete essa energia idealizatória (e não só idealista) da cultura do primeiro Oitocentos. Todas as vezes em que se manteve fiel a essa *vis* idealizadora, a esse visionarismo genuinamente *utópico*, o patetismo romântico escapou à tumescência kitsch. É por isso que os arroubos visionários de um Novalis, um Hölderlin, um Keats ou um Nerval *não* são kitsch, ao contrário da idealização sentimental do romantismo vitoriano (por exemplo, em Dickens ou George Sand).

A tumescência kitschizante pode ser "de pensamento", como em certas passagens dissertativas de Tolstói, ou de "linguagem", como nas cores "puras" e

---

[29] Ver Mikhail Bakhtin, *La Poétique de Dostoievski* (orig. russo de 1929; 2ª ed. Paris, Seuil, 1970). Não parecem ter cabimento as reservas que o prefácio de Julia Kristeva levanta à visão humanista e "surdamente cristã" de Bakhtin, e muito menos a crítica de David Hayman, "Au-delà de Bakhtine". In: *Poétique* n. 13, 1973. Quase tudo o que Kristeva censura em Bakhtin é o que o distancia de "Tel Quel" e do seu arquidiscutível coquetel teórico marxo-freudo--chomskyano. Hayman tenta a todo custo "recuperar" a subversão cultural do carnavalismo. Para uma aplicação do conceito de literatura carnavalizada à literatura brasileira, ver José Guilherme Merquior, "Gênero e Estilo das *Memórias Póstumas de Brás Cubas*". *Colóquio/Letras* n. 8, 1972.

"veementes" – veementes demais! – de Van Gogh; mas é sempre efeitismo *para-sublime*, teatralidade forçadamente "romântica".³⁰ Nas zonas fortes do pós-romantismo kitschizado, o túrgido se assenhoreia a um só tempo do "pensamento" e da "expressão". O parnasianismo é a instância modelar: forma inchada e ideias bombásticas, efeitismo barato de logos e elocução.

Na vanguarda, há esteticismo e esteticismo. Broch sabia distinguir o *l'art pour l'art* baudelaireano, a sua inédita consciência da técnica linguístico-poética, e o efeitismo vulgar do esteticismo sem inquietação humana. Baudelaire, o primeiro poeta da grande cidade, o primeiro lírico da angústia moderna, é esteticista, mas não formalista. Seu vanguardismo, rapidamente despolitizado como todo o esteticismo da boêmia antiburguesa, partilha com os impressionistas o que Broch chama de "mística da técnica artística". No entanto, o essencial, para o nosso tema, é o desdobramento, em Baudelaire, do esteticismo em crítica da cultura. *A crítica da cultura é a metamorfose que salva o esteticismo da kitschização.*

A crítica da cultura não é nenhum apanágio da literatura: Adorno soube surpreendê-la no próprio coração das formas musicais; e as naturezas mortas de Cézanne ou Picasso, sem nenhum "conteúdo", podem ser considerados fatores de revolução cultural. Guardadas, ainda assim, todas as proporções devidas à diferença dos veículos artísticos, é lícito supor a presença do vírus kitsch, formalista e alienado, na pintura impressionista. Gombrich sugere que o colorido luminoso e vivo da tela impressionista era uma compensação, em forma de prazer "regressivo", pela intransigência com que esse estilo reclamava uma violenta ascese perceptiva do espectador, forçado a abandonar, na contemplação do quadro, o recurso habitual às associações literárias e a "leitura" bem mais fácil do figurativismo tradicional.

---

³⁰ Sobre a inautenticidade estética dos elementos românticos na arte do segundo Oitocentos para cá, ver, neste mesmo volume, o ensaio "Formalismo e Neorromantismo".

Hoje, porém, o colorismo de Renoir exala decididamente odores culinários... Significativamente, o cromatismo luminoso e vivo – como o de Bonnard, último pintor do "*bonheur*", ou o de Chagall pós-1918 – foi um dos primeiros traços da "arte moderna" a cair no gosto do burguês, satisfeitíssimo de poder incluir o "moderno" na categoria tranquilizante do "bonito". Será por simples acaso que a cor violenta do "gênio louco" Van Gogh "passa" muito mais, e muito mais depressa, do que o tonalismo de Gauguin ou Cézanne? Ou que as ousadas composições de Degas são bem menos populares do que as banhistas e menininhas de Renoir? (Renoir pintou milhares de telas, muitas das quais se encontram nos Estados Unidos...) Até Matisse, nos anos 1930, confeccionou "exuberância simulada" com a intensidade cromática – embora a missão histórica de kitschizar o fauvismo tenha cabido, inquestionavelmente, a Vlaminck, Van Dongen e Dufy, três coqueluches do filistinismo "avançado".

A contaminação kitsch de impressionismo e fauvismo é um fato; mas ninguém deseja com isso negar o papel decisivo desses movimentos na história crítica da visão plástica. O que esse contágio indica é a *vida dupla* levada pela arte de vanguarda (a única que conta) na sociedade de massa. Vida dupla que começou antes mesmo da sociedade de massa haver atingido o estágio atual, de sociedade "de consumo". Por um lado, com efeito, a vanguarda é plena combatividade, firme oposição ao kitsch e seus clichês; por outro lado, o seu esteticismo degenera com frequência em soluções digestivas, dominadas pelos amenos valores do bonito ou do sentimental. Infensa, mas não imune ao kitsch, a vanguarda vive perpetuamente o risco de cindir-se; vive o risco de cair numa existência ocultamente esquizofrênica. Pois a vanguarda sofre de dupla personalidade. O inevitável esteticismo com que se protege das ideologias reinantes, com que, devotando-se unicamente à verdade da arte, ela tenta salvar-se da distorção geral dos valores e ideais, é aquilo mesmo que prepara a cama da kitschização. A certa altura, vanguarda e kitsch, criados no mesmo habitat – a crise dos valores na sociedade alienada – se reconhecem como irmãos inimigos.

Nem sequer os estilos explicitamente comprometidos com a contestação da cultura dominante conseguem vacinar-se definitivamente contra a peste kitsch. A crônica da mais desenvolvida das estéticas de contestação – o surrealismo – é uma prova disso. O surrealismo nasceu como estética das "iluminações profanas":[31] como técnica subversiva da revelação do desejo, das pulsões reprimidas. Por isso Breton definia a beleza como *convulsiva*. O gesto criador era, para o surrealista, uma aventura em busca do "acaso objetivo": daquele momento *iluminado* em que a realidade desperta, inesperadamente, a força indômita do desejo. Em face dessa aspiração básica, os equívocos da ortodoxia surrealista na interpretação da psicanálise, a confusão, feita por Breton, de freudismo com o ocultismo,[32] não têm maior significado: muito mais importante é o fato de que o surrealismo converge com a psicanálise na afirmação da natureza essencialmente *recalcada e reprimida* do inconsciente. A exploração surrealista do inconsciente como voz do censurado e reprimido se inscreve na diretriz mais fecunda do pensamento freudiano (a própria diretriz negligenciada pela mitologia neorromântica de Jung).

Mais recentemente, virou moda condenar a "ingenuidade" da poética surrealista. Alega-se o seu apego à desacreditada equação arte = vida. Mas a verdade é que o conceito de "escrita automática", pivô dessa poética da vivência, é sumamente ambíguo. Blanchot viu que a transcrição automática do pensamento acarreta sempre uma libertação das palavras, como genitivo objetivo;[33] logo, a escrita automática termina "dando a iniciativa às

---

[31] Ver Walter Benjamim, "O Surrealismo – O Último Instantâneo da Inteligência Europeia" (original alemão de 1929); trad. fr. no vol. *Mythe et Violence*. Paris, Denoël, 1971.

[32] Ver Jean Starobinski, "Freud, Breton, Myers". *L'Arc*, n. 34, 1968.

[33] Ver Maurice Blanchot, "Réflexions sur le Surréalisme". In: *La Part du Feu*. Paris, Gallimard, 1949.

palavras", como pedia Rimbaud; termina reencontrando o corpo a corpo com a linguagem, e corroborando a valorização moderna da escrita *como arte*, reflexão e trabalho. Afinal, os surrealistas batizaram sua primeira revista de *"Littérature"*!...

Nem por isso, todavia, ficou atenuado o seu repúdio a toda poética intelectualista; porque, mais cedo ou mais tarde, todas as poéticas intelectualistas se mostram vassalas das normas culturais vigentes, incapazes de discernir a repressão na cultura. Mas o amor surrealista às "iluminações profanas" não podia, tampouco, mostrar-se indulgente para com o contemplativismo esteticista. Para o surrealismo, a beleza não é uma qualidade a ser saboreada de maneira friamente *détachée* – é uma deflagração de respostas totais (e não só mentais), respostas envolvendo tanto o sentimento e o querer quanto as funções puramente sensório-intelectuais.[34] A experiência estética surrealista é *visceral*, não apenas sensível ou cerebral.

Aparentemente, o surrealismo propunha, dessa forma, uma rejeição fantasista do fenômeno – inerente à degustação da arte – da *distância estética*; na realidade, tratava-se de superar o defeito que Edward Bullough – o teórico da dita distância estética – chamou de *"overdistance"*.[35] Na atmosfera artística da Europa oitocentista, rarefeita e anêmica, a distância estética funcionava constantemente como *super*distância; e os aspectos mais negativos do esteticismo (acadêmico ou não) se alimentavam precisamente dessa institucionalização de um tipo exangue e magro da experiência estética. A saúde da proposta surrealista residia justamente em polemizar com esse esteticismo de estufa.

Como foi então que, apesar disso tudo, o kitsch se introduziu no arraial surrealista? Podemos atribuir a

---

[34] Ver Roger Cardinal e Robert S. Short, *Surrealism – Permanent Revelation*. Londres, Studio Vista / Dutton, 1970, p. 54.

[35] Edward Bullough, "'Psychical Distance' as a Factor in Art and an Aesthetic Principle" (1912). In: *Aesthetics*. Londres, Bowes & Bowes, 1957.

kitschização do surrealismo em Salvador Dali ou Pablo Neruda, à conversão do antiesteticismo em busca da "fantasia" e do "maravilhoso". Onde quer que o surrealismo tenha trocado a sua traumatofilia crítico-iluminatória pelo cultivo do insólito pelo insólito, do visionário pelo visionário, a imaginação surreal se transformou em esteticismo efeitista. A obra do cabotino Dali, esperto academizador da pintura moderna, *"enfant chéri"* do público *"middle brow"*, é apenas o caso extremo dessa tendência. Ora, como sempre, o esteticismo kitschizado apela para a ênfase e o túmido. O "barroquismo" surrealista (que danificou bastante o verso de um poeta do porte de Jorge de Lima) é um dos veios favoritos da tumescência kitsch; e seria preciso todo o poder dissolvente da ironia plástica de Miró para resgatar a pintura surrealista do efeitismo bombástico de Dali.

Na teologia protestante de Paul Tillich,[36] o divino é o "fundamento incondicionado da significação", o princípio universal do bem e da verdade, que transcende toda forma particular de cultura e, portanto, toda sacralização do dado e do tradicional; o demoníaco *é esse mesmo transcender,* em modalidade radicalmente negativa. Enquanto o divino ultrapassa a cultura-como-forma em nome da cultura-como-significação – em nome da fé como fonte impredeterminável do significado da vida – o demoníaco só ultrapassa a forma em nome da pura negatividade, da pura destrutividade. O divino é "fundamento" último; o demoníaco, abismo radical (*a-byssos* = sem fundo). Mas como o fundamento do divino é por natureza *incondicionado*, o seu ser, fundamento positivo, se *parece* fatalmente com o abismo do mal. Assim, *divino e demoníaco apresentam a mesma estrutura*; ambos são *êxtases*, rupturas, irrupções da vontade de ultrapassamento da forma: um para liberar a plenitude da verdade, bloqueada pela significação necessariamente limitada das formas culturais; outro, para

---

[36] Paul Tillich, *Religionsphilosophie*. Frankfurt, Ullstein, 1962 (trad. fr.: Genebra, ed. Labor et Fides, 1971), 1ª parte, II, 5.

comprazer-se na destruição niilista e satânica de toda significação, limitada ou ilimitada. Por isso o demoníaco é o "sagrado, com sinal de menos".

O esteticismo do kitsch sofisticado está para o esteticismo da arte de vanguarda assim como o demoníaco de Tillich está para o divino. Conforme se viu pelos exemplos de impressionismo, fauvismo e surrealismo, o contágio da vanguarda pelo kitsch é favorecido *pelos próprios traços distintivos do estilo vanguardista*: o colorismo impressionista, o gosto pelo insólito no surrealismo, etc. O *alto* kitsch procede por um *mimetismo* impecável: aninha-se na estrutura mesma da arte em reação contra o kitsch barato. A kitschização é uma osmose.

A consolidação de uma *midcult* – de uma cultura de massa *disfarçada de alta cultura* – engendrou um *kitsch de vanguarda*, mil vezes mais nocivo do que o kitsch secos-e-molhados do público *low brow*. Parafraseando MacDonald, diríamos que, com toda a sua pretensão ao bonito e ao "estético", o kitsch popular – o kitsch da *masscult* – constitui uma formação *paralela* à alta cultura; o kitsch de vanguarda, porém, se erige em *competidor* desta última.

MacDonald tem toda a razão em concentrar-se na especificidade da *midcult moderna*, pós-1945. Nota com acerto que o academismo também era um alto kitsch – um kitsch para a elite; mas o academismo era *hostil à vanguarda*, ao passo que a *midcult* de hoje se singulariza precisamente por seu insidioso mimetismo em relação à vanguarda. Tudo seria, efetivamente, bem mais simples se toda a poesia kitsch se cingisse ao soneto meditabundo com chave de ouro, se o romance kitsch nunca adotasse os moldes "não lineares" e não naturalistas do narrar, ou se o teatro kitsch não trocasse a *pièce bien faite* pelos efeitos "brechtianos" ou o flerte com Artaud... Entretanto, no reino atual do confusionismo eclético, a demarcação da fronteira do kitsch é infinitamente mais árdua, não só porque os próprios vanguardistas se transmudam em kitsch (por exemplo, na dramaturgia, Ionesco do *Rinoceronte* em diante, Arthur Miller depois da *Morte do Caixeiro*

Viajante, Tennessee Williams depois de *Glass Menagerie*), alinhando-se tranquilamente ao lado da indefectível legião dos kitsch de nascença (como Jean Anouilh), mas também, e principalmente, porque alguns dos "vanguardismos" mais tonitruantes são, a rigor, poços de efeitismo kitsch (a prosa de Philippe Sollers, as peças de Arrabal, o *pop* amável de Andy Warhol, 99% da crítica literária dita estruturalista, etc.). A kitschização é a própria sombra da vanguarda. Se o pecado é uma possibilidade permanente para o homem, o kitsch, mal no estético, é uma possibilidade permanente da arte.

VIII. Excurso acerca de uma aberração: a revalorização do kitsch acadêmico

No seio dessa confusão de valores, há lugar para muitas aberrações. Particularmente extravagante é, a esse propósito, a atual voga de reabilitação do *velho* kitsch de elite – o academismo. A última das maravilhas da dessublimação alienada é, denunciando os dogmas e preconceitos da arte moderna, amar sem complexos o estilo *pompier*. O tenaz epigonismo do nosso tempo se entrega desse modo a uma insolente e sádica revisão de valores – álibi perfeito para a sua incapacidade de medir-se com a tradição criadora do primeiro Novecentos.

A tendência a reabilitar o velho kitsch invade o campo de todas as artes. É moda preferir Júlio Verne a Stendhal, H. G. Wells a Hardy, ou delirar com Robert Louis Stevenson, "uma das leituras de cabeceira de Borges"... Festeja-se de novo o gênio de Viollet-le-Duc; certamente não tardarão a surgir defensores entusiastas de Tchaikovsky e Rachmaninof. No Brasil, já se consegue (aparentemente sem esforço) enaltecer os méritos de Vítor Meireles e Pedro Américo. Espera-se para breve a reentronização de Coelho Neto e a apoteose de Osvaldo Teixeira, no momento ainda desbancado pelo estilo *légeramente* epigônico de Tarsila do Amaral. Não obstante, até aqui, a onda é bem mais intensa no domínio pictórico.

Cobrindo-se com uma péssima interpretação da estética hiperrealista, alguns critiquinhos desavorados fazem penosas acrobacias para convencer-nos de que a história da pintura na idade vitoriana não consiste, essencialmente, em Delacroix, Ingres, Corot, Courbet, Manet, Degas, Whistler, Monet, Cézanne, Gauguin, Seurat e Vuillard e sim... na pomposa *peinture d'histoire* dos Horace Vernet, Delaroche, Laurens, Meissonier, Detaille, Baudry ou Gerôme; nas reconstruções arqueológicas à Couture; nas pieguices pré-rafaelistas; nos nédios e fotográficos nus de Cabanel e Bouguereau; nas cenas "exóticas" dos orientalistas banais como Decamps e Fromentin, nas paisagenzinhas de Troyon, nos quadros de *genre* de Meissonier ou Fortuny (e na pintura de animais da inefável Rosa Bonheur); nos retratos fotográficos e/ou idealizadores de Winterhalter, Bonnat, Carolus Duran e Flandrin, ou nas anedotas eróticas de Gervex e – *last but not least!* – nas fantasias mitológicas de Gustave Moreau (por quem decadentes e simbolistas tinham um fraco compreensível, mas injustificável).

Gerôme, acadêmico dos pés à cabeça, considerava o impressionismo *"le déshonneur de l'art français"*. Mas o maior crítico de pintura do século – Baudelaire – preferia demolir a dinamite a pintura de história oficial. De Vernet, pintor de mil briosas batalhas, o jovem Baudelaire escreveu que *"ses tableaux ne sont point de la peinture, mais une masturbation agile et fréquente"*.[37] Cézanne achava os quadros de Rosa Bonheur *"horriblement ressemblants"*. De Moreau, que foi tecnicamente um imitador servil e gratuito do mantegnanismo, péssimo desenhista, rei do colorido culinário e inorgânico, já se disse que sua obra não é mais do que um *"bric-à-brac glacé"*. (Quanto à grande pintora de animais, Rosa Bonheur, trata-se de uma artista que, até por fidelidade a seu tema predileto, deveria ter insistido mais no autorretrato.)

Todos esses pintores são – como os nazarenos alemães e os pré-rafaelitas ingleses – incuravelmente

---

[37] Baudelaire, *Salon de 1846*, XI. *Oeuvres Completes*. Paris, Gallimard/La Pléiade, 1961, p. 927.

literários; *ilustradores* praticamente desprovidos (à diferença dos ilustradores profissionais como Daumier ou Doré) de energia plástica. Além disso, quase todos eles foram *singes du sentiment*; todos cometeram o pecado que Baudelaire definiu superlativamente bem: *"chercher la poésie de parti pris dans la conception d'un tableau est le plus sûr moyen de ne pas la trouver".*

Muitos foram igualmente donos de inegável maestria – virtuoses de primeira. Laurens e Cabanel, Bonnat e Gervex estão cheios de brilhantes "performances" técnicas. Mas será preciso lembrar que o estilo não é técnica, e sim técnica *a serviço de uma forma* – e que o virtuosismo é a avenida principal do efeitismo e da teatralidade oca? Nada mais irritante que a "perfeição" técnica desses mestres de salão (dos *"salons"* em que Corot era preterido por Gerôme). Certa vez, Jouvet, ouvindo uma candidata a atriz recitar com uma dicção impecável, mas mecânica e melíflua, explodiu com essa frase: *"Oh! Et si je pétais un peu pour changer l'air!..."* Também a perfeição acadêmica desperta maus instintos sonoros. Que ar mais puro não se respiraria depois, graças à esplêndida "falta de jeito" do desenho de Cézanne, ou à barbárie dos expressionistas![38]

---

[38] Em vez de tentar nos impingir essa guarda de honra da pintura de carregação, os adversários de glórias consagradas poderiam matar sua fome revisionista valorizando – sem sair da era vitoriana – diversas obras de primeira ordem, mas geralmente relegadas às salas sombrias dos talentos "menores". Citemos, sem pretensões exaustivas, as cenas bíblicas com que um Théodore Chassériau (1819-1956; *Toalete de Ester*, no Louvre) reuniu (pelo menos até 1848) a graça de Ingres à sensualidade nostálgica de Delacroix; as paisagens do alemão Karl Blechen (1798-1840), tão densas quanto as de Corot; o paisagismo panteísta de Théodore Rousseau (1812-1967); as marinhas protoimpressionistas de Boudin; o vigoroso naturalismo "holbeiniano" de Wilhelm Leibl (1844-1900); os retratos do americano John Sargent (1856-1925); a pintura mural, de nobre concepção e segura composição, de Puvis de Chavannes (1824-1998; decoração do grande anfiteatro da Sorbonne; *Vida de Sta. Genoveva* no Panthéon, em Paris), justamente admirada por Gauguin; ou o monumentalismo, também poderosamente estilizante (e tecnicamente mais avançado do que o de Puvis), do "Cézanne alemão" – Hans von Marées (1837-1987; trípticos em Munique:

Efeitismo, exuberância simulada, ênfase túrgida; macaqueação do sentimento e literalice; documentarismo figurativo, factualismo médico-legal (a "memória de almanaque" de Vernet – Baudelaire *dixit*); correção fria (Couture) ou superafetação dos valores colorístitcos (paisagens de Narcisse Diaz, telas "venezianas" do austríaco Hans Makart, etc.)... – essas são as qualidades *reais* da plástica acadêmica. Bouguereau, cuja consistência em matéria de kitsch raia pelo gênio... combinava metodicamente a representação fotográfica com a idealização "rafaelesca" das figuras – síntese repulsiva de positivismo e idealização sentimental. Toda essa arte *satura*: ofende a percepção estética ao servir-lhe somente pratos feitos – e, naturalmente, frios. Se toda a verdadeira obra de arte partilha da *abertura* (Umberto Eco), do poder de *mobilizar* o espectador, convertido em coautor virtual, a pintura acadêmica pode ser definida como produção sistemática de obras não só fechadas, como trancadas.

Contudo – é bom insistir – nenhum academismo pode causar mais dano do que o alto kitsch de vanguarda. O academismo já nasce kitsch; e o problema realmente grave nunca será o kitsch; será sempre a *kitschização*.

IX. Em vez de conclusão

Quando a sociedade de consumo invade o domínio dos objetos culturais, das artes e dos costumes, aparece

---

As Hespérides, Julgamento de Páris). Não é, felizmente, preciso reivindicar a revalorização do linearismo *art nouveau* (Munch, Beardsley; Picasso nas fases azul e rosa, etc.) frequentemente associado a refinados valores cromáticos (na finíssima *verrerie* de Gallé ou Tiffany ou, em pintura e artes gráficas, em Gauguin, nos *nabis* como Vuillard e no austríaco Gustav Klimt, modelo do primeiro Klee); essa revalorização está francamente em curso, num movimento paralelo ao que separou a audaciosa vontade-de-estilo de arquitetos como Gaudí, Horta e Guimard da esterilidade arqueológica da arquitetura "neo": neogótico, neorrenascimento, neobarroco, e depois, nas Américas, neocolonial. – ver S. Tschudi Madsen, *L'Art Nouveau*. Paris, Hachette, 1967.

a "cultura de massa" – que não é mais *cultura*. Ela é o suporte social do gosto kitsch – que não é mais *gosto*. Quando a sociedade de consumo invade o domínio da *alta* cultura, o kitsch emigra para a arte das elites (que não são *elites*). Nem por isso, contudo, abandona sua hegemonia no terreno da arte "popular" – que não é mais autenticamente popular.

A partir de então, o kitsch se torna uma ameaça permanente para a própria produção artística antikitsch: a arte de vanguarda, nascida em aberta rebelião contra a kitschização da arte oficial na era burguesa. É que embora repouse atualmente na sociedade de consumo, fenômeno kitsch lhe é anterior, anterior até mesmo às formas de sociedade de massa que precederam a sociedade de consumo. O kitsch é uma emanação do advento das elites burguesas, das elites sem paideia; mas, em vez de ser o efeito de uma suposta indiferença da burguesia ante os impulsos de enobrecimento e transfiguração da vida, é antes o efeito da tentativa burguesa de emular o esplendor, a vitalidade e a graça da antiga cultura aristocrática – tentativa inconscientemente reprimida pelo próprio *éthos* burguês. A vontade-de-beleza kitsch é *simulação* de nobreza, fingimento de exuberância; por isso, a arte kitsch é efeitismo puro.

A kitschização da arte de elite – o que propusemos chamar de alto kitsch – transporta para o santuário da "grande arte" as categorias degradadas da estética massificada: os valores (que não são valores) do "bonito" digestivo, da reação controlada, da estesia culinária, do efeitismo vulgar. Os maiores e mais significativos protagonistas da arte moderna – por exemplo, na plástica de 1905 a 1955, nomes como Matisse, Picasso e Brancusi, Nolde, Kandinsky e Klee, Duchamp, Mondrian e Wols – criaram e influíram contra a kitschizacão; mantiveram a invenção artística obediente aos padrões de exigência intelectual e depuração sensível contemporaneamente observados na música de Schoenberg e Webern, na dramaturgia de Brecht, Beckett e Dürrenmatt; na ficção de Proust, Joyce, Virginia Woolf e Faulkner, Thomas Mann,

Jünger, Musil e Broch Borges e Gombrowicz, Graciliano Ramos e Guimarães Rosa; ou na lírica de Rilke, Trakl, Benn e Celan,[39] Maiakóvski e Khliébnikov, Yeats, Eliot e Auden, Pound, Cummings e William Carlos Williams, Valéry, Char e Ponge, Lorca, Salinas e Jorge Guillén, Ungaretti e Montale, Pessoa, Bandeira, Drummond, Murilo Mendes e João Cabral de Melo Neto. Que tantas obras da maioria desses autores se apresentem banhadas de humor demonstra sobejamente que o rigor intelectual e experimentalismo da "arte moderna" não se opõem ao kitsch como o "sério" ao descontraído. O antikitsch é liberdade, lúdica e lúcida, em tudo contrária ao automatismo da alienação.

Pela lógica mesma dessas teses, que resumem o percurso analítico realizado nas oito seções precedentes, devemos dedicar as interrogações finais do presente ensaio menos à inautenticidade da cultura de massa e do baixo kitsch do que *à luta entre kitsch e antikitsch na esfera da "alta cultura"*; e devemos tentar definir de maneira mais precisa a situação sociocultural dos focos de resistência à kitschização, aos núcleos de combate não só ao baixo como ao alto kitsch.

A conclusão imediata de nossas observações a respeito da evolução do alto kitsch é a *vulnerabilidade da alta cultura*. Conforme verificamos, a arte culta do nosso tempo leva uma vida dupla, sofre de dupla personalidade. Seu esteticismo radical a expõe radicalmente ao perigo da kitschização. Algumas raras e recentes vanguardas, como a do poeta e crítico alemão Hans Magnum Enzensberger, chegam a pôr o esteticismo em questão, num horizonte teórico liberto do primarismo das estéticas do engajamento; mas o mínimo que se

---

[39] Paul Celan (pseudônimo de Paul Antschel, 1920-1970), autor de *Mohn und Gedächtnis* [*Papoula e Memória*, 1952] e *Sprachgitter* [*Grade de Linguagem*, 1959], era talvez o maior lírico alemão desde a morte de Gottfried Benn (1956). Treze poemas seus foram admiravelmente vertidos para o português pelo poeta e diplomata brasileiro Sergio Bath em *A Morte* (*Fuga*) *e Outros Poemas de P. Celan*. Roma, 1972 (ed. fora do comércio).

pode dizer é que a superação do esteticismo enquanto introversão fatal da arte moderna – enquanto ensimesmamento, ainda que dialético da arte ciosa de sua força crítica frente ao clamor imperialista das ideologias – é uma tarefa apenas esboçada ou pressentida.

Nem se trata, possivelmente, de insuficiência dos teóricos atuais: para superar o esteticismo, não são condições subjetivas que faltam – são condições objetivas, relacionadas com a desintegração cultural em que vivemos. Enquanto a sociedade moderna não articular uma constelação axiológica orgânica e coerente, a arte *como depoimento humano* (inconfundível com qualquer mera função "documental") não poderá escapar à ascese, nem à mística, da purificação esteticista pois só no ordálio da forma se cultiva a alforria intelectual que permite à arte emancipar-se da espúria deformação ideológica.

A "esquizofrenia" da arte é, portanto, consequência inevitável do estado patológico da civilização. Nietzsche já sabia que "as classes cultas dos países europeus são de fato completamente neuróticas". Para o antropólogo Georges Dévereux, lançador da etnopsiquiatria, a personalidade de base do *homo urbanus* "normal" é esquizoide. O homem da rua, o homem comum, é hoje um indivíduo isolado, habituado à indiferença afetiva que entretém "relações humanas" impessoais, tende a reduzir a sexualidade à fornicação, se entrega a condutas cotidianas fragmentárias (devido à natureza contraditória dos papéis sociais que lhe são impostos) e se sente, cada vez mais, destituído do sentimento de sua identidade pessoal, cada vez mais dependente de, e manipulado por, forças colocadas acima de seu controle.[40] Em tais condições,

---

[40] Georges Dévereux, *Essais d'Etnopsychiatrie Générale*. Paris, Gallimard, 1970. Ver também o comentário de Roger Bastide, *Le Rêve, la Transe et la Folie*. Paris, Flammarion, 1972, p. 112-13. O paralelo esquizoidia/sociedade moderna esboçado por Dévereux nos parece muito mais sólido do que os filosofemas "*gauchistes*" do famigerado *Anti-Oedipe* (*Capitalisme et Schizophrénie*, I) de Gilles Deleuze e Félix Guattari (Paris, ed. de Minuit, Paris, 1972). O sucesso do *Anti-Oedipe* se deve a uma real percuciência em matéria de

como imaginar que a arte, atividade essencialmente *antropográfica*, não denote inclinações patológicas e, mais particularmente, esquizoides? O admirável é que ela continue a produzir exemplos – bem mais escassos no plano social – de *saúde* mental; saúde que se mede pelas vitórias do antikitsch contra o kitsch.

Durante a vulnerabilidade da arte frente ao kitsch, derivada da crise da cultura, a autentificação da produção estética implica necessariamente um *aristocratismo* intelectual. Não nos referimos aqui à natural orientação *para o melhor* que distingue a arte viva do mau gosto e dos falsos ídolos do kitsch, alto ou baixo: aludimos à posição "impopular" da produção artística de vanguarda. Não se trata da *aristofilia* da estética vanguardista, e sim do *aristocratismo* de seus padrões de gosto e de receptividade social. Aristocratismo, naturalmente, bem diverso da aristocracia no sentido social, que não pôde resistir ao aburguesamento da cultura. Proust disse com toda a razão que *"un duc peut écrire des romans d'épicier (...), et l'épithète d'aristocratique être méritée par les écrites d'un plébéien"* (*Recherche*, ed. Plêiade, vol. II, p. 236); e ele mesmo, *"poète persan dans une loge de portière"*, na genial definição de Barrès, era um plebeu culturalmente aristocrático.

Analisando a obra de Cruz e Sousa, Roger Bastide nos ensinou a ver as poéticas intelectualmente requintadas do segundo Oitocentos (o alexandrinismo parnasiano, o cientificismo naturalista, o esoterismo simbolista, a sofisticação da prosa decadente e impressionista) como instrumentos de aquisição de *status* por parte de autores de origem pequeno-burguesa. Pequenos burgueses foram, de fato, os nossos Bilac, Cruz e Sousa, Alphonsus de Guimaraens ou B. Lopes, como aliás os europeus Leconte de Lisle, Zola, Mallarmé ou Huysmans; pequenos burgueses

---

sociopsicanálise, ou ao fato do livro corresponder ostensivamente, com a verve própria a todos os escritos de Deleuze, a tantas reivindicações da mitologia da "contestação"? Para um bom antídoto, ver Gérard Mendel, *La Révolte contre le Père*, ed. revista. Paris, Payot, 1968, especialmente p. 401-06.

que, em contraste com muitos românticos, egressos da nobreza ou da alta burguesia rural ou citadina (Novalis, Brentano, Chateaubriand, Byron, Púchkin, Lamartine, Vigny, Hugo, Musset, Alencar, Varela, Castro Alves) quase todos "largados" na forma, se afidalgaram aos olhos dos salões e da imprensa da época graças ao culto de técnicas eruditas e linguagem burilada. Mas essa aristocratização social não diminui o sentido igualmente aristocrático dos valores *intelectuais* da tradição moderna, em arte e literatura – valores dirigidos contra o envilecimento dos padrões de estilo e de conduta no seio da sociedade de massa.

Por outro lado, a própria força da massificação não poderia deixar de emprestar à estética pós-romântica o cunho, também aristocrático, de arte de *minorias*. Arte feita por gente social e etnicamente pouco representativa, e desfrutada por públicos frequentemente heterogêneos em relação às médias da respectiva nacionalidade. Raymond Williams registrou o incremento inabitual, entre 1870 e 1950, na mais importante literatura de imaginação inglesa, de obras *"written by people outside the majority English pattern"*.[41] Os não ingleses James, Eliot, Yeats, Joyce e Conrad avultam entre os maiores escritores desse período, numa proporção sensivelmente maior que a dos tempos de Swift ou Burns. De resto, não é significativo que a prosa do *"displaced person"* Kafka domine a ficção moderna? Ora, toda essa *"minority literature"* vem sendo lida por um *"minority public"*. Por quê? Por que a arte moderna (de que a literatura não é aqui senão um caso especial) é impopular?

A resposta filistina é conhecida: a literatura moderna seria impopular por vício, por uma perversão cara ao esnobismo mantido pela cabala entre escritores herméticos, críticos bizantinos e leitores pedantes. Mas para quem tem um mínimo de sensibilidade diante do problema íntimo da civilização contemporânea, essa é

---

[41] Raymond Williams, *The Long Revolution* (1961). Londres, Pelican, 1965, p. 265.

uma explicação demasiado curta. O aristocratismo da tradição moderna pode ser sequestrado pelo esnobismo; porém, não é, em si, um produto de ritos gratuitamente preciosísticos. *A raiz do que há de intrinsecamente aristocrático na tradição moderna é o compromisso da arte com a crítica da cultura.*

Allen Tate definiu as artes literárias como "aquelas sem as quais os homens podem viver, mas sem as quais eles não podem viver bem, ou viver *como homens*".[42] Se a definição é correta (e nós a julgamos muitíssimo mais perspicaz do que todas as mutiladoras definiçõezinhas "linguísticas" do literário, ora em voga), então a literatura, como toda arte, visa a um nível de excelência que não é simplesmente uma questão de técnica e de perfeição – e sim uma questão de ética e de conteúdo humano.

Samuel Alexander distinguia, em arte, "perfeição" e "grandeza". Seu discípulo A. Boyce Gibson (autor de um dos mais estimulantes manuais de estética dos últimos decênios) insiste em que a grandeza é uma virtude estética "por adoção" – uma virtude proveniente do domínio ético, ao contrário da perfeição, que é nativa do país estético. A adequação dos cânones da arte pura a esse magnífico invasor, a grandeza, é o que produz *grande* arte. Sem grandeza, diz Gibson, *"works of art are merely works of art, and so much the less works of art"*.[43] (Toda crítica que esquece isso transforma a legítima e necessária atenção à técnica artística em tola obsessão com frívolas *technicalities* – seja qual for o aparato terminológico com que tente maquilar sua indigência axiológica.)

Do fundo do seu esteticismo, a tradição da arte moderna soube honrar o imperativo ético-estético da grandeza; soube escapar à sina da arte na dispersão dos valores da cena contemporânea, que é a degradação do esteticismo em kitsch. Se essa vitória reduziu a popularidade da

---

[42] Allen Tate, "The Man of Letters in the Modern World" (1952). In: *Essays of Four Decades*. Nova York, Morrow, 1970.

[43] A. Boyce Gibson, *Muse and Thinker* (1969). Londres, Penguin, 1972, p. 93.

grande arte, foi porque as condições da cultura ambiente assim o exigiram. A cultura de massa queria e quer não só *consumir* arte, como *consumar* a arte; quer (inconscientemente) *sumir com* a arte.

Em parte, isso se deve ao crepúsculo da "galáxia Gutenberg" de McLuhan, ou do que George Steiner (op. cit. p. 155-58) considera a "idade clássica do livro" (c. 1750-c. 1900). O declínio da *privacy*, do silêncio e, sobretudo, de um tipo de cultura homogênea, partilhada por autores e público, vem ameaçando os últimos resquícios da idade clássica da leitura. Esta já havia sucedido, por sua vez, à antiga cultura "oral-aural" (Steiner); e está cedendo lugar, ao longo do século do rádio, do cinema e da televisão, aos meios audiovisuais de massa. Ao contrário de McLuhan, Steiner não exulta com a agonia do império da leitura: prefere notar que as antigas técnicas oral-aurais visavam à recordação, à fixação mnemônica de exemplos e paradigmas tradicionais, enquanto as modernas técnicas audiovisuais *"are calculated toward maximal impact and instant obsolescence"*. Mesmo vistos ou ouvidos de novo, o filme, a emissão radiofônica, o programa de TV constituem atos estritamente efêmeros – atos em larga medida refratários a toda sedimentação cultural distinta das acríticas hipnoses coletivas incentivadas pela massificação do comportamento. Não é significativo que o profeta dos *media* – McLuhan – apregoe um neo... *tribalismo*? Entretanto, sabemos que não há coletivismo que não seja repressivo fora do contexto pré-histórico das culturas compactas de sociedades não estratificadas; o tribalismo só é virtude num espaço social – na tribo. O *ismo* do tribalismo – como o de tradicionalismo – denuncia o caráter reacionário do louvor à comunhão pelos *media*. A revolução eletrônica de McLuhan eletrocuta a cultura. Seu melhor símbolo não é bem a TV – é a cadeira elétrica.

A vocação aristocrática da arte moderna radica na cumplicidade da infraestrutura cultural com a dissolução da cultura como resíduo de paideias clássico-cristão-humanísticas. Em última análise, inimiga do kitsch, só é "aristocrática" e "elitista" porque aposta na dignidade da cultura como impulso perfectivo do homem, como *formação* livre e desalienante da personalidade. Em seu papel de contraideologia, a arte moderna sempre esteve pronta a fustigar os humanismos de fachada (invariavelmente cúmplices das piores repressões), *mas nunca esteve disposta a renunciar ao humanismo como crítica da civilização*.

Se o kitsch se apoia na reação controlada, na automatização da experiência artística, na abdicação do senso crítico, o antikitsch da arte moderna reforça a *autonomia* mesma do juízo estético. Mas a autonomia do juízo estético é uma face da sua tendência à universalidade. Desde Kant, a estética refutou o velho clichê relativista: *"de gustibus et coloribus non disputandum"*. A *Crítica do Juízo* (§ 7) distingue com energia a natureza estritamente idiossincrática do sentimento do agradável do juízo propriamente estético. Todo mundo, observa Kant, admite sem dificuldade que o juízo sobre o agradável (por exemplo, "o vinho das Canárias me agrada") seja creditado apenas à sua subjetividade; mas seria ridículo alguém restringir sua própria apreciação do belo com o esclarecimento de que algo só é belo *para si*. Cada juízo estético individual "solicita a aprovação de todos os demais" (*Crítica do Juízo*, § 19) – e o próprio fato de que o deleite diante da beleza se dá em nós de forma essencialmente *desinteressada* indica que o prazer proporcionado pela contemplação do belo não repousa em condições privadas, mas sim em fundamentos universais (id., § 6). Desse modo, o juízo estético atua como um senso comum (e etimologicamente, enquanto juízo "sem conceito", distinto do juízo intelectual, ele é o *verdadeiro senso* comum – id., § 40).

Ao afirmar a universalidade do juízo estético, Kant não desejava escamotear a constante ocorrência de diferenças de gosto. Seu objetivo era mostrar como o autêntico juízo estético individual tende à *persuasão* dos interlocutores, numa ambição que Hannah Arendt (op. cit.) considera análoga à do discurso retórico dos homens livres na antiga *pólis*. "A persuasão regulava a relação dos cidadãos da *pólis*, porque excluía a violência física"

(H. Arendt). Para a filosofia aristotélica, a retórica, técnica do persuadir, se opunha ainda a outra espécie de "coerção": à evidência apodítica, intelectualmente imperativa e constritiva, das certezas de tipo matemático; à certeza da razão *demonstrativa* se contrapunha o meramente *provável*, objeto da razão *dialética*.

O juízo estético implica universalidade, mas aspira a alcançar o consenso universal pela persuasão, não pela evidência irrecusável da razão demonstrativa. Logo, é consubstancial ao exercício do juízo estético a faculdade de *animar o diálogo* entre os homens, a propensão a versar valores e conhecimentos *nascidos desse diálogo* (ou por ele "partejados", para dizê-lo na língua do pensamento socrático). Idealmente, a universalização do gosto estético é fruto da maiêutica do diálogo judicante. Mas se é assim, *ao repelir a reação controlada e o aspecto "digestivo" do kitsch, a arte moderna anima, por sua vez, o exercício do verdadeiro juízo estético*. Na modernidade radical da arte antikitsch revive a concepção clássica do juízo como síntese da autonomia da consciência crítica e da universalidade da condição humana. "Subjetivo", porém universal; *pessoal*, e no entanto, em seu alcance, *objetivo*, o juízo estético coloca o indivíduo autônomo e por isso mesmo, mais *humano*, no lugar do autômato que é, ou tende a ser, o alienado consumidor do kitsch. No que se revela o sentido profundamente liberal e plenamente libertador da estratégia "aristocrática" da arte de vanguarda, em sua constante guerrilha contra o kitsch.

Bonn, março-abril de 1973.

Parte II

HISTÓRIA DA LITERATURA EM PERSPECTIVA CULTURAL

Érato e Clio: Lírica e História no Ocidente Moderno

*a Celso Lafer,
Leandro Konder
e Carlos Nelson Coutinho.*

Toda poesia é uma fusão de dados concretos com símbolos. Antes – basta pensar em Heine, em Byron, no jovem Goethe – a experiência vivida era concreta, e a poesia, a sua *tipicização*, a sua elevação a símbolo. Diante dos nossos olhos despontou o caso, "o que acontece uma só vez" – (...) que assumiu depois um significado geral, um valor de aplicação universal. A vivência era tátil; sua representação, ao contrário, era típica; o acontecimento [representado no poema] era individual; os comentários e comparações, de caráter generalizante. Essas poesias eram descrições abstratas de paisagens bem determinadas, aventuras *estilizadas* de homens conhecidos. [Em contraste com essa poética, Stefan] George tipiciza a vivência antes mesmo de colocado o problema da composição poética. (...) Mas, para exprimir essa vivência doravante reduzida à tipicidade, separada para sempre da pessoa do poeta, mil vezes destilada, ele sabe achar palavras de extraordinária imediatez (...) Suas paisagens são inexistentes, e contudo cada árvore, cada flor são concretos e o seu céu refulge com as cores únicas, irrepetíveis de uma hora bem precisa. Não conhecemos o homem que vaga por esses rincões, mas discernimos instantaneamente mil vibrações minuciosíssimas do seu ser mais profundo, para logo não vê-lo mais nem jamais revê-lo; não sabemos a quem ama, nem por que sofre (...), e não obstante, o reconhecemos melhor nesse momento do que se soubéssemos tudo o que lhe aconteceu.

A técnica de George é: *impressionismo dos elementos típicos*. Suas poesias são exclusivamente instantâneos simbólicos.

Estas frases[1] pertencem ao volume *A Alma e as Formas*,[2] o primeiro grande voo crítico-filosófico de Georg Lukàcs (1885-1971). O ensaio sobre Stefan George, datado de 1908, dialoga com o melhor período do principal poeta simbolista alemão: o período que se consubstancia na lírica de *O Sétimo Círculo* (1907), bem antes da divinização de Maximino pelo "George-Kreis" militarmente disciplinado e fanaticamente teutônico. Na perspectiva kierkegaardiana do jovem Lukàcs, as "formas" são *gestos* ético-artísticos, modos de relacionamento da alma com o Absoluto; relacionamento quase sempre trágico, porque a autenticidade da forma-gesto entra em colisão fatal com a ambiguidade da vida.[3] A poesia de George é estudada como uma dessas "formas" carregadas de existencialidade. Porém, Lukàcs, ao contrastá-la, conforme vimos, com a lírica clássico-romântica, timbra em indicar (com muita finura e originalidade) as bases socioculturais desse tipo de lirismo. O próprio título do ensaio diz tudo: "A Nova Solidão e a sua Lírica..." A revogação da poesia de confidência em George traduz uma situação espiritual desconhecida pelos românticos: o problema da proximidade

---

[1] Grifadas por mim.

[2] Os dez ensaios de *Die Seele und die Formen*, publicados em húngaro em 1910, aparecem em alemão no ano seguinte. Trad. da edição alemã: Georg Lukàcs, *L'Anima e le Forme*. Milão, Sugar, 1963.

[3] Para uma boa apreciação da problemática do livro, ver Tito Perlini, *Utopia e Prospettiva in G. Lukàcs*. Bari, Dedalo, 1968, p. 102-27. Em *A Alma e as Formas*, Lukàcs caminha de uma posição ortodoxamente kierkegaardiana, baseada na intransigência do *salto* e da escolha, para a busca de *categorias não dialéticas de mediação* – a mais importante das quais seria o próprio conceito de ensaio construído na abertura do volume ("Essência e Forma do Ensaio"), e que influenciaria decisivamente Walter Benjamin e Theodor W. Adorno (ver, sobre este último ponto, José Guilherme Merquior, *Arte e Sociedade em Marcuse, Adorno e Benjamin*. Rio de Janeiro, Tempo Brasileiro, 1969, p. 113-18).

longínqua, da distância próxima, vivido pelo homem do segundo Oitocentos para cá. O modelo de homem desenhado pelos versos de George, indivíduo solitário e anônimo, corresponde a um público que, ao contrário dos seus ancestrais, é composto de uma pluralidade de seres próximos, porém isolados. Embora sem chegar a uma análise sociologicamente mais desenvolvida como a que Benjamin traçaria mais tarde, ao vincular a poesia de Baudelaire à emergência da sociedade de massa, o jovem Lukàcs deixa claro que o (oculto) princípio estilístico da lírica de George – "intimidade e sensorialização" – se prende a uma determinada configuração histórico-social. Lukàcs já pratica então o sábio lema: "o que é social na obra de arte é a forma" – a que ele mesmo, após sua conversão ao marxismo, desobedecerá reiterada e deploravelmente, embora, de certo modo, mais em sua práxis crítica do que em sua estética.[4] E com base nessa concepção sofisticada, voltada para uma fecunda aliança entre análise formal e sociologia da arte, que ele opõe a musicalidade residualmente "comunitária" da lírica pré-moderna, "canto popular estilizado", ao ritmo "interior" dos poemas de George.

---

[4] Lukàcs se aproxima igualmente dessa orientação crítica em outra obra anterior à *Teoria do Romance* (1920): a *História da Evolução do Drama Moderno*, escrita em 1908-1909 e publicada em húngaro no ano da edição alemã de *A Alma e as Formas* (1911). Em 1909, havia sido estampada à parte a introdução desse estudo; divulgada em alemão em 1914 (*Zur Soziologie des modernen Dramas*), ela pode ser lida atualmente graças à antologia preparada por Peter Ludz: Georg Lukàcs, *Literatursoziologie*. Neuwied, Luchterhand, 1961, p. 261-95. *A Teoria do Romance*, composta em 1917, permanece todavia o apogeu da crítica histórico-formal de Lukàcs. Obra consular de toda a crítica formal e antiformalista do nosso século, *A Teoria do Romance* consiste num poderoso contraponto entre elementos fundamentais da concepção narrativa e determinadas configurações *existenciais* da cultura moderna. Nesse livro, o caráter audazmente sintético e especulativo da análise cultural – muito mais próxima da *Geistesgeschichte* de Dilthey do que qualquer sociologia "empírica" – absolutamente não prejudica sua penetração estética e histórica. A *Kulturkritik* lukacsiana ilumina precisamente o que toda sociologia positivista deixa na sombra, e que é, quase sempre, apenas o principal...

Em certa medida, o que *A Alma e as Formas* afirma a propósito de George vale para toda a alta lírica ocidental pós-romântica. As páginas lukacsianas sobre George descerram amplas perspectivas para uma crítica que, desejando-se atenta à forma, não aspire menos a captar plenamente o sentido histórico e humano da arte literária – e de poesia em particular. Existe uma crítica que, ao procurar traduzir a palavra de Érato, se lança com tal ímpeto nos braços de Clio, que acaba esquecendo a primeira dessas musas – única paixão legítima da análise literária; mas também existe uma crítica para qual o apelo a Clio é apenas uma estrada – obrigatória – que conduz ao reino mais rico e mais autêntico de sua irmã Érato. Tudo está em saber ler a história *no texto poético* em vez de dissolvê-lo na história.

Outro exemplo de interpretação a um só tempo técnica e cultural da história da poesia se encontra nos ensaios do notável poeta e crítico mexicano Octavio Paz, autor de *El Arco y la Lira*.[5] No ensaio intitulado "Verso e Prosa", Paz elabora uma interessante interpretação da história da lírica pós-clássica, montada em duas dicotomias: uma, a distinção entre a índole expressiva da prosa, como linguagem do discurso racional, e a índole expressiva da poesia, linguagem antidiscursiva do ritmo e da imagem; outra, a diferença entre as tradições poéticas latina e anglo-germânica. Paz julga que a hegemonia da versificação *silábica* na poesia das línguas românicas (com exceção do espanhol) "revela o imperialismo do discurso e da gramática" (SR, p. 16), ao contrário do que acontece no lirismo de versificação dominantemente *acentual* dos idiomas germânicos. A poesia românica é *métrica*; a anglo-germânica, *rítmica*. Ora, o ritmo é, para Paz, um fenômeno essencialmente vinculado ao caráter "mágico" e irracional do simbolismo não analítico (SR, p. 18).

---

[5] Vários ensaios de *El Arco y la Lira* (1956; 2ª ed., corrigida e aumentada, 1967) figuram no volume de Paz, traduzido por Sebastião Uchoa Leite: *Signos em Rotação*. São Paulo, Perspectiva, 1972 (aqui citado como SR).

Yves Bonnefoy trilhou uma estrada bem semelhante ao distinguir recentemente[6] a linhagem lírica francesa da anglo-saxônica, atribuindo ao verso francês uma vocação essencialista avessa ao sensualismo da poesia em inglês. A poesia em inglês, pensa Bonnefoy, se nutre da tensão entre o gosto pela multiplicidade dos dados sensoriais e o desejo de descobrir essências, enquanto a poesia francesa, com sua linguagem "semitransparente", contaminada pelos hábitos lógico-platônicos do latim (língua da teologia, da liturgia e da mística), tende quase sempre a cultivar um lirismo das essências abstratas, sem lugar para a riqueza do sensível.

Os grandes lances na evolução da lírica pós-clássica constituem, segundo Paz, rebeliões contra essa hereditariedade glotocultural. Assim, o romantismo francês, e depois Baudelaire, querendo incorporar o prosaico ao verso, na verdade reagiam contra a versificação silábica e o discurso rimado, impregnados de espírito analítico; seus esforços culminarão no antidiscursivismo da música espacial do *Coup de Dés* mallarmeano (SR, p. 25). Já a revolução literária do primeiro Novecentos anglo-saxônico – a revolução de Pound, Eliot e Joyce – representava uma "reconquista da herança europeia", isto é, continental, *latina* (SR, p. 18). *The Waste Land* respira nostalgia da ordem de Roma, católica, universal; sua contrapartida espiritual – a *Comédia de Dante* – e seu maior antecedente literário – *Les Fleurs du Mal* – pertencem ao mundo

---

[6] Yves Bonnefoy, *Un Rêve Fait à Mantoue*. Paris, Mercure de France, 1967; p. 91-125 ("La Poésie Française et le Principe d'Identité"). As distinções de Bonnefoy (um crítico-autor, e não um poeta e crítico como Paz) são comentadas por Michael Hamburger, *The Truth of Poetry: Tensions in Modern Poetry from Baudelaire to the 1960s* (1ª ed., 1969). Londres, Pelican Books, 1972; p. 265-68. O livro do teuto-inglês Hamburger, embora deliberadamente elástico do ponto de vista conceitual, dá um bom panorama da poesia ocidental nos últimos trinta ou quarenta anos. A parte oitocentista da "tradição moderna" recebe em geral tratamento menos interessante, ainda que um Laforgue ou um Corbière, por exemplo, se beneficiem bastante da ótica brechtiana de Hamburger. Hamburger também discute Pessoa (p. 153-62) (bem) e Drummond, p. 260-62, 264 (muito menos bem).

do logos neolatino. Poema central na conscientização estética da crise da cultura moderna, *Waste Land* rompe com o dialeto lírico tipicamente anglo-saxão – a poesia do ritmo e das analogias "mágicas" – para substituí-lo pela técnica da associação de ideias, adequadíssima a figurar a consciência alienada, dispersa e dilacerada do homem contemporâneo (SR, p. 20). Nesse sentido, Eliot, o mestre do discurso e do conceito, é um polo moderno simetricamente oposto ao de Yeats, que reavivou, em plena "latinização" do lirismo inglês (ou *re*-latinização, se levarmos em conta os esforços discursivos anteriores de Milton, Dryden e Pope), o fôlego rítmico-analógico de Blake e dos românticos (SR, p. 23).

A história da lírica em termos virtualmente "vosslerianos"[7] esboçada por Paz ou Bonnefoy encerra mais de uma generalização discutível. Naturalmente, existe uma certa dose de verdade histórica na dualidade literária "Romània x Germânia"; porém, a exumação da velha repulsa pela literatura de modelos romanos, a mobilização da "fantasia" inglesa contra a ordem "fria" da poética francesa constituem posições teóricas sumamente ingênuas e inacuradas. O fato de elas ostentarem – exatamente como a contraposição do pensamento analógico e linguagem conceitual – um ilustre *pedigree* filosófico, dominado pelo vulto de Herder, nada acrescenta ao seu parco rendimento analítico.

Todas essas teses são clichês prestigiosos, mas nem por isso menos clichês. Os estudiosos da cultura ocidental têm o direito de ficar perplexos, por exemplo, diante da ideia de que o latim da teologia marcou profundamente, de forma direta, a primeira poesia francesa. Por um lado, conviria examinar antes a relação entre o lirismo medieval em francês e a *poesia medieval em latim*, sugestivamente relida, ainda ontem, por Ernst Robert

---

[7] A Karl Vossler remonta, pelo menos entre os modernos, a ambição de determinar "o espírito da linguagem na civilização" – ou nas civilizações, conforme o demonstra o mero título de seu outro livro célebre: *Romània e Germânia*.

Curtius[8] – de preferência a extrapolar comparações com *usos* linguísticos do latim gótico tão diferentes como o é, manifestamente, o emprego dessa língua na teologia ou na mística; por outro lado, não seria possível esquecer o intenso cultivo do latim precisamente em áreas anglo-saxônicas ou célticas (supostamente, matrizes "naturais" da poesia ultra"mágica"). Os mosteiros e escolas irlandeses e britânicos foram durante muito tempo focos privilegiados de humanismo latinista; a figura de Alcuíno, professor "importado" por Carlos Magno, é um exemplo mais do que eloquente disso.

Numa entrevista concedida recentemente, em Harvard, a Roberto González Echeverría e Emir Rodríguez Monegal (in *Diacritics*, outono de 1972) – entrevista que repisa as supracitadas teses de *El Arco y la Lira* sobre a evolução da poesia ocidental –, Paz labora também em certas esquematizações apressadas. Diz que a arte da Renascença e do barroco "rejeitam a estilização" (Rafael e Poussin devem ter rolado em seus túmulos...); apresenta o romantismo como uma "ruptura com Roma" – que fazer, nesse caso, do saudosismo paracatólico de Wackenroder ou Novalis? e da conversão de Schlegel? e de Chateaubriand?[9] ... – enfim, declara: "a Roma pagã inventou o direito romano, e a Roma católica, a escolástica", qualificando as literaturas românicas de "filhas da eloquência e da retórica latinas"; como se a escolástica, que chegou ao apogeu principalmente na França e na Inglaterra, numa fase de *obscurecimento* da Santa Sé (o "exílio" dos papas em Avinhão é pouco posterior, lembre-se, à atuação de S. Tomás de Aquino, esse italiano... da Sorbonne), não tivesse sido,

---

[8] Ernst Robert Curtius, *A Literatura Europeia* e a *Idade Média Latina*. Rio de Janeiro, Instituto Nacional do Livro, 1957 (1ª edição alemã: Berna, 1948).

[9] A prosa de René só é "pré-romântica" na França; no contexto da literatura ocidental, o pré-romantismo francês já é claramente *romântico*, ao contrário do inglês ou do alemão, que são formações estilísticas ainda bem setecentistas.

em muitos aspectos da maior importância, uma *adversária*, e não uma aliada, da retórica...[10]

Sobretudo, caberia duvidar de que dicotomias baseadas numa arbitrária *Völkerpsychologie* sejam realmente capazes de apreender as tendências decisivas da evolução da cultura ocidental, a que a sucessão dos grandes estilos literários está intimamente ligada. Carregados de metafísica historicista, os esquemas de história de literatura neovossleriana postulam, em Paz ou Bonnefoy, a existência de Ocidentes paralelos: cultura românica e cultura germânica. Muito mais atraente, porém, parece hoje a tarefa de pensar a fundo os Ocidentes *sucessivos*: o Ocidente *tradicional* e seu contraste, sociológico e ideológico, com o *Ocidente dos tempos modernos*, isto é, com a civilização que se prefigura desde o século XVII, ganhando realidade efetiva com a Revolução Industrial e atingindo a plenitude na hodierna "sociedade de massa". No quadro lógico dessa reflexão, a antítese Romênia x Germânia é uma formação epidérmica. O problema verdadeiramente básico não é a diferença entre o pseudorracionalismo latino e o pseudorromantismo anglo-germânico, mas sim a diferença entre a *racionalização da vida* – que é o processo nuclear da cultura ocidental *moderna* – e os estilos de existência que, embora altamente diversificados, conforme as épocas e regiões culturais, prevaleceram na Europa da Antiguidade até (inclusive) a Renascença. Ora, para a implantação final dessa cultura *racionalizada* (a cultura da economia de mercado, da burocracia e da ciência moderna), as camadas burguesas de países poeticamente "românticos", como a Inglaterra e os Estados Unidos,

---

[10] Curtius (op. cit., excursus XI) mostra como, em seguida ao humanismo da escola de Chartres (João de Salisbury), o logicismo escolástico reduziu os estudos retórico-filosóficos a um *status* pedagógico inferior, provocando inclusive a decadência da literatura em latim, desde o segundo quartel do século XIII. Para a não italianidade da gênese e do desenvolvimento da escolástica, ver os trabalhos de Paul Oskar Kristeller, sintetizados em José Guilherme Merquior, *Saudades do Carnaval: Introdução à Crise da Cultura*. Rio de Janeiro, Forense, 1972, p. 27-29.

contribuíram de maneira simplesmente fundamental... É claro, por conseguinte, que as dicotomias étnico-literárias só começarão a adquirir maior significação quando se articularem com os temas centrais da história *sociológica* da cultura. Numa palavra; quando o espectro do historicismo à Herder ceder lugar às pesquisas na linha de Max Weber e outros mestres do que se deveria chamar "sociologia da cultura".

Até que o façam, essas amplas tipologias permanecerão certamente muito inferiores, em força explicativa, àquela *leitura do social na forma* que se tornou apanágio do jovem Lukàcs e, depois dele, de Walter Benjamin. No entanto, em Octavio Paz, não faltam elementos que poderiam conduzir (e, às vezes, conduzem) à superação do abstracionismo sociológico na interpretação histórica da poesia; porque, no ensaísmo de Paz, a inocência sociológica do método histórico-crítico coexiste com impulsos genuínos de crítica social: impulsos que dão o tom à sua poética.

O vanguardismo do poeta Octavio Paz é uma espécie de fusão da tradição mallarmeana com a mitologia anarcolibertina da rebelião. "Libertino" vai aqui tomado no sentido histórico, devendo fazer pensar em livre-pensamento, em libertarismo, mais do que em libertinagem; porém, é necessário não esquecer que o libertarismo dos "libertinos" do século XVII, fustigados por Pascal, não era subversão política e sim moral – e subversão dos costumes de fundo fortemente sensual, que convertia o erotismo em arma contra a moral repressiva do *Grand Siècle*. Paz coloca o experimentalismo poético radicalizado (a lição de Mallarmé) sob o signo da tradição poética libertária, de Blake ao surrealismo. Em *Corriente Alterna* (1967), exalta a *rebelião*. Rebelião é a revolta *mítica* e messiânica, essencialmente distinta do progressismo racionalista dos revolucionários e reformistas (SR, p. 264-65). Como a revolta, a rebelião é insurreição espontânea; como "revolução" em seu sentido primitivo, é encarnação do tempo cíclico, que nega o curso retilíneo da cronologia dos progressismos. O sentimento do tempo na rebelião é de inspiração mítico-arquetípica: tempo do eterno retorno, tempo da regeneração. Paz qualifica o surrealismo de Breton como "busca do início" (SR, p. 221-30). O tronco central da poesia moderna é, segundo ele, a vanguarda como rebelião cultural.

Esse vanguardismo libertário pretende-se herdeiro e continuador da tradição ibero-americana. Os poetas norte-americanos "estão condenados ao futuro, ao progresso – a cantá-lo ou a criticá-lo, o que é igual"; mas os poetas latino-americanos estão fadados à *invenção da origem* (SR, p. 152). Invenção nos dois sentidos: descoberta ou criação. A literatura espanhola está permeada pela nostalgia da origem, pelo tema de *restauração* da grandeza nacional. Em contraste com ela, desde o fim do Oitocentos, a poesia *criolla* se abandona à modernidade, porque seu sentimento da origem é abstrato demais: não é sentimento, é puro anelo da fundação *manquée*. Daí terem os hispano-americanos legado à Espanha (que logo as tradicionalizaria) as grandes revoluções do estilo: o "modernismo" de 1890, a "vanguardia" de 1920 – a revolução poética do nicaraguense Darío, e a do chileno Huidobro. A musa crioula não pode cantar a restauração do passado, porque a história do continente se limita ao "triste século XIX" ou então "porque, como no Peru e no México, a história é *outra*: o mundo pré-colombiano (SR, p. 147). Por outro lado, conforme vimos, o poeta crioulo não pode, a rigor, celebrar o porvir, como seu colega ianque: pois não lhe é dado celebrá-lo como um futuro vivido como progresso *ab initio*, mas apenas como objeto de uma inexorável nostalgia. Da apologia da liberdade no progresso, em Whitman, a poesia norte-americana evoluiu, com Robert Lowell, para a denúncia da *culpa* no progresso; mas de ambas essas perspectivas axiológicas se exala o sabor de uma história *assumida* pelo povo da América inglesa. Na América espanhola, porém, "nós não vivemos a nossa história" (SR, p. 150); por isso, a literatura autêntica não responsabiliza o nacional pelo passado; é literatura de "queixa e acusação", nunca de consagração ou confissão.

Dessa sorte o vanguardismo, forma do conteúdo libertário, se vê justificado por uma determinada *situação* social e nacional. Focalizando o confronto Europa/América(s), a poética de Paz destila o realismo sociológico de que as suas próprias contraposições de estilos nacionais europeus careciam. Em Paz, a poética da vanguarda como "literatura de fundação" (SR, p. 125-31) descobre no desenraizamento e no cosmopolitismo os impulsos *naturais* da poesia latino-americana a única vocação a partir da qual fomos e seremos capazes de criar e de (paradoxalmente) compreender nossa própria realidade. Mas essa poética de fundação repousa numa estética francamente lúdico-mágico-místico-utópica. Equipara o canto lírico a uma dissipação lúdica (SR, p. 75, 119), e a imagem, "irredutível à análise", a uma "cifra da condição humana" (SR, p. 38), que convoca, através da rede infinita das analogias, a unidade última do ser (SR, p. 41), superior ao estreito princípio da identidade. O conteúdo veritativo da imagem, eixo da palavra poética, é assimilado em Paz à experiência *sui generis* que o Oriente identificava com a verdade: a experiência pessoal inefável, a "doutrina sem palavras" do Tao que "não pode ser definido" (SR, p. 43).

Na magia mística da imagem lúdica transparece o brilho da utopia. Desejoso de purificar o utopismo de Marx do que nele caducou – "a noção do proletariado como agente da história, a do Estado como simples expressão da classe no poder, a da cultura como reflexo da realidade social"[11] –, Paz exorta o marxismo a absorver duas tradições ideológicas até aqui desdenhadas pelo materialismo histórico: a "libertária" e a "poética"; de um lado, o anarquismo; do outro, a literatura de subversão cultural (SR, p. 101).

Na concepção de Paz, a poesia, produto histórico substancialmente comprometido com o utópico, acaba

---

[11] As duas últimas noções não são assim tão simples, tão unilaterais em Marx. O *18 de Brumário* problematiza consideravelmente o papel do Estado em relação com a estrutura social; um produto cultural como a filosofia de Hegel não foi para Marx, pelo menos em sua forma (entenda-se: não enquanto metafísica, mas enquanto *dialética*), nenhum mero reflexo da (atrasada) sociedade alemã do primeiro Oitocentos. Contudo, a média do pensamento marxista esposou inegavelmente essas teses reducionistas, tornando-se perfeitamente justa a observação de Paz.

transcendendo a história. Não só pode ocorrer dissonância entre poesia e história – por exemplo, em Baudelaire (SR, p. 153) – como a poesia consegue, sem fugir nunca ao condicionamento histórico, superá-lo, na medida mesma em que se faz testemunho *contra* o seu tempo. "Desde o seu nascimento a poesia moderna apresenta-se como uma empresa autônoma e contra a corrente" (SR, p. 83). A possibilidade de criticar o real, inscrita na natureza mítico-utópica da poesia, liberta-a da condição de reflexo ideológico, eleva-a à dignidade de profecia. Nesse sentido é que o poema se situa "antes da história, mas não fora dela" (SR, p. 53). Aqui, a poesia reencontra a ação, embora num nível fundamentalmente infenso a todo pragmatismo (e a todo praxismo: é bem significativo que, em *El Arco y la Lira*, o agir da rebelião poética acene ao contemplativismo asiático). Para o autor do *Labirinto de la Soledad* (1950) – arrojada psicanálise do éthos mexicano, doloroso e lúcido revolver do trauma que a Conquista representou para o México – a ação histórica não é, como já não era para Hegel, nenhum "teatro da felicidade". Entretanto, pago o tributo à consciência da errância histórica, a profecia lírica se reconcilia com a ação. Em Paz, a natureza ativa da poesia não é a inerte *sagesse* do crepúsculo, não é a hegeliana razão que, tal o mocho de Minerva, só desfere seu voo depois de findo o labor do dia. Aurora do espírito e noiva da práxis, a poesia é prelúdio ao gesto. A dança de Érato precede e prepara a marcha de Clio.

O que a "vanguarda de fundação" nos propõe é algo tão saudável quanto intempestivo: uma poética não formalista. O autor de *Blanco* (1966) não saberia ser acusado de desatento à forma nem à experiência revolucionária da linguagem; sua maneira decididamente antiformalista de meditar sobre o passado e o destino da poesia moderna ganha, portanto, significação ainda maior. Paz não ignora que "a mudança da imaginação poética depende da mudança da imagem do mundo" (SR, p. 114); e faz questão de relembrar precisamente o que tantos onanismos de vanguarda se obstinam em escamotear: que "o poema é linguagem (...), mas é também mais alguma coisa (...). Nascido da palavra, o poema desemboca em algo que a ultrapassa" (SR, p. 48). Sem contar que o próprio nascer da palavra (acrescentaríamos nós) já é também comércio com o algo-mais-que-linguagem mesmo que, para chegar a esse além-linguagem, a única via seja a mesma linguagem. Para os ovacionados formalistas da moda, o valor poético pode ser uma simples função intransitiva da "poesia da gramática"; para Paz, não. Implicitamente, sua poética nos adverte que nenhuma sofisticação terminológica será jamais suficiente para fazer a "poesia da gramática" deixar de ser o que é: um verbalismo *à outrance*, uma equiparação usurpatória entre poesia e função poética da linguagem. A *verdadeira* poética sabe que a poesia não se reduz nem mesmo a si própria – quanto mais a qualquer função linguística sem referencialidade externa. "Embora a poesia não seja religião, nem magia, nem pensamento, para realizar-se como poema, apoia-se em algo alheio a si mesma. Alheio, mas sem o qual não poderia encarnar-se. O poema é poesia e, além disso, outras coisas. E este *além disso* não é algo postiço ou acrescentado, mas um constituinte de seu ser" (SR, p. 51). Em última análise, se a poesia "não representa", "não alude à realidade", é porque a *penetra* (SR, p. 50) – não porque a repele.

O neorromantismo de Paz tem pontos fracos: absolutiza as virtudes da lírica frente ao drama e à narrativa (SR, p. 58), confunde o simbolismo de Mallarmé com a estética romântica da correspondência universal;[12] partilha a visão elegíaca de Lautréamont (SR, p. 84), o "astro negro" (SR, p. 95), sem levar em conta o sanguíneo espírito de paródia no mundo de Maldoror;[13] e finalmente, despe (em *El Arco y la Lira*) o intuicionismo do pensamento analógico de toda qualidade lógica, em termos muito próximos

---

[12] A doutrina das *correspondances* é um dos vários motivos românticoidealistas que ainda se fazem sentir em Baudelaire, mas não no autor da *Prose pour des Esseintes*. Sobre este ponto, ver as observações de A. G. Lehmann e René Wellek mencionadas em José Guilherme Merquior, *A Astúcia da Mímese*. Rio de Janeiro, José Olympio, 1972, p. 164.

[13] Sublinhado pela desmistificação de Robert Faurisson, *A-t-on Lu Lautréamont?*. Paris, Gallimard, 1972.

de Schelling ou Bergson – mas muito distantes de Lévi--Strauss e da *pensée sauvage*, que, não obstante, atrairão a atenção de Paz no final dos anos 1960 (ver Octavio Paz: *Claude Lévi-Strauss o el Nuevo Festín de Esopo*, 1967). Todavia, sua maneira de versar alguns motivos românticos lhes confere uma pertinência indiscutivelmente atual. Sirva de exemplo o tema coleridgeano da poesia como imaginação criadora, como atividade do espírito (e não só técnica artística), que permite a Paz reanimar a velha equação arte = religiosidade. Se dermos à "religião" o sentido de senso moral e comunitário, de imagem do cosmos e da sociedade (e isso foi em parte o que fez Arnold ao repensar o *"religion as the poetry of Mankid"*, de Coleridge), reconheceremos nesse filosofema um dos esteios da poética técnica, mas não tecnicista, de Paz. Poética da qual se pode afirmar, parafraseando uma observação de Eliot sobre Henry James, que, nela, a indiferença em relação a dogmas religiosos só tem paralelo na sua extraordinária consciência da realidade espiritual.

O objeto privilegiado da consciência da problemática espiritual não pode ser, em nossos dias, senão a crise da cultura moderna. Paz não é dos que se iludem com as euforias desenvolvimentistas: prefere apontar, por trás da "elevação do nível de vida", a "degradação do *nível da vida*" (SR, p. 97). Verbera em tom heideggeriano o imperialismo da técnica, esse ocupante do vácuo criado pelo recesso das "imagens do mundo" (SR, p. 103-06). É a negação da imagem do mundo na civilização contemporânea que torna possível o desembestamento niilista da tecnologia, e o sequestro da *otredad*: sequestro de toda experiência viva do *outro* em sua radical *diferença*.

Celso Lafer destacou com argúcia um dos momentos mais ricos do antiformalismo (mas antiformalismo é apenas outro nome para a antialienação) de Paz: o momento da crítica ao profeta dos *media*, McLuhan.[14] A chave

---

[14] A crítica de Paz se encontra em seus livros *Corriente Alterna* e *Claude Lévi-Strauss o el Nuevo Festín de Esopo*. O texto de C. Lafer – um belo estudo sobre o pensamento político de Paz – integra o vol. SR (v. p. 272).

dos significados não reside nos meios de comunicação, e sim na estrutura de sociedade que engendrou os próprios meios. Nesse plano, portanto – e por maior que seja a homogeneidade entre ela e seu canal –, a mensagem *não* é o meio. O otimismo mcluhaniano é espiritualmente um nanico. Ao confiar ao *global village* tecnológico a redenção da humanidade, sua "revolução eletrônica" não cria nenhuma nova galáxia cultural: na verdade, apenas eletrocuta a consciência da crise da cultura, indício da resistência humana contra a repressão.

Por seu valor crítico, a poética libertária de Octavio Paz, afastando-se das deficiências de uma história da poesia em termos de "estilos nacionais",[15] aproxima-se da análise socioestilística inaugurada pelo jovem Lukàcs. A diferença entre o ensaio lukacsiano sobre a lírica de George e a interpretação da técnica de *Waste Land* delineada por Paz parece consistir somente no fato de que as categorias analíticas manipuladas por Lukàcs descrevem relações entre determinado estilo poético (o impressionismo simbolista de George) e determinados aspectos *sociais* do mundo moderno (por exemplo: a posição do indivíduo na sociedade de massa), enquanto Paz, ao interpretar o associacionismo livre de Eliot, vincula-o a fatores um pouco menos tangíveis, porque mais propriamente *culturais* do que sociais (por exemplo: a perda de uma "imagem do mundo" estável na civilização contemporânea). Ao lado dessa diferença, porém, existe uma convergência bem mais importante. Tanto a homologia (para usar a expressão de Lucien Goldmann) estabelecida n'*A Alma e as Formas* entre o estilo poético de George e as formas sociais do mundo moderno quanto a homologia que *El Arco y la Lira* surpreende entre a técnica de *The Waste Land* e a situação espiritual do homem contemporâneo são afinidades "secretas", sem nada de imediatamente ostensivo. A nostalgia de uma ordem católica é, em Eliot, manifesta; a analogia entre sua técnica imagística e a mente moderna, não. Caminhando do

---

[15] "Não há escolas nem estilos nacionais", diria o próprio Paz numa página (SR, p. 126) de *Puertas al Campo* (1966).

registro da primeira para o desvendamento da segunda, o ensaio de Paz reencontra a inspiração mais iluminadora da crítica novecentista: a tentativa de reunir análise imanente e interpretação histórica, de focalizar o *social* (que não é simples "reflexo") no âmbito mesmo da *forma*.

Érato e Clio – poesia e história – nunca andam separadas na realidade literária. Só é preciso que seu frutífero companheirismo não se desfaça na mente da crítica, tantas vezes hipnotizada pelas alienações formalistas. A percepção do social na forma, eis aí a *voie royale* da crítica autenticamente explicadora (aos que acreditam beatamente que "poesia não se explica", aconselha-se vivamente tomar algumas transfusões de virilidade mental: afinal de contas, a poesia é um produto da inteligência humana – da inteligência, e não do músculo cardíaco; e pelo menos tudo o que o seu intelecto cria, o homem não só pode como deve compreender). Tratando-se, como se trata, de uma perspectiva epistemológica realmente superior, não admira que a análise formal não formalista se mostre apta a reinterpretar até mesmo as meias descobertas do formalismo, jejuno de história, ou do historicismo, sociologicamente inibido. Para voltar à tese da "latinização" da poesia anglo-saxônica em Pound e Eliot: é possível torná-la bem instrutiva. Para tanto, bastaria "traduzirmos" a nebulosa noção "herderiana" da latinização pela verificação de que Pound e Eliot efetivamente *intelectualizaram* a lírica inglesa. Intelectualismo é, de fato, uma das conotações da "latinização" atribuída por Paz ao estilo dos dois grandes poetas americanos europeizados; mas é também, e principalmente, uma das implicações, na obra deles, de um processo capital na evolução de toda a lírica do Ocidente entre Goethe e Paul Celan: o processo pelo qual a poesia (já então praticamente identificada com o gênero lírico) adquiriu uma constante *autonomia* intelectual, passando a interpretar a realidade por conta própria, sem operar, como no passado, *subordinada* às correntes filosóficas do tempo.[16]

---

[16] Ver a propósito *A Astúcia da Mímese*, p. 21-26; e ainda, neste volume, "Para o Sesquicentenário de Matthew Arnold".

A intelectualização do verso em Eliot foi, antes de tudo, resultado da metamorfose da poesia em rigoroso instrumento de interpretação crítica de uma época; foi consequência de um notável aprofundamento e amadurecimento *da reflexão lírica*. Não um "intelectualismo" apoético, mas uma *intelectualização* vital para o vigor artístico e humano da poesia. Sem o "cerebralismo" de Eliot – como sem o de Benn, Khliébnikov ou Pessoa, o de Montale ou do último Yeats, o de Salinas, Drummond ou Char, ou ainda, para mencionar algumas das maiores vozes afirmadas nas últimas décadas, sem o de Celan ou de Cabral de Melo – a poesia deste século nunca poderia ter alcançado o nível de penetração problematizadora que alcançou.

Qual teria sido o suporte sociológico direto dessa autonomização intelectual da poesia? É lícito supor que ele haja consistido na ruptura de um certo monopólio institucional do verbo: o monopólio dos *écrivains*, apontado pelo Barthes dos *Essais Critiques*.[17] Barthes fala da França, mas suas observações são facilmente transponíveis e generalizáveis (sem prejuízo de matizes qualificadores). Sua tese é a de que o *écrivain*, funcionário da palavra, praticante de uma *língua* codificada (a exemplo da dos pregadores e juristas), assistiu, na época da Grande Revolução, à emergência de um novo tipo de usuário da língua literária – o *écrivant*. O *écrivant* converte a *função* do *écrivain* em *atividade*: politiza a língua literária, designa-lhe finalidades práticas, quebra o monopólio cultural em que a palavra vivia nas mãos dos *écrivains*. A dominação dos *écrivains* sobre o uso literário da linguagem é, no terreno cultural, análoga à *grafocracia* do sociólogo austríaco Karl Renner.[18] Quando, a partir da campanha revolucionária (ou do enciclopedismo, conforme prefere Sartre em *Qu'est-ce la Littérature?*), o "intelectual" *toma* a palavra, o reino "fechado" da

---

[17] Ver Roland Barthes, *Essais Critiques*. Paris, Seuil, 1964, p. 147-54.

[18] Ver Karl Renner, *Wandlungen der modernen Gesellschaft* [Transformações da Sociedade Moderna]. Viena, 1953. Citado por Ralf Dahrendorf, *Class and Class Conflict in Industrial Society*. Palo Alto, Stanford Univ. Press, 1959, p. 93.

instituição literária é posto em questão. A partir de então, surge um bastardo cultural: o *écrivain-écrivant*. É o literato-intelectual, servidor de dois senhores: a "literatura", e o pensamento (crítico). *Marginal* por definição, o *écrivain-écrivant* exerce, como o xamã segundo Lévi-Strauss, um papel *complementar*, a um só tempo temido e desejado pela sociedade; como o xamã, ele é um excepcional, um "excluído" – mas trata-se de um "excluído integrado por sua própria exclusão". "Maldito" porém aceito; aceito, e contudo nunca plenamente admitido. É sem dúvida esse produtor ambíguo do discurso estético, escrevendo entre a legião dos *écrivains* puros, agora anacrônicos, e a massa dos *écrivants* que são os modernos publicistas, que se encarrega de segregar aquilo que se confunde, hoje, com a literatura: a linguagem *desviada* (*Essais Critiques*, op. cit., p. 245), linguagem íntima e cúmplice de todas as rupturas semiológicas onde se patenteia a crise da civilização.

Pois bem: a irrupção de uma "poesia do mundo", de uma lírica votada à interpretação autônoma do real (de Goethe e Hölderlin aos românticos, e destes a nosso pai Baudelaire) só pode ser compreendida em ligação com o processo de transformação institucional do discurso literário. A entronização de uma lírica "intelectualizada" na esfera da alta literatura foi condicionada pela sociologia *interna* da arte literária (por oposição aos aspectos macrossociológicos do seu condicionamento, não especificamente relacionados com a produção literária), do mesmo modo que as diversas configurações estilísticas da lírica moderna foram outras tantas respostas às grandes transformações sociais e culturais do Ocidente. Do classicismo de Weimar até George, e deste até nós, a mais alta poesia do Ocidente foi obra de *écrivains-écrivants*; por isso é que ela se exprimiu, como percebeu Paz, *contra a corrente*; e por isso é que nela se selou, por força dos novos tipos de contato entre Érato e Clio, a aliança oculta da autenticidade poética com a rebelião contra a cultura alienada.

Bonn-Paris, janeiro de 1973.

Fragmentos de História da
Lírica Moderna
(de Goethe a Laforgue)

*a Abgar Renault,
Alberto da Costa e Silva
e Eduardo Portella.*

A primeira fonte da poesia moderna está na fundação de uma poesia *cósmica* na Alemanha do decênio de 1770, nas canções de Sesenheim e nos "hinos do viandante", escritos por Goethe no tempo do entusiástico e imaturo "*Sturm und Drang*".

Que novidade radical traziam esses seus versos? É claramente inútil buscar-lhes a originalidade na simples presença de um conteúdo filosófico, na pretensão a uma interpretação da realidade. A "poesia do mundo" surgia depois de vários e elevados exemplos de poesia do pensamento, desde Lucrécio a Dante, da poesia renascentista e maneirista à floração mística do barroco e, enfim, à numerosa "ensaística" metrificada do próprio século XVIII. A modernidade da contribuição de Goethe teve por si duas circunstâncias. Em primeiro lugar, a situação específica da cultura intelectual alemã. Entre a morte de Leibniz (1716) e o advento da filosofia crítica de Kant (1781), o pensamento filosófico na Alemanha conheceu um largo intervalo de esclerose dogmática (a dita escola de Wolff) e de simples diluição vulgarizadora dos temas racionalistas e empiristas nas mãos da chamada "filosofia popular". As duas únicas grandes figuras da filosofia alemã aparecidas então, Lessing e Herder, não eram filósofos sistemáticos. Em tais condições, o impulso de interpretação do universo transferiu-se, em profundidade, ao domínio da literatura. Já Lessing e Herder foram tão importantes como críticos, senão mais, do que como filósofos. Na agitação dos anos 1770, do entusiasmo vulcânico pelas ideias de natureza e de genialidade, a poesia se antecipa à própria reflexão crítica. As revistas de propaganda iluminista são substituídas por almanaques abarrotados exclusivamente de poesia. A lírica de Goethe, resultante desse movimento de migração filosófica para o domínio da literatura, marca o término da condição simplesmente tributária da poesia em relação às formas de compreensão do mundo, e a abertura de uma lírica ideologicamente autônoma. É evidente que os poemas de Goethe devem muitíssimo à atmosfera intelectual da época; em contraste, porém, com a dependência de Dante, dos barracos ou de Pope em face das correntes filosóficas e religiosas suas contemporâneas, a poesia do jovem Stürmer aparece com conteúdos quase originais. A literatura já não se limitava a refletir as interpretações do mundo; nos românticos alemães, esta tendência se tornou tão nítida que nem mesmo a grande familiaridade dos "tenentes" do romantismo com pensadores do porte de Schleiermacher e, sobretudo, Schelling conseguiu reduzir a soberania de pensamento das obras literárias.

Em segundo lugar, a lírica desta "poesia do mundo", numa curva que prossegue, através do classicismo de Weimar, por Hölderlin, pelo alto romantismo alemão e inglês, até Baudelaire e o momento simbolista, resume, numa esplêndida variedade, o que há de mais rico na literatura ocidental entre o fim do século XVIII e o começo do presente. Tão-só a tradição do romance, a partir de Balzac, pode oferecer valores tão elevados. Ora, uma rápida consulta à história literária demonstra que a constante excelência da lírica – em termos de literatura maiúscula – não é a regra dos períodos anteriores. Homero e o teatro grego, Virgílio, Dante, a épica da Renascença, Shakespeare, Milton e o teatro barroco revelam que, se a alta literatura sempre esteve comprometida com o verso, nem sempre se ligou à lírica. Não faltam, é claro, insignes exceções: de Petrarca ao lirismo de Camões, de Shakespeare aos *metaphysical poets*... Mas a consideração da literatura europeia, por cima dos vários segmentos nacionais, só na era moderna é capaz de discernir uma linha tão consistente de manifestações líricas de primeira grandeza.

E é unicamente a permanência dessa estatura estética que nos permite, de um ponto de vista seletivo, realizar a identificação da poesia moderna com a sua tradição de lirismo de exame do mundo.

A fundação de uma lírica superior, competente para figurar com autonomia no quadro da criação intelectual, estabelece o início da poesia moderna. Qual foi, então, o sentido da contribuição ideológica do lirismo a partir de Goethe? Não podemos, neste espaço, tentar mais do que o resumo de uma síntese. Com o próprio Goethe, a cultura germânica vê culminar toda uma longa transformação. Se Leibniz resolvera a tensão barroca entre finito e infinito na ideia de mônada, microcosmo assimilável a Deus, e o pietismo acalentara o gosto da comunhão mística, Klopstock exaltara a dignidade da poesia e atribuíra um sentido cósmico à vibração religiosa. Melhor poeta que ele, Wieland iniciou a superação do moralismo pelo resgate do prazer sensual.

A poesia de Goethe nos anos 1770 reúne, na forma concentrada de interiorização lírica que é a linguagem do *Lied*, a noção de integração ativa do indivíduo no todo e o *páthos* de uma religiosidade pagã. O panteísmo é cantado em atitude de entusiasmo jubiloso, tão diferente da quieta contemplação de Spinoza quanto a imagem de uma natureza fáustica, em relação à geometria cartesiana em que o sábio holandês concebera a substância do universo. Os temas mais constantes do lirismo, o amor, a paisagem, são agora vazados por meio de uma verdadeira nominação cósmica. Quarenta anos depois, nos poemas do *Divan*, o erótico ainda será a ocasião de um sentimento do mundo. A evolução de Goethe, do titanismo virtualmente revolucionário à *sagesse* do classicismo de Weimar e ao arrepio trágico de certas obras da velhice – da *Elegia de Marienbad* – não rompeu nunca a larga unidade de uma mesma visão. O olhar que põe na natureza o centro do ser mergulha o homem nessa fonte divina e não conhece refúgio fora da imanência; que, ao ritmo do eros, se extasia na totalidade e fortalece, dentro dela, a grandeza do indivíduo, fez de Goethe o amante da terra e ofereceu ao poeta o espetáculo inebriante da luminosidade do mundo. Essa *claritas* clássica, invasora de toda a sua obra, deu à jovem poesia do pensamento seu primeiro esplendor maduro no corpo da literatura ocidental.

Quando Goethe apareceu na história da cultura, um dos elementos fundamentais da interpretação cristã do real – o senso de distância, polaridade e tensão entre o Criador e a criatura – já se encontrava bastante enfraquecido. A outra viga mestra da visão religiosa – a ideia de um *centro ontológico*, de uma residência permanente do ser em sumo grau (*do ens realissimum* dos escolásticos) – foi submetida por Goethe a uma transformação muito mais consistente do que a elaborada por vários pensadores seus contemporâneos, a começar por Herder. O centro ontológico goetheano não é mais o sobrenatural: é como em Rousseau, a natureza. Mas a qualidade lírica desta noção em Goethe deriva de alguma coisa muito pouco rousseauniana: o sentimento da harmonia da personalidade, localizado no presente e vivido com a força tranquilizadora de uma lei natural. Rousseau jamais conheceu este dom. Na classificação genial de Schiller, ele seria um *sentimental* (alguém em conflito com a realidade da experiência), e não um *ingênuo* (um espírito em acordo íntimo com a experiência). De certo modo, Jean-Jacques, eterno exilado da alegria do presente, restaura no seu século otimista a dilaceração, a estrutura polar que compunha a vivência cristã do mundo: o dissídio entre alma e vida, atenuado na Renascença, mas reacendido pela religiosidade da Reforma e do período barroco. Kant, que dirigiu contra a sobrevivência da ideia de centro ontológico o insanável golpe da incognoscibilidade da coisa em si, herdou o *páthos* dessa tensão no rigorismo da ética formal. Foi *a Crítica da Razão Prática*, e não a conciliação dos contrários pelo sentimento estético, proposta na *Crítica do Juízo*, que determinou a formação do primeiro grande filósofo pós-kantiano, Fichte, e da primeira lírica depois de Goethe, a poesia de Schiller. Em Schiller, o lirismo se avizinha do dramático. A ode *An die Freude*, cuja incorporação à *Nona* de Beethoven iria desequilibrar tão genialmente a forma sinfônica, tende ao hino, ou seja, ao drama dentro do lírico. Suas baladas não comportam o sentido do numinoso, conservado por esse gênero até Goethe; a concentração dramática é a norma da composição. A poesia do mundo cede o passo à expressão literária do dever. O ético suplanta a contemplação.

O dramático reencontrou o numinoso no altíssimo lirismo de Hölderlin, hoje preferido ao do próprio Goethe. O canto da teofania crepuscularmente precária, da heroica aceitação do destino e do anúncio da redenção da humanidade, fez do seu culto da Grécia a primeira das nostalgias românticas. A natureza viva é a cena constante de seus poemas, mas Hölderlin despede-se da religiosidade pagã, verdadeiramente pagã: seu *éter* representa a espiritualização da terra. Se a tentativa de exprimir o espírito sem a mediação do físico é o distintivo da arte romântica, a transfiguração da imanência em Hölderlin é a primeira forma psicofânica (Mittner) da lírica europeia. O presente já não tem mais o sabor de vida autêntica que o anima em Goethe. O estilo "acelerado" de Hölderlin substituiu a serena confiança de Weimar pelo sentido dramático de urgência. Em *Die Wanderung*, a migração dos rios simboliza o ímpeto irresistível, beethoveniano, de integração na totalidade; em *Patmos*, o presente é a noite de espera dos homens, da "consciência infeliz" que se segue à morte de Cristo, último arauto dos deuses, e precede o paraíso terrestre ardentemente aguardado.

Mas se o dramatismo dos grandes hinos pindáricos rompe a atmosfera clássica, o sentimento da transcendência ainda é todo alheio às formulações românticas. O passado não domina na religião hölderliniana, historicista e revolucionária; o gosto do fúnebre é estranho a esse lirismo. A conclusão de *Der Einzige* exorta o poeta a cantar o mundo real. Essa militância da poesia do ser distancia-se enormemente do cultivo da subjetividade pela subjetividade e da indefinição do universo objetivo, tão caros aos românticos. Como Goethe, Hölderlin ainda é um poeta da luz, mesmo fugaz ou futura, e não da noite e da sua dissolvência. Na famosa chave do romantismo dada por Novalis ("tudo é romântico, desde que transportado para longe") não se enquadram os versos iniciais de *Patmos*, o testamento deixado por Hölderlin antes do ingresso na loucura:

> *Nah ist*
> *Und schwer zu fassen der Gott.*
> [Próximo
> é o Deus e difícil de captar.]

A proximidade da distância é o núcleo da sua lírica. O motivo da presença do divino na terra é a raiz de sua inspiração. Uma extraordinária inversão da consciência religiosa leva-o a pensar que o outro mundo... sonha com este. Mas o sentido da proximidade convive com a mais poderosa frequentação do sagrado, do hálito do suprassensível de toda a poesia moderna. *Poeta sentimental*, porém não romântico; tampouco "schilleriano", porque cantor do sacro – onde se situa Hölderlin, em que exato lugar entre classicismo e romantismo?

Em Tübigen, ele foi colega de Schelling e Hegel, comprometido com o nascimento do idealismo objetivo, com a superação do dualismo entre alma e mundo de Kant e de Fichte. No entanto, reverenciava Rousseau e tinha o respeito radical de Goethe pela multiforme natureza. Para Hölderlin, a natureza é espírito, mas nem por isso captável, em absoluto por puras metafísicas; nem mesmo a "intuição intelectual", simples hipótese para o severo Kant, ponto de fé metafísica para Schelling, sanaria a seu ver a irremediável incapacidade dos "férreos conceitos" para apreender a relação mais íntima que nos liga à totalidade. Só a poesia vence onde o puro intelecto se detém, porque ela mobiliza as várias faculdades do homem e se vale do sentimento para intuir a essência do todo. Como Kant, Hölderlin atribui ao estético o poder de harmonizar o sensível e o racional; mas diversamente de Kant, confere à arte a dignidade cognitiva por excelência, a "intuição viva" do princípio do ser.

Hölderlin representa a exaltação extrema da poesia do ser. A lírica do mundo não mais se cinge ao exercício de um pensamento autônomo: já se arroga uma visão privilegiada. Podemos ler nessa pretensão o prenúncio de uma antimetafísica, o pressentimento de uma racionalidade aberta, esquiva aos sistemas clássicos, ainda ligados à ideia de centro ontológico e à concepção substancialista do ser. Mas a modernidade do aluno de Rousseau não se limitou a tanto. A tensão dramática de sua lírica resulta de um alargamento da participação cósmica. A serenidade de Goethe vinha da consonância entre o homem e a natureza; Hölderlin adiciona a esta síntese a dimensão da historicidade. O acordo com a natureza pertence à humanidade inteira, não apenas ao gênio, ao titã, ao "favorito dos deuses". Por isso, Hölderlin, e não Goethe, realiza a verdadeira transferência de Rousseau para o terreno da poesia do mundo.[1] Por isso também, sua obra não transpira a confiança goetheana, mas tampouco a irresolução ou a cega sub-rogação dos românticos na totalidade. Abalador revolucionário de todo substancialismo, não subverteu menos a estrutura da polaridade, da distância entre o indivíduo e o todo. Hölderlin viu no lírico "a perfeição do trágico". A última contradição de seu canto é a alegria dionisíaca que nasce da consciente dissolução do indivíduo no curso do ser, e que produz o seu enérgico *tragilirismo* (o nome é de Giorgio Vigolo), o seu domínio da dor suprema – robusta metamorfose da chaga humana na *Stille* apaziguadora que se regozija no próprio luto. Tão firme esta vitória, tão forte esta conquista, que é preciso mudar a expressão célebre, e falar aqui de um *otimismo trágico* como posição essencial de Hölderlin.

Em relação aos elementos básicos da visão cristã contra os quais nós situamos o advento da poesia do mundo, o romantismo parece uma ampla restauração de cunho religioso. Com os românticos alemães, retorna a ideia de um centro ontológico sobrenatural, e retorna a vivência da polaridade: a inquietação será o sinal mais ostensivo

---

[1] Cf. a apoteose de Rousseau no começo da 4ª parte do hino *O Reno* (1801).

do romantismo; na conjugação restaurada dos dois aspectos centrais da visão religiosa, foi destruída a serenidade do século XVIII. A estrutura originária do desassossego romântico é o subjetivismo. Wackenroder foi talvez o primeiro a enaltecer o ato estético como experiência íntima, de objeto vago e irrelevante, pondo o sujeito contemplador em lugar da coisa contemplada.

Nos seus anos de fundação, o romantismo efetuou uma transformação do ego absoluto de Fichte: no dizer de Ladislao Mittner, o eu transcendental passou a empírico, mudado em gosto narcisístico pelo subjetivo. A *Sehnsucht*, a nostalgia definidora da atitude romântica, é um desejo sem objeto real, porque desejo do próprio desejar, volúpia da insatisfação. Irresolução e adesão irracional são os horizontes sempre presentes desse ânimo caprichoso: o ego absoluto não se tornou só empírico – perdeu com isso a verdadeira força ética.

Os avatares do mais rico dos romantismos, o alemão, revelam, por baixo das diferenças ideológicas e de realização estética, a convergência de todas as linhas no potencial do subjetivismo. O romantismo irônico de Friedrich Schlegel é o seu estágio mais volúvel, porém mais aberto. O método *progressivo* contempla em cada nova obra a possibilidade de retificar o já realizado pelo dissolvente crítico dos novos conteúdos da experiência. Uma sombra constante: o perfil leviano do experimentalismo estéril, a pirotecnia das alegres vanguardas sem solo. No primeiro grande lírico romântico, Novalis, o subjetivo se dissocia da negatividade puramente destruidora. Os *Hymnen an die Nacht* encaminham-se para uma reconquista do objetivo. O sentimento da morte se transfigura em espiritualização da natureza, em participação do indivíduo na totalidade do ser. Schelling definiria uma segunda fase romântica com a conceituação do belo como infinito representado no finito.

A crítica romântica da fase madura se apodera desse holismo; August Wilhelm von Schlegel vê no metaforismo o centro da poesia, porque a unidade orgânica da obra de arte é um microcosmo do tecido de correspondências que constitui a realidade. A fantasia poética, a imaginação criadora, não tem sentido fora da identificação fundamental entre o eu e o universo. Mas a persistência da *Sehnsucht* fazia do polo objetivo algo abstrato, sobrenaturalmente abstrato, para que se pudesse conservar universal e resistir à tentação de se fixar na realidade dada. Schleiermacher tentaria traduzir a vivência romântica em religiosidade própria; na *Europa ou a Cristandade*, de Novalis, a religião é progressiva-universal, mas já deriva do cristianismo e se particulariza na defesa do passado medieval católico. As famosas conferências vienenses de A. W. Schlegel, em 1808, induzem o romantismo a despedir-se da autonomia ideológica: a *Sehnsucht* já é caracterizada como anelo do céu cristão. Nos grupos românticos de Heidelberg e Berlim, o cancelamento do impulso filosófico dá origem ao "romantismo noturno". O universalismo da noite de Novalis já é, para Clemens Brentano, o regaço materno, protetor do homem-criança contra a "frieza" hostil do mundo. A regressão psicopatológica rumo ao nacionalismo, ao inconsciente coletivo, aos magnetismos irracionais, degrada o visionário em fatalismo fantástico. A lírica, frequentemente dispersa entre as páginas de romances de fantasia, abandona a coesão do pensamento poético.

Mas a degeneração ideológica, histórica, não foi a única ruína do romantismo. A nostalgia romântica operava através da articulação de um *mood*, cujo conteúdo era a busca da transcendência e a negação do dado. O baixo romantismo viria gravemente adulterá-la. O sentido da transcendência corrompeu-se em isolamento da realidade. A lírica ficou enfraquecida em seu poder cognitivo, reduzida à opacidade dos *moods* cultivados por si mesmos, isto é, a poesia sentimental. De onde o lirismo contemporâneo opor-se ao romântico em dois níveis: ideologicamente, ao romantismo puro, porque a poesia moderna se quer de abertura ao mundo e não de busca de transcendência; esteticamente, ao baixo romantismo, porque, frente aos acalantos sentimentais, contra tudo o que lembre

> ... the general mess of imprecision of feeling,
> Undisciplined squads of emotion.
> (*Eliot*)

O espírito do nosso tempo quer recuperar a intencionalidade (no sentido fenomenológico) da emoção: os aspectos do real nela indicados.

A tentativa romântica de restauração da transcendência não invalidou a globalidade da produção da escola, mas decerto contribuiu para expô-la a ambas as degradações referidas. O romantismo, ideológica e esteticamente, só conheceu um muito precário equilíbrio. Na Inglaterra, a unidade filosófica do movimento foi bem menor. Coleridge foi, a rigor, o único "alemão"; Wordsworth é antes um imanentista; Keats, o primeiro grande representante do esteticismo moderno; Byron, um narrador de formação clássica, carregado de motivos baixo-românticos; quanto a Shelley, é um "schilleriano" acabado.

Mas não nos deteremos no romantismo inglês; é preciso passar a um outro período na história da poesia moderna, o de Baudelaire. A importância histórica das *Fleurs du Mal* está imediatamente ligada ao fenômeno da mescla estilística (*Stilmischung*) tão bem analisado por Auerbach: as *Fleurs* introduzem na lírica o estilo elevado construído a base de tópicos vulgares, de situações e de expressões extraídas da trivialidade da vida corrente. Baudelaire marca o fim da pureza absoluta do símbolo e do mito na grande lírica. A origem dos elementos "prosaicos" dessa poesia é o tema da grande cidade. A existência urbana é, naturalmente, o *leitmotiv* da seção "Tableaux Parisiens"; mas, na verdade, o livro inteiro é ininteligível fora do ponto de partida da experiência da metrópole.

A tonalidade psicológica resultante é o *ennui*. Na história da cultura europeia, o primeiro rompimento radical com o idealismo romântico foi a filosofia de Schopenhauer. A "dor do mundo" não era a consequência trágica da impossibilidade de atingir ideais; desde a distinção feita por Francesco de Sanctis entre o pessimismo de Leopardi e o de Schopenhauer, aprendeu-se a considerar o tédio não mais como uma frustração, mas sim como estrutura anímica inerente à condição moderna, à vida cinzenta do indivíduo na sociedade da massa consumidora. Em Baudelaire, no entanto, a chuva miúda, o desfilar uniforme dos dias, todas as sensações do tédio ganham uma outra densidade, uma vibração trágica inexistente em Schopenhauer, embora sem retorno às ilusões perdidas de Leopardi.

O *ennui* se encorpa em angústia. O retesamento trágico se materializa na tensão entre a miséria do cotidiano e a aspiração a vencê-la: não descreve a sensaboria do presente, mas a luta desenganada entre o tédio e o valor, entre *Spleen et Idéal*. Já nessa polaridade sobrevive algo do *páthos* religioso em Baudelaire; todavia, a subsistência é dos conteúdos da religiosidade mais que das suas estruturas, numa visão essencialmente transformada. Onde está a mola da transformação? Walter Benjamin acreditou surpreendê-la numa espécie de crítica aristocrática à baixa dos valores humanos na sociedade industrial. É a célebre tese do *declínio da aura*: a antiga experiência das pessoas e das obras, vivida em profundidade, emprestava-lhes um ar quase sagrado; olhar uma pessoa ou uma obra de arte era uma relação viva e insubstituível, o sentimento de unicidade do *vécu* conferia aos objetos culturais o prestígio da distância, a aparência de impalpabilidade que as técnicas de reprodução (foto, filme), tornando-os todos, por assim dizer, manipuláveis, enfraqueceram definitivamente. A unicidade e a distância assemelham o sentimento benjaminiano da aura à experiência do *regard* de Sartre. Quando olhamos alguém, essa pessoa se nos apresenta como objeto. Mas basta que esse alguém também nos olhe, para que nos sintamos igualmente objeto. Reconhecemos então que o outro nos escapa e que, tão livre quanto nós, constitui um ser autônomo, uma consciência inapreensível como simples objeto (*L'Être et le Néant*, III, cap. 1 seção 4). O homem da grande cidade, número perdido no meio de outros números, sente a ruína da aura dos indivíduos e das obras. O olhar sem ver que trocamos uns com os outros na multidão é, na sua cega mecanicidade, o sinal mais diário da degradação de um tipo não só tradicional como *autêntico* de vivência. A época de Baudelaire assistiu aos primórdios desse processo. Decidindo-se, no plano de sua poesia, a captar o seu sentido moral, Baudelaire salvou a lírica da abstração lamartineana e da retórica de Hugo e inaugurou a sensibilidade contemporânea em poesia. Benjamin, em quem a crítica da cultura se entrosa habilmente com a análise da evolução do comportamento perceptivo na vida e na arte, vê em Baudelaire um nostálgico do encanto do vivido, um predecessor de Proust. Tantos poemas onde o motivo dominante é a aura roída pelo tempo, as magníficas imagens como

Je suis un vieux boudoir plein de roses fanées,

sustentam maravilhosamente a sua interpretação. Mas, assim como em Proust a memória é a ocasião da inteligência do mundo, em Baudelaire, a acuidade da percepção do presente não o deixa demorar-se em nenhuma rememoração sentimental, tardo-romântica, do *déjà-vécu*. O valor do passado é apenas uma projeção *a contrario sensu* da pobreza do presente. O passado não existe por si, mas como negativo da imagem da amargura de hoje. A meu juízo, nenhum poema representa tão finamente essa funcionalidade imaginária do passado quanto *La Vie Antérieure*. No começo, quase se pensa numa metempsicose:

J'ai longtemps habité sous de vastes portiques

porém, depois da evocação do cenário fabuloso da residência de outrora e do acordo perfeito entre a alma e a natureza, os tercetos nos falam daqueles escravos nus, *"tout imprégnés d'odeurs"*,

Qui me rafraîchissaient le front avec des palmes,
Et dont l'unique soin était d'approfondir
Le secret douloureux qui me faisait languir.

A localização da angústia no próprio passado "feliz" denuncia a conversão do suposto *déjà-vécu* em medida psicológica da insuficiência trágica do presente, que é a função estética do *souvenir* baudelairiano. O aristocratismo tradicionalista de Baudelaire existe, mas é tão pouco sério quanto o de Balzac. E do mesmo modo que neste último o "triunfo do realismo" impôs a capacidade de analisar o presente aos devaneios restauracionistas, em Baudelaire o aristocratismo abriu-se ao senso do moderno, àquela beleza nascida do tempo, cuja origem, na experiência do moderno, era a "*qualité essentielle de présent*".

A denúncia da crise da cultura revelava o esgotamento das concepções substancialistas, a falência geral do conceito de centro ontológico. Significativamente, Baudelaire não viveu, como Hölderlin ou os românticos alemães, alimentado por um ambiente carregado de alta filosofia. Suas *Fleurs*, a segunda dentição da poesia do mundo, têm com o lirismo de Goethe a coincidência de surgir em maré baixa na história do pensamento filosófico. Mas a semelhança para aí. O clima psicológico de 1850 não podia ser mais diferente do de 1770. À serenidade de Goethe, que dominava, mesmo sem negá-las, todas as amarguras, sucede o pessimismo crispado de Baudelaire. Como Flaubert e Tocqueville, ele não se contentava com a euforia offenbachiana do Segundo Império, e insistia na pobreza humana da vida moderna. Seu ceticismo transparece até mesmo na encarnação do Ideal, do polo antitédio da poesia. Sua venerada *Beauté* tem uma ponta mórbida, um parentesco com a sádica "*belle dame sans merci*" do romantismo de sensação. Que consolação real poderia vir-lhe dessa deusa monstruosa e indiferente, senão a fuga momentânea da insuportável vida insossa? O fascínio da Beleza não resulta de um verdadeiro ideal, mas da escassa possibilidade de tornar

> *L'univers moins hideux et les instants moins lourds.*

A insignificância do mundo opõe Baudelaire à metafísica romântica. Do romantismo, ele guardará apenas a defesa da independência da arte. A ideia de um simbolismo da natureza não tem consistência em seus escritos teóricos, menos ainda na unidade de seu lirismo. Como

Heine, ele viu o sobrenatural na função poética, não na realidade em si. Sua posição corresponde à tese, central em A. W. Schlegel, de uma imaginação criadora, estruturadora da dispersão do dado. Na verdade, Baudelaire desequilibrava a harmonia schlegeliana entre consciente e inconsciente no processo poético em favor da reflexão artesanal. O poeta que fez o elogio do *make-up* contra o belo natural enalteceu o *"l'art pour l'art"* de Gautier como antídoto à retórica da inspiração. O poeta frio e consciente, o calculista de Poe, dava o golpe de misericórdia à psicofania romântica. Da arte cética e lavrada de Baudelaire à ascese verbal da Mallarmé e ao *"raisonné dérèglement de tous les sens"* de Rimbaud, a lírica depreciou sistematicamente a velha muleta do primado da inspiração. Poeta do mundo presente em conflito com ele, Baudelaire fundou o evasionismo crítico, a *"poésie du départ"* que faz coincidir a crítica vertical da cultura com a mais ciumenta afirmação da autonomia do imaginário. Igualmente longe da ilusão romântica e do naturalismo passivo e "fotográfico", dos *"singes du sentiment"* e da impassibilidade oca dos parnasianos, da poesia doutrinária e da lírica ornamental, alcançou a expressão simbólica a partir de imagens realistas (Leo Spitzer) devolvendo seiva e concreção ao universo do lirismo. Baudelaire realizou o máximo de abertura poética à realidade do mundo, ao mesmo tempo em que, no meio deste contato "impuro", defendia e revigorava a dignidade da palavra lírica.

Baudelaire é, com frequência, apontado como simbolista *avant la lettre*. Entretanto, para dar nitidez a essa classificação, é preciso determinar o próprio conceito de simbolismo. Há quem goste de estabelecer uma equação entre a "escola de Mallarmé" e o alto romantismo alemão. A poesia *fin de siècle* seria o eco das principais linhas de força da estética romântica: a imaginação criadora, a identificação sujeito-objeto, o metaforismo e o mito, a visão idealista. O parentesco entre simbolismo e romantismo é uma tese cara à crítica espiritualista, sobretudo depois de Marcel Raymond (*De Baudelaire au Surréalisme*, 1935) e Albert Béguin (*L'Ame Romantique et le Revê*, 1939); uma sequência românticos-alemães-Nerval-Baudelaire-simbolismo, prolongada pela obra de Claudel, representaria a reconfortante aliança da poesia com o sobrenatural. O *abbé* Bremond chegara a aproximar o poema da oração. A dificuldade está em justificar as divergências – às vezes gritantes – não só das obras, mas das concepções literárias e filosóficas dos vários membros da sequência. Andrew George Lehmann (*The Symbolist Aesthetic in France,* 1950) e René Wellek (*History of Modern Criticism,* vol. IV, 1965) salientaram as diferenças entre as estéticas baudelairiana e mallarmeana. Os resíduos românticos da poética de Baudelaire inexistem em Mallarmé. Se abandonarmos a equação espiritualista e compararmos Rimbaud e Mallarmé a seu grande antecessor, na perspectiva da história da cultura, veremos que o simbolismo é menos crítico e mais *afirmativo*, enquanto Baudelaire se conserva exclusivamente no terreno da angústia crítica. Seu lirismo não só rejeita o mundo presente, como não oferece nenhuma imagem de uma realidade aceitável.

Podemos dizer de um Hölderlin que possui esta afirmatividade; de Baudelaire, não. A diferença já se observa no contraste com Rimbaud. Se o *ennui* baudelairiano tendia a encrespar-se em angústia, em Rimbaud ele alcança um estágio de elétrica dramaticidade. Na *Saison*, o *ennui* se transforma em *enfer*. É natural, portanto, que a poesia da danação conviva com uma "*poésie du départ*" igualmente exacerbada; perto da louca navegação do "Bateau Ivre", a última peça das *Fleurs du Mal,* "Le Voyage", é um poema descritivo, uma demorada reflexão sobre o partir, e não o próprio partir em ato.

Mas à ruptura afirmativa de Rimbaud se contrapõe o *humour* antimetafísico de outro poeta decisivo: Laforgue. Que sentido tem, para a poesia-do-mundo, o coloquialismo crítico de Laforgue, antecessor (com Baudelaire) do primeiro Eliot?

Paris, 1967.

A Estética do Modernismo do Ponto de Vista da História da Cultura

a Carlos Drummond de Andrade,
Jacinto do Prado Coelho
e Raymond Cantel.

Do movimento modernista, deflagrado há meio século, pode-se afirmar, sem receio de engano, que foi a corrente estética mais rica e mais forte do Novecentos brasileiro. Sua influência se impôs, evidentemente, em todas as artes maiores; em nenhuma, porém, foi mais decisiva do que no campo literário No entanto, até hoje não se possui uma caracterização satisfatória do estilo modernista. Conhecemos de sobra as dificuldades inerentes à definição conceitual dos fenômenos artísticos: ninguém ignora que noções historiográficas do tipo "barroco", "maneirismo" ou "romantismo" – para ficar em três exemplos altamente polêmicos – permanecem em intensa (e fecunda) discussão. Mas o caso do nosso modernismo é mais sério; pois o problema aqui é menos uma pluralidade do que uma *insuficiência* de interpretações. Conquanto geralmente louvado pela crítica, e embora erigido em núcleo da tradição moderna nas nossas letras, o fato é que o modernismo continua – enquanto estilo geral, estilo dominante de toda uma época da nossa produção literária – indefinido e indeterminado. O estudo da literatura modernista – algumas vezes bem aprofundado no plano da análise dos estilos pessoais – ainda se processa num verdadeiro vácuo hermenêutico. É óbvio que os inventários históricos, concentrando-se na crônica do modernismo-acontecimento, e não na evolução dos valores formais perfilhados pelas obras mais significativas do movimento, jamais preencherão essa lacuna. Se as comemorações do cinquentenário da histórica Semana de Arte Moderna de 1922 quiserem ultrapassar o nível do anedótico, deverão enfrentar essa desafiadora interrogação: Qual é, em suas linhas gerais, a verdadeira personalidade estilística da literatura modernista?

Qualquer resposta séria a essa interrogação terá que passar, logicamente, pela própria expansão da análise estilística concreta. Nenhuma tese sobre o estilo modernista será plenamente convincente fora da confirmação trazida pela leitura técnico-formal de pelo menos os principais livros do período, de *Macunaíma* a *Angústia*, de *Serafim Ponte Grande* a *Rosa do Povo* ou *Parábola*. Mas o estado incipiente da estilística do modernismo não nos impede de lançar umas quantas hipóteses de trabalho, recorrendo a disciplinas como a história das ideias ou a história da civilização. A primeira já conta com um mínimo de método, fixado por Arthur O. Lovejoy, Leo Spitzer, etc.;[1] a segunda ainda se encontra, metodologicamente, numa fase inegavelmente caótica – ainda assim, porém, é impossível negligenciá-la quando se procura definir estilos de época (e é pura ilusão formalista pensar que a análise dos estilos de autor dispensa o apelo ao enfoque sociocultural). O recurso à perspectiva histórico-civilizacional (de que a história das ideias é um ângulo específico) não deve ser encarado como substituto provisório da investigação estilística; o que é provisório é apenas o *seu emprego mais ou menos isolado*, isto é, sem o necessário acompanhamento de uma leitura estilística desenvolvida.

Vamos tentar, portanto, um esboço de caracterização geral do estilo literário modernista. Esse "estilo geral" foi o que chamamos, no título, de "estética modernista": estética subjacente às obras e programas da época, e não, é claro, dada como teorização sistemática, já que o nosso modernismo fiel à escassez de pensamento filosófico, típica da nossa cultura intelectual, não teve estetas propriamente ditos, nem teoria da literatura articulada, fora ou acima dos arrojados manifestos de ruptura ou

---

[1] Clássicos a esse propósito são, de Arthur O. Lovejoy, os *Essays in the History of Ideas* (Baltimore, 1948) e, de Leo Spitzer, os *Essays in Historical Semantics* (Nova York, 1948).

das retrospectivas de circunstância. Determinar a estética subjacente ao modernismo não significa em absoluto impingir-lhe uma unidade, uma homogeneidade que ele não tenha tido. Numa página em que não tardaremos a demorar nossa atenção, Mário de Andrade reivindicou para o modernismo – repelindo as tentativas de reduzi-lo aos ismos do tempo – uma estética "indefinível". Essa justa reivindicação da originalidade do estilo modernista vale como preventivo contra qualquer assimilação mutiladora.

Uma daquelas retrospectivas de circunstância a que aludimos – a conferência "O Movimento Modernista", lida por Mário de Andrade no Itamarati em 1942 (incluída no volume *Aspectos da Literatura Brasileira*. São Paulo, Martins, p. 231-55) – encerra, no consenso da crítica, uma espécie de cânon da poética modernista. Nesse texto, Mário caracterizou o modernismo pela "fusão de três princípios fundamentais": 1) o "direito à pesquisa estética"; 2) a "atualização da inteligência artística brasileira"; e 3) a "estabilização de uma consciência criadora nacional". Essas três características se apresentam num contexto estético delimitado: o contexto da "arte moderna". Mário registra vários aspectos da "transformação do mundo" que forçou a "criação de um espírito novo" e a "remodelação da Inteligência nacional" (p. 231) e, salientando a posição cultural de São Paulo, em contato "espiritual e técnico" com a "atualidade do mundo" (p. 232), localiza as nascentes do modernismo no antitradicionalismo de um grupo de intelectuais paulistanos, tomados de grande admiração pelos pioneiros da arte moderna entre nós, Anita Malfatti ou Victor Brecheret, ou pelos que, vindos da Europa, "tinham visto Picasso"...

Entretanto, do ponto de vista da história das ideias estéticas, os três princípios enunciados por Mário de Andrade estão longe de corresponder, *em conjunto*, ao que, na cultura ocidental, se prende efetivamente ao espírito da "arte moderna". Não há dúvida de que a proclamação do "direito à pesquisa estética", ou seja, a superestimação do experimentalismo, é um traço cultural que, não tendo propriamente nascido com a estética contemporânea, se tornou peculiar às múltiplas vanguardas que compõem o estilo moderno, na literatura como nas outras artes. Mas a ideia de "atualização da consciência artística *brasileira*" pertence a outra família histórica.

Para Mário, a fórmula "atualização da inteligência *artística*" (*sic*, p. 251) se vinculava a uma distinção entre *arte* e *beleza*, entre o artístico e o "estético". Por ter uma "funcionalidade imediata (*sic*) social", por ser uma "força interessada na vida" (p. 252), a arte lhe parecia algo "mais largo e complexo" do que a mera procura hedonística de formas belas. Essa crença no valor social da arte é uma constante do pensamento marioandradino da maturidade, dominado pelo anelo de uma arte *participante* (embora sem demissão estética, como o prova o seu testamento intelectual, "A Elegia de Abril"). Todavia, na mencionada conferência de 1942, o autor de *Pauliceia Desvairada*, considerando que a produção modernista ficou aquém das possibilidades de interessamento vital do processo artístico, identifica a "atualização da consciência artística brasileira" com uma abertura da arte à realidade nacional. Havendo permanecido atrofiado em sua dimensão artística, isto é, *social*, a poética modernista se teria, segundo Mário, realizado como nacionalização da arte. Tanto assim que ele explicitava: a atualização da consciência artística brasileira consistira na conquista da "organicidade de um espírito atualizado, que pesquisava já irrestritamente radicado à sua entidade coletiva nacional" (p. 243). Logo, atualização da consciência artística significava "radicação na terra" (ibid.); a parte sublinhada do lema, ainda não podendo ser o "artística" – a nota *social* – passava a ser o "brasileira" – a nota *nacional*. E a frase indica também, com toda a clareza, a subordinação do experimentalismo a esse ideal artístico nacionalista: o "direito de pesquisa estética" nela figura como vassalo da "radicação na terra".

Ora, a exigência de nacionalização da arte era um imperativo *tradicional* das literaturas ocidentais periféricas, dilaceradas entre a imitação dos módulos formais e ideológicos europeus e a necessidade de exprimir a experiência americana, a vivência do não europeu, ou do europeu americanizado. Em suma: o velho combate, tão bem intuído por ensaístas pós-românticos como Capistrano ou Euclides, da nossa mentalidade *transoceânica* contra a nossa alma *telúrica*, luta essa quase sempre assumindo a forma do dilema cruel: ser culto (ser "civilizado") ou ser autêntico. Nesse sentido, o terceiro princípio de Mário é uma simples confirmação do segundo. A "estabilização de uma consciência criadora nacional" denota apenas a *institucionalização* da consciência artística brasileira atualizada. Ambos os lemas provêm do nacionalismo estético, e este não é senão um avatar programático de uma doutrina tipicamente romântica: o *historicismo*. As histórias da filosofia, da estética e da literatura são unânimes em definir a visão historicista – a valorização do *hic et nunc*, da cor local, do sabor de época – como dogma romântico, assestado contra o universalismo abstrato da estética neoclássica. Nem é ocioso lembrar que o historicismo se gerou, pelas mãos de Herder, na cultura germânica do Setecentos, onde o complexo de inferioridade em relação à França era, a rigor, tão poderoso quanto a psicose colonial das literaturas americanas ante a Europa.

A subordinação, no modernismo, da vontade experimentalista ao nacionalismo traduz o primado de um resíduo ideológico pré-moderno. Contudo, por maior que haja sido, na literatura modernista, a sujeição do experimentalismo ao *desideratum* nacionalista, é impossível negar a sua natureza de arte moderna. Espiritual e tecnicamente, a obra de um Mário, de um Oswald de Andrade, de um Graciliano Ramos, de poetas como Bandeira, Bopp, Drummond ou Murilo Mendes está muito mais perto de "modernos" como Kafka, Joyce, Musil, Faulkner ou Borges, Pound e Eliot, Trakl e Benn, Klebnikov e Maiakóvsky, Ungaretti ou Montale, García Lorca, Jorge Guillén ou Fernando Pessoa do que dos representantes do romantismo ou da literatura do segundo Oitocentos, incluindo o impressionismo *Belle Époque* de Tchecov, James, Proust e Conrad e o neossimbolismo de Rilke, Blok ou Valéry. Por isso mesmo, *antes de prosseguirmos na tentativa de determinar a personalidade estilística do nosso modernismo, é necessário refletir um pouco sobre o estilo moderno in genere.* Qual vem a ser, em suas grandes linhas, a "estética subjacente" à literatura moderna – à alta literatura que surgiu aproximadamente entre 1910 e 1950?

Neste ponto é que pediremos auxílio à história da cultura, pois é mais fácil captar a singularidade do estilo moderno por meio de uma comparação global da arte moderna (letras, drama, plástica e música) com as grandes realizações estéticas do século XIX do que por meio de um confronto estritamente interliterário. Em si, essa circunstância nada tem de admirável, já que o século XIX abrange precisamente a época inicial da cultura contemporânea, situada entre a Primeira Revolução Industrial e o arco que compreende a "Segunda Revolução Industrial" (Georges Friedmann) e a Grande Guerra de 1914-1918; como é de esperar, essa cesura histórica no interior da civilização urbano-industrial (a qual, por sua vez, não é senão o apogeu da civilização do Ocidente moderno, configurada no século XVII) sublinha as diferenças epocais de estilo *no nível de todas as artes*, em bloco, relegando a um plano secundário a evolução particular de cada uma delas.

Muito esquematicamente, a comparação global da arte oitocentista (romântica e pós-romântica) com a chamada "arte moderna" sugere que esta última apresenta ao menos quatro aspectos distintivos:

1) *a passagem de uma concepção mágica para uma concepção lúdica da arte.* Para os artistas românticos e pós-românticos (realistas naturalistas, impressionistas parnasianos, simbolistas ou "decadentes"), a criação estética possuía algo de "religioso", de *soteriológico* – a arte tinha um compromisso com a salvação, com o resgate espiritual do homem. As palavras com que Nietzsche batizou a música de Wagner: "ópera da salvação" – valem na realidade para quase todas as maiores empresas artísticas do século. Os líricos românticos encaravam o verbo poético como um órganon cognitivo único, garante do mergulho no Todo, para revigoramento do ego e

regeneração da alma; e dos narradores como Melville, Tolstói ou Proust, aos dramaturgos como Ibsen, a obra de ficção foi investida de poderes excelsos relacionados com a procura da verdade e a busca da felicidade humana. De Novalis a Mallarmé, todo o Oitocentos, assimilando o objeto estético a um talismã, a um bálsamo, contemplou na arte uma espécie de magia superior e salvadora.

Característico dos líderes da "arte moderna", ao contrário, é o empenho em moderar as ambições da criação estética. A arte-magia se converte com eles em arte-*jogo*. A atitude estética "religiosa" – a mística demiúrgica dos românticos, a ascese compenetradíssima de Flaubert, Mallarmé ou Proust – cede o passo a um ludismo irônico, bem captado por Ortega y Gasset; a uma seriedade ambivalente, imbuída do *senso da máscara*, convicta de que todo gesto artístico é transfiguração semiconsciente, imitação (mímese) necessária, "mentira" indispensável ao vislumbre da realidade. O romantismo sobrepunha o conhecimento estético ao saber racional; o pensamento de Schopenhauer, bíblia do pós-romantismo, atribuía à música o dom de alcançar a verdade, vencendo as ilusões da percepção ordinária; mas os estilos modernos parecem ter adotado antes a estética de Nietzsche, que, colocando a arte sob o signo de Dioniso, o deus da máscara, nela reconheceu uma positiva "vontade de enganar".

Assim o estilo moderno abandonou a impostação soteriológica do processo artístico pelo amor à arte-jogo – e isso tanto no plano do conteúdo quanto no da forma. *Jogo quanto ao conteúdo,* porque a visão moderna se compraz no tratamento parodístico dos sentimentos e situações. Erich Auerbach mostrou como Baudelaire fundou o lirismo realista por meio de uma "mescla estilística", incorporando o vulgar cotidiano a poemas de tom sério e problemático. Mas a lírica moderna ultrapassa frequentemente esse tipo de tensão entre o objeto e o tom, entre matéria e *páthos*, e instala uma flutuação *no próprio páthos*. De Rimbaud a Joyce, uma enorme parte da literatura moderna consiste em cripto-paródias, em sátira dissimulada. É que toda a "arte moderna" tende a "brincar" com seus temas – mesmo, e sobretudo, quando os leva terrivelmente a sério. Se o pós-romantismo, obedecendo a Verlaine, procurou de fato "torcer o pescoço à eloquência", somente o estilo moderno ousou banir a complacência com o patético. O ódio de Stravinsky pelos violinos "sentimentais" é um reflexo localizado desse exílio do patetismo, tão caro a Wagner ou a Tchaikóvsky. *A arte oitocentista visava à empatia; a arte moderna persegue o distanciamento*. A dramaturgia de Brecht, abolindo as "identificações" do espectador com os personagens, é a manifestação mais rigorosa de uma tendência geral da cultura artística de elite na nossa época. Em estreita conexão com a ojeriza ao patético está *o recuo da visão tragicizante* do destino, cultivada pelos narradores vitorianos de George Eliot e Zola até Thomas Hardy e Tchécov, e sua substituição pela ótica *grotesca*, antitrágica, de Gide, Kafka, Musil, Thomas Mann, Joyce ou Borges. Do declínio da visão tragicizante resultou a morte do "herói" e o aparecimento de anti-heróis como Gregor Samsa, Joseph K., Leopold Bloom ou o Ulrich de *O Homem sem Qualidades*, de Musil. A alternativa humor grotesco/*páthos* tragicizante serve até de indício da posição anacrônica (progônica ou retardatária, conforme o caso) de alguns escritores: basta pensar em quanto um Machado de Assis é mais "moderno", a esse respeito, do que um Lawrence ou um Camus.

Mas a arte moderna é também *jogo quanto à forma*, porque, de Picasso e Brancusi a Schoenberg e Joyce, ela é resolutamente *experimentalista*. A técnica experimental é o verdadeiro "correlato objetivo" (Eliot) do espírito de paródia. A arte-magia chegou a ter – especialmente (se se considera a média dos autores) nas várias seitas pós-românticas – um alto grau de consciência artesanal; mas o pleno experimentalismo é uma conduta reservada ao ânimo lúdico dos modernos. Só com o advento da arte moderna ocorre a dessacralização da forma que possibilita o jogo das linguagens experimentais. O fundamento dessa dessacralização é conhecido: é o fim da obra-fetiche. Assim como, segundo percebeu Walter Benjamin, a obra de arte, na era da reprodução em massa, deixa de ser envolta numa *aura* sacralizante, e não é mais venerada em sua misteriosa unicidade, mas sim livremente manipulada e "profanada", a produção artística transfere as virtudes da "obra" – os valores do "bem feito", do bom "acabamento", da forma "cinzelada", etc. para o domínio das ideologias em eclipse. Robert Klein[2] registrou perspicazmente o aparecimento de uma estética antiobra na plástica contemporânea. Com a arte moderna, *a ênfase na obra se transformou em tônica no processo produtivo* – a valorização do jogo estético sucedeu ao encarecimento dos seus resultados. Nem o perigo constante a que tantas vezes sucumbe o experimentalismo *enragé* – a insignificação das formas soltas, o voo cego das pesquisas sem bússola com cores, volumes, sons e palavras – conseguiu exaurir o ímpeto lúdico dos artistas numa cultura devorada pela desilusão com seus próprios valores. E o acento no processo produtivo, selando a agonia da obra-fetiche, provocou uma modificação correlata na atitude do destinatário do objeto estético. Para a arte moderna, leitor, ouvinte e espectador não são mais os sujeitos passivos de uma "contemplação": são consciências ativas, chamadas a participar – quase como coautores – dos ritos simbólicos propostos pelo artista. A obra moderna é uma "obra aberta" (Umberto Eco) que reclama a cooperação do destinatário para realizar-se como estrutura significativa. Assim, como perspectiva sobre a realidade e como atitude em relação ao ato estético, a arte moderna aspira à liberdade do jogo. Com o estilo moderno, a arte parece exercer uma desforra contra aquela sombria abstinência de práticas lúdicas em que Huizinga enxergou um dos sinais mais próprios da sociedade vitoriana.

2) *o aguçamento do conflito arte/civilização*. As principais correntes da "arte moderna" deram intensidade inédita ao antagonismo que, desde a escola romântica, se instalou entre as formas superiores de arte e os valores dominantes da civilização ocidental. Novalis, a primeira

---

[2] Robert Klein, *La Forme et l'Inteligible*. Paris, Gallimard, 1970, p. 403-10.

grande expressão teórica e artística da literatura romântica, entendia a poesia como "uma arma de defesa contra o cotidiano". Essa reação contra a "prosa da vida", esse protesto contra a racionalização da sociedade e a uniformização da existência, é a raiz sociológica da *imaginação criadora*, eixo da poética romântica. "Tudo é romântico", disse o mesmo Novalis, "desde que transportado para longe". O romantismo ressuma a nostalgia do passado, das idades em que os valores heroicos e religiosos ainda tinham viço e força plasmadora; ele se inspirou na inadaptação da sensibilidade ocidental ao "desencantamento do mundo" consolidado pela Revolução Industrial e pelo aburguesamento das elites. Por isso, desde a extravagância antiburguesa dos irmãos Schlegel até a volúpia esteticista de Keats ou Delacroix, toda a arte romântica esteve em *oposição cultural*. Os pós-românticos mais influentes – um Flaubert, um Baudelaire, um Wagner, um Gauguin – renunciaram à idealização romântica, mas mantiveram – em plena época da burguesia triunfante – uma hostilidade radical ao prosaísmo dos valores burgueses e racionalistas. Entretanto, com a arte moderna, essa oposição cultural virou uma autêntica *ruptura* cultural. O desamor ao presente não elege mais, como nos românticos, um contrauniverso no passado da civilização ocidental, mas sim em *outras* culturas, vivas ou mortas. A *aetas aurea*, o éden mítico, se desocidentaliza.

Comparado ao ideal primitivista dos modernos, o exotismo romântico parece uma veleidade inconsequente. Rimbaud, que fez da fuga do Ocidente "estúpido" um dos motivos básicos de *Une Saison en Enfer*, e Gauguin, que encontrou no Taiti um estilo de existência nos antípodas do europeu, figuram como precursores imediatos do fascínio cubista pela arte negra, da evocação stravinskiana do clã primitivo ou do namoro de um Joyce ou um Hermann Hesse com as divindades pré-cristãs. Porém, nenhuma enumeração tópica dos sinais de insatisfação artística com o quadro de valores "centrais" da tradição ocidental poderia ser mais eloquente do que a simples menção da influência de duas ciências humanas na arte moderna: psicanálise e antropologia. Ambas são métodos de análise condenados a provocar incessantes "deslocamentos" nessa consciência ocidental que os engendrou. Os resultados da descoberta do inconsciente e da avaliação não pejorativa da cultura alheia – do ataque simultâneo ao logocentrismo e ao etnocentrismo – foram profundamente vivenciados pelos artistas modernos, aumentando a perplexidade da arte frente aos valores prediletos dos "tempos modernos" em geral e da civilização industrial em particular.

A arte moderna valorizou nos impulsos do inconsciente as livres energias dos instintos, bloqueadas pelo policialismo ético da civilização vitoriana. Nisso, aliás, os artistas modernos seguiram Freud com ortodoxia impecável: pois Freud singulariza o inconsciente – ou "processo primário" – precisamente por sua natureza de psiquismo *recalcado, censurado*, que o distingue do mero "subconsciente". Os modernos, como Mário de Andrade em *A Escrava que Não É Isaura*" (1925), baralharam muitas vezes a terminologia rigorosa do fundador da psicanálise, chamando o inconsciente de subconsciente – mas não se enganaram no essencial, que era salientar o *caráter repressivo do princípio da realidade*. Nesse sentido, toda a arte moderna foi vocacionalmente *surrealista*; toda ela compreendeu o princípio da realidade como uma coação, uma limitação das possibilidades vitais do homem; toda ela concebeu a autonomia do imaginário em termos de revolta existencial, de "revolução cultural". Com ou sem a utopia da "escrita automática", a atitude surrealista inoculou na arte moderna a *mística da liberdade espiritual*, fonte número um da contracultura de vanguarda. Por isso é que Benjamin definia o surrealismo por sua capacidade de produzir "iluminações profanas".

3) *a tendência ao hermetismo*. Em estreita conexão com a vontade de ruptura cultural (alimentada pela desconfiança ante os valores ocidentais modernos), a arte de vanguarda desenvolveu, no século XX, uma nítida propensão à incomunicabilidade. Juntamente com as demais artes, a literatura moderna exacerbou o isolacionismo

cultivado por quase todos os melhores autores pós-românticos. O desdém pelo *vulgum pecus*, pelas massas cada vez mais alfabetizadas, porém cada vez mais incivilizadas, do mundo contemporâneo, vinca a obra dos nomes tutelares das letras modernas. Nestas, o universalismo da visão criadora se esmera em correr o risco do hermetismo, compondo textos "difíceis", pejados de alusões esotéricas, redigidos numa linguagem deliberadamente infensa ao idioma da comunicação pragmática. A literatura moderna é terrivelmente saudosa dos públicos de elite. É verdade que a poética novecentista forçou a revogação da hierarquia dos vocábulos, decretando a "democracia das palavras" (Spitzer); mas esse democratismo linguístico foi posto a serviço de uma semântica ultra-aristocrática. O acesso ao significado da mensagem poética foi cercado de obstáculos. Com o léxico de todos os dias, os autores modernos defendem ciumentamente verdadeiros arcanos da significação. Para eles, o sentido fácil denota informação *banal*, intelectualmente pobre e espiritualmente *alienada*. Os casos de recriação linguística (Joyce, Cummings) não passam de manifestações extremas; mas toda a linha forte da literatura de vanguarda, a começar por Kafka e pelos surrealismos, joga com significações incertas, esquivas, obscuras, cifradas. A leitura – mesmo a mais atenta – resvala na penumbra das interpretações oscilantes.

4) o *cosmopolitismo* do processo literário. Todavia, quanto mais se isolavam da compreensão popular, mais os artistas modernos se intercomunicavam entre si. Não nos referimos aqui aos encontros pessoais (que também se multiplicaram) mas sim a algo de mais substancial, que é a permeabilização de cada artista ou grupo de artistas (em todas as artes) ao trabalho de seus colegas de outras nações. No Novecentos, a arte de vanguarda desenvolveu uma notável *universalização dos horizontes mentais da práxis estética*. Desde que Goethe criou o conceito de *Weltliteratur*, nunca foi tão intensa a interação entre as diversas literaturas, dramaturgias, plásticas e músicas nacionais – num intercâmbio que o cinema, musa moderna por excelência, levou ao apogeu.

Não é de hoje que a literatura comparada atesta um vasto número de influências e cruzamentos, temáticos e estilísticos. A poesia provençal foi decisiva para a formação do verso de Dante e Petrarca; as letras francesas do século XVII estão cheias de influxos espanhóis; o neoclassicismo inglês da Restauração e da era augusteia deve muito ao classicismo barroco da corte de Luís XIV; o pré-romantismo alemão, ao inglês; os romantismos latinos, a seus homólogos anglo-germânicos; a revolução poética de Pound e Eliot, a Baudelaire e ao simbolismo francês; lembrar o imenso e duradouro impacto da literatura clássica de Grécia e Roma em todo curso da poética ocidental é inteiramente supérfluo. Todavia, em nenhum período histórico se chegou, como no Novecentos, a integrar a experiência direta da literatura mundial ao processo criador. No contato internacional com os estilos e as obras, cada literatura, irremissivelmente ligada ao gênio da língua, só acompanhou parcialmente, durante longo tempo, os hábitos cosmopolitas e ecumênicos das várias tradições nacionais de artes plásticas e de música. Mas nem Pound nem Joyce, nem Kafka nem Broch, nem Borges nem Guimarães Rosa poderiam ter escrito o que escreveram sem familiaridade sistemática com o acervo polifônico da biblioteca literária do Ocidente – para não falar na área extraocidental. A práxis literária, desprovincianizada, se "mundializa" com ímpeto crescente: o futuro da poética dos nossos dias é planetário.

Assim, a "estética subjacente" à arte moderna obedece a essas quatro linhas de força: concepção lúdica de arte, desdobrada em visão grotesca, antipatética (jogo quanto ao conteúdo) e experimentalismo (jogo quanto à forma); propensão à ruptura cultural; idem, ao hermetismo; cosmopolitismo das vanguardas nacionais. Sem dúvida, essas marcas distintivas são – especialmente quando tomadas em conjunto – um *Idealtypus*: um modelo de valor lógico e não ontológico, uma inevitável estilização da realidade para efeito de análise; até porque esses quatro aspectos representam mais *tendências* do que processos consumados, em toda a linha, na arte novecentista. Mas o importante é a capacidade descritiva e interpretativa que a margem de estilização do real permite ao nosso modelo; em outras palavras, o rendimento crítico-historiográfico do modelo lógico. No espaço deste ensaio, temos que deixar com o leitor a tarefa de, para testar esse rendimento, aplicar nosso conceito de "arte moderna" a cada uma das províncias nacionais da literatura contemporânea (só é necessário conservar em mente, que, por um lado, nem toda obra contemporânea é "arte moderna"; e que, por outro lado, existem graus diversos de "modernidade", conforme as obras ofereçam maior ou menor coincidência com o paradigma que acabamos de estabelecer).

Nossa tarefa agora consiste em projetar esse mesmo conceito de arte moderna sobre a nossa literatura modernista. Em que medida o nosso modernismo literário partilha dessas quatro características diferenciatórias? Antes de responder a essa pergunta, é bom esclarecer a identidade do modernismo; antes de afirmar qualquer coisa sobre o *que* foi o modernismo, é necessário indicar *quem* constitui o complexo de autores designados pela rubrica geral "literatura modernista". O procedimento lógico seria evidentemente o inverso, mas o estado extremamente rudimentar da teoria do modernismo nos obriga, não sem paradoxo, a infringir o rigor lógico, a fim de não lançar a discussão na mais completa nebulosidade. De que adiantaria prosseguir na caracterização do estilo modernista, se não soubéssemos distinguir – com razoável margem de firmeza – *quais* são os autores modernistas?

Portanto, vamos tentar nomear os modernistas. Há quem prefira assimilar pura e simplesmente "literatura modernista" e "literatura moderna". Quase toda a crítica, porém, circunscreve habitualmente o modernismo a determinados autores e a determinado período histórico, de modo que se dispõe de um quase-consenso a respeito do "quem" e do "quando" modernistas. A descrição sistemática dos grupos modernistas conta inclusive com um texto-piloto, que é o ensaio de Peregrino Jr. (1954). Tem razão Wilson Martins ao discernir no modernismo a nossa literatura do entreguerra;[3] o que não contraria, a nosso ver, a possibilidade de estender o período de *hegemonia estética* do estilo – levando-se em conta a debilidade da geração de 1945 e a posição durante algum tempo isolada dos grandes autores aparecidos ou firmados concomitantemente com ela (João Cabral, José Geraldo Vieira, Clarice Lispector, Guimarães Rosa, Adonias Filho) – até os *middle fifties*. Deste ângulo, a morte de Oswald (1954), que precede de pouco a publicação do *Grande Sertão: Veredas* e a irrupção do experimentalismo concreto, seria um bom ponto (simbolicamente) terminal. A morte de Oswald, e não a de Mário (1945). Essa extensão, equiparando o primado do modernismo (três décadas) a do outro grande estilo geral de nacionalidade, o romantismo (1836-1870), tem, entre outras, a vantagem de permitir a inclusão na época modernista da obra madura dos nossos maiores poetas modernos. Com efeito, *Claro Enigma*, de Carlos Drummond de Andrade, é de 1951; *Parábola*, de Murilo Mendes, de 1955; e o apogeu estético da poesia de Cassiano Ricardo, Jorge de Lima e Joaquim Cardozo transcende 1945.

De um modo ou de outro, todos os nomes do elenco abaixo indicado se autoclassificaram como modernistas ou assim foram considerados pela maioria dos críticos. O elenco, formado por cerca de trinta autores, representa uma seleção do que há de mais representativo entre os escritores *surgidos* aproximadamente entre 1920 a 1940,

---

[3] Wilson Martins, *O Modernismo*. São Paulo, Cultrix, 1965, p. 20 (vol. VI da col. *A Literatura Brasileira*). Bem menos convincente é a ideia de localizar a viragem do início do modernismo em 1916 (p. 14). Em compensação, Wilson Martins acerta novamente ao apresentar a Semana de 22 antes como culminação (p. 16-17) do que como início. Mas o que, do ponto de vista do protomodernismo e da história íntima do movimento, representou uma culminação, nem por isso deixou de ser, na economia global da arte brasileira do tempo, um divisor de águas. A Semana galvanizou os elementos da arte moderna entre nós, dando *organicidade* à militância dos modernistas. Isso é o que as designações infelizes do tipo "fase caótica" (Antônio Soares Amora) negligenciam, confundindo a fértil e inovadora disponibilidade do modernismo de combate (1922-1930) com uma "desorganização" estéril.

incluindo-se, entre os ensaístas, apenas os principais críticos. Essas três dezenas de autores, para todos os quais reclamamos o benefício *provisório* da etiqueta modernista, se distribuem por sete grupos:
   a. os vanguardistas de São Paulo que, depois de pressagiar em suas obras o "estouro" de 22 (gerando assim o *protomodernismo* de 1917-22), lideraram as manifestações da Semana de Arte Moderna de fevereiro de 1922 e cultivaram desde então, se bem que em graus e formas diversos, um *estilo experimental primitivista de talhe cosmopolita e inspiração social anticonservadora, de fundo anarquista*: Oswald de Andrade (1890-1954) e Mário de Andrade (1893-1945), a que se juntou Alcântara Machado (1901-1935); tendo sido o primeiro o principal teórico e animador dos movimentos "Pau Brasil" (1924) e "Antropofagia" (1928). Poderíamos batizar essa corrente (naturalmente heterogênea, como se vê pelas amplas divergências entre os dois Andrades) de *anarco-experimentalismo*;
   b. os vanguardistas de São Paulo que, havendo apoiado a ruptura consumada pelos escândalos da ruidosa Semana, desenvolveram um *nacional-primitivismo*: um estilo primitivista de sentido anticosmopolita e visão social conservadora – Menotti del Picchia (1892-1988), Cassiano Ricardo (1895-1974), Plínio Salgado (1901-1975). Prendem-se ao grupo os movimentos "Verdamarelo" (1925) e "Anta" (1927);
   c. o falso grupo dos isolados que aderiram, mais cedo ou mais tarde, ao modernismo cozinhado e deflagrado em São Paulo, todos mais ou menos simpáticos ao anarcoexperimentalismo do grupo (a) – Manuel Bandeira (1886-1968), Ribeiro Couto (1898-1963) e Marques Rebelo (1907-1973), no Rio; Raul Bopp (1898-1984), convertido ao antropofagismo;
   d. o grupo dinamista, cultor da apologia futurista da "vida moderna", orientado por Ronald de Carvalho (1893-1935), e seu mestre Graça Aranha (1868-1931);

e. o grupo convencionalmente tratado de regionalismo "nortista", com o poeta Jorge de Lima (1895-1953); Gilberto Freyre (1900-1987) e José Lins do Rego (1901-1957); Graciliano Ramos (1892-1953); Jorge Amado (1912-2001);

f. o grupo *espiritualista* e antiprimitivista representado pelo grupo neossimbolista da revista *Festa* – Tasso da Silveira (1895-1968), Murilo Araújo (1894), o crítico Andrade Muricy (1895-1984) – frequentado por Cecília Meireles (1901-1964); o espiritualismo antiprimitivista predomina igualmente nos poetas elegíacos "bíblicos" de inspiração neorromântica: Augusto Schmidt (1906-1965) e, em sua fase inicial, Vinicius de Moraes (1913-1980); os intimistas Dante Milano (1899-1991) e Henriqueta Lisboa (1903-1985); e, ainda, nos romancistas Cornélio Pena (1896-1958) e Otávio de Faria (1908-1980);

g. finalmente, os modernistas mineiros estreados em livro na quarta década: Carlos Drummond de Andrade (1902-1987), Murilo Mendes (1901-1975), Cyro dos Anjos (1906-1994).

Vamos então confrontar esses sete grupos "modernistas" com os elementos distintivos do que consideramos a estética da arte moderna: 1) espírito de paródia e visão grotesca da vida (o "jogo quanto ao conteúdo"); 2) experimentalismo técnico (o "jogo quanto à forma"); 3) a propensão à ruptura cultural; 4) a tendência ao hermetismo; e 5) o cosmopolitismo da prática literária.

Os grupos (a) e (g) exibem todas essas características. Em *Serafim Ponte Grande* (1933), de Oswald, em *Macunaíma* (1928), de Mário, na lírica humorístico-filosófica de Drummond ou no surrealismo de Murilo Mendes, a visão do mundo grotesca, a frequência e intensidade da manipulação lúdica das formas de linguagem, a violentação das convenções burguesas e dos valores estabelecidos, a dificultação do texto mediante uma poética do insólito (uma poética "cubista") e os sinais evidentes de familiaridade com os recursos expressivos das vanguardas do

Novecentos são traços da maior relevância estilística. Fiéis à constelação desses atributos, essas obras constituem uma espécie de maciço central da modernidade do modernismo. É claro que a prosa narrativa de Oswald e Mário (mais vigorosa do que as respectivas obras líricas, não obstante inegligenciáveis) concentra seu maior rendimento numa articulação mais abertamente cômica e carnavalesca do espírito grotesco, ou numa exploração mais declarada do anarcoprimitivismo como protesto cultural; já a lírica de Drummond e a de Murilo caminharam, em seu rico amadurecer, para versões menos arlequinais e mais perturbadoras da visão grotesca. Alcançando um nível de densidade intelectual absolutamente raro na história do verso brasileiro, esses dois poetas enfrentaram as grandes interrogações existenciais do homem contemporâneo, reforçando muito a capacidade de *problematização* do real do modernismo. Mas a lírica cerebral e "filosófica" é justamente um dos veios mais notáveis da literatura moderna (ver Pessoa, Eliot, Montale, Auden, etc.), e só a crítica mais míope se obstinaria em restringir o epíteto "modernista" ao reino do poema-piada. A configuração estilística de livros como *Claro Enigma* e *Parábola* – livros em que a problemática do humano não é abordada em termos de idealização trágica, e onde a poética experimental está longe de ausente – justifica plenamente a designação de modernismo.

O português bem abrasileirado da ficção *mítica* de Oswald (nos romances poético-alegóricos *Memórias Sentimentais de João Miramar* e *Serafim Ponte Grande*) e Mário (na rapsódia primitivista que é *Macunaíma*), de alta voltagem experimental (prosa cubista, polifônica; técnica narrativa shklovskyanamente lúdica), vira coloquialismo costumista nos contos de Alcântara Machado (*Brás, Bexiga e Barra Funda*, 1927). Este figura em (a) mais como articulista militante nos movimentos do grupo, inclusive na Antropofagia, do que propriamente como ficcionista. Nesta última qualidade, seu lugar seria antes ao lado do outro grande contista costumista, o carioca Marques Rebelo (*Oscarina*, 1931). Em ambos, a vivacidade jornalística da linguagem (um pouco ao jeito do narrar de Scott

Fitzgerald e Hemingway, em outro gênero ficcional) substitui o artesanato experimental de vanguarda. Marques Rebelo é o prosador típico do grupo (c), onde prevalece precisamente um *experimentalismo mitigado*.

No domínio do verso, essa moderação do experimentalismo radical de (a) assume, em (c), três graus de intensidade. O grau mais próximo de (a) se encontra no poema mítico de Bopp, *Cobra Norato* (1931), obra consular do primitivismo moderno. O menor grau de vanguardismo é a poesia modernista de Ribeiro Couto (*Um Homem na Multidão*, 1926), lírico penumbrista (como, aliás, Álvaro Moreyra, 1888-1964), neossimbolista crepuscular, apenas semiconvertido à arte moderna. A posição mediana pertence aos livros centrais de Manuel Bandeira (*Libertinagem*, 1930; *Estrela da Manhã*, 1936). O estilo bandeiriano realiza um sutil compromisso – de excepcional qualidade estética – entre os módulos líricos tradicionais e os recursos expressionais liberados pela ruptura vanguardista. Nele, o metaforismo "selvagem" do grupo (a) se converte em surrealização tópica da poesia confidencial; e os efeitos de vertigem onírica se justapõem a um verso descritivo despojado – afim da "poesia do quotidiano" de Couto – numa produção que, cingida à tematização de aspectos setoriais da contracultura artística, servirá de ponte entre a melhor tradição sentimental da lírica luso-brasileira e a moderna *Gedankenlyrik* de Drummond ou Murilo.

No grupo (a), o primitivismo agiu como fator de nacionalização da temática e da língua literária, mas essa nacionalização nunca perdeu de vista o estímulo ideológico e formal do vanguardismo europeu. No grupo (b), porém, o primitivismo se torna mística xenófoba, anticosmopolita, hostil aos novos ismos do Velho Mundo. O movimento Verdamarelo condenou o cubismo, dadá e o surrealismo em nome de um moderno-primitivismo genuinamente brasileiro. Entretanto, o experimentalismo débil e episódico de um Menotti del Picchia (*Chuva de Pedra*, 1925; *República dos Estados Unidos do Brasil*, 1928) prova, *a contrario sensu*, a funcionalidade das assimilações cubistas e surrealistas dos dois Andrades, de Bandeira ou dos dióscuros mineiros. O caráter fortemente *imagé* do verso livre de Menotti não passa de vanguardismo de fachada; é um traço "decadente", digno do neorromantismo *Belle Époque* de *Juca Mulato* (essa contrapartida brasileira do estilo de Júlio Dantas), e não está longe da imagística intelectualista e ornamental que Mário de Andrade farejou nos livros do pseudomoderno Guilherme de Almeida (1890-1971; *Meu*, 1925; *Raça*, 1925), versejador virtuosístico em vários estilos, mas sempre irremediavelmente epigônico.

Se somarmos a esse lirismo equívoco e gratuito o fracasso artístico dos romances ideológicos de Menotti (*Homem e a Morte*, 1922; *A Tormenta*, 1932) e Plínio Salgado (*O Estrangeiro*, 1926; *O Esperado*, 1931) – declamatórios, bombásticos e passadistas, apesar de todas as promessas de escrita revolucionária feitas por seus autores – teremos que concluir pela inanidade estética[4] e pela inautenticidade moderna do nacional-primitivismo. Inautenticidade que ressalta quando se observa quão pouco os verdamarelistas se abriram à aventura espiritual da arte moderna – à sua vocação para a ruptura cultural em profundidade. Os nacional-primitivistas clamaram contra a alienação *brasileira*, contra o psitacismo cultural do nosso verniz de "civilização" urbano e litorâneo; mas nunca contribuíram seriamente para a crítica da alienação *humana* nos tempos modernos. Assustados ante o "anarquismo" da vanguarda radical, não perceberam (ou só perceberam muito mais tarde, como no caso de Cassiano Ricardo) o interesse e a legitimidade que havia em casar a prospecção do Brasil com os motivos iluminadores da "crítica da cultura". O conservadorismo social se desdobrou em conservadorismo cultural. Não admira que quase todos os nacional-primitivistas – escritores geralmente não herméticos – tenham caído rapidamente no favor do *establishment* e do distinto público. Um deles chegou a ser laureado "príncipe dos poetas brasileiros".

---

[4] Com a exceção do *Martin Cererê* (1928) de Cassiano Ricardo.

O grupo (d) constitui outro exemplo de pseudomodernismo. Já passou em julgado entre a crítica o quiproquó do "modernismo" de Graça Aranha, prosador impressionista abeberado no irracionalismo do pensamento *fin-de-siècle*, "nacionalista" obcecado pela fábula racista da "inferioridade do mestiço" – nos antípodas, portanto, da etnologia modernista. Sua pregação, como a de seus discípulos Ronald de Carvalho e Renato Almeida, procurou frear o experimentalismo primitivista dos futuros "antropófagos", insistindo na necessidade de fazer arte antiacadêmica, mas "universal". Era lógico que o autor de *A Estética da Vida*, decadentista hipnotizado pelos malefícios do "terror cósmico", ficasse frio diante do primitivismo moderno. Ronald de Carvalho era um segundo Raul de Leoni, um lírico "mediterrâneo"; sua adesão poética ao modernismo (*Toda a América*, 1926) tomou a forma do verso livre à la Walt Whitman e Francis Jammes, de eloquência nada moderna. Em síntese, o modernismo de (d) é idealista (visão antigrotesca), só timidamente experimental, culturalmente conformista (apesar, é claro, de "antiacadêmico") e, embora cosmopolita, não hermético: é uma pseudo "arte moderna".

Wilson Martins (op. cit., p. 82 e passim) teve a boa ideia de cunhar a expressão "modernismo termidoriano" para designar o modernismo estilisticamente conservador, sutilmente contrarrevolucionário, de autores como Ronald. A *trouvaille* é tão boa que merece desenvolvimento: poderíamos falar numa Montanha (o anarcoexperimentalismo do grupo [a], com Mário no papel de Danton – um Danton que tivesse sobrevivido – e Oswald no de Robespierre) e numa Gironda (os experimentalistas moderados do grupo [c]). A analogia com a Revolução Francesa é realmente perfeita do ponto de vista das posições ideológicas; só a evolução dos acontecimentos é que foi diferente, já que Montanha e Gironda conviveram em vez de suceder-se no "poder", e a reação termidoriana teve de coexistir com a Montanha, sem conseguir abatê-la. Restaria notar que o contrarrevolucionarismo estético de Graça Aranha e Ronald não foi o Thermidor de

Tallien e Fouché, ou seja, um jacobinismo arrependido, em reação contra o radicalismo do Terror, e sim o Thermidor de Barras ou Talleyrand: uma contrarrevolução de *ci-devants*, de aristocratas regicidas intimamente devotados à contenção do movimento revolucionário.

Aqui temos a razão profunda do pseudomodernismo dos grupos (b) e (d) – dos nacional-primitivistas e dos "dinamistas" do círculo de Graça Aranha: *o seu pseudomodernismo resulta do seu estofo pré-modernista*. Menotti é, como Ronald, um estilo que não se converteu plenamente à estética moderna. O exemplo oposto – pré-modernismo resolvido em modernismo autêntico – é dado pelo "girondino" Bandeira. Contudo, os verdamarelistas e dinamistas ainda são contrarrevolucionários moderados; seu Diretório é "republicano"; ainda procura conservar algo da revolução vanguardista. Ambos esses grupos querem conter o modernismo sem renegar o estouro de 22, assim como os primeiros termidorianos quiseram conter a revolução sem repudiar os princípios de 1792. O contrarrevolucionarismo puro será obra dos grupos (e) e (f) – do espiritualismo e da chamada literatura do Nordeste.

Não é de espantar que o temperamento anarquista e os impulsos de *crítica da cultura* manifestados pelo nosso modernismo de vanguarda (o dionisismo de *Macunaíma*, o evasionismo de protesto, bem sacrílego, de Oswald ou de *Vou-me Embora pra Pasárgada*) não atendessem ao que o nosso *renouveau catholique* esperarava da literatura. Naturalmente, o catolicismo à la Maritain também era crítica aos valores racionalistas, aos valores burgueses, dos tempos modernos. Não lhe custaria nada perfilhar a invectiva do Mário de Andrade:

> Morte ao burguês de giolhos,
> Cheirando a religião e que não crê em Deus!

de *Pauliceia Desvairada* (1922). Mas é claro que o *ângulo* da crítica era muito diverso, como eram diversas as alternativas socioculturais propostas.

Daí a insatisfação de Tristão de Ataíde (convertido ao catolicismo, por influência de Jackson de Figueiredo, em

1928) com os dois ramos em que resumia o modernismo brasileiro: o dinamismo do círculo de Graça Aranha e o primitivismo paulista. Segundo ele, faltava um modernismo *espiritual*. O núcleo mais antigo do nosso grupo (f), congregado por Tasso da Silveira e Andrade Murici em torno da revista *Festa* (1927), tencionou expressamente preencher essa lacuna. No neossimbolismo de *Festa*, do mesmo modo que no romance católico de Otávio de Faria (*Mundos Mortos*, 1937) e no lirismo elegíaco de Schmidt (*Pássaro Cego*, 1930), a visão sublime ou trágica da vida subjuga a perspectiva *grotesca* da "arte moderna" enquanto a concepção *lúdico-experimental* da obra é preterida em favor de uma impostação soteriológica da função literária (por falar em soteriologia, note-se que Tasso da Silveira proclamou a necessidade de "salvar" até o modernismo). Quanto à atualização *cosmopolita* da técnica literária, ficou evidentemente atrofiada, sepulta sob a inclinação epigônica dos escritores espiritualistas. É difícil determinar a ascendência do compacto prosaísmo da poesia de Tasso da Silveira; mas Murilo Araújo é um neossimbolista menor, Otávio de Faria, um "realista psicológico" tardio, Schmidt, um confesso neorromântico. Somente o Schmidt concentrado de *Mar Desconhecido* (1942), certos poemas de Dante Milano, e a sentimentalidade depurada de Cecília Meireles e de Henriqueta Lisboa são, em ritmo e imagem, prolongamentos criadores de filões estilísticos pré-modernistas. A "salvação" espiritualista do modernismo foi, na realidade, uma renúncia às potencialidades positivas da arte moderna. Como o demonstram os ataques de *Festa* ao espírito de 22, o modernismo "espiritual" era de fato um antimodernismo.[5]

O antimodernismo espiritualista desprezava a abertura cosmopolita às técnicas da arte moderna, mas professava um "universalismo" temático infenso ao brasileirismo dos primitivistas de (a) ou (b).

---

[5] A afirmativa não se aplica, porém, a um romance como *Fronteira* (1936), de Cornélio Pena, onde o clima "gótico", neorromântico, repousa numa técnica expressionista, feita de planos narrativos descontínuos, em linguagem essencialmente *imagée*.

O antimodernismo da literatura do Nordeste era, ao contrário, encarniçadamente *regionalista*. Seu mote seria dado por Gilberto Freyre: "região e tradição". Como no caso do espiritualismo, também aqui a reação à anarquia cosmopolita e ao estilo lúdico e hermetizante das vanguardas sulinas foi um propósito formal. O experimentalismo está ausente do romance de Lins do Rego e Jorge Amado, que se limitam a podar o naturalismo regionalista das descrições empoladas e diálogos artificiais nele predominantes desde Domingos Olímpio até José Américo de Almeida (*A Bagaceira*, 1928) e a sublinhar os aspectos socioeconômicos da cena regional. Lins do Rego (*Menino de Engenho*, 1932; *Fogo Morto*, 1943), chegado à sociologia saudosista de Gilberto Freyre (este, sim, dos maiores prosadores modernistas), cerca de uma aura nostálgica a decadência do engenho açucareiro. O realismo socialista de Jorge Amado (*Cacau*, 1933; *Jubiabá*, 1935; *Terras do Sem Fim*, 1942; *São Jorge dos Ilhéus*, 1944) oscila entre o paisagismo social em estilo de documento naturalista, a caracterização melodramática dos sentimentos amorosos ou políticos, e o costumismo de sabor picaresco. Realismo socialista *sui generis*, como se vê, e que o autor trocaria muito vantajosamente pelo gênero cômico-fantástico em *Os Velhos Marinheiros* (1962); mas que foi, enquanto dominante da novelística amadiana, o caso mais popular do estilo não modernista nas nossas letras modernas. Ao modernismo, Lins do Rego e Jorge Amado devem pouco mais do que o abrasileiramento da língua literária, condição para a ductilização do discurso narrativo. Mas no seu neonaturalismo "social" tanto a visão grotesca quanto a tendência à ruptura cultural da arte moderna são – juntamente com as virtualidades do experimentalismo – sacrificadas.

O mesmo não sucede, todavia, com os outros dois grandes nomes reiteradamente classificados como "regionalistas": Jorge de Lima e Graciliano Ramos. Diante das conotações estilísticas anacrônicas da etiqueta "regionalismo dos anos 30", a monótona insistência em mantê-los na mesma chave que um Lins do Rego ou um Ascenso

Ferreira (1895-1970) é grossa arbitrariedade crítica. Arbitrariedade já quase cancelada quanto a Jorge de Lima, autor de romances visionários como O *Anjo* (1943), e, como poeta, muito mais valorizado hoje em dia por sua obra madura, de temática genérica, arquetípica, do que pelo viço coloquial e o *insight* costumista de *Essa Negra Fulô* (1928) e outras peças regionalistas. Essa obra madura de Jorge de Lima constitui a "fase hermética" (Waltensir Dutra) que remonta a *Mira-Celi* (publicado só em 1951) e culmina no *Livro de Sonetos* (1949) e na *Invenção de Orfeu* (1952). O estilo dos versículos visionários de *Mira-Celi* é de cunho romântico-simbolista, inclusive no emprego de mitologia pessoal, como as de Blake, Yeats ou Saint-John Perse; e é também um prolongamento do verso livre católico de *Tempo e Eternidade* (1935) e *A Túnica Inconsútil* (1938), livros aparentados com a literatura espiritualista do nosso grupo (f). Os motivos religiosos e confessionais têm grande relevo nos *Sonetos* e na *Invenção*, sem que, porém, conforme viu Fausto Cunha, o programa cristocêntrico do poeta seja obedecido de modo rigoroso. O sortilégio musical e imagístico dos sonetos livres de Jorge de Lima, aparecido quando o modernismo já estava sendo contestado por novas correntes artísticas, foi contraposto ao engravatamento formal dos neoparnasianos da geração de 45.

Mas a ambição manifesta do neossimbolismo jorgeano era a de sublimar o nosso verso moderno, elevando-o à dignidade de poesia órfica, de lirismo filosófico, em trato constante com o transcendental. A "cosmogonia" (Murilo Mendes) da *Invenção* é o maior empreendimento da inflexão metafísica da poesia modernista em torno de 1950, de que nasceram *Claro Enigma* e *Fazendeiro do Ar*, ou ainda os murilianos *Sonetos Brancos* e *Parábola*. Em entrevistas a jornais da época,[6] Jorge de Lima considerava passado o tempo dos poetas buscarem na poesia tão somente uma "aventura vivencial", chamando a atenção

---

[6] Coligidas na introd. Geral do vol. 1º das *Obras Completas*. Rio de Janeiro, Aguilar, 1958; v. especialmente a p. 67.

para a nobreza de "aventura da forma" na experiência literária. Ao mesmo tempo, realçava o valor gnoseológico, a força *cognitiva* da poesia. Por mais que nele subsista o aceno biográfico (dominante no importante canto VIII da *Invenção*), seu estilo órfico rende tributo à forma cognitiva, à palavra-revelação.

Não obstante, nos *Sonetos* e na *Invenção*, a Graça do verbo-conhecimento, na sua capacidade de expansão intelectual, no seu poder de esclarecimento cósmico e humano, se eclipsa muitas vezes; muitas vezes, o verso cede à tentação satânica da grandiloquência vazia, da teatralidade linguística. Jorge de Lima é um mestre da embriaguez verbal, do encanto sedutor da imagem insólita, mas decorativa; do som cantante, mas supérfluo. No *epos* cristão que é o seu livro maior, a moral poética poderia ter inscrito essa advertência: *verbum est diabolus*... Jorge Lima, adepto da poesia cognitiva, exaltava contraditoriamente as teses de Henri Bremond sobre a natureza absolutamente inefável e irracional da poesia. Conhecimento, sim; mas conhecimento "inefável"; logo, vazado numa linguagem sem controle... Na prática – nos onze mil versos da *Invenção*, por exemplo – o aprofundamento órfico do conhecimento se vê comprometido pela grandiloquência claudeliana, pelo desperdício das imagens em pletora, pela redundância da melopeia. Não faltou quem apontasse, nesse dilúvio poético – lava semeada de diamantes, mas nem por isso menos intoxicante e excessiva – um neocultismo modernista. A sugestão é perfeita, mas não só, infelizmente, no bom sentido; pois o "neossimbolismo" de Jorge de Lima tem realmente muito da pompa e da inflação verbais do barroquismo de consumo, estigma número um do gênio literário das raças ibéricas. Esse cacobarroco efeitista foi a mola secreta do nosso Parnaso. De Jorge de Lima, que estreou em teatralíssimos alexandrinos parnasianos, pode-se dizer que teve um lado modernista surrealista, e um outro *modernista à espanhola*, isto é: um lado Rubén Darío, simbolista-parnasiano, danado de verboso. De todos os grandes líricos do modernismo, é ele sem dúvida quem mais exibe a malsinada "exuberância tropical". Daquela "retoriquice" (Mário de Andrade) contra a qual se rebelou não só o modernismo mais autêntico, mas toda a mais autêntica arte moderna. Já é tempo da crítica parar de se embasbacar ante os lances pirotécnicos dos *Sonetos* e da *Invenção*, para discernir com rigor, nessas obras marcantes e influentes, o virtuosismo pseudoexperimentalista da verdadeira "aventura da forma".

"Verbalista" seria a última das acusações que alguém pensaria em fazer ao outro pretenso "regionalista" nordestino, Graciliano Ramos. Numa linguagem de rigor e contenção machadianos, Graciliano fará do cenário nordestino, rural e urbano, um *theatrum mundi* onde o regional em si não recebe nenhuma ênfase, servindo apenas à concreção realista das situações dramáticas. Sua obra é o maior edifício ficcional brasileiro entre *Esaú e Jacó* e o *epos* de Guimarães Rosa. *São Bernardo* (1934) é o nosso melhor "romance psicológico" desde *Dom Casmurro*, com uma resoluta subordinação da matéria narrada à vivência central do personagem-eixo (Paulo Honório). O perfil sociológico da configuração dramática é tão ou mais nítido do que no regionalismo de *Fogo Morto* ou de *Terras do Sem Fim*, mas Graciliano caminha com segurança do social para o moral, focalizando admiravelmente – sem cair na exposição de "teses" ficcionalmente intrusas – o ângulo ético da interação indivíduo/sociedade. *Angústia* (1936), história da paixão e crime de um *nouveau pauvre* desfibrado e ressentido, é, como *São Bernardo*, um romance de personagem-autor, contado na primeira pessoa; aqui, porém, a ótica deformante do herói (anti-herói), a exploração do delírio, a imagística obsidional e a frase semiexpressionista *dostoievskyanizam* poderosamente o *páthos* narrativo. O domínio da técnica de narrar alcança outra *performance* de alto nível em *Vidas Secas* (1938), contado na terceira pessoa, mas onde o uso extraordinariamente elástico do discurso indireto assimila (através da fragmentação da história em "contos") o ponto de vista dos personagens frustros, viventes na penúria, vítimas quase animais da sociedade e da terra.

Sem ter adotado o artesanato plenamente lúdico do modernismo radical, a obra de Graciliano – que estreou já maduro, à margem dos movimentos de renovação estética – figura sem favor entre as realizações mais altas do nosso experimentalismo moderno. Seria tão somente lícito qualificar essa afirmação, lembrando que seus romances (como os contos de Mário de Andrade ou a novelística de Cyro dos Anjos) são o produto de um experimentalismo ficcional mais moderado, embora esteticamente mais sólido, do que o das pesquisas mítico-linguísticas dos dois Andrades paulistas. Se acrescentarmos a falta flagrante de "sublime" e idealização trágica em seu estilo (pense-se na força da visão grotesca em *Angústia*!) e a agudez de sua "crítica da cultura", facilmente nos convenceremos da enorme distância que o separa do neonaturalismo dos "regionalistas de 30". Distância análoga à que existe entre a poesia folclórica de talhe popular-tradicional de um Ascenso Ferreira e a lírica exemplarmente "construtivista" de Joaquim Cardozo (1897; *Poemas*, 1947) – tão culterana quanto a de Jorge de Lima, porém, nada pletórica ou verbalista.

Deste modo, os resultados da nossa análise – *da medição da modernidade do modernismo* – obrigam a "dinamitar" o grupo (f), o chamado regionalismo nordestino. Lins do Rego e o primeiro Jorge Amado laboram num tipo de mímese ficcional pré-modernista, que só deve ao modernismo o abrasileiramento e a naturalização da linguagem, bem como o estímulo à representação literária de áreas regionais e de estratos sociais característicos, de acordo com o programa geral de "nacionalização da literatura". O neossimbolismo de Jorge de Lima é uma formação estilística de outra estirpe; e, finalmente, a ficção de Graciliano e a lírica de Cardozo pertencem ao reduto mais *moderno* do elenco modernista. Estilisticamente falando, o "romance regional" – como esse "romance psicológico" em que a preguiça mental da crítica amontoa os espiritualistas como Cornélio Pena e Otávio de Faria e O *Amanuense Belmiro* (1937) de Cyro dos Anjos – é uma categoria inexistente.

O confronto da estética subjacente à literatura modernista (estudada em suas obras, e não só nos manifestos e plataformas, os quais, é natural, nunca dariam acesso a uma "estética subjacente") com as diretrizes da arte moderna confirma a modernidade essencial do nosso modernismo – mas, simultaneamente, *diferencia* e *hierarquiza* o *corpus* das letras modernistas. A análise espectral destas últimas proporciona (mesmo no nível de uma leitura estilística ultraesquemática) uma revisão em regra dos grupos em que é praxe distribuir os modernistas. A conclusão geral do confronto é clara: *o modernismo é de fato um período estilístico heterogêneo* – um condomínio de estilos, um coletivo mais compósito do que o foram o romantismo, o naturalismo ou o simbolismo. Entretanto, a sua heterogeneidade não nos impede de distinguir o modernismo autêntico – o modernismo-arte moderna de *Macunaíma* ou *Serafim Ponte Grande*, de *Libertinagem* ou *Angústia*, de *As Metamorfoses* ou *A Rosa do Povo*, por exemplo – de estilos de personalidade histórico-espiritual diversa, do surreal-barroquismo de Jorge de Lima e do neossimbolismo de Cecília Meireles ao neonaturalismo de Lins do Rego e ao neorromantismo de Schmidt.

A convivência de estilos numa mesma era artística (geralmente colocada sob a hegemonia de um deles) é fenômeno corriqueiro na história da cultura. Os historiadores das artes plásticas estão habituados a considerar o arco que vai de 1520 a 1590 como época *maneirista*; mas todos reconhecem que o longo e rico desdobramento do estilo de Ticiano, que coincide com essa fase, é essencialmente *clássico*, não maneirista. Rococó, neoclassicismo e pré-romantismo coexistiram amplamente no médio e tardo século XVIII; quanto ao Oitocentos, foi o paraíso da pluralidade de estilos. Com relação ao nosso querido século XX, convém evitar dois erros simetricamente opostos: o de deixar-se ofuscar pela profusão dos ismos de vanguarda, perdendo de vista a unidade multiforme porém real da arte moderna, e o de absorver todos os estilos presentes num conceito frouxo ou contraditório de "estilo moderno". Dreiser e Faulkner, Yeats e Eliot,

Valéry e Raymond Roussel marcaram paralelamente a literatura americana, inglesa e francesa a partir de estilos fundamentalmente diversos. Os críticos brasileiros precisam acostumar-se a distinguir de maneira análoga entre os grandes autores do nosso Novecentos. A única dificuldade é o que esse tipo de distinção implica em matéria de manejo da estilística e de familiaridade com as ciências humanas – mas essa dupla exigência só pode fortalecer a qualidade intelectual dos nossos estudos literários, às vezes tão ingênuos (a despeito de muita prosápia universitária), tão bobinhos de dar pena, não é mesmo?...

Já é hora de marchar para um epílogo. Conforme vimos, a "acareação" do modernismo brasileiro com a estética da arte moderna permite sustentar – com qualificações – a modernidade essencial das letras modernistas. Contudo, na definição marioandradina do modernismo, havíamos notado a presença de um elemento ideológico pré-moderno: o nacionalismo, avatar do historicismo. O exame até superficial da produção modernista comprova a energia plasmadora do nacionalismo estético; a nacionalização da literatura não ficou no plano das promessas, nem foi apanágio algum dos estilos "hipomodernistas" (relativamente ao hipermodernismo de [a] ou [g]) dos verdamarelistas e do regionalismo inspirado por Gilberto Freyre. Por conseguinte, em boa lógica, deve haver uma conexão importante entre a estética da arte moderna, subscrita pelo modernismo autêntico, e o seu nacionalismo generalizado. A conexão residia na *permeabilidade do decálogo estético da arte moderna ao projeto de nacionalização da literatura, permeabilidade assegurada pelo moderno amor aos primitivismos.* Em outras palavras: *a estética da arte moderna,* convertendo o oposicionismo cultural da grande arte romântica e pós-romântica em vontade de *ruptura cultural, valorizava* a priori *o deslocamento etnológico visado e conseguido pelo nosso modernismo,* ao abandonar o anticaboclismo de Graça Aranha, a concepção negativa e pessimista dos nossos valores étnicos e culturais. Só que o nacionalismo modernista, assim como nada tinha de necessariamente tradicionalista (sendo o tradicionalismo nacionalista antes produto do pseudomodernismo e até do antimodernismo), tampouco era ufanista. Não era ufanista, por ser *nacionalismo crítico*; por preferir a qualquer exaltação leviana e conformista da realidade nacional aquela sóbria "confiança no futuro que não pode ser pior do que o passado" que termina o *Retrato do Brasil* (1928) de Paulo Prado. Graças ao nacionalismo crítico do modernismo de vanguarda, descrença no Brasil e ufanismo puderam ser identificados com o que de fato são: verso e reverso de uma mesma inobjetividade, de uma maneira anacronicamente passional e pouco lúcida de pensar o Brasil.

Dado que os modernistas cultivaram esse nacionalismo crítico em suas obras *literárias*, muito mais do que em estudos sociológicos, não tem sentido apresentar o nacionalismo modernista como reação àquele experimentalismo vanguardista que eles adotaram no fragor da Semana e dos anos imediatos de antes e depois. Essa tese, defendida por Wilson Martins (op. cit., p. 86 e passim), pode invocar testemunhos ilustres, mas nunca obterá fundamentação estilística. Se o nacionalismo houvesse sido um reagente antiexperimental, anti "arte moderna", nem um Mário nem um Oswald nem um Drummond jamais teriam construído a sua inestimável interpretação estética da realidade brasileira – interpretação toda ela elaborada a partir de uma assimilação ativa e original dos recursos expressivos liberados pela "arte moderna" em todo o Ocidente.

A superposição, nas letras modernistas, de nacionalismo e experimentalismo – de historicismo e "arte moderna" – é consequência da situação periférica da cultura latino-americana no conjunto da civilização ocidental. Entretanto, ao assumir etnologicamente realidade brasileira, o modernismo se tornou a última época estética da nossa história a vivenciar aquela situação cultural. A literatura dos nossos dias já não carece de nacionalizações revolucionárias; a nacionalização é um *fait accompli*; hoje, a vitalidade da literatura depende antes de seu talento para evidenciar o universal no Brasil, para oferecer abordagens brasileiras àquela "problematização da vida" (Wolfgang Kayser) que, constituindo a mais alta função do texto literário na sociedade moderna, não é senão a resposta da fantasia estética à crise da cultura.[7]

A legitimidade do deslocamento etnológico representado pelo nacionalismo, garantida pelo pró-primitivismo da arte moderna, preveniu qualquer contradição maior entre as duas ideias-forças da literatura modernista: o experimentalismo de vanguarda e o nacionalismo estético. Isso não quer dizer, porém, que o próprio modernismo "puro" não abrigasse outras contradições, ligadas a outras fontes ideológicas. Já vimos que no modernismo de ruptura dos grupos (a), (c) e (g), de Oswald, Mário, Bandeira, Murilo, Drummond – e do segundo Cassiano Ricardo (*Um Dia Depois do Outro*, 1947) – transparecem variações de temperatura experimentalista, cabendo o máximo de "febre" à prosa cubista de Oswald. Mais curioso, todavia (embora nada aberrante), é o fato de que nos próprios modernistas "linha dura" com responsabilidades de liderança tenham ocorrido sensíveis atenuações das técnicas de vanguarda, ou até... abertas recaídas nos estilos "passadistas". O Mário de Andrade de *Amar, Verbo Intransitivo* (1927) ou dos contos de *Belazarte* (1934) é um modernista "girondino" perto do vanguardismo

---

[7] Em "Oswald Viajante", ensaio ora coligido no volume *Vários Escritos* (São Paulo, Livraria Duas Cidades, 1970), Antonio Cândido salienta, com a argúcia de sempre, a significação cultural do motivo da viagem libertadora em Oswald de Andrade (ver o final de *Serafim Ponte Grande*). A simples referência ao uso modernista desse motivo utópico-epicurista, tão explorado pela tradição pós-romântica (Baudelaire, Rimbaud, etc.), indica a inserção do nosso modernismo de choque na *crítica da cultura* movida pela arte ocidental moderna. *Vários Escritos* contêm ainda um dos momentos mais altos da interpretação do modernismo e da crítica do autor: a saborosa e penetrantíssima "Digressão Sentimental sobre O. de Andrade". A "Digressão" acusa claramente (p. 86) a cumplicidade entre primitivismo e ruptura cultural (por meio da violentação do decoro vitoriano) em Mário e Oswald. Aí está a origem do *tropicalismo* antiburguês dos anos 1960. Ver a respeito a inteligente adaptação cinematográfica de *Macunaíma*, de Joaquim Pedro de Andrade.

"jacobino" de *Macunaíma*; Oswald de Andrade retornou (sem êxito) ao naturalismo em *Marco Zero* (1943).[8]

A razão profunda da macro-heterogeneidade (coexistência de modernismos modernos com "modernismos" pré ou antimodernos) e da micro-heterogeneidade (coexistência de estilos distintos, modernos e não, no próprio modernismo de vanguarda) da literatura modernista talvez consista em que o modernismo foi *um estilo de transição, correspondente a uma fase de transição da sociedade brasileira*; às décadas de mutação da antiga sociedade agrária e oligárquica, cada vez mais transformada pelo advento da indústria, pelo incremento da urbanização e pela modernização das relações sociais. Agora que o modernismo já constitui para nós uma tradição – a tradição viva das letras brasileiras – só se pode desejar que a sua interpretação venha a reforçar as investigações formais pela atenção ao contexto sociológico em que foi gerada e desenvolvida a riqueza da nossa literatura moderna. O confronto preliminar esboçado neste ensaio: confronto da literatura modernista com o substrato estético da arte moderna – só tem por alvo descerrar horizontes à análise estilística. A grande contribuição da perspectiva histórico-civilizacional ao estudo das artes está em que

---

[8] Na poética de Mário, as concepções pré-modernas (na medida em que o psicologismo, a teoria da "expressão" constituem posições neorromânticas, de origem oitocentista) só recuam nos últimos anos do autor, na fase de *Elegia de Abril* (In: *Aspectos da Literatura Brasileira*) quando a valorização bem moderna de "técnica pessoal" e, em geral, do artesanato literário prevalece sobre e dicotomia neorromântica arte × lirismo exposta no "Prefácio Interessantíssimo" a *Pauliceia Desvairada* e n'*A Escrava que Não É Isaura*. Ver a propósito o agudo ensaio "O Psicologismo na Poética de M. de Andrade". In: Roberto Schwarz, *A Sereia e o Desconfiado*. Rio de Janeiro, Civilizacão Brasileira, 1965. Compare-se essa prolongada subsistência da estética da expressão em Mário com a dialética surrealista da escrita automática: esta "liberta das palavras" pela tradução imediata da vida psíquica, mas, ao mesmo tempo, permite que as palavras fiquem em liberdade, atuando por si, espontaneamente, e, por assim dizer, "precedendo" o pensamento. Na escrita automática, *a libertação da palavra é genitivo objetivo e subjetivo*. Ver Maurice Blanchot, "Réflexion sur le Surréalisme". In: *La Part du Feu*. Paris, Gallimard, 1949.

a história da cultura "cavalga" a história das ideias *e* a história das formas. Por isso, ela é capaz de nos restituir o sentido humano dos valores estéticos, o perfume histórico, mas sempre vivo, dos ritos simbólicos que se cristalizam nisso que chamamos "obra de arte".

Bonn, novembro de 1971.

P.S. de 1974 – Escrito em 1971, este ensaio não pôde levar em conta uma das realizações supremas do modernismo: as memórias de Pedro Nava (*Baú de Ossos, Balão Cativo*), culminação, a meu ver, da qualidade artística e da energia mimética de toda a prosa desse estilo.

O Dia em que Nasci Moura e Pereça

a Odylo Costa, filho
e à memória de Manuel Bandeira

O célebre soneto

1   *O dia em que na[s]ci moura e pereça,*
    Não o queira jamais o tempo dar;
    Não torne mais ao Mundo, e, se, tornar,
    Eclipse nesse passo, o Sol padeça.
5   *A luz lhe falte, o Sol se [lhe] escureça,*
    Mostre o Mundo sinais de se acabar,
    Na[s]çam-lhe monstros, sangue chova o ar,
    A mãe ao próprio filho não conheça.
    As pessoas pasmadas, de ignorantes,
10 *As lágrimas no rosto, a cor perdida,*
    Cuidem que o Mundo já se destruiu.
    Ó gente temerosa, não te espantes,
    Que este dia deitou ao Mundo a vida
    mais desgraçada que jamais se viu![1]

foi atribuído pela primeira vez a Camões pela edição do Visconde de Juromenha (1860). Na concisão deste ensaio, apreciaremos somente alguns aspectos da sua tessitura fônica e retórica específica, sem prejuízo do que sobre esses mesmos versos tenham a dizer análises que (a exemplo dos recentes estudos de Jorge de Sena) os considerem no conjunto das *Rimas*, isto é: em relação ao sistema da lírica de Camões em geral ou, mais particularmente, ao domínio do soneto camoniano.

"O Dia em que Nasci Moura e Pereça" é um soneto clássico, de metro uniforme (decassílabos regulares, notando-se apenas uma leve diérese no v. 7: "... sangue chova /

---

[1] Reproduzimos a lição da *Obra Completa* editada pelo professor Antonio Salgado Jr. Rio de Janeiro, Aguilar, 1963; p. 543. Na edição Sá da Costa, é o soneto n. 195.

o ar") e esquema rímico canônico (abba / abba / ade / ede), embora, naturalmente, nada "parnasiano" (o poema só ostenta três rimas ricas: acabar/ar, ignorantes/espantes, perdida/vida). Já a divisão lógico-sintática tem caráter menos clássico. Apesar dos pontos no fim das duas quadras (v. 4 e v. 8), toda a oitava mais o primeiro terceto constituem um período único (misto, dominado por orações coordenadas quase todas assindéticas). Os versos 1-3 exprimem os votos de *antianiversário* pessoal do ego lírico –

> *O dia em que naci moura e pereça*
> *Não o queira jamais o tempo dar;*
> *Não torne mais ao Mundo (...)*

engendrando *ipso facto* uma série de subjuntivos (moura, pereça, queira, torne), que se encadeiam em profusão (padeça, falte, escureça, mostre, nasçam, chova, conheça, cuidem) depois da condicional (se tornar). Somente com o último terceto aparece um segundo período, composto exclusivamente por subordinação, e onde o modo verbal trocará o subjuntivo pelo imperativo (não te espantes) e pelo indicativo (deitou, viu). Assim, esses versos confirmam plenamente as observações de Helmut Hatzfeld,[2] segundo as quais a arquitetura *maneirista* do soneto camoniano, desobedecendo à praxe renascentista de separar logicamente a oitava do sexteto final, e de converter as quadras em "quadros" autônomos, propende a um modelo de *enlace*: bem maneiristicamente, Camões funde e mistura o que o petrarquismo da Renascença costumava isolar.

O primeiro verso é um decassílabo heroico de quatro acentos (2ª, 6ª, 7ª e 10ª sílabas):

> *O DI/a em que nasCI///MOUrA e peRE/ça*

o segundo membro, bem individualizado por suas extremidades tônicas, contrasta duas vezes com o primeiro: no sentido (morrer, perecer, antônimos de nascer) e no timbre (aos agudos ii do primeiro membro sucedem as

---

[2] Helmut Hatzfeld, "El Estilo Manuelino de Camões". In: *Estudios sobre el Barroco*. Madri, Gredos, 1964, p. 208-13.

sonoridades escuras e graves do ditongo, mOUra e dos ee fechados de pErEça. Essa dupla antítese é reforçada pela natureza compacta dos significantes do segundo membro, unidos quer pela aliteração (mouRa, peReça), quer pela sinonímia dos dois verbos.[3]

Conquanto seja também um decassílabo heroico, o verso 2 apresenta uma cadência bem diversa da do primeiro: acentos na 3ª, 6ª, 8ª e 10ª sílabas. A função dessa diversidade é dar relevo musical à obstinação do voto amargo do poeta, obstinação igualmente sensível no destaque do advérbio (jamais, um timbre aberto assediado pelos ee de queira e tempo), na rima interna dos versos 2 e 3:

Não o queira jaMAIS o tempo dar;
Não torne MAIS ao Mundo, e, se tornar,

e, ainda, na própria retomada do ritmo 2ª / 6ª / 10ª – depois do eloquente desvio do v. 2 – no terceiro verso.

Mas este novo Jó não se limita a exorcizar a volta do seu dia natalício; chega a conferir ao seu exorcismo uma aura apocalítica, conclamando prodígios e flagelos, se esse dia aziago ousar volver. Todo um aparato retórico entra em ação para a visualização de tais cataclismas. Dele fazem parte: a ordem das palavras e das ideias (anástrofe nos vs. 4, 6 e 7; inversão da ordem lógica no v. 5); a forte isorritmia dos primeiros versos "apocalíticos" (vs. 3, 4 e 5), todos acentuados na 2ª, 4ª, 6ª e 10ª sílabas, ou seja, todos construídos sobre uma tríade iâmbica (-'/-'/-'); a aliteração, por efeito das oclusivas labiais surdas imediata ou mediatamente seguidas de sibilantes também surdas, no v. 4 –

Eclipse nesse passo o Sol padeça.

e por efeito do lambdacismo, no seguinte –

A luz lhe falte, o Sol se lhe escureça,

verso, aliás, admiravelmente expressivo pela distribuição dos timbres (aberto / fechado / aberto / aberto / fechados),

---

[3] Sinonímia de amplificação acústica e emocional. V. a propósito Heinrich Lausberg, *Elemente der literarischen Rhetorik*. 2ª ed. Munique, Max Hueber, 1967, § 283.

que constitui verdadeiro emblema fônico da súbita passagem de luz a sombra, e de sombra a luz, de um eclipse:

A lUz lhe fAlte, o SOl se lhe escUrEça
a f   a   a   f f

enfim (sem que, no entanto, essa enumeração seja exaustiva), o confronto rítmico dos últimos dois versos da evocação escatológica.

No verso 7,

Nas/çam-lhe mons/tros, san/gue cho/va o ar

a antecipação da primeira tônica, dando origem a uma forte diferenciação dos cola – enquanto o primeiro cólon soma um troqueu a um poderoso dálito (*nas/çam/lhe*), o segundo é trocaico (-'-'/-') – denuncia o paroxismo alcançado pela visão apocalítica, agora sangrentamente teratológica. Ora, em seguida a esse veemente golpe rítmico, o verso 8, clímax da subversão da natureza, retornará significativamente à marcha iâmbica (acentos na 2ª, 4ª, 6ª, [8ª] e 10ª) que rege metade do soneto (vs. 1, 3, 4, 5, 8, 10 e 12).

Vívido como é, todo esse *pereat mundus* não passa de uma *hipotipose*: de uma descrição concreta, visualizante, do experimentado ou do imaginado. Hipotipose claramente destinada a ilustrar o conhecido topos do "mundo às avessas",[4] pois os eventos conjurados pelo poeta são todos – em si ou no contexto – *adynata, impossibilia*, violências à ordem cósmica, prodígios. E isso muito naturalmente, porque o seu desejo inicial de "cronocídio" – seu voto de antianiversário – já era vontade de quebrar a lei natural. Não é à toa que a índole *escatológica* da evocação imaginária:

Mostre o Mundo sinais de se acabar

repete a referência cósmica da imprecação de abertura:

---

[4] Sobre esse topos, ver as considerações hoje clássicas de Ernst Robert Curtius em *Literatura Europeia e Idade Média Latina* (trad. do alemão). Trad. Teodoro Cabral. Rio de Janeiro, Instituto Nacional do Livro, 1957, cap. 5, 7; e também Augusto Meyer, *Camões o Bruxo e outros Ensaios*. Rio de Janeiro, Livraria São José, 1958, p. 69-82. Lembremos de passagem a agudeza pioneira de *Camões o Bruxo* no terreno da estilística do estrato fônico em Camões.

> *O dia em que nasci* (...)
> ....
> *Não torne mais ao Mundo,* (...)

O anticlímax do *pereat mundus* ocupa o primeiro terceto. A energia concretizante da hipotipose continua a se fazer sentir, vincando com timbres abertos (e discreta aliteração) o espanto das gentes (As *p*essoas *p*AsmAdAs, de ignorantes /As lÁgrimAs...); com os oo fechados, seu perplexo palor (As lágrimas no rOsto, a cOr perdida); e com o impulso datílico do início do verso 11 (análogo ao do v. 7), e seus uu nasais ou umedecidos, o sentimento pânico da ruína do universo (CUIdem que o MUNdo já se destrUIU).

Mas o senso musical de Camões guardou para a coda do soneto novas, mais finas sutilezas de elocução. Com que maestria o terceto final suaviza as demais aliteradas da oração principal, em prótase,

> *Ó gente temerosa, não te espantes,*

alternando-as com os dd da oração causal, em apódose –

> *Que este dia deitou ao Mundo a vida*
> *Mais desgraçada que jamais se viu!*

À apódose, ensina dona Retórica, compete resolver a tensão criada pela prótase: ela é a *sententiae clausula*, o fecho da frase – e desfecho do suspense criado por essa *pendens oratio,* a prótase. Camões se vale da cláusula *métrica* que é o último terceto para garantir uma intensa liricização da apódose constituída pelos versos 13-14. Nas duas orações abrangidas por tais versos, as três palavras-chave do soneto reaparecem juntas:

> *Que este* dia *deitou ao* Mundo *a vida*
> *Mais desgraçada que* jamais se viu!

Ao mesmo tempo, a pungência da confissão pessoal, avivada pela rima interna e assonância do último verso (mais/jamais; ais/ada), adquire notável relevo rítmico: pois esse mesmo último verso, tão dolentemente exclamativo, é o *único* decassílado *sáfico* do soneto. Quando o poema pressago alude à vida funesta, o estranho voto de antianiversário revela seu cerne anímico: a consciência saturniana[5] do poeta que se sabe condenado a um destino de erros e mágoas, tormentos e infortúnios. O soneto cronocida está sob o signo de... Chronos-Saturno, deus dos melancólicos. E o saturnianismo, por sua vez, não é senão a máscara daquele *páthos* merencóreo inerente ao espírito *maneirista*,[6] de que o pseudorrenascentista Camões foi, na lírica como na épica,[7] ao lado de Tasso e Montaigne, Shakespeare e Donne, um dos mais altos intérpretes literários.

Bonn, janeiro de 1972.

---

[5] Peço emprestado o adjetivo – a meu ver insubstituível na caracterização da personalidade poética de Camões – à argúcia de Jacinto do Prado Coelho. In: *A Letra e o Leitor*. Lisboa, Portugália, 1969, p. 21.

[6] Sobre o fundo cultural e psicológico da estética maneirista, ver Arnold Hauser, *Il Manierismo: La Crisi del Rinascimento e l'Origine dell'Arte Moderna* (trad. do alemão). Turim, Einaudi, 1965, 1ª parte. Sobre a melancolia, humor saturniano, e seu papel na arte maneirista (especialmente no estilo tardio de Michelangelo), ver Erwin Panofsky, *Studies in Iconology*. Nova York, Oxford University Press, 1939, caps. III e VI (cruciais as observações de Panofsky acerca da fusão de Cronos com chronos, com que a Idade Média alterou a figura do Saturno pagão). Sobre o maneirismo literário em particular, ver, de Riccardo Scrivano, *Il Manierismo nella Letteratura del Cinquecento*. Pádua, Liviana ed., 1959 e *Cultura e Letteratura nel Cinquecento*. Roma, Ed. Dell'Ateneo, 1966, p. 229-313. Convém não esquecer que, em certos grandes "barrocólogos" como Hatzfeld, o conceito de maneirismos, de conotações ainda pejorativas, repousa na negação da autonomia histórica do estilo (essa valoração depreciativa não se nota, é verdade, na análise do lirismo camoniano supracitada; mas é que, para Hatzfeld (op. cit., p. 241), o estilo de Camões é protobarroco – o que prova, *a contrario sensu*, o sabor pejorativo da noção hatzfeldiana de maneirismo, aliás manifesto à p. 56). Os trabalhos de Hauser ou Scrivano mostram que a literatura maneirista constitui estilo independente, em vez de simples degenerescência do classicismo renascentista.

[7] Um dos sinais mais reveladores da cosmovisão maneirista de Camões – a ambivalência ideológica e axiológica d'*Os Lusíadas* – foi sagazmente estudado por Celso Lafer em "O Problema dos Valores n'*Os Lusíadas*". *Revista Camoniana*, vol. 2, 1965, Instituto de Estudos Portugueses da Universidade de São Paulo. O autor não usa o conceito de maneirismo, porém sua análise, tão acurada quanto fina, a ele conduz.

Parte III

METODOLOGIA E HISTÓRIA DA CRÍTICA LITERÁRIA

O Problema da Semiologia
da Literatura

O problema fundamental da semiologia da literatura consiste na necessidade de relacionar a descrição do signo poético com a dimensão do *valor*. Com efeito, o signo poético se apresenta – ao contrário do linguístico, por exemplo – intrinsecamente comprometido com uma qualidade de natureza axilológica. Instintivamente, todos reconhecemos que as mensagens poéticas não são apenas, como as outras mensagens linguísticas, bem ou mal articuladas, correta ou incorretamente estruturadas; trata-se de mensagens, por assim dizer, boas ou más, melhores ou piores em si. A rigor, entre duas mensagens prático-linguísticas igualmente bem organizadas, a questão da preferência não se coloca; mas, no confronto entre textos literários, o impulso de hierarquização valorativa surge com toda a naturalidade. Por que tantos madrigais da *Glaura*, apesar de musical e imagisticamente impecáveis, não se situam no mesmo nível estético que certos sonetos de Cláudio Manuel da Costa? Antes de ridicularizarmos a resposta ingênua do leitor comum ("porque os sonetos de Cláudio têm mais 'conteúdo'"), valeria a pena verificar se ela não acena para um problema bem real. A obra de arte verdadeiramente superior é aquela em que convivem duas virtudes básicas: perfeição formal e grandeza. Mas a grandeza, observa o esteta contemporâneo A. Boyce Gibson (*Muse and Thinker*), é uma virtude *adotiva* da arte; uma qualidade que contamina o estético, mas procede de outras áreas de valor (como o universo da moral). Para a estética estruturalista de Jan Mukarovsky, o valor estético se define precisamente pela sua *porosidade* em relação aos demais campos axiológicos. A grandeza estética se nutre da absorção de valores heterogêneos.

Se isso é verdade, qual o caminho para a apreensão efetiva da *qualidade* de um texto? Em que aspecto da mensagem poética devemos procurar o segredo do seu maior ou menor *valor* estético? Como André Martinet, acredito que esse caminho reside na trama de *conotações* oferecidas pelo texto literário. Se denotação é o que, na significação de um termo, é comum ao conjunto dos locutores de uma dada língua, as conotações seriam tudo aquilo que esse mesmo termo é capaz de evocar ou sugerir, individualmente, em cada locutor. É a atuação das conotações em nós que nos leva a atribuir valor poético a um texto, e a graduar a sua poeticidade.

Infelizmente, essas conotações de Martinet estão demasiado vinculadas ao reino obscuro das vivências subjetivas. Mas o próprio autor se refere também às conotações "que nos vêm da literatura", abrindo assim as portas a um conceito menos solipsista da experiência do valor poético. Podemos realmente considerar o conotativo do ângulo *sociocultural*, pesquisando a aura evocatória das palavras (levando devidamente em conta o seu sentido contextual no poema) nas diversas camadas sociais e nos diversos períodos da história da cultura.

A estilística estrutural de Michael Riffaterre tentou basear a interpretação do texto poético em inventários desse gênero. Não obstante, Riffaterre tende a negligenciar um aspecto essencial da caça às conotações: o fato de que estas encerram significações *latentes*, reprimidas, muitas vezes "censuradas" pelos valores institucionais, oficiais, da cultura de uma época. Nas macroestruturas da tragédia racineana, críticos como Lucien Goldmann e Roland Barthes souberam discernir várias conotações encobertas pelas interpretações dos contemporâneos de Racine. Quando lemos *Phèdre*, projetamos nos seus versos um tipo de experiência que exuma e ilumina o sentido metaideológico da obra antiga. Toda outra leitura seria, de fato, irremediavelmente antiquária, museificante – e por isso mesmo, infiel à universalidade da arte; pois não basta, já lembrava Benjamin, estabelecer conexões entre as obras e seu tempo – o decisivo "é apresentar, na sua época, aquela que as conhece e julga, isto é, a nossa".

Porém, se a natureza mesma da semiose poética – da literatura enquanto processo de signos – se vincula ao valor; e se este é (diga o que disser certa cronofobia "estruturalista") inapreensível fora de um confronto entre as estruturas significativas do texto poético e determinadas configurações históricas do espírito humano, torna-se forçoso admitir que o caráter fundamental do significado poético pertence ao campo de uma modalidade semiológica bem definida – a dos *sintomas*. Sabemos de Luís Prieto ou Georges Mounin que os signos podem ser *sinais* ou *sintomas*, conforme exibam ou não um intuito expresso de comunicação. Sinais são todos os signos (artificiais) utilizados pela deliberação de comunicar; sintomas, todos os signos que "falam" sem querer, como as pegadas, as nuvens anunciadoras de chuva, ou o rubor da face envergonhada.

Na mensagem poética, teríamos então o produto de um *jogo de sinais* (as palavras, as convenções literárias de gênero e escola) capaz de transformar-se num conjunto de *sintomas*, ou seja, de indicações históricas e transistóricas sobre a condição humana. O valor estético profundo de um texto literário estaria ligado a essa energia sintomatológica; não ao "conteúdo"-tema, mas ao conteúdo do texto no sentido que Panofsky foi buscar em Peirce: "conteúdo é aquilo que a obra deixa transparecer sem mostrar".

Por falar em Peirce, também é lícito encarar a mensagem poética como um espaço semiótico pluridimensional funcionalmente diversificado, nos termos das categorias com que esse pensador classificou os signos. Se *símbolos* são para Peirce todos os signos *convencionais*, símbolos seriam, no texto literário, as convenções linguísticas e retóricas. Se *ícones* são os signos caracterizados pela sua *semelhança* em relação à coisa significada, icônico é, no discurso do imaginário, ou "literatura" (o *logos fantastikós* de Aristóteles), o processo mimético – processo de fingimento e imitação, que gera o "mundo dos objetos representados" (Roman Ingarden) da lírica, do drama ou da narrativa. Finalmente, se *índices* são os signos definidos por sua *contiguidade* em relação à coisa significada, índice é a própria forma significativa, na exata medida em que, segundo o lema do jovem Lukàcs, "o social na literatura é a própria forma". O simbolismo "numenal" do texto – em oposição ao simbolismo fenomênico, visível, das suas convenções, tópoi e elementos ideológicos – proviria precisamente da extensão e intensidade de suas indicações a respeito do humano *sub specie historiae*. Ou talvez se prefira ver na forma do poético, enquanto análogon do social, um ícone-*diagrama* segundo Peirce: figuração, não da aparência, mas da estrutura da sociedade. Nesse caso, índice e diagrama, sem se excluírem, seriam as classes de signos que parecem partilhar a substância da semiose poética, em seu plano mais profundo.

Orientar a semiologia da literatura para a dialética sinal/sintoma equivale a salvar a teoria literária do formalismo com que a ameaça a voga das poéticas da metalinguagem. A dimensão metalinguística é sem dúvida inerente à literatura enquanto "função poética da linguagem" (Roman Jakobson, *Linguística e Poética*) – mas absolutamente não se identifica com a natureza *global* da semiose literatura, matéria-prima, e não objeto. Ora, metalinguagens são apenas as semioses em que a linguagem constitui o plano do conteúdo (Louis Trolle Hjelmslev); na literatura, porém, a língua *não* é o plano do conteúdo, e sim o da expressão; não é significado, e sim significante. O significado, na literatura, está do lado da sociedade e da cultura.

A rejeição dos métodos reducionistas consolidou o princípio da leitura *imanente* na crítica contemporânea. Esta se deseja, legitimamente, *ergocêntrica* – centrada na obra, em vez de aderir às interpretações *ab extra*, para as quais todo texto não passava de *pretexto* a incursões biográficas doutrinárias ou sociologísticas. Todavia, a atitude ergocêntrica só se revelará plenamente fecunda se compenetrar do caráter por natureza transitivo e *referencial* do discurso poético. No Ocidente, o senso da referencialidade do texto remonta pelo menos à própria hermenêutica do Livro dos Livros. Jaeger mostrou como a projeção do espírito universalista da filosofia grega no modo de interpretar as estórias sacras da Bíblia e dos Evangelhos produziu, em Orígenes de Alexandria

(1ª metade do séc. III), uma cristalização decisiva do conceito de *alegoria*. Alegoria, isto é: discurso que diz outra coisa (*allos*). A hermenêutica *figural* de Santo. Agostinho, tão valorizada por Erich Auerbach, retifica, mas não suprime, a tradição da leitura alegórica, ainda expressamente defendida por Dante na sua famosa carta a Cangrande della Scala. Logo, a interpretação crítica, com ser ergocêntrica, deve manter-se igualmente *alocêntrica* – atenta à índole referencial do sentido profundo do texto.

É bom lembrar que o pecado dos sociologismos não estava em *relacionar* texto e contexto social: estava apenas em *dissolver* o texto na história e em seus determinismos. O *new criticism* e o formalismo russo cometeram o erro oposto: salvando o texto, esqueceram-se do contexto social. Foi pena que o único grande crítico consciente do esquecimento do contexto, Northrop Frye (*The Anatomy of Criticism*), tivesse restringido a visão contextual ao sistema dos arquétipos mítico-literários, em vez de perseguir as complexas relações entre os *dois* registros contextuais: o da tradição formal, e o da evolução social. Ao realizar essa restrição, a crítica anatômica de Frye se constituiu prisioneira de uma noção ideológica de literatura (significativamente, os livros posteriores de Frye deram cada vez mais importância ao ângulo sociocultural).

A crítica brasileira de hoje deveria prestar menos atenção aos "metalinguismos" bizantinos da moda parisiense do que, por exemplo, à argúcia com que um Roberto Schwarz interpretou a poética tropicalista como sintomatologia de um dado instante da consciência nacional. As observações de Schwarz são um exemplo concreto de *verdadeira* análise semiológica do estilo. O fato de que elas utilizem categorias benjammianas, em lugar dos badalados pseudoconceitos da crítica dita estruturalista, é, em si mesmo, para lá de instrutivo...

Analisada à luz do hodierno aguçamento da crise da cultura, e da nova vivacidade da problemática dos valores, a hegemonia da falácia metalinguística na crítica atual dá vontade de parafrasear um epigrama de Leo Strauss sobre as angústias do nosso tempo e a alienação, em face delas, da ciência política de talhe neopositivista. Tal como esta, a crítica formal-estruturista dos Jakobson e Todorov se parece bastante com Nero tocando violino ante Roma em chamas... A única diferença é que: 1) a crítica formal-estruturalista não sabe que está tocando violino; e 2) a crítica formal-estruturalista nem sequer desconfia de que Roma está em chamas...

Rio, setembro de 1973.

Referências Bibliográficas

Auerbach, Erich. *Mimesis* (1946). (trad. do alemão.) São Paulo: Perspectiva, 1971.

Benjamin, Walter. "Histoire Littéraire et Science de la Littérature" (orig. alemão, 1951). In: *Poésie et Revolution*. Paris: Denoël, 1971.

Jaeger, Werner. *Early Christianity and Greek Paideia*. Nova York: Oxford Univ. Press, 1961.

Martinet, André. "Connotations, Poésie et Culture". In: Vários autores. *To Honor Roman Jakobson*. t. 2. Paris: Mouton, 1967.

Mounin, Georges. *Introduction à la Sémiologie*. Paris: Minuit, 1970.

Mukarovsky, Jan. *La Funzione, la Norma e il Valore Estetico come Fatti Sociali*. Turim: Einaudi, 1971 (trad. parcial do original tcheco *Estudos de Estética* [*Studie Estetiky*]. Praga, 1966).

Panofsky, Erwin. *Meaning in the Visual Arts*. Nova York: Doubleday, 1955.

Peirce, Charles. Sanders. *Semiótica e Filosofia* (antologia de artigos trad. do inglês). São Paulo: Cultrix, 1972.

Riffaterre, Michael. *Essais de Stylistique Structurale*. Paris: Flammarion, 1971.

Schwarz, Roberto. "Remarques sur la Culture et la Politique au Brésil, 1964-69". In: *Les Temps Modernes* n. 288. Paris, 1970; muito bem comentado em Antônio C. de Brito, "Tropicalismo: Sua Estética e sua História", *Revista Vozes*, ano 66, n. 9, Petrópolis, nov. 1972.

Do Signo ao Sintoma
(reflexões sobre a semiologia da literatura)

a Claude Lévi Strauss

I. A ilusão metalinguística

A direção fundamental da crítica literária moderna é conhecida: é a tendência a perscrutar o texto em vez de privilegiar as fontes psicológicas e sociais, a prioridade dada aos métodos de interpretação *imanente* do poema (ou narrativa ou drama), por oposição aos enfoques *ab extra*. Essa atitude foi partilhada pelas principais correntes críticas afirmadas na primeira metade do século XX: (a) os formalistas eslavos (Viktor Chklóvsky, Boris Eikhenbaum, Roman Jakobson, Boris Tomachévsky, Yuri Tynianov, Jan Mukarovsky, René Wellek); (b) o ensaísmo de Valéry, Pound e Eliot; o de Georg Lukàcs (em seu período pré-marxista) e Walter Benjamin; (c) a estilística dos grandes romanistas proveniente da filologia germânica (Leo Spitzer, Ernst Robert Curtius, Erich Auerbach, Helmut Hatzfeld, Hugo Friedrich), de Wolfgang Kayser, do espanhol Dámaso Alonso e dos italianos Gianfranco Contini e Benevuto Terracini; (d) a semântica literária de I. A. Richards e William Empson; (e) o *new criticism* americano (John Crowe Ransom, Allen Tate, Cleanth Brooks, Robert Penn Warren, W. K. Wimsatt) ao qual se ligam, sob certos aspectos, Kenneth Burke e R. P. Blackmur; (f) o neoaristotelismo da "escola de Chicago" (Ronald Crane, Elder Olson, Francis Fergusson); (g) a hermenêutica "existencial" do universo imaginário, cultivada por Gaston Bachelard, Albert Béguin, Georges Poulet e, mais recentemente, pelos suíços Jean Starobinski e Jean Rousset, o francês Jean-Pierre Richard e o americano Geoffrey

Hartman.[1] Ao contrário dos críticos moralistas do gênero F. R. Leavis ou Yvor Winters, esses autores tiveram geralmente o cuidado de evitar o que Brooks (1968, p. 157-75) apelidou "heresia da paráfrase": na análise do texto literário; procederam como se o sentido poético dependesse da própria *forma* (enquanto distinta das simples convenções de gênero), escapando, por definição, a todo "conteúdo" imediatamente perceptível.

A semiologia da literatura só pode ver com bons olhos essa orientação crítica, da qual, aliás, ela se fez herdeira. No entanto, já em 1949, certas aplicações da análise formal do texto se mostravam insuficientes e unilaterais. Nessa época, Fergusson (1949, p. 240) podia observar a justo título que "a ênfase no poema e na sua forma, com exclusão do que ele representa, reconhece apenas um dos instintos considerados por Aristóteles como a raiz da poesia em geral: o instinto de harmonia e de ritmo". O instinto esquecido a que Fergusson aludia era, bem entendido, o instinto de *mímese*. Vários trabalhos críticos fundados na atenção à forma negligenciavam, com efeito, a dimensão "referencial" da linguagem literária. Atribuir o sentido poético aos "meandros" (Brooks) do texto, transformar a interpretação em produto de análise formal, equivalia com bastante frequência a desprezar o sentido, largado em algum canto no curso da caça aos artifícios e "tensões" (Tate, 1948, p. 75-90) do texto. A significação intrinsecamente *alegórica* da literatura – seu poder de *significar* para além do sentido literal de suas fabulações, de dizer *outra* coisa (*allos*), sem sequer ter que empregar "alegorias" no sentido estrito – ficava, em muita crítica centralizada na "forma", substancialmente apagado.

O jejum do sentido se havia tornado a regra entre os *new critics* e a escola de Chicago. Não foi absolutamente por acaso que os esforços de um Burke (1962)

---

[1] Sobre as novas correntes da crítica literária no séc. XX, ver Wellek, 1963a e 1970a; sobre o formalismo eslavo, ver Erlich, 1955, e Ambrogio, 1968; sobre a crítica americana, ver Hyman, 1948, e francesa, ver Diéguez, 1960, e Jones, 1968 (referências completas na bibliografia).

para esboçar uma teoria do poético enquanto "ação simbólica" ficaram praticamente sem eco (mas é verdade que as idiossincrasias do estilo crítico de livros como *Attitudes Toward History* [1937] não ajudavam muito a romper esse isolamento). Em seu nascimento, na obra dos conservadores sulistas Ransom e Tate, o *new criticism* fora inseparável de uma consciência *cultural* excepcionalmente aguda. Para Ransom (1930, 1938), a revolução do gosto liderada por Eliot e cia., opondo a densidade poética da *metaphysical poetry* e do simbolismo francês ao lirismo declamatório dos "profetas" românticos e vitorianos, se inscrevia num combate vital da arte contra a "satânica" ciência, que torna o mundo desencarnado. Em Tate, que não hesitou em intitular um volume *Reactionary Essays on Poetry and Ideas* (1936), a poesia acabou por tornar-se o equivalente da religião ameaçada pelos demônios da idade moderna – a ciência e o liberalismo. Entretanto, a práxis crítica do *new criticism* renunciou a explorar esse *élan* de *Kulturkritik*. Em vez de ver o esteticismo moderno (como fez Benjamin [1971a, p. 225-75] com a "arte pela arte" de Baudelaire) uma estratégia epistemológica votada a captar a crise da civilização, as análises dos *new critics* perderam de vista as relações do poema com o humano e o social. (É claro que pensamos aqui em relações não reducionistas: não se trata de um "social" anterior e exterior ao texto, mas tão só do conteúdo social que faz parte do seu mais pleno sentido, já que nenhum texto existe no vazio, e sim, ao contrário, num contexto social concreto.)

Com o advento da crítica dita estruturalista, o olvido da dimensão mimético-referencial do discurso literário tornou-se obrigatório. Depois que Roman Jakobson (1963, p. 218) definiu a função poética da linguagem ("o visar da mensagem como tal", o "acento posto na mensagem por ela própria"), numerosos críticos na moda se entregam a uma verdadeira fetichização do acento na mensagem em si. Assiste-se ao triunfo da insinuação de que a *essência do poético – a literariedade* da literatura – não é senão *metalinguagem*. A crítica que se serve de instrumentos linguísticos é apenas o caso mais prestigioso desse culto "metapoético". Embora Jakobson (ibid., p. 219) tenha sido o primeiro a assinalar que *"l'analyse linguistique de la poésie ne peut se limiter à la fonction poétique (du language)"*, e conquanto ele haja não menos expressamente sublinhado a intervenção na literatura de procedimentos não exclusivamente verbais, que dependem antes de elementos *pansemióticos*, isto é, daquilo que as línguas partilham com outros sistemas de signos (ibid., p. 210),[2] o que está, ostensivamente, em plena moda, são as interpretações restritivas do lema, já célebre, do seu *Linguística e Poética* (1960): *"La poétique a affaire à des problèmes de structure linguistique (...). Comme la linguistique est la science globale des structures linguistiques, la poétique peut être considerée comme faisant partie intégrant de la linguistique"* (Jakobson 1963, p. 210).

Entretanto, será mesmo correto reduzir a literariedade a esse aspecto autotélico? Em outros termos: é lícito raciocinar como se a função poética *tout court* se identificasse com funções da linguagem (entre as quais, naturalmente, a função poética de Jakobson seria a mais importante)? Ou mesmo como se – segundo a tese mais refinada do mesmo Jakobson – a função poética *tout court* se identificasse ao mesmo tempo com certos procedimentos pertencentes às funções da linguagem e com alguns outros procedimentos, atinentes aos universais semióticos? Em suma, será verdade que a substância do fenômeno poético – a natureza essencial dos efeitos produzidos pela arte literária – se explica *totalmente pelo jogo dos signos* (a começar pelos da linguagem, mas sem esquecer aqueles elementos pansemióticos)? É a essa pergunta que vamos tentar responder.

---

[2] Wellek (1970b, p. 333), que se apega aos aspectos da obra poética "not dependent on particular verbal formulations", logo após ter discutido o programa da análise linguística da poesia esboçada por *Linguistics and Poetics*, poderia ter tomado nota desse esclarecimento de Jakobson.

Partiremos de uma evidência. A literatura é um sistema semiótico no segundo grau. Os signos de que se serve evidentemente já são signos – os da linguagem. Hjelmslev (1943, p. 114) distingue a esse propósito: a) os sistemas semióticos *denotativos*, isto é, aqueles em que os dois planos, conteúdo e expressão (significado e significante, segundo Saussure) são *simples*, não sendo, por sua vez, sistemas semióticos; e b) os sistemas *semióticos nos quais um dos dois planos é complexo, já sendo ele mesmo um sistema semiótico*. A classe desses últimos comporta uma segunda divisão: ou o plano "complexo" do sistema semiótico em causa é o plano do conteúdo, ou é o plano da expressão. Os sistemas semióticos nos quais o *conteúdo* é ele próprio um sistema semiótico são as *metalinguagens* (ou *metasemiotics*, como os chama, com maior precisão terminológica, o Hjelmslev dos *Prolegomena*). Os sistemas semióticos nos quais é a *expressão* que é um sistema semiótico são ditos *conotativos* (ou "*linguagens* de conotação"). A matéria-prima da literatura – as línguas naturais – é, indubitavelmente, ela mesma um sistema semiótico. A linguagem é a expressão (o significante) do sistema semiótico chamado "literatura". Em outras palavras (de maneira mais nominalista): a expressão, ou plano do significante, de um texto literário já é sempre uma mensagem linguística, logo, um composto de expressão e de conteúdo.

Portanto, podemos dizer que *o modo semiótico de existência da literatura consiste em ser um sistema (semiótico) conotativo*. Por mais que o discurso literário – colocando "o acento na mensagem por ela própria" – dê curso à função "poética" da linguagem, não poderá jamais apresentar-se, semioticamente, como metalinguagem, *pois não é o seu conteúdo, mas, ao contrário, a sua expressão* que constitui previamente um sistema semiótico (primário). O papel das metalinguagens é de falar da linguagem. Em contrapartida, a tarefa da literatura, enquanto linguagem de conotação, não é falar da linguagem – é *servir-se desta*, para falar *de outra coisa*. Bem entendido, trata-se de um falar de outra-coisa-que-não-a-linguagem *voltando-se para a mensagem*; mas, precisamente, voltar-se para a *mensagem* não significa absolutamente falar *do código*, isto é, da linguagem. Jakobson (fonte mal assimilada das "poéticas da metalinguagem") não o ignora: ele coloca uma "função metalinguística" da linguagem, centralizada no código – e cujo papel é justamente "falar da linguagem", *glosá-la* – ao lado da função poética, centralizada na mensagem individual (Jakobson, 1963, p. 217-18).

É claro que o "enfoque da mensagem enquanto tal" implica, em certa medida, que o logos poético se dê à metalinguagem, já que nenhuma mensagem verbal pode ser elaborada sem levar em conta (ainda que de modo inconsciente) as regras do sistema linguístico (Edward Stankiewicz, 1960, p. 70). Mesmo as poéticas chomskyanas, que veem na mensagem literária um conjunto de *desvios* em relação à norma linguística (Saporta, 1960, p. 82-93), falam apenas de "graus de gramaticalidade", pois a agramaticabilidade absoluta é recusada *a priori* ao discurso poético pela sua natureza verbal. Mas é a mensagem, e não a língua, que visa efetivamente a *comunicar*. A língua é um sistema abstrato; somente os atos concretos da palavra são comunicações empiricamente dadas. Daí o caráter forçosamente parcial e limitado das operações metalinguísticas implicadas pelo enfoque poético da mensagem enquanto tal. No discurso poético, a metalinguagem não é senão o meio de uma vontade de comunicação.

O ideal de incomunicabilidade ostentado pelas letras contemporâneas desde Mallarmé não contradiz em nada o que se acaba de afirmar. O hermetismo da maior parte dos escritores modernos de qualidade é uma estratégia cultural, dirigida com toda razão contra a "comunicabilidade" fácil – que, de hábito, nada tem a comunicar – da literatura de massa. Seria completamente errôneo tomar essa guerrilha contra a *prostituição* da comunicação verbal por um repúdio literal e inumano do comunicar. Esse é o equívoco em que incide um René Wellek (1970a, p. 353) ao censurar o "obscurantismo" da poética do silêncio de Maurice Blanchot.

II. Mímese e valor poético

O enfoque da mensagem em si é inerente ao texto poético; mas o enfoque da linguagem não é absolutamente o fim, o telos da literatura. Sem deixar de reconhecer-lhe a natureza de *logos semantikos* – de discurso significativo – o aristotelismo discernia, na atividade linguística, três orientações possíveis: o discurso *pragmático*, o *apofântico* ou lógico-científico, enfim, o *fantástico* ou poético (Coseriu, 1967a, p. 246). Essas orientações representam outras tantas finalidades, outras tantas causas finais (para continuar falando no jargão aristotélico) da ação linguística. Logo se vê o que caracteriza o uso poético do *logos semantikos*: é o aspecto fantástico, irreal, fictício, imaginário, do assunto do discurso. Tornamos assim àquele instinto *mimético* que preocupava Fergusson, e ao qual a estética de Aristóteles emprestava tanta importância (v. *Poética*, passim, e *Retórica* 137b).

Mímese é nos nossos dias um conceito tratado a pancadas, uma noção que atrai a cólera dos mais escutados entre os pós-estruturalistas (ver, sobretudo, Jacques Derrida, 1972, p. 159 e passim). Gostaríamos, não obstante, de abordá-la, e isto por duas boas razões. Primeiro, porque a *Poética* associa muito judiciosamente a ideia da arte como mímese à ideia da *autonomia* expressiva da arte (ver, por exemplo, a rejeição explícita de todo servilismo "fotográfico" na imitação, na *Poética*, 1460b, 13). Em seguida, porque o conceito de mímese, ressaltando o papel do imaginário na arte, se entrosa facilmente com a tese bem moderna segundo a qual a obra de arte é um objeto *intencional*, isto é, um objeto cuja existência só tem sentido se nossa consciência o toma a seu cargo, aceitando animar-lhe as significações, de outro modo inertes.

Conforme Sartre o mostrou no *L'Imaginaire* (Sartre, 1956, p. 239-46), a percepção dos objetos artísticos, fora de sua pura e simples materialidade anestética, é uma espécie de *desrealização*. Para apreender, por exemplo, o retrato de Carlos VIII, e não as manchas coloridas que o compõem, eu *imagino* bem mais do que percebo.

A estética fenomenológica deu com Roman Ingarden (1931) uma analítica bastante precisa da *intencionalidade* da consciência literária. A imaginação leitora projeta, segundo as instruções emitidas pelos enunciados do texto literário, todo um "mundo de objetos representados": a "cena" lírica, os universos narrativos de todo gênero. Para Ingarden (cuja técnica fenomenológica, fiel ao sóbrio descritivismo de seu mestre Husserl, aclara efetivamente certos movimentos gerais da consciência sem se emaranhar na procura de inefáveis "vivências"), o "mundo dos objetos representados" é uma *camada* intencional edificada "sobre" os estratos diretamente ligados à matéria verbal do texto: a camada fônica e a das "unidades do sentido" ou das orações.

Para nós, é suficiente notar a estreita conexão que existe entre o instinto mimético, no nível da produção do "logos fantástico" que é a poesia, e a atividade visionária, imaginante, da consciência intencionalmente dirigida para a mímese do texto. Esta conexão – fundamento do verdadeiro "contrato" passado entre a obra e o leitor, já que este consente em corroborar o que a primeira *finge* – é da mais alta importância, pois invalida sozinha toda veleidade de encarar a mímese aristotélica como um conceito estranho à independência da imaginação poética em face do "real".[3] A mímese

---

[3] O conceito classicista de imitação – nunca é inútil lembrar – não coincide com este aspecto. A "imitação" das poéticas pseudoaristotélicas da pós-Renascença é, com frequência, muito mais imitação dos clássicos que do real. A teoria aristotélica do verossímil (*eikos*) perde, nos poetas do barroco, por exemplo, Boileau ("Rien n'est beau que le vrai", Epístola IX), *a differentia specifica* que levou Aristóteles (*Poética*, 1460a, 26) a preferir o impossível ao possível inverossímil. Mesmo que Aristóteles esteja muito longe de atribuir à poesia a preeminência gnoseológica que a arte recebeu com o romantismo (prova disso é Schelling fazendo da arte o órgão privilegiado do conhecimento), sua *Poética* se orienta sem dúvida nenhuma para o reconhecimento do poder cognitivo da mímese. A poesia, "mais filosófica que a história" (*Poéticas*, 1451b), é resgatada aí da ruidosa excomunhão de Platão (*República*, III, 398 e X, 607). Ora, a episteme da idade moderna também retirou toda dignidade veritativa ao logos fantástico. A crítica da

só contempla a realidade extraliterária dirigindo-se a uma experiência – a consciência imaginante – dominada pela consciência do que há de irreal, de fabuloso, no universo significado pelo poema.

Aliás, a leitura (ou a escuta) poética, tanto quanto o aprendizado, não se faz segundo a relação da representação ao ato, mas na relação *do signo à resposta* (Gilles Deleuze, 1968, p. 35), isto é, do texto a uma atividade imaginante submetida ela própria à fatal "irrealidade" da linguagem. Da linguagem que, dizendo a um só tempo muito e muito pouco, não corresponde nunca exatamente à verdade da experiência. Aí está porque se pode apresentar a literatura autêntica como uma espécie de *"recherche d'un état intermédiaire aux choses et aux mots"* (Roland Barthes, 1964a, p. 164). E aí está, também, porque é sempre vão (além dos outros obstáculos a isso) conceber a leitura como uma "reconstituição" da fantasia do autor. Se, portanto – uma vez que o texto poético é um objeto intencional –, a leitura é a vida da mímese, o processo mimético deriva da repetição diferenciadora (Deleuze, 1968), não da reprodução mecânica e uniforme; o *idêntico* da repetição mimética *não é o mesmo*.

E não se argumente julgando transitório, simplesmente histórico, o conceito de um "mundo dos objetos representados", nem a confirmação que ele parece trazer à inteligência correta da mímese. Podemos, com efeito, preparar-nos para observações sobre o fim do romance (e do lirismo) de representação... Não deixariam de objetar-nos que, desde pelo menos Roussel ou Cummings, os problemas da narrativa e do lirismo concernem à "escrita", e não à figuração mimética. Entretanto, na

---

sensibilidade e da imaginação se tornou um topos de eleição do cartesianismo. Desde a 1ª parte da *Recherche de la Vérité* de Malebranche até Baumgarten, isto é, até às vésperas da *Crítica do Julgamento,* a *oratio sensitiva* (*scilicet* não intelectual) poética, assimilada à *perceptio confusa*, foi considerada como um discurso obscuro, que não prestava, a rigor, senão para, *ornar* ou *ilustrar* o logos racional. Ver sobre este assunto Cassirer, 1932, cap. VII, p. 1, 5 e 6, Willey, 1962, p. 82-87 e Foucault, 1966, p. 58-59.

realidade, mesmo o romance sem sujeito, a narrativa sem personagens, a "autonarração" e a "antinarração" (Jean Ricardou, 1970, p. 452-54) não apagam a consciência imaginante. Além disso, só uma concepção bem ingênua da mímese – a que a subordine ao desígnio mais ou menos consciente do autor – não compreenderia a sobrevivência do mimético na literatura que, no rastro de Mallarmé, propõe "dar a iniciativa" à linguagem.

O exemplo supremo da soberania da escrita: a obra madura de Joyce não é ao mesmo tempo fulgurante de força e de riqueza miméticas? A paixão do experimentalismo, o ludismo de estilo, não atrofiaram jamais o poder representacional da literatura: haja vista Rabelais. A metamorfose dos gêneros (que são históricos) tampouco. Que se pense na vitalidade figurativa desses textos aparentemente inqualificáveis que, em pleno crepúsculo da mímese romanesca, conseguem misturar a ficção, o memorialismo e o ensaio, devolvendo a este último a energia plástica que possuía ao nascer: *L'Age d'Homme* e *La Règle du Jeu*, de Michel Leiris; os *Tristes Tropiques*, de Claude Lévi-Strauss; o *Diário*, de Max Frisch; o *Eros e Priapo* de Carlo Emilio Gadda; a *Prosa del Observatorio*, de Julio Cortázar; *Agli dèi Ulteriori*, de Giorgio Manganelli; *Ambages*, de César Fernández Moreno... Quanto ao lirismo, limitemo-nos ao domínio francês para uma constatação: como se ele tornou mais "mimético", após Valéry, graças a poetas como Char ou Ponge! Enfim, se, sob o incurável tédio que (nos) serve quase todo o *nouveau roman* (ou as narrativas perpetradas pelo cenáculo de *Tel Quel*), chegamos a pôr em dúvida nossa tese sobre a perenidade da mímese, não nos desencorajemos. Pois, quando o futuro pensar na arte do sétimo decênio, pensará, muito provavelmente, não na estéril literatura sem objeto de tal ou qual vanguarda epigônica, mas antes em fenômenos como a *pop* arte. E o que é a *pop* arte, senão a encarnação esplêndida da vontade de mímese?

Despojada de toda significação reflexa, "fotográfica", a mímese, enquanto conceito da referencialidade autônoma da produção estética, poderia designar mesmo as artes mais resolutamente "antifigurativas". A estética da *Belle Époque* se comprazia em sublinhar, num Konrad Lange ou num Max Dessoir (*Plebe*, 1961, p. 1211-13) o caráter puramente "lúdico", isto é, não mimético, da arte musical. Toda uma tradição havia, no entanto, assinalado a mímese do melos. A *Política* de Aristóteles (1340a, 35) distingue a imitação *indireta* das paixões, própria à pintura, da imitação *direta* assegurada pela música. Subscrevemos inteiramente o comentário de John G. Warry na sua lúcida *Greek Aesthetic Theory*: Aristóteles – que nisso estava longe de ficar isolado no pensamento grego – esboça aqui a tese de que o efeito musical reproduz a experiência vital, mas a reproduz *"internally, at a nervous and muscular level"* (Warry, 1962, p. 109). Haverá necessidade de lembrar o lugar da mímese na poética musical de um Beethoven ou de um Wagner?

Reencontramos o tema do melos mimético em pelo menos duas das mais interessantes reflexões musicológicas desde a Guerra: na de Theodor W. Adorno (1949), onde a análise minuciosa da estrutura das formas e dos estilos musicais, de Bach a Schoenberg, faz da música – e isto sem abandonar o plano da leitura imanente – uma sapiente alegoria dos movimentos e contradições da realidade sociocultural; e, mais recentemente, em Lévi-Strauss, cujas *Mythologiques* reavivam precisamente nesse ponto a teoria aristotélica.

Para Lévi-Strauss, a música, comparada ao mesmo tempo aos mitos e à sua análise estrutural, cujo fundador seria, precisamente, Wagner (Lévi-Strauss, 1964, p. 23), *"opère à partir d'un double continu"* (ibid., 24): um externo, cuja matéria é constituída pela série ilimitada dos sons fisicamente realizáveis, onde cada sistema musical seleciona sua gama; o outro, interno, residindo *"dans le temps psycho-physiologique de l'auditeur"* (sublinhado por nós), e "cujos fatores são muito complexos: periodicidade das ondas cerebrais e dos ritmos orgânicos, capacidade da memória e força da atenção". Na música, a "grade" cultural dos sons, que se opõem aos ruídos como o cultural ao natural, se vê duplicada por uma grade *visceral* (ibid., p. 36): a dos ritmos orgânicos solicitados pelo tempo musical. Pois a música convida a alma a se reconhecer, por uma vez, no corpo (Lévi-Strauss, 1971, p. 587); ela nos faz "pensar" com nossa sensibilidade. E Lévi-Strauss não hesita (ibid., p. 586) em considerar as célebres páginas de Proust sobre a sonata de Vinteuil – essas páginas em que o profundo respeito pela soberania expressiva da música vai de par com a vontade de captar na sua plenitude a força evocadora, *mimética* da arte musical – como um apogeu da descrição da experiência musical.[4]

O que há de mais revelador no conceito de mímese é a sua própria ambiguidade: o fato de que ele evoca, às vezes, uma relação com a realidade exterior, outras vezes, a irredutível liberdade do imaginário em face a esta mesma realidade. Exatamente como as palavras *imago* e *figura*, mímese é um termo cujo sentido oscila forçosamente entre essas duas direções. A estética da mímese afirma a referencialidade da arte sem negligenciar absolutamente a autonomia de sua linguagem.

A aclimatacão da ideia de mímese na estética musical – *chasse gardée* tradicional das concepções, não miméticas, sejam expressionistas ou "puristas" (formalistas) – deveria, em princípio, assinalar uma retomada da mímese em toda sua extensão lógica nos estetas contemporâneos. Tal não é, no entanto, o caminho escolhido por um dos mais interessantes entre os ensaios recentes sobre o assunto, o do polonês Stefan Moráwski (1970).

---

[4] A música proporciona ao ouvinte um "trajeto" cuja força evocadora é sentida como uma verdadeira miniatura da vivência pessoal: da vida mesma do indivíduo *"avec ses espoirs et ses déceptions, ses épreuves et ses réussites, ses attentes et ses achèvements"* (ibid., p. 589). O Sócrates do *Eupalinos* valeriano não falava de outro modo da experiência musical: "N'était-ce pas une plénitude changeante, analogue à une ƒlamme continue, éclairant et rechauffant tout ton être par une incessante combustion de souvenirs, de pressentiments, de regrets et de présages, et d'une infinité d'émotions sans causes précises? Et ces moments, et leurs ornements; et ces danses sans danseuses, et ces statues sans corps et sans visage (mais pourtant si délicatement dessinées), ne te semblaient-ils pas t'environner, toi, esclave de la présence générale de la Musique?".

Sempre sublinhando a imbricação do mimético e da estrutura semiótica interna da obra de arte (Moráwski, 1970, p. 43), Moráwski começa por distinguir muito habilmente três grandes tradições na estética ocidental da mímese: a platônica (imitacão das aparências), a aristotélica (imitação das essências) e a democrítica (imitação das ações da natureza: da *natura naturans* antes que da *natura naturata*). A primeira vive ainda nos naturalismos modernos; a segunda, na estética hegeliano-marxista de Lukàcs; a terceira, enfim, na teoria da "atividade estruturalista" de Barthes (1964, p. 213-20) e na maior parte das estéticas estrutural-semiológicas (Moráwski 1970, p. 36).

Entretanto, preocupado em ultrapassar o arquirrelativismo do conceito de natureza em Ernst Hans Gombrich (*Art and Illusion*, 1960) Morawski se apega a uma noção *restritiva* da mímese (ibid., p. 39, 47): a mímese deriva de "certas constantes percebidas de maneira macroscópica", embora modificadas ao longo da história, de acordo com a evolução da sociedade e da cultura. O autor é levado assim a recusar o uso apropriado da mímese à estética "democrítica" (ibid., p. 37) o que só se pode lamentar. Na nossa opinião, o "realismo", velha obsessão morawskiana (cf. seu ensaio de 1963 "O Realismo como uma Categoria Artística", mencionado em Merquior, 1965, p. 233, 242), submete a uma coerção discutível o seu conceito de mímese, o qual, entretanto, se opõe de modo bem convincente ao antimimetismo radical da estética de Mikel Dufrenne (ibid., p. 51).

O que Moráwski não consente à mímese – uma extensão lógica abrangendo toda arte não "prática" – o excelente estudo do padre Boyd (1968) lhe dá com grande generosidade. O autor se concentra em dois momentos da história do conceito de mímese em estética: a tríade tradicional Platão-Aristóteles-Horácio, e as poéticas britânicas do século XVIII, cujo empirismo é tido como responsável pelo declínio final da noção de mímese. Mas o que o padre Boyd diz acerca do valor *cognitivo* da mímese *estruturada* na *Poética* aristotélica, a maneira pela qual ele associa a ideia de mímese à de *probabilidade* em Aristóteles, insistindo no lugar da poesia como conhecimento *intelectual não filosófico*, no realismo *metaempírico* do Estagirita têm enorme significação para a estética autal.

Os dois "instintos" colocados por Aristóteles na fonte da poesia são, conforme vimos, o instinto de harmonia e ritmo e o instinto de mímese. Ao primeiro deles se vincula um dos aspectos mais prestigiosos da estética aristotélica: a ideia da *organicidade* da obra de arte (*Poética*, 1451a, 30). Reanimada por Kant, essa ideia foi enaltecida pelo romantismo;[5] mas ocupa também um lugar de honra em Spitzer e nos *new critics*. Encontramos seu eco na definição de estilo por André Martinet (1967, p. 1288):

> (...) on peut parler de *style* lorsque le choix 'd'une unité linguistique (monème, phonème, ou autre) ne resulte pas uniquement du désir d'exprimer, simplement et directement, tel élément de l'expérience à communiquer, mais qu'il se fait aussi en fonction de ce que va *suggérer* la presence simultanée, dans le discours, de cette unité et d'autres qui y figurent déjà ou qui vont s'y trouver. Sans doute, tout message découle-t-il d'une analyse des données de l'expérience à communiquer en éléments correspondant à des monèmes de la langue, ce qui suggère que les choix successifs se font toujours en fonction de l'ensemble à transmettre. Mais, dans les circonstances les plus banales, on peut estimer que ces choix s'opèrent sans qu'intervienne la considération du produit final. Dans ce sens, le *style suppose une élaboration*, inconsciente et intuitive parfois, mais indispensable, qui réclame un retour de l'attention sur ce qui a été dit et une prévoyance de ce qui va suivre, c'est-à-dire une vision ou, mieux peut-être,

---

[5] Mas o idealismo romântico impôs ao conceito de organicidade da obra de arte uma inflexão holista (sensível de Schelling e Coleridge até Richards) geralmente repelida hoje em dia. Ver, por exemplo, Mukarovsky (1966), Barthes (1970, p. 12): "il faut à la fois dégager le texte de son extérieur et de sa totalité"; e Lotman (1970, p. 65).

un sentiment de ce que sera finalement l'énoncé total, au moment même où il prend naissance par choix successifs parmi les ressources paradigmatiques disponibles à chaque point.

Ora, o "sentimento do enunciado total" outro não é senão o correlato psicológico do "foco na mensagem por si própria". O discurso poético se apresenta assim como um logos fantástico, mimético, em que a organicidade verbal duplica a unidade, também orgânica, do "conteúdo" (da fábula) reclamada por Aristóteles.

À pergunta: a substância do poético explica-se totalmente pelo jogo dos signos (linguísticos na maioria, mas também pansemióticos) que se articulam no texto literário? – começamos a responder assinalando a natureza *conotativa* da semiose literária. A classificação do discurso poético como língua de conotação (Hjelmslev) nos ensinou que a linguagem é o instrumento, e não o tema, da literatura. O *telos* manifesto do logos poético não é a focalização da linguagem (o discurso poético não é uma metalinguagem); é a mímese, conforme o sugere a experiência mesma de audição ou leitura dos textos poéticos. Todos esses elementos concorrem para repudiar a "ilusão metalinguística", isto é, o erro das poéticas que, sem dar-se conta da referencialidade do texto literário, tendem a confundir o cuidado com a mensagem verbal, apanágio do logos poético, com uma pretensa finalidade metalinguística. Mas existem argumentos ainda mais decisivos para que afastemos a ilusão metalinguística da teoria da literatura; trata-se dos argumentos ligados à análise do *valor* poético dos textos.

Até aqui, com efeito, falamos das funções do poético de maneira fundamentalmente neutra. Entretanto, não se deve esquecer o fato de que o poético é apenas uma espécie do gênero dos *valores* estéticos. Ora, a bem dizer, nem a presença do telos mimético nem o acento na mensagem linguística enquanto tal asseguram sozinhos a *qualidade* estética de um texto literário. Devemos então indagar o que distingue a mensagem verdadeiramente poética dos discursos literários que, embora por vezes ricamente elaborados, nem por isso deixam de ficar aquém da transfiguração estética.

As respostas especulativas a essa interrogação crucial são, como é fácil calcular, inúmeras. Em compensação, pouquíssimos autores tentaram encará-la sob uma luz mais objetiva. Tanto quanto o sabemos, o único grande linguista a fazê-lo foi Martinet (1967), num artigo infelizmente muito curto, "Connotations, Poésie et Culture". Segundo ele, o efeito poético de um texto, o que nos leva, precisamente, a atribuir-lhe valor estético, se prende à intervenção das *conotações*. Nesse sentido, é claro, o conceito de conotação nada tem a ver com a dicotomia hjelmsleviana metalinguagem/sistema conotativo, supracitada; e nada a ver tampouco com a oposição, logicamente anterior, estabelecida por Hjelmslev (loc. cit.) entre os "sistemas semióticos denotativos" de um lado, e, de outro, as metalinguagens e sistemas conotativos. O que, para Martinet como para toda uma tradição lógica e linguística, se opõe à conotação é a denotação no sentido puramente semântico da palavra. A denotação é "*ce qui, dans la valeur (sémantique) d'un terme, est commun à l'ensemble des locuteurs de la langue*", ao passo que "*les conotations, où le pluriel s'oppose au singulier de 'dénotation', seraient (...) tout ce que ce terme peut évoquer, suggérer, exciter, impliquer de façon nette ou vague, chez chacun des usagers individuellement*" (Martinet, 1967, p. 1288).

Conotações são, em particular, as auras de associações semânticas, geralmente banhadas de afetividade, de que se cercam as palavras para a criança ainda às voltas com o aprendizado da língua. Quanto ao poeta, seu privilégio será saber transmitir aos outros, jogando com a língua, suas conotações individuais; o homem culto seria aquele que, "pela frequentação assídua e confiante dos autores que são os arautos de uma cultura particular, enriqueceu suas conotações em contato com as deles" (ibid.).

No prólogo de *La Communication Poétique*, o linguista e semiólogo Georges Mounin (1969a, p. 7-31) esforça-se por desenvolver as concepções de Martinet. Mounin já procurara anteriormente aproximar o conceito linguístico de *situação* da noção homônima no existencialismo sartreano. A situação é um elemento funcional na emissão e na recepção da mensagem linguística. Segundo o semiólogo Luís Jorge Prieto, é "o conjunto dos fatos conhecidos por emissor e receptor no momento do ato sêmico (o ato concreto de comunicação linguística), e independentemente deste último" (citado por Mounin, 1969b, p. 261). Martinet (também citado por Mounin) distingue os enunciados autossuficientes, independentes da situação, e os enunciados *em situação*, que são, evidentemente, aqueles em que é preciso associar o enunciado a uma situação para compreender-lhe o sentido.

Mounin acha que a poesia, procurando desde o romantismo exprimir a vivência com o máximo de fidelidade[6] (em outras palavras: procurando traduzir as "situações" no sentido sartreano), mas, ao mesmo tempo, banindo o discursivo, o narrativo e o descritivo, mergulhou no paradoxo de querer referir-se a situações (no sentido a um só tempo sartreano e linguístico) *sem recorrer aos índices situacionais* a esses "ambientes" ou *environnements* (Coseriu, 1967b, p. 308-23) que a língua escrita, por ser necessariamente muito mais pobre que a falada, trata de criar justamente por meio do contexto verbal (Mounin, 1969b, p. 264). E Mounin chega a saudar na teoria da conotação de Martinet uma chave científica que permite compreender como o poema (com a ajuda, bem entendido, do fator estilo, assinalado por Martinet) consegue transmitir "toute la richesse situationnelle concrète d'un moment vécu" (Mounin, 1969a, p. 27).

De nossa parte, também acreditamos que as conotações encerram o segredo do valor poético de um texto. O poético deriva, com efeito, do sugestivo, do evocatório;

---

[6] Naturalmente, essa caracterização é muito discutível. Para H. Friedrich (1958, p. 49), um dos melhores intérpretes do lirismo ocidental a partir de Baudelaire, um dos traços distintivos da poética pós-romântica é, ao contrário, a (re)instituição de uma distância entre o lirismo e o eu empírico. Além disso, ligando o surrealismo à mitologia do "vivido", Mounin negligencia o papel dos *deslocamentos do eu* na poética surrealista.

e a semântica da conotação parece realmente constituir a única estrada que leva à análise objetiva de semelhante fenômeno. Mas a insistência na vivência individual como fonte das conotações e garantia da sua comunicabilidade literária nos deixa para lá de céticos. Felizmente, não escapou a Martinet (1967, p. 1293) que "*beaucoup de nos connotations nous viennent directement de la littérature*" – por conseguinte, de um domínio supraindividual e institucionalizado. Pois a poesia é como os mitos: seu sentido não procede jamais de uma vivência estritamente pessoal; ao contrário, só emerge da despersonalização. Como nos diz Lévi-Strauss (1971, p. 560), "*pour passer à l'état de mythe, il faut qu'une création ne reste pas individuelle et perde, au cours de cette promotion, l'essentiel des facteurs dus à la probabilité qui la compénétrait au départ et qu'on pourrait attribuer au tempérament, au talent, à l'imagination et aux expériences personnelles de son auteur*".

O princípio enunciado por T. S. Eliot (1951, p. 21) na aurora da literatura moderna – "poetry is not (...) the expression of personality, but an escape from personality" – se faz sentir também no plano da recepção da mensagem poética. À erosão do individual na instituição do mito, justamente associada por Lévi-Strauss (loc. cit.) às particularidades da tradição oral, corresponde, no campo literário, uma usura análoga, embora menos manifesta. Ernst Robert Curtius (1954) advertiu contra a tendência, bem romântica, a interpretar o conceito goetheano de "poesia de circunstância" como uma legitimação da expressão de estados d'alma pessoais. Com o descrédito da egologia romântica, a arte contemporânea incorporou a máxima de Hermann Broch (1966, p. 155): "a confissão não é nada, o conhecimento é tudo".

Mas, para tanto, seria preciso que a crítica semiológica se desembaraçasse de sua repulsa ao conceito do alcance cognitivo da arte em geral, e da literatura, em particular. A bem dizer, estamos ainda longe disso. Tomemos por prova o judicioso histórico da noção de conotação (em semântica, estilística e glossemática), estabelecido por Mari-Noëlle Gary-Prieur (1971, p. 96-107).

Gary-Prieur não esqueceu de ligar as conotações de Martinet-Mounin, tão pesadamente existencial-afetivas, ao psicologismo declarado da estilística de Charles Bally – estilística enfeudada à mitologia do autor: aquela que se louva sempre no "*le style est l'homme même*" de Buffon, após ter subtraído essa célebre afirmação de seu verdadeiro contexto (Augusto Meyer, 1971, p. 79-82). A essa ótica, em que a conotação só aparece *no nível da palavra,* nossa autora prefere, com Barthes (1970, p. 15) a que situa o conotativo *no nível do texto* e, sobretudo, aquela que – passando do sentido lógico-semântico-estilístico de "conotações" ao conceito hjelmsleviano de "língua de conotação" – se dá conta de que um texto literário "*n'est pas un objet homogène, mais (...) fonctionne comme un jeu (...) entre deux systèmes, celui de la langue et un autre*" (Gary-Prieur, 1971, p. 105).

O acerto de semelhante crítica não se presta a dúvidas. A teoria martinetiana do conotativo, cujo ponto de partida tematizava de modo tão promissor o fenômeno do *valor* dos textos, perdeu-se no beco sem saída da estética do sentimento e da mística da vivência. A existencialização do conceito de situação, em Mounin, não dá, evidentemente, nem para a saída; em vez de tornar o jargão existencialista objetivo, só consegue tornar imprecisa a terminologia semiológica. Em compensação, é lícito lamentar que Gary-Prieur, havendo reconhecido com notável lucidez a importância transcendental do problema das relações entre o conotativo enquanto "*jeu du double système de la langue et du texte*" (a "língua de conotação" de Hjelmslev) e o conotativo enquanto fato semântico (as conotações de Martinet) (ibid., p. 106); mostrando-se, além disso, perfeitamente ciente da atualidade das pesquisas realizadas nas fronteiras da linguística (e da semiologia) com disciplinas como a "psicolinguística, sociolinguística, etc." (ibid., p. 99), nada tenha dito sobre a necessidade de entrosar o estudo das conotações dos textos pertencentes à literatura, enquanto língua de conotação, com uma semântica e uma semiologia *sociologicamente orientadas.* Tal necessidade, a autora, prisioneira de uma "concepção não informacional da obra" (ibid., p. 107), não a sente. No entanto, nada nos parece mais indispensável à inteligência da autenticidade da literatura, à inteligência dos *valores* literários, do que inserir a poética no quadro hermenêutico de uma semiologia estreitamente familiarizada com o saber sociológico *lato sensu*. Gostaríamos de concluir estas reflexões debruçando-nos sobre os conceitos semiológicos em que *já* se inscreve a possibilidade desse diálogo interdisciplinar.

III. Do sinal ao sintoma

O "sujeito" (caso exista sujeito) da pluralidade das conotações em que residem os valores poéticos de um texto não é nem o poeta nem o leitor individual – é a sociedade. O plural da conotação, contraposto ao singular do sentido unânime que é o da denotação, é devido à diferenciação social (de classes, de camadas socioculturais) e, ainda, à diacronia da cultura. A existência das conotações remete a um só tempo a uma sociossemântica e a uma semântica histórica. Não basta efetivamente reivindicar, como Barthes (1970, p. 15), o estudo *imanente* da conotação;[7] é preciso igualmente conectá-lo com

---

[7] Embora tenha sido um dos primeiros a reconhecer a importância da conotação para a crítica moderna (*"ce qui est problématique aujourd'hui, ce n'est pas la dénotation, c'est la connotation"* – Barthes 1964a, p. 274; ver também 1964b, p. 131-32, onde se fundem de modo muito sugestivo a noção hjelmsleviana e a lógico-semântica de conotação), Barthes restringiu ultimamente o conotativo a "via de acesso à polissemia do texto clássico": pois, segundo ele, "não é seguro que haja conotações no texto moderno" (Barthes, 1970, p. 14). Debruçado sobre Balzac, S/Z é construído numa analítica do conotativo. É a fobia de Barthes diante da "literatura do significado" (ibid., p. 15) que não lhe permite generalizar o emprego semiológico do conceito de conotação. Não podemos deixar de ver nisso uma instância típica de inibição de um grande crítico, felizmente vencido em sua práxis como analista, devida aos tabus da "ilusão metalinguística" – essa ilusão que o próprio Barthes contribuiu para propagar desde 1959, credenciando sem maiores precisões o termo mágico de "metalinguagem" (Barthes, 1964, p. 106-07).

o "movimento incessante do texto para a história e da história para o texto" de que fala Ezio Raimondi (1967, p. 20). Pois só o recurso à diacronia do social – analisada, é claro, sem os mitos do historicismo – permite validar a determinação das conotações do texto poético e, ao mesmo tempo, preencher-lhes plenamente a significação.

Trata-se menos de colocar o texto na história do que de "colocar a história no texto", como o diz tão bem Raimondi. O que equivale a atender aos desejos de Lévi-Strauss (1965) quanto à crítica estrutural, que ele gostaria de ver utilizar as informações históricas como *"un champ combinatoire où la vérité des interprétations peut être mise à l'épreuve de mille façons"*.[8] Que decepção para aqueles que, pretextando um estruturalismo mal compreendido, se comprazem numa ingênua *desistorização* da análise literária!... É verdade que esses altos espíritos não se tinham sequer dado ao trabalho de seguir uma das direções mais fecundas da linguística pós-saussureana: aquela que levou Jakobson (1963, p. 74-77) a defender de modo tão convincente a legitimidade – recusada pelo *Cours de Linguistique Générale* (1916, p. 140) – da análise estrutural da dimensão diacrônica da linguagem. Por outro lado, porém, o historicismo nada encontra aqui com que se possa rejubilar; e seria possível dizer, do aspecto histórico da semântica literária, da historicidade inerente ao sentido do poema, o que disse Leibniz ao arbitrar o debate entre cartesianismo e empirismo: *nada existe no poema que não tenha existido antes na história da cultura, a não ser o próprio poema.*

As conotações não são estilemas no sentido da estilística do *desvio*. A determinação do valor poético se transviaria, por conseguinte, se reduzisse nosso recurso à história a um simples inventário das leituras historicamente dadas de um texto. A incorporação à análise formal do histórico das percepções de traços de estilo,

---

[8] É duvidoso que o apelo de Lévi-Strauss, 1965; Merquior, 1970, p. 372-75, tenha sido compreendido, em todo o seu alcance, pelo que é, a nosso conhecimento, a primeira tentativa de estruturalização da história da arte, a de Jack Burnham (1971, p. 3, 43, 48, 57).

erigida por Riffaterre (1971, passim e especialmente p. 276-78) em princípio de uma estilística estrutural (ver seu conceito de "arquileitor"), não explica, evidentemente, as conotações *latentes* do texto poético, tão decisivas, senão mais, para a determinação de seu valor estético quanto os elementos registrados pelo gosto de cada época. Nem é possível esquecer que, em princípio, somente as significações latentes escapam à usura ideológica; somente elas conservam vivo o poético para nós. Se, como disse Walter Benjamin (1971b, p. 14), "não se trata de apresentar as obras literárias em correlação com o seu tempo, mas sim, no tempo em que elas nasceram, de apresentar aquele que as conhece e julga, quer dizer, o nosso tempo", é preciso esforçar-se para surpreender, para além do "significado de conotação" de caráter global, enquanto "fragmento de ideologia", de que fala Barthes (1964b, p. 131), o *conteúdo* de Peirce: aquilo que o texto "deixa transparecer sem mostrar". Esforçar-se para apreender, no texto se em suas relações com o extratexto, as significações latentes, subjacentes às servidões ideológicas da mensagem literária.

Recentemente, Eco (1971, p. 59) definiu a conotação, do ponto de vista semiótico, como o conjunto das unidades culturais sugeridas *institucionalmente* ao espírito do receptor por um significante dado. É muito louvável, em Eco, o esboço de uma análise semiótica do conteúdo (a qual se vincula, naturalmente, o exame de nível superior da semiose literária). Aliás, ele havia sido precedido pela semiologia soviética, que já falara, com Yuri Lotman (1970, p. 47), da necessidade de reconhecer que os conteúdos dos signos do texto podem ser, também eles, concebidos como "cadeias estruturais". Mas, ao mesmo tempo, é preciso ir além do conteúdo e do conotativo *institucionais*.

A sociossemântica do texto literário tem que ser uma semântica da "profundidade".[9] Ela deve submeter

---

[9] Profundidade, bem entendido, *dos enunciados*, sem nada em comum com a profundidade *mítica* de um pretenso sentido "secreto", palavra abissal da Origem. É imperioso subscrever a crítica desta falsa profundidade desenvolvida por um Michel Foucault (1969, III, p. 3) ou um Gilles Deleuze (1969, 2ª série de paradoxos).

sistematicamente tudo o que é institucional no texto – tudo o que nele deriva de uma vontade explícita de comunicação e, ainda, tudo o que o leitor possa reconhecer como sentido socialmente estabilizado – ao filtro de uma hermenêutica regida pela crítica radical das intenções. "Aprendemos a suspeitar de que o valor essencial de uma ação reside justamente no que ela possui de não intencional (...) a intenção é somente um signo e um sintoma"; tal é a conduta epistemológica profeticamente designada por Nietzsche (1971, p. 52) ao pensamento crítico do nosso tempo.

Um autor como Barthes, que se impôs pela finura com que praticou uma semiologia da *suspeita* (Barthes, 1953, 1957, 1960 e 1970) – uma hermenêutica *genealógica* no sentido nietzscheano da palavra –, não podia deixar de inscrever a crítica do intencional no decálogo da análise literária: segundo ele, é preciso "*libérer l'oeuvre des contraintes de l'intention*" para reencontrar "*le tremblement mythologique des sens*" (Barthes, 1966, p. 60). Acrescentemos que a interpretação ideológica embutida na análise imanente, inspirando-a constantemente, pode e deve visar às grandes categorias históricas ou epocais da literatura, tanto quanto os textos ou seus conjuntos. Nesse sentido, é impossível subestimar o interesse do *questionamento* do retórico (e, sobretudo, de seu desmantelamento nos tempos modernos) bem como da literariedade, tentado por Pierre Kuentz (1970, p. 143-57; 1971 p. 108-15). Sensível aos problemas levantados pela história crítica da cultura, Kuentz é um dos poucos pesquisadores resolvidos a recusar à contribuição da linguística moderna o papel – lamentavelmente bastante em voga – de cabeça de ponte do neocientificismo em matéria de poética.

E assim ficamos em condições de responder, modificando-a ligeiramente, à nossa interrogação central: a substância do poético – incluída sua dimensão de *valor* – se explica totalmente pelo jogo dos signos articulados no texto literário? O valor poético é mesmo puramente função dos signos da mensagem "focalizada por si própria"?

Para respondê-lo, precisamos remontar brevemente ao conceito mesmo de semiologia.

Conforme lembramos, semiologia era, para Saussure, a ciência geral dos signos no seio da vida social. Apenas, estes signos podem ser *intencionais* ou não. No rastro de Eric Buyssens (1967), de Luís Prieto e Georges Mounin (1970, p. 11-15), é lícito distinguir o índice-*sintoma* do índice-*sinal*. Ambos são "fatos imediatamente perceptíveis, que nos fazem conhecer qualquer coisa acerca de um outro fato que não o é" – portanto, ambos são *índices* ou signos; todavia, somente o *signo sinal* é produzido deliberadamente para servir de signo. Somente ele é um índice artificial, um signo intencional, uma indicação desejada, dirigida de maneira proposital a um destinatário. Ninguém confundirá a natureza semiológica das pegadas, índice do caminhar, ou das nuvens cinzentas, signo da chuva, com a das palavras, índices voluntários do pensamento. Vemos desenhar-se imediatamente a encruzilhada da semiologia enquanto ciência geral dos signos: de um lado, temos uma *semiologia da comunicação*, na qual a ocorrência de uma vontade de indicação percebida como tal desempenha um papel essencial na análise dos signos; de outro, temos a *semiologia da significação*, que estuda os diversos sistemas formados por *sintomas*, isto é, o domínio fascinante e perturbador dos signos que "falam" *malgré soi*. Como observa Eco (1971, p. 17), na perspectiva de Peirce, a semiose abrange também os fenômenos sêmicos *em que não existe emissor*.

Dito isto, qual será a natureza da significação *literária*? A qual das duas semiologias pertence ela? Um texto literário é antes de tudo um conjunto de *sinais*; logo, de signos intencionais. Porém, nós vimos, justamente que a literatura se limita a *servir-se* das palavras: o sentido literário não se confunde com o sentido verbal. Para captar corretamente o verdadeiro caráter do signo literário, antes convém meditar um pouco sobre sua função cultural.

Historicamente, os textos literários nasceram de certos tipos de *discurso*. Platão (Górgias, 502c) já considerava a poesia uma espécie de práxis retórica. Os modernos especialistas da retórica, como o discípulo de Curtius, Heinrich Lausberg, distinguem *discurso de consumo* e *discurso de reúso* (*Wiedergebrauch*) (Lausberg 1967, § 10-19). Os primeiros são proferidos uma única vez, como os discursos da retórica judiciária. Os segundos são regularmente repetidos, em situações típicas e solenes, marcadas por uma vontade de celebração; são discursos rituais.

Todas as sociedades utilizam os discursos de reúso como instrumentos de interpretação do mundo e de manutenção da coesão social. Nas culturas antigas, as preces, as fórmulas mágicas, as legislações sagradas e as narrativas mitológicas de forma fixa constituíam as espécies principais de discurso de reúso. É fácil reconhecer no discurso mitopoético o ancestral do que chamamos "literatura". A produção poética (no sentido largo) partilha com o mito a vontade de delinear o sentido global da vida. Como a fabulação mítica, ela se abebera no "significante flutuante" (Lévi-Strauss, 1950, p. XLIX), fonte do pensamento simbólico. Este, em contraste com o conhecimento intelectual, devota-se imemorialmente a reativar "a integralidade da significação (do real)".

Entretanto, o que sabemos sobre o estatuto "institucional" do logos literário (discurso de reúso nutrido pelo significante flutuante) nada nos diz ainda *sobre a modalidade semiológica* da significação poética. Os semas últimos do discurso de reúso literatura são signos-sinais ou signos-sintomas? O modo sêmico típico da rede de signos que é o texto poético pertence à semiologia da comunicação ou à semiologia da significação? Depois de tudo que dissemos sobre a conotação e a natureza semiológica do *valor* poético, podemos responder sem hesitação: *a leitura crítica das mensagens literárias pertence a uma semiologia da significação; ela lida com sintomas, e não (só) com sinais.*

A natureza profunda da significação literária é, por conseguinte, de ordem sintomatológica. Os feixes conotativos solicitados pelas técnicas de expressão literária se tornam, desse modo, objetos naturais de uma semiologia da significação, a qual não passa, no fundo, de uma sintomatologia da cultura. Tanto que conviria aplicar à literatura, analogamente ao que fez Panofsky (1962, p. 13-17) para as artes plásticas, o conceito – insistamos – de *conteúdo* de Pierce. Diríamos então: o conteúdo do discurso literário é aquilo que ele "deixa transparecer sem mostrar"; pois, exatamente como a iconologia, a interpretação do texto poético consiste, em última instância, em fazer um levantamento de "sintomas culturais".[10]

A análise formal é realmente a única estratégia capaz de arrancar a crítica literária ao subjetivismo arbitrário; mas para isso é preciso reconhecer que nenhuma análise do texto, nem mesmo a mais refinada (por exemplo, uma estilística estrutural, apoiada a um só tempo na linguística moderna e num conhecimento efetivo da retórica), poderia dispensar uma segunda técnica de verificação objetiva: o recurso aos dados da história da cultura. O primado do texto não sofre aqui nenhum desmentido. Com efeito, falar de "verificação" da análise formal pelo saber sociológico supõe que se parta dos dados do discurso, e não dos do social. O defeito capital da crítica "taineana", o erro de todos os reducionismos sociológicos, nunca foi olhar para o contexto histórico a fim de garantir o pleno entendimento das obras literárias; foi, simplesmente, praticar a interpretação histórica como exegese *ab extra*, muito insuficientemente motivada pelas características do texto.

É supérfluo acrescentar que o olhar que vai do texto à história, e vice-versa, passa, de forma obrigatória, por um segundo movimento, interior ao primeiro: o movimento que leva do texto singular às obras do mesmo estilo, do mesmo gênero, da mesma época e, finalmente,

---

[10] A diferença entre sinal e sintoma (ou "signo" e sintoma, se se prefere chamar "signos" apenas os signos intencionais) foi devidamente destacada por Cesare Segre (1969, p. 68-69). Toda a primeira parte (ibid., p. 17-92) do livro de Segre, *I Segni e la Critica*, é um admirável *aperçu* dos problemas de base da semiologia da literatura, fundado numa posição crítica lucidamente equidistante da tendência a reduzir o sintoma ao sinal (e a semiologia à linguística) e da vociferante, mas em grande parte oca, semiologia "revolucionária" de *Tel Quel* ou *Change*.

ao conjunto da tradição literária implicada pelo texto em exame. Para os linguistas da escola de Londres (John Spencer e Michael J. Gregory, 1964), que a influência de John Rupert Firth tornou mais sensíveis ao contexto social que os do Círculo de Praga, um texto deve ser colocado simultaneamente em seu contexto intratextual e em seu quadro cultural. Além do mais, o estudo linguístico da mensagem literária deve ser conduzido menos contra o fundo geral da língua em que é escrito do que contra o fundo de seu *registro* linguístico particular – do jargão do seu gênero, do idioleto de seu autor, do dialeto do grupo histórico-estilístico deste último, etc.[11]

A situação paradoxal do discurso literário se prende à circunstância de que ele se compõe de *sinais* cuja secreta função consiste em serem os suportes de *sintomas*. A *significação literária nasce no seio do* décalage *entre sinal e sintoma*. Em relação à consciência de seu produtor, o sentido poético é, de certo modo, um tabu. Como Orfeu, o discurso literário só alcança o êxito sob a condição de *não* contemplar o objeto de seu mais ardente desejo. É sabido que Blanchot (1955, p. 179-84) chega a dar interpretação radical do mito órfico, bem afastada do simbolismo tradicional (cujo mais belo eco moderno é sem dúvida o poema "Orpheus. Eurydike. Hermes.", nos *Neue Gedichte* de

---

[11] A análise formal da literatura já conta com alguns exemplos ilustres de estudo do estilo como *registro* (embora não exatamente no sentido indicado por Tzvetan Todorov, 1970, p. 226): antes de tudo, a monumental odisseia estilística de Erich Auerbach (1942), *Mímesis*, cujo ponto de partida é a doutrina clássica dos "níveis de estilo"; mas, igualmente, o riquíssimo livro de Mikhail Bakhtin (1970) sobre Rabelais e a literatura carvanalizada. Acrescentamos, em escala mais modesta, as observações de Geoffrey Hartman (1970, p. 45-49) sobre a história do gênero lírico, que constituem um belo sucesso do esforço de superação do *new cristicism* por meio de uma análise estrutural aberta à diacronia. Hartman dissolve a célebre equação de Brooks – poesia = paradoxo – num jogo de oposições binárias atestado pela história de um gênero literário, das duas tradições do epigrama batizadas por Scaliger – mel e fel – até o aparecimento de um novo contraste sistemático, desta vez entre estilo "precioso" e estilo "simples". Ao último se prende a poética wordsworthiana, no romantismo inglês.

Rilke). Para Blanchot, o olhar impaciente de Orfeu, que causa a perda definitiva da obra, Eurídice, seria um repúdio supremo da Eurídice diurna, um derradeiro e dilacerante esforço para mantê-la em sua obscuridade essencial.

A oposição sinal/sintoma coincide, de resto, no processo estético, com a dualidade atividade consciente/inconsciente. A natureza sintomatológica da significação literária, seu caráter de signo não intencional, denuncia claramente a presença do processo primário. Mauss gostava de dizer que na magia, na religião e na linguagem, são as ideias inconscientes que predominam. Apressemo-nos a acrescentar: na arte também. Ora, o discurso literário não é senão o produto verbal da função estética.

Mas, de outro ângulo, o que distingue a arte das formações puramente inconscientes, como o sonho, é precisamente a intervenção de um *fazer* bem consciente. Conforme notou, com feminino bom senso, Suzanne Langer (1953, p. 245), "*one does not say of a sleeper that he dreams clumsily (...); but a poem may certainly be charged with ineptitude or carelessness*". A análise semiológica retoma essa dialética consciente/inconsciente, consubstancial à produção literária. A lúcida manipulação das técnicas-sinais é um agir consciente – enquanto o primado dos sintomas culturais na significação do texto denota o papel do inconsciente. Tanto assim que, como em toda dialética, nem sequer falta uma mediação: efetivamente, a psicanálise ensina que o jogo com as formas (verbais, plásticas, etc.) dá lugar a uma estreita colaboração entre consciente e inconsciente. Freud (1905) associou o prazer da criança brincando com as palavras ao domínio do processo primário pelo ego. Analistas como Ernst Kris (1952) e historiadores de arte como Gombrich (1966) convidam-nos a encontrar, nessas teses freudianas, o eixo mesmo da estética psicanalítica, bem longe das simplificações grosseiras que tentam fazer avalizar pelo freudismo a ideia romântica de uma poética de "expressão".

Conforme sugere a posição de Lévi-Strauss, a indispensabilidade da perspectiva histórica na interpretação da literatura não é um dogma proclamado por espíritos "historicistas", refratários à contribuição revolucionária da análise estrutural. O vai e vem entre texto e história não pode deixar de ser atendido pela semiologia da literatura. De fato, se, por um lado, os semas literários são feixes conotativos interpretáveis por meio da mitologia coletiva de uma dada cultura e se, por outro lado, os signos que constituem o sentido do discurso de reúso da literatura não se reduzem aos sinais do código poético, sendo antes signos-sintomas solicitados, de maneira oblíqua e não intencional, pelos sinais codificados na tradição poética, os semas literários não são suscetíveis de uma descodificação, mas, no máximo, de uma decifração. Para o escritor utilizador dos sinais-técnicas, o discurso literário pode ser análogo a uma mensagem codificada; para o leitor, como para o crítico, esse mesmo discurso só pode ser um *monumento* cujo sentido, logo desprendido da intenção criadora, repousa numa série de sintomas culturais ininteligíveis fora dessa sequência máxima de sintomas que é a própria cultura.

A ausência de uma verdadeira descodificação no nível da interpretação do texto poético significa igualmente a impossibilidade de conceber a literatura em termos, ainda que aproximativos, de gramática generativa. Envolvido num corpo a corpo pluridimensional com a realidade viva da cultura, o conotativo que é o poético não possui os fundamentos estáveis inerentes à matriz, à estrutura profunda, de uma língua. Comparada com a cultura, a língua é um conjunto tão estável que é idealmente possível determinar-lhe previamente o funcionamento. Chomsky o admite sem dificuldade, ao supor razoável *"to regard the grammar of a language L ideally as a mechanism like the way a deductive theory gives an enumeration of a set of theorems"* (Chomsky, 1959, p. 576). Em compensação, as linguagens "segundas", como o mito ou a literatura, não parecem apresentar esse aspecto. Submetidas ao ritmo de variação bem mais rápido das formas culturais, a sua semanticidade parece se vincular a uma consciência coletiva menos larga, ou, em todo caso, mais precária do que aquela em que se enraíza a linguagem.

É um chomskyano, Sol Saporta (1960, p. 86), quem o diz:

> A linguistic description is adequate to the extent that it predicts grammatical sentences beyond those in the corpus on which the description is based (...) stylistic analysis is apparently primarily classificatory rather than predictive in this sense. The validity of a stylistic analysis of poetry does not depend on the ability to produce new poems (Saporta, 1960, p. 86).

O resultado de uma análise linguística é uma gramática generativa, enquanto que *"the aim of a stylistic analysis would seem to be a typology of the features by which they may be further separated into sub-classes"* (ibid.) – num processo cuja finalidade ideal seria a definição de cada mensagem (isto é, de cada poema) em termos de um certo conjunto de características.

Em lugar de uma gramática generativa, o que cabe ao discurso poético é aquela "autonormatividade" (*Selbstgesetzlichkeit*) inseparável da noção de estrutura nos termos em que esta adquiriu direito de cidadania em ciências humanas, desde Dilthey (Hugo Friedrich, 1967, p. 82). O autor desta última observação – o grande romanista Hugo Friedrich – não hesita em declarar quimérica toda pretensão a "considerar todos os fenômenos da literatura como relações e combinações internas limitadas" (ibid., p. 81). Mais recentemente ainda, Paul Sporn, numa judiciosa *mise au point* das relações crítica/ciência nos Estados Unidos, concluía de maneira não menos incisiva:

> Seul Erich Auerbach il y a vingt ans et, plus près de nous, Roy Harvey Pearce se sont risqués à écrire dans des revues américaines que le mode d'existence d'une œuvre littéraire est historique. Que ce mode d'existence historique ne concerne pas seulement le contexte social, mais aussi la logique interne de l'œuvre est une hypothèse fort attrayante, qui, à mon avis, mérite plus ample examen. Elle permettrait peut-être de découvrir une méthode empirique [...] où la perspective historique et

la perspective littéraire ne s'excluraient plus mutuellement (Sporn, 1971, p. 236-37).

É fácil reconhecer nessas duas citações duas respostas negativas – e enfáticas – à nossa interrogação central: a substância do poético se explica inteiramente pela combinação dos signos no espaço *interno* do texto? Na realidade, o poético depende, como acabamos de ver, de um jogo sutil entre essa articulação interna e uma abertura (não menos estruturada) ao contexto cultural das mensagens literárias.

O valor estético objetivo (embora só em parte *objetivável*) de uma mensagem literária deriva, portanto, da natureza e da complexidade do nexo que se estabelece entre o texto poético e a vida da cultura, nexo ele próprio criado pelo grau de estruturação dos *sintomas* produzidos por sua vez pelos *sinais* poéticos. Aqui reencontramos o *dáimon* da mímese: mas conviria então, distinguir a mímese fenomênica – aquela que engendra um "mundo dos objetos representados" por intermédio da consciência leitora, e que pertence indubitavelmente ao nível de funcionamento dos *sinais* poéticos, dos artifícios do *fazer* literário – da mímese *numênica* – mímese sem fisionomia imediatamente captável – que constitui o texto enquanto conjunto de *sintomas* culturais. Em todo verdadeiro poema, a mímese fenomênica criada por meio do fazer (*poiêin*) verbal desemboca, através do prazer estético, numa imprevista iluminação de tais ou quais aspectos da condição humana. Pela astúcia da mímese, o *fazer* consegue *fazer ver*.

A ilusão fundamental da crítica literária formalista consiste precisamente em tomar por sistemas de sinais o que, como as obras literárias, é, na realidade, um conjunto estruturado de sintomas não codificados. Que estes últimos emanem de elementos que são, ao contrário, codificados – as técnicas e convenções da produção poética – não altera em coisa alguma a natureza semiológica da significação literária. Erigindo os artifícios retóricos em instância determinante da significação poética, ou tratando os signos-sintomas, que somente o diálogo entre crítica e história pode decifrar, como pseudossinais descodificáveis unicamente ao nível da leitura isolacionista do texto, uma certa nova crítica (que não passa, no fundo, de uma escolástica bastante estéril) trabalha como se a literatura fosse apenas uma metalinguagem. E no entanto, ela é uma língua de conotação; da linguagem, ela não faz seu objeto, mas antes sua matéria-prima. Seu verdadeiro objeto é a relação inesgotável e sempre cambiante da linguagem *sub specie connotationis* com a vida íntima da sociedade.

Bonn, julho/setembro de 1972.

Referências Bibliográficas:
Adorno, Th. W. *Philosophie der neuen Musik;* Tübingen (1949). (trad. fr.) Paris: Gallimard, 1962.
Ambrogio, Ignazio. *Formalismo e Avanguardia in Rússia.* Roma: Ed. Riuniti, 1968.
Auerbach, Erich. *Mimesis.* Berna: Francke, 1946.
Bakhtin, Mikhail. *L'Oeuvre de François Rabelais et la Culture Populaire au Moyen Age et sous la Renaissance.* (trad. do russo.) Paris: Gallimard, 1970.
Barthes, Roland. *Le Degré Zéro de l'Ecriture.* Paris: Seuil, 1953.
_____. *Mythologies.* Paris: Seuil, 1957.
_____. *Sur Racine.* Paris: Seuil, 1960.
_____. *Essais Critiques.* Paris: Seuil, 1964.
_____. *Critique et Vérité.* Paris: Seuil, 1966.
_____. *S/Z.* Paris: Seuil, 1970.
Benjamin, Walter. "Sur quelques Thèmes Baudelairiens" (1939). In: *Poésie et Revolution* (trad.: do alemão.). Paris: Denoël, 1971a.
_____. "Histoire Littéraire et Science de la Littérature" (1931). In: *Poésie et Revolution,* 1971b.
Blanchot, Maurice. *L'Espace Littéraire.* Paris: Gallimard, 1955.
Boyd, John D. *The Function of Mimesis and its Decline.* Cambridge: Harvard Univ. Press, 1968.
Broch, Hermann. *Création Littéraire et Connaissance* (1955). (trad. do alemão) Paris: Gallimard, 1966.
Brooks, Cleanth. *The Well Wrought Urn: Studies in the Structure of Poetry* (1947). Londres: Methuen, 1968.

BURKE, Kenneth. *A Grammar of Motives e A Rhetoric of Motives* (1945 e 1950). Nova York: Meridian Books, 1962.

BURNHAM, Jack. *The Structure of Art*. Nova York: G. Braziller, 1971.

BUYSSENS, Eric. *La Communication et l'Articulation Linguistique*. Paris: P.U.F., 1967.

CASSIRER, Ernst. *Philosophie der Aufklärung*. Tübingen: Mohr, 1932 (trad. ital: Florença: ed. La Nuova Italia, 1952).

CHOMSKY, Noam. "A Review of B.F. Skinner's Verbal Behavior" (1959). In: FODOR e KATZ (eds.), *The Structure of Language*. Nova Jersey: Prentice Hall, 1964.

COHEN, Keith. "Le New Criticism aux Etats-Unis". In: *Poétique*, n. 10,1972.

COSERIU, Eugenio. "Logicismo y Antilogicismo en la Gramática". In: *Teoria del Lenguaje y Linguística General*. Madri: Gredos, 1967a.

———. "Determinación y Entorno". In: *Teoria del Lenguaje*. Madri: Gredos, 1967b.

CURTIUS, Erst Robert. *Kritische Essays zur europäischen Literatur*. Berna: Francke, 1954 (trad.: ital: Bolonha: Il Mulino, 1963).

DELEUZE, Gilles. *Différence et Répétition*. Paris: P.U.F., 1968.

———. *Logique du Sens*. Paris: Ed. de Minuit, 1969.

DE DIÉGUEZ, Manuel. *L'Ecrivain et son Langage*. Paris: Gallimard, 1960.

DERRIDA, Jacques. *La Dissémination*. Paris: Seuil, 1972.

ECO, Umberto. *Le Forme del Contenuto*. Milão: Bompiani, 1971.

ELIOT, T.S. *Selected Essays*. Londres: Faber, 1951.

ERLICH, Victor. *Russian Formalism*. Paris: Mouton, 1955.

FERGUSSON, Francis. *The Idea of a Theater*. Princeton: Princeton Univ. Press, 1949.

FOUCAULT, Michel. *Les Mots et les Choses*. Paris: Gallimard, 1966.

———. *Archéologie du Savoir*. Paris: Gallimard, 1969.

FREUD, Sigmund. *Le Mot d'Esprit et ses Rapports avec l'Inconscient* (1925) (trad. do alemão). Paris: Gallimard, 1953.

FRIEDRICH, Hugo. *Die Struktur der Modernen Lyrik* (1958). Hamburgo: Rowohlt, 1958, 2ª ed. (trad. esp: Barcelona: Seix Barral, 1959.)

———. "Strukturalismus und Struktur in Literaturwissenschaftlicher Hinsicht". In: FRIEDRICH et al. *Europäische Aufklärung*. Munique: Wilhelm Fink, 1967.

GARY-PRIEUR, Marie Noülle. "La Notion de Connotation(s)". In: *Littérature,* n. 4, 1971.

GOMBRICH, E. H. "Freud's Aesthetics". In: *Encounter,* vol. XXVI, n. 1, 1966.

HARTMAN, Geoffrey. *Beyond Formalism.* New Haven: Yale Univ. Press, 1970.

HJELMSLEV, Louis. *Prolegomena to a Theory of Language* (1943). Madison: Univ. of Wisconsin Press, 1961.

HYMAN, Stanley Edgar. *The Armed Vision: A Study in the Methods of Modern Literary Criticism.* Nova York: Knopf, 1948.

INGARDEN, Roman. *Das literarische Kunstwerk* (1931). 2ª ed. Tübingen: Max Niemeyer, 1960.

JAKOBSON, Roman. *Essais de Linguistique Générale* (trad. do inglês). Paris: Minuit, 1963.

JONES, Robert Emmet. *Panorama de la Nouvelle Critique en France.* Paris: SEDES, 1968.

KRIS, Ernst. *Psychoanalytic Explorations in Art.* Nova York: Schocken Books, 1952.

LANGER, Suzanne. *Felling and Form.* Nova York: Scribner's, 1953.

LAUSBERG, Heinrich. *Elemente der literarischen Rhetorik.* Munique: Max Hueber, 1967.

LÉVI-STRAUSS, Claude. "Introduction à l'Leuvre de Marcel Mauss". In: MAUSS, M. *Sociologie et Anthropologie.* Paris: PUF, 1950.

_____. *Le Cru et le Cuit (Mythologiques I).* Paris: Plon, 1964.

_____. "Resposta a um Questionário sobre a Crítica Literária". In: *Paragone,* n. 182, abril de 1965, Milão.

_____. *L'Homme Nu (Mythologiques IV).* Paris: Plon, 1971.

LOTMAN, Yuri M. *La Strutura del Texto Poetico.* Milão: Mursia, 1972 (original russo: Moscou, 1970).

DE MAN. Paul. "Impasse de la Critique Formaliste". In: *Critique,* junho de 1956.

MARTINET, André. "Connotations, Poésie et Culture". In: Vários autores. *To Honor Roman Jakobson,* t. 2. Paris: Mouton, 1967.

MERQUIOR, José Guilherme. *Razão do Poema.* Rio de Janeiro: Civil Brasileira, 1965.

_____. "Analyse Structurale des Mythes et Analyse des Oeuvres d'Art". In: *Revue d'Esthétique,* n. 3/4 de 1970.

MEYER, Augusto. *Preto & Branco* (1956). 2º ed. Rio de Janeiro: Grifo, 1971.

Morawski, Stefan. "Mimesis". In: *Semiotica II*, 1, 1970.
Mounin, Georges. "De la Lecture à la Linguistique". In: *La Communication Poétique*. Paris: Gallimard, 1969a.

———. "La Notion de Situation en Linguistique et la Poésie" (1966). In: *La Communication Poétique*. Paris: Gallimard, 1969b.

———. *Introduction à la Sémiologie*. Paris: Minuit, 1970.

Mukarovsky, Jan. *Estudos de Estética* (*Studie Estetiky*, Praga, 1966); trad. parcial alemã: *Kapitel aus der Aesthetik*. Frankfurt: Suhrkamp, 1970; trad. parcial ital. *La Funzione, la Norma e il Valore Estetico come Fatti Sociali*. Turim: Einaudi, 1971.

Nietzsche, Friedrich. *Par-délà Bien et Mal*. Paris: Ed. Colli-Montinari, Gallimard, 1971.

Panofsky, Erwin. *Il Significato nelle Arti Visive* (trad. do inglês). Turim: Einaudi, 1962.

Plebe, Armando et al. *L'Estetica Tedesea del Novecento, in Momenti e Problemi di Storia dell'Estetica*. Milão: Marzorati, 1961.

Raimondi, Ezio. *Tecniche della Critica Letteraria*. Turim: Einaudi, 1967.

Ransom, John Crowe. *God without Thunder*. Nova York: Harcourt, Brace and Company, 1930.

———. *The World's Body*. Nova York: Charles Scribner's, 1938.

Ricardou, Jean. "Nouveau Roman, *Tel Quel*". In: *Poétique*, n. 4, 1970.

Riffaterre, Michael. *Essais de Stylistique Structurale*. Paris: Flammarion, 1971.

Saporta, Sol, 1960. "The Application of Linguistics to the Study of Poetic Language". In: Sebeok, Thomas. *Style and Language*. Cambridge: M.I.T. Press, 1960.

Sartre, Jean-Paul. *L'Imaginaire*. 30ª ed. Paris: Gallimard, 1956.

Saussure, Ferdinand de. *Cours de Linguistique Générale* (1916). 5ª ed. Paris: Payot, 1962.

Segre, Cesare. *I Segni e la Critica*. Turim: Einaudi, 1969.

Spencer, John e Gregory, Michael J. "An Approach to the Study of Style". In: Freeman, Donald (ed.). *Linguistic and Style*. Nova York: Oxford Univ. Press, 1964.

Sporn, Paul. "Critique et Science aux Etats Unis". In: *Poétique*, n. 6, 1971.

STANKIEWICZ, Edward. "Linguistics and the Study of Poetic Language". In: SEBEOK, Tomas (ed.). *Style in Language*. Cambridge: M.I.T. Press, 1960.

SUTTON, Walter. *Modern American Critics*. Nova Jersey: Englewood Cliffs, 1963.

TATE, Allen. *On the Limits of Poetry*. Nova York: Swallow Press, 1948.

TODOROV, Tzvetan. "Les Études du Style". In: *Poétique*, n. 2, 1970.

VALÉRY, Paul. "Eupalinos ou l'Architecte" (1923). In: *Ouevres*. vol. II. Paris: Gallimard, 1960.

WARRY, John G. *Greek Aesthetic Theory*. Londres: Methuen, 1962.

WELLEK, René. "The Main Trends of 20th Century Criticism". In: *Concepts of Criticism*. New Haven: Yale Univ. Press, 1963a.

_____. "Philosophy and Postwar American Criticism". In: *Concepts of Criticism*. New Haven: Yale Univ. Press, 1963b.

_____. "A Map of Contemporary Criticism in Europe". In: *Discriminations*. New Haven: Yale Univ. Press, 1970a.

_____. "Stylistics, Poetics and Criticism". In: *Discriminations*. New Haven: Yale Univ. Press, 1970b.

WILLEY, Basil. *Seventeenth-Century Background*. Londres: Penguin Books, 1962.

Para o Sesquicentenário
de Matthew Arnold

> *The end and aim of (...) literature is (...) a criticism of life.*
> M. Arnold, Essays in Criticism.

> *More and more mankind will discover that we have to turn to poetry to interpret life for us (...).*
> M. Arnold, The Study of Poetry.

> *Let us not confound the method with the result intended by method-right judgements.*
> M. Arnold, Mixed Essays.

1. Desde a sétima década, reavivaram-se notavelmente as pesquisas de teoria literária e de metodologia da crítica. A nova crítica "estruturalista" parece ter consolidado o sadio impulso de atenção ao texto propugnado, no primeiro Novecentos, pelo *new criticism*, pelo formalismo eslavo e pela estilística dos grandes romanistas. Mas a dimensão *sociocultural* da análise estrutural do texto vem sendo obscurecida, quando não negada, e a função *judicativa* do discurso crítico vem sendo tratada com negligência ou desdém. Certa crítica dita semiológica se compraz em decifrar os códigos da subliteratura (romance policial ou de espionagem, ficção *gótica*, etc.), sem penetrar na dialética das relações texto/história, inerente à alta produção literária.

2. A reivindicação de historicizar a análise estrutural do texto não implica recaída na metafísica historicista. O recurso ao código da história visa tão somente à exegese crítica, prevenindo a arbitrariedade ou a irrelevância das leituras "ventríloquas" (Lévi-Strauss), isto é, daquelas análises em que o crítico, embora paramentado com numerosos conceitos da moda, continua na verdade

a *projetar* sentidos no texto em vez de lê-lo em profundidade, contemplando, no signo de si que este é, o signo do social que também nunca deixa de ser. Com efeito: se, na sábia advertência de Borges (tão bem explorada, no pórtico de A Letra e o Leitor, por Jacinto do Prado Coelho), "um livro é uma relação, um centro de inumeráveis relações", o diálogo com o mundo social é por força inerente à realidade literária. A metáfora "código da História" salienta a necessidade de reportar as estruturas no/do texto a uma diacronia também ela *estrutural*. "*Loin* (...) *que la recherche de l'intelligibilité aboutisse à l'histoire comme à son point d'arrivée, c'est l'histoire qui sert de point de départ pour toute quête de l'intelligibilité.* (...) *l'histoire mène à tout, mais à condition d'en sortir*" (*La Pensée Sauvage*, p. 347-48). A verdadeira historicidade do texto impõe "antes considerar a história na obra de arte do que a obra de arte na história" (Ezio Raimondi). Um estruturalismo *autêntico*, antiformalista, em nada se confunde com o sociologismo.

3. A renúncia a uma estilística sociológica e o desapego ao exercício da crítica como juízo não são gestos inocentes e sim condutas ideológicas. O segundo alega o "cansaço das ideologias" ou busca na variedade e ambiguidade da nossa época desculpas para o jejum axiológico (havendo mesmo quem separe os estudos literários da crítica!); quanto à renúncia à leitura sociológica, pretende-se às vezes (como na *Poétique* de Todorov) simples "momento" da análise, a ser "sucedido" (numa fase indeterminada e que tudo leva a crer seja o dia de São Nunca...) pela abordagem histórica – o que acarretaria justamente uma volta ao historicismo e, pior ainda, a considerar mais o texto na história do que esta naquele. Por outro lado, a frequência da análise formal degenerada, ou seja, formalista, sustentando a ilusão da insularidade do texto literário, contribui fortemente para o recesso do juízo crítico. Em certo sentido, portanto, formalismo e crítica acrítica (esse absurdo etimológico) são duas faces da mesma atitude mental. Conduta

ideológica, o formalismo reflete necessariamente determinada situação sociocultural. Seria conveniente identificar o substrato doutrinário da crítica formalista pelo exame de certo húmus filosófico (por exemplo, a gramatologia de Jacques Derrida); e seria sobremodo interessante traçar a sociogênese do formalismo, utilizando para isso tanto a sociologia do conhecimento – a fim de localizar as bases sociais da *intelligentsia* universitária onde se gera e prospera o pensamento formalista – quanto a interrogação *genealógica* (na linha de Nietzsche) acerca do tipo humano – do *éthos* – predominante nessa mesma *intelligentsia* (este último ângulo de investigação tentaria perguntar, em plano crítico-antropológico, *quem* produz e consome a crítica formalista).

4. Por ora, tendo em mente essa necessidade de proceder ao "desmascaramento" do formalismo, queremos apenas rememorar a lição de um dos grandes patronos da crítica *não* formalista: a lição de Matthew Arnold (1822-88), o mais atual dos profetas vitorianos. "Mais *atual*?..." – podemos imaginar a cara de espanto de alguns leitores, bastante desconfiados ante as pretensas conotações moralistas da principal tese de Arnold, aquele célebre "poetry (i.e., literature) is (...) a criticism of life". Decerto terão eles conhecido as acusações que fazem a este conceito, recorrente nos ensaios de Arnold, os melhores historiadores da crítica. William K. Wimsatt Jr. e Cleanth Brooks (*Literary Criticism: A Short History*. Nova York, Knopf, 1957, p. 447), assim como René Wellek (*A History of Modern Criticism, 1750-1950*, vol. IV. New Haven, Yale Univ. Press, 1965, cap. 8) julgam o *criticism of life* arnoldiano um avatar da abominável "heresia didática" exorcizada por Poe; Arnold fica assim em péssima companhia, fora da *voie royale* da estética moderna, que é a tradição da autonomia da arte. Tudo está, porém, em não confundir autonomia com isolamento. *Criticism of life* é uma noção cheia de significado, sobretudo quando, na formulação que Arnold lhe dera em 1864 (reproduzida na nossa epígrafe), a "crítica da vida" corresponde ao *fim*

e alvo da literatura, e não (como fórmulas mais sintéticas podem dar a entender) a literatura *tout court*; pois a presença dessa aristotélica causa final (*the end and aim*...) permite frisar a essencialidade da relação literatura/vida social *sem subestimar as características técnicas do fenômeno literário* (o tipo específico de discurso que constitui o texto artístico; o tipo também específico de experiência em que consiste o seu consumo, etc.). Logo, não há razão para descartar com tanta desenvoltura o bravo dito arnoldiano, sob o pretexto de que se trata da funesta heresia didática... a menos que o descartamento proceda do... formalismo dos mencionados críticos-historiadores.

5. Não é absolutamente nossa intenção negar as insuficiências da poética de Arnold – já prejudicada, aliás, *a priori*, pelo caráter flutuante dos seus conceitos, vazados num ensaísmo brilhante e eminentemente legível, porém, mais propagandístico e panfletário do que afeito à perscrutação crítica. Por exemplo, a divisão da poesia na alternativa "natural magic or moral profundity" (*Essays in Criticism*, II), além de esquemática demais, tende implicitamente a enfraquecer o *insight* literatura/crítica da vida; Arnold não viu que a poesia "céltica", a lírica especializada em "magia natural", como a de Keats, possui uma espécie legítima de "profundidade moral" – por mais diversa que seja da outra, wordsworthianamente ostensiva. Nem estamos completamente certos de que o outro famoso *slogan* arnoldiano – a exigência de *truth and high seriousness* na visão literária (*The Study of Poetry*, 1880) – reforce, em vez de mutilar, a ideia de uma crítica poética da vida. O lema *truth and high seriousness* se propõe, como é sabido, traduzir o aristotélico *philosophōteron kai spoudaiōteron*. O grego *spoudaios* significa antes "maduro" do que "sério"; mas Arnold, recusando *high seriousness* a autores como Chaucer, Dryden ou Pope (sem falar de gêneros inteiros como a comédia), aperta a "seriedade" da literatura no espartilho da circunspecção vitoriana. Não é que Arnold não valorize a alegria; é precisamente a sua falta que o leva a considerar seu querido

Leopardi abaixo de Wordsworth ou Goethe. Contudo, para ele não se trata nunca de uma alegria lúdica, de um júbilo visceral, dionisíaco. A alegria arnoldiana nunca é brincalhona; só é aceita como otimismo grave –

> Such, poets, is your bride, the Muse! Young, gay,
> Radiant, adorn'd outside; a hidden ground
> Of thought and of austerity within.

declara o medíocre soneto "Austerity o*f* Poetry", de Matthew Arnold, poeta invariavelmente elegíaco, bem ao gosto do meio Oitocentos. A sua prezada *joy* passa sempre pelo filtro da mais untuosa solenidade (o esteio doutrinário desse *páthos* solene era o motivo da "grandeza da alma", a velha estética do *sublime* que a eloquência vitoriana, numa infeliz aplicação do mandamento *ut pictura poesis*, importou dos *Discourses* de Joshua Reynolds). Alegria semilúgubre, confirmando aquela carência total de instinto lúdico que marcou, segundo Huizinga, a cultura oitocentista. Cultura eminentemente britânica, mas quase sem vestígios da *merry old England*... Finalmente, a poética de Arnold – ainda aqui bem vitoriana – raramente ultrapassa a confusão entre arte e vivência, adota uma concepção mecânica do estilo e sofre de miopia aguda em matéria de senso da forma. De modo geral, a dimensão técnica, a função transfiguradora da linguagem artística lhe escapam. O método crítico habitual de Arnold era o *portrait* à la Sainte-Beuve, em regra indiferente aos valores propriamente estilísticos, e suas poucas leituras analíticas – muito inferiores às de um Coleridge ou um de Sanctis, por exemplo, só concorrem para acentuar essa deficiência.

6. Se Arnold nada tem de precursor da ida ao texto, a ele se deve o lançamento de uma atitude igualmente imprescindível à crítica moderna: a problematização das relações entre literatura e sociedade. *Problematização* já revela que se trata de algo essencialmente diverso da ideia (legada pelo historicismo romântico ao determinismo positivista) da literatura como "expressão da sociedade".

A teoria da literatura como expressão do social foi obra de Vissarion Belinsky e de Francesco de Sanctis, antes de virar o terreno de caça favorito da crítica marxista. O próprio Arnold presta-lhe de vez em quando suas homenagens, na esteira de Taine. Não há dúvida, porém, de que a sua contribuição decisiva se situa em outro ângulo – no ângulo que encara o texto literário não como documento sociológico e sim como arma de uma *crítica da civilização*. A filosofia social subjacente ao ensaísmo arnoldiano não é o liberalismo progressista, mais tarde metamorfoseado em socialismo, dos fundadores do sociologismo; mas o liberalismo *conservador*, extremamente sensível à baixa dos valores humanos na sociedade industrial, que alimenta a *Kulturkritik* de Tocqueville ou Burckhardt.

7. Só se pode compreender o alcance da reflexão de Arnold quando se recorda *contra que* ele mobilizou sua valorização da literatura (isso é justamente o que os Brooks e os Wellek não querem ver, ao censurar *in abstracto* o "didatismo" da poética do *criticism of life*). A ênfase arnoldiana no *study of poetry* foi uma tática humanística, dirigida contra a secura ético-estética do *homo œconomicus* vitoriano. Humanista, filho de humanista, Arnold recorreu à literatura para conjurar uma *paideia*. Em plena civilização do trabalho mecânico, espiritualmente mutilador, seus escritos reiteravam o valor da *Bildung* weimariana, da autoformação do indivíduo, do anelo renascentista de um *uomo universale* – e convertiam o texto poético no foco irradiador dessa *paideia*. Pregação cujo próprio anacronismo só faz vincar a sua capacidade de denúncia. Para reconhecê-lo, basta evocar as exortações com que outros profetas do tempo haviam procurado conter o utilitarismo reinante:

> Produce! Produce! Were it but the pitifullest infinitesimal fraction of a Product, produce it in God's name! (...) Whatsoever thy hand findest to do, do it with thy whole might. Work work while it is called Today; for the Night cometh, wherein no man can work.

Esse delirante passo (com coda bíblica) de *Sartor Resartus* mostra até que ponto um moralista tão influente quanto Carlyle se movia dentro da mentalidade vitoriana, sem maior perspectiva crítica. *All true Work is Religion*, decreta *Past and Present*; e essas maiúsculas teutônicas possuem um halo de verdadeiro *Zeitgeist*: pense-se na unção com que Hegel e Kierkegaard celebraram as virtudes morais do trabalho alienado, esquecidos do inveterado amor ao ócio da tradição clássica e bíblica. Arnold, porém, se ergueu contra o esforço mecânico e desumano, o fazer-sem-formar; o

Striving blindly, achieving
Nothing;

que ele deplora em "Rugby Chapel", belo poema em lembrança de seu pai.

8. O tom de Arnold desconhece o frenesi vociferante de Carlyle. Sua voz lhana e persuasiva, sua prosa fluente e urbana, delineia a alternativa humanística para essa alienante mística do trabalho: "*More and more mankind will discover that we have to turn to poetry...*". Com igual perspicácia e menos sentimentalismo do que Ruskin, Arnold intuiu o que três séculos de ascese intramundana (Weber) haviam feito do homem ocidental: o *filistino* de Heine, materialista-puritano, aleijão moral, inconsciente da própria vulgaridade. Em *Culture and Anarchy* (1869), Arnold intensifica sua campanha pela redenção das classes médias; os filistinos de amanhã devem ser salvos graças a injeções maciças de humanidades. O professor de literatura e inspetor escolar Matthew Arnold sonha com o aprimoramento das massas burguesas. Os ingleses são muito "hebraicos", insistem demais no *rigor* da consciência; precisam tornar-se mais "helênicos", desenvolvendo a *espontaneidade* da consciência. A dicotomia hebraísmo/helenismo, também procedente de Heine, denota o cosmopolitismo de Arnold, o mais europeu dos ensaístas ingleses, um dos pioneiros dessa universalização da práxis literária que, entre a *Weltliteratur* de Goethe e a hora

de Eliot e Joyce, se converteu em distintivo da literatura de vanguarda. Cosmopolitismo de protesto contra a desintelectualização das letras (Arnold lamentava que os românticos tivessem sido tão ignorantes); mas comprovando, ao mesmo tempo, que o *study of poetry* do humanista anacrônico não se cingia à degustação ou pesquisa dos tesouros museificados, abrindo-se, em vez disso, ao movimento contemporâneo.

9. Arnold considerava a literatura herdeira da religião, sucessora das emoções fundamentais outrora atendidas pela fé religiosa. É verdade que, humanista liberal em matéria de crença, tocado pela crítica racionalista das Escrituras, ele adere à aposentadoria do dogma, valorizando principalmente o "significado humano" do cristianismo. Ainda assim, no entanto, soa bem parcial afirmar, como T.S. Eliot ("Arnold and Pater". In: *Selected Essays*. Londres, Faber, 1951, p. 434), que o efeito do ensaísmo religioso de Arnold é "*to divorce Religion from thought*", transformando a religiosidade "poética", puramente emotiva, resultante, numa clara prefiguração do hedonismo esteticista de Pater. Pois a religião sem dogma de Arnold é poesia ("...*most of what now passes with us for religion* [...] *will be replaced by poetry*" – The Study of Poetry); e poesia, por sua vez, é para ele algo essencialmente relacionado não só com "our sense of beautry" como também com "our sense of conduct" (*Literature and Science*). *Literature and Science* defende a literatura contra o positivismo de Huxley, que pretendia reduzir a poesia ao beletrismo ornamental. Justamente por conter esse sentido ético, sem nenhum prejuízo da sua natureza artística, é que a literatura pode ser "crítica da vida". De modo que a poesia herdeira da religião de Arnold não saberia prefigurar, sem mais aquela, o esteticismo de Pater; *a poesia como religião não se confunde com a religião da poesia, culto "fin-de-siècle";* ela é antes a herdeira laica da religião-como-poesia – da religião como "poesia prática" de Novalis, ou da religiao como *poetry of Mankind* de Coleridge e do antiutilitarismo romântico, relembrados

por Octavio Paz em *El Arco y la Lira*. Dando à literatura o papel de orientadora moral da sociedade, o humanismo utopístico de Arnold inverte a sequência hegeliana: a idade estética sucederá à época da fé.

10. Há muito que a "prosa da vida" arquivou o piedoso otimismo do professor Arnold, de Oxford, na série de esculturas de Mme. Tussaud, ao lado de tantas outras quimeras oitocentistas... Ao não praticar a abordagem estilística, Arnold se condenara a uma concepção idealista e utópica da literatura, transformando a "crítica da vida" num vago paradigma, sem conexão palpável com a riqueza moral do discurso literário concreto. O *high pamphleteering* (F.R. Leavis) de Arnold se manteve num nível de generalidade muito alto para permitir a descrição do *criticism of life* na carne do estilo poético; por isso, ele se limitou a caracterizar globalmente a posição cultural da literatura. *Mas o exame arnoldiano do papel das letras como instituição é uma propedêutica exemplar ao estudo do sentido cultural concreto do corpus literário*. Desde a *Teoria do Romance* (1920), que coroa o período pré-marxista de Georg Lukàcs, uma das mais fecundas diretrizes da crítica novecentista tem consistido em surpreender o impulso de problematização da cultura na estrutura mesma do texto literário. A iluminadora ensaística de Walter Benjamin fez disso o seu método fundamental, extensivo à análise dos grandes polos da tradição moderna (Baudelaire, Proust, Kafka, o surrealismo, etc.). Na obra desses críticos-pensadores, como na musicologia de Theodor W. Adorno, a *Kulturkritik* esposa, com enorme vantagem, a análise formal. Assim, a moldura do sonho arnoldiano – a poesia como contra-civilização, *criticism of life* em função de um *criticism of the age* – vivificou, consciente ou inconscientemente, a melhor crítica literária da modernidade.

11. A própria literatura foi, naturalmente, ainda mais longe. Radicalizando a revolta romântica contra a cultura contemporânea, trocando a edificação e o

entretenimento pela tarefa central de "problematização da existência"(Wolfgang Kayser), a alta literatura moderna se constituiu dentro da mais estrita fidelidade ao antifilistinismo propugnado por Arnold. Se a paideia dos nossos dias não se abebera na "crítica da vida" elaborada por Baudelaire ou Pessoa, Dostoiévski ou Kafka, etc., a exemplo do que os gregos faziam com os versos de Homero, é só porque os nossos dias continuam sem paideia. Toda vez que a análise estilística permanece surda à mensagem ética da literatura – que nada tem em comum com a heresia didática – os estudos literários se tornam indignos do seu título de humanidades, ineptos para a nobre responsabilidade do julgamento crítico. E nessa surdez, nessa indignidade, nessa inépcia, a crítica formalista atraiçoa gravemente o próprio destino que se deu a literatura moderna, de Goethe até nós; pois, desde então, a literatura vive a decisão de interpretar as vicissitudes humanas, numa época cheia de mutações na história da espécie, com a só energia crítica do pensamento estético, acima e à margem das meias verdades ideológicas.

12. Ainda pouco se refletiu sobre a *autonomia intelectual* da maior parte da literatura moderna: sobre o fato de que os textos de Goethe, Hölderlin ou Friedrich Schlegel, de Mallarmé, Rilke ou Hermann Broch – para ficar em poucos exemplos – são *filosoficamente* originais, ainda que essa originalidade não signifique, de modo algum, como não poderia deixar de ser, falta de comércio com as teorias filosóficas propriamente ditas. No entanto, trata-se de fenômeno da mais alta importância para a correta avaliação da posição da literatura na cultura industrial; fenômeno que só uma estilística de vocação culturológica, habituada à historicidade dos quadros axiológicos da sociedade, está em condições de investigar. Em sua polêmica contra o furor anti-humanístico dos cientificistas de 1880, Arnold costumava chamar a atenção para a insuficiência do que ele chamava de *instrument-knowledges*. Conhecimentos instrumentais são os saberes especializados,

indubitavelmente úteis e válidos, porém incapazes, por natureza, de satisfazer por si sós os instintos ético-estéticos do gênero humano. Quando a crítica perde de vista a profundidade histórica do texto literário; quando, por mais refinados que sejam seus ideais metodológicos, ela negligencia o dever do julgamento, emudecendo ante o confronto incessante dos valores, os críticos viram – numa evolução que o universitarismo mal concebido saúda com ingênua euforia – meros depositários de conhecimentos instrumentais. Ora, essa crítica de laboratório, *instrument-knowledge*, jamais dará conta daquele outro tipo de cognição – cognição totalizante, e não instrumental – que é apanágio da criação literária. Em consequência, não resta à crítica autêntica – à crítica enquanto genuína interpretação da literatura – outro caminho senão o da superação do tecnicismo, consagrando suas conquistas epistemológicas e metodológicas ao esclarecimento cultural do fato poético. "*Wissen verpflichtet zur Mitteilung*", dizia o erudito Ernst Robert Curtius: o saber obriga à comunicação. À comunicação de pleno e imediato alcance humano, como o é a mensagem literária; mas na qual somente a crítica *não* formalista tem algo a dizer.

Bonn, janeiro de 1972.

… Parte IV

PROBLEMAS DE HISTÓRIA
DA ESTÉTICA E DE TEORIA
DA LITERATURA

Formalismo e Neorromantismo

*a Murilo Mendes
e João Cabral de Melo Neto.*

I

Estes anos 1960 viram surgir ao menos dois livros da maior relevância para a investigação estética: *Art and Anarchy*, de Edgar Wind, e *Formalismo e Avanguardia in Russia*, de Ignazio Ambrogio.[1] Provenientes de ângulos distintos de teorização, ambos focalizam com notável agudeza alguns dos problemas centrais da arte e da mentalidade estética do nosso tempo, em particular, e de toda a cultura pós-clássica, em geral. A nosso ver, as observações de Wind e de Ambrogio são articuláveis em torno de um eixo comum – a crítica do impulso *formalista* subjacente à moderna tradição estética desde o romantismo.

E. Wind, hoje com 70 anos, foi o primeiro titular da cátedra de história da arte em Oxford, depois de ter exercido a vice-presidência da célebre Biblioteca Warburg, transferida da Alemanha nazista para Londres por Aby Warburg, Fritz Saxl e Erwin Panofsky. Seu livro mais conhecido é *Pagan Mysteries in the Renaissance* (1958), alto exemplo da potência explicativa do método iconológico de Panofsky, particularmente nos capítulos dedicados à *Primavera* e ao *Nascimento de Vênus*, de Botticelli.[2]

O tema básico de *Art and Anarchy* é o *status* cultural da arte a partir do século XIX. Desde o romantismo, a arte vive à margem da vida social. A frase de Hegel

---

[1] *Art and Anarchy*. Londres, Faber & Faber, 1963 (trad. Italiana: Milão, Adelphi, 1968); *Formalismo e Avanguardia*. Roma, Editori Riuniti, 1968.

[2] Wind retoma e amplia a interpretação de Panofsky, constante de *Renaissance and Renascences in Western Art*. Estocolmo, Almqvist & Wikselk, 1960, p. 191-200.

posta em epígrafe a esse volume demonstra que a grande filosofia, na aurora da sociedade contemporânea, colheu sagazmente a nova situação da arte em relação à cultura, conceptualizando a localização periférica do estético como fim da idade artística.[3] Porque o artístico deixou de pertencer ao núcleo da exigência moderna, nota Wind, é que a nossa atitude ante a arte é tão "generosa", tão "simpática", tão despida de defesa e temor face aos perigos do imaginário.

No passado, contudo, a experiência estética era julgada bem mais ameaçadora. Platão, consciente dos poderes demoníacos da arte, pedia ao bom legislador que regulasse a música dos banquetes, a fim de inculcar na animação eufórica dos convivas o "medo divino" (*theios phobos*) da reverência e da vergonha (*Leis*, 1, II, 671) – e Wind considera essa consciência do que há de dionisíaco na arte mais profunda, nas suas ideias estéticas, do que a famosa condenação das artes miméticas por falsidade, pronunciada no décimo livro da *República*.[4]

Assim, na censura platônica à arte, lateja o reconhecimento da importância e da força da criação artística – a lei só proíbe o que os nossos instintos tendem efetivamente a realizar, já vira muito bem o lúcido Frazer; ao passo que, na nossa absoluta tolerância, habita um desprezo secreto pela inofensividade da obra. Os homens do tempo das musas *se* protegiam *da* arte; no tempo dos museus, porém, nós protegemos *a* arte. As próprias revoluções estéticas são imperturbavelmente absorvidas por uma sociedade que institucionalizou a revolução; que tem conseguido – como cultura "tecnológica", banhada na gnose imanentista do homem marcado pelo orgulho fabril e pela mística do consumo ilimitado – converter até mesmo as revoluções sociais em pouco mais que

---

[3] Sobre o reaparecimento da ideia de "fim da arte" no neo-hegelianismo contemporâneo, ver José Guilherme Merquior, *Arte e Sociedade em Marcuse, Adorno e Benjamin*. Rio de Janeiro, Tempo Brasileiro, 1969, p. 131-34.

[4] Ver o início do ensaio "Natureza da Lírica" no meu *A Astúcia da Mímese*. Rio de Janeiro, Livraria José Olympio Editora, 1972.

episódios no curso global da planetarização da sociedade de massa.[5] Nosso carinho pela arte é como o afago displicente do senhor no cãozinho doméstico; é uma afeição perfeitamente dessacralizada.

No entanto, o cãozinho ainda é capaz de morder. Essa mesma arte "adotada" ainda promove, às vezes, a secreção dos vírus de ruptura com a sociedade. A arte tolerada pode gerar a crítica da cultura que a tolera – embora numa dialética demasiado sutil para ser percebida pelos que, por exemplo, negam qualquer detonabilidade cultural à prosa de um Guimarães Rosa em virtude de ele ter sido embaixador... Antes de abordar os principais sintomas da marginalização da arte denunciada por Wind, vale a pena deixar, por uns instantes, as páginas de *Art and Anarchy*, a fim de refletir um pouco sobre essa "desforra" da arte marginalizada – a crítica da cultura, na e pela obra artística. Dando a essa reflexão um caráter histórico, ficaremos habilitados a perceber com maior nitidez o alcance das observações de Wind sobre os sinais de alienação na consciência estética contemporânea.

A matriz histórica da marginalização da arte foi a instalação da sociedade urbano-industrial no século XIX. De certo modo, a hostilidade do cartesianismo à fantasia e ao sentimento[6] ainda revelava respeito pelo poder da imaginação. "*La philosophie de Descartes avait coupé la gorge à la poésie*" – mas essa afirmação, transmitida por Jean-Baptiste Rousseau em 1715, denota que o combate foi longo e difícil, uma lenta manobra repressiva do voluntarismo barroco, dirigida contra a constante rebeldia da arte. O pictorialismo barroco (do tenebrismo caravaggista a Velázquez e Vermeer), a perseverança do metaforismo "metafísico" (Marvell), a surda crepitação

---

[5] Para a análise crítica do estofo psicológico da sociedade de consumo, ver Alexander Mitscherlich, *Auf dem Weg zur vaterlosen Gesellschaft*. Munique, 1963; trad. fr.: *Vers la Société sans Pères*. Paris, Gallimard, 1969.

[6] Ver Basil Willey, *The 17th. Century Background: Studies in the Thought of the Age in Relation to Poetry and Religion* (1934). Londres, Penguin Books, 1962, p. 83-84.

das paixões em Racine, o onirismo de Calderón, o libertinismo de Molière, o *élan* retórico da língua de Cervantes ou de Vieira são apenas alguns exemplos das "más companhias", ostensivas ou dissimuladas, que a nova razão imperialista foi forçada a admitir, da mesma forma que, no ápice da metafísica barroca, ou seja, no pensamento de Spinoza, visão geométrica e senso do inefável se justapuseram, em frágil convivência.

Gradualmente emancipados ao longo do Setecentos, o gosto e o gênio (a contemplação e a criação), libertos da servidão clássica, conquistaram cidadania nas páginas sistematizadoras do *reconhecimento da autonomia da função estética: a Crítica do Juízo* (1790) de Kant. À sombra, porém, dessa legitimação, ocultava-se o germe da mudança da arte em puro jogo abstrato, sem raízes no drama da cultura, sem lançar luz sobre os problemas da existência. O reverso da autonomia do estético seria, desde então, esse horizonte isolacionista. Como se a arte devesse, para guardar sua autenticidade, sofrer um exílio: o exílio da densidade do mundo.

Entre essa destinação histórica ao ludismo evasionista e a natureza íntima da arte, uma tensão dialética logo se estabeleceu. Astutamente, a nova arte, que o novo *éthos* burguês tentaria reduzir a mero "recreio do espírito", passa a empregar seu próprio solipsismo contra a cultura que a marginaliza. Parte da essência do romantismo reside na utilização *desse impulso de acentuação do peculiarmente estético como estratégia da crítica da cultura vigente*. A liberdade da pura forma, a irresponsabilidade de fantasia, o burlesco enquanto símbolo da dança solta do imaginário autônomo, e o experimentalismo como namoro com a leviana plenitude do quimérico: é com tal ânimo que a primeira vaga romântica, encarnada na ironia "progressiva" de Friedrich Schlegel moverá guerra ao filistinismo burguês, transformando o ativismo ético de Fichte em poética do "interessante" e do "pitoresco" – isto é, na estética da volubilidade narcisística.

O emprego da fantasia lúdica em função culturalmente oposicionista foi a face agressiva da busca *religiosa* do primeiro romantismo alemão. Um traço característico do romantismo foi, como se sabe, o anelo de revitalizar as visões do mundo totalizantes de cunho transcendental. Esse anelo assume, no plano ideológico, a forma de uma reação ao laicismo utilitarista da Ilustração e dá corpo, no nível da realidade psicossociológica do Oitocentos, à tentativa de compensar os efeitos traumáticos dos deslocamentos da consciência religiosa acarretados pelas profundas mutações sociais, econômicas e demográficas do limiar da era industrial.

A atribuição de uma tarefa sacralizadora à arte, em conexão com o repúdio ao utilitarismo da moral burguesa, se exprime com perfeita nitidez na palavra de Friedrich Schlegel: "a poesia, em sua aspiração de infinito, em seu desdém pelo útil, possui a mesma finalidade e as mesmas antipatias que a religião"; e a avidez com que o círculo dos Schlegel sorveu a filosofia de Fichte demonstra quanto era intensa a demanda por totalizações ideológicas suplementares.[7]

A fichteana *Teoria da Ciência* (1794) substituía o dualismo estabelecido por Kant entre o conhecimento do determinismo da natureza (analisado na *Crítica da Razão Pura*) e a consciência da liberdade moral, reafirmada na *Crítica da Razão Prática* (dualismo mediado, porém não suprimido, pelo sentimento e, em particular, pela experiência estética, descritos na *Crítica do Juízo*), pelo primado ontológico de um princípio único: o ego transcendental. Além disso, Fichte, fazendo derivar o universo exterior da subjetividade, apresentando o mundo sensível como um produto – inconsciente – do próprio Eu, e a atividade deste como uma negação incessante de obstáculos e resistências externos, ontologicamente secundários em relação ao ego, elaborara uma verdadeira idealização filosófica do egotismo romântico. Em sua primeira fase, o estilo e o pensamento de Schlegel consistirão, sobretudo,

---

[7] Uma excelente exposição sintética sobre o relevo dessa "exigência de unidade" na cultura romântica é a de Gerd A. Bornheim em *Aspectos Filosóficos do Romantismo*. Porto Alegre, Instituto Estadual do Livro, 1959, especialmente p. 52-54.

em "fichteanizar" o volúvel experimentalismo românti-co, apondo-lhe a dignidade de um selo transcendental, e, simultaneamente, em "esteticizar" o Eu fichteano, dissolvendo-lhe o austero eticismo em disponibilidade narcisística à variação das formas e das vivências.

No momento de cristalização do romantismo – a chamada "reunião de Iena" (1799-1800) – a estratégia de "provocação" da primeira fase de Friedrich Schlegel cederá ao impulso místico que Novalis receberá de Wackenroder, precocemente desaparecido, através de Tieck, e que não tardará a ser reforçado por Schleiermacher e pela segunda filosofia de Schelling, professor em Iena desde 1798.[8]

As críticas dirigidas pelos dois últimos pensadores a Fichte e o vibrante sentimento novalisiano de harmonia entre espírito e natureza fizeram com que esse período fosse batizado – na perspectiva de uma antifichteana divinização da natureza – de "spinozista". Acima, porém, dessa analogia com as ideias de Spinoza, já tão criadoramente adulteradas no jovem Goethe, é preciso assinalar: que a teofania da natureza não é verdadeiramente comum a todos esses representantes da "mística difusa" (Rudolf Otto), tendo sido até combatida por Schleiermacher, o caracterizador por excelência da religiosidade romântica; que o sentimento, a intuição mística, desempenham no romantismo um papel inconciliável com fundamentos cartesianos do panteísmo spinozista (Spinoza seria incapaz de qualificar o pensamento de "sonho do sentir, sentimento entorpecido" como o fez Novalis); enfim, que a mística romântica, até mesmo em seu cume permanece essencialmente *egológica*[9] – e que, nessa sua fonte intrinsecamente subjetiva, espelho da superestimação do

---

[8] Sobre sua evolução e todos os seus vínculos, ver a magistral *Storia della Letteratura Tedesca dal Pietismo al Romanticismo*, de Ladislao Mittner (Eeinaudi, Turim, 1964), parte VI, especialmente p. 779-80, 788, 798.

[9] Ver quanto a este ponto as autorizadíssimas e incisivas considerações de Rudolf Otto, *West-Ostliche Mystik*, 3ª parte, cap. 2 (trad. francesa. Paris, Payot, 1951).

recesso interior enquanto sinal do isolamento da nova estética ante a cultura vigente, não é difícil reconhecer outro análogo do ego fichteano, tão subjetivista, se considerado em relação à sociedade, quanto o sujeito da ironia narcisística no romantismo "crítico".

O sentido cultural daquele duplo experimentalismo (na técnica e na visão) da arte romântica era o desejo de romper com um cotidiano tornado insuportável – com o *éthos* cinzento, a seriedade repressiva do decoro burguês. Novalis vê na poesia uma "arma defensiva contra a vida cotidiana". Esse novo clima moral não estava, de resto, mecanicamente ligado à ascensão *política* das camadas burguesas; na Alemanha, onde estas últimas não chegaram ao poder, e na França da Restauração, o novo estilo de vida predominou da mesma forma. Ao lado – e mais profundamente – da subida política da burguesia, ocorreu uma compacta e decisiva *ascensão cultural* dos padrões éticos repressivo-burgueses. "*Qui n'a pas vécu avant la Révolution ne sait pas ce qu'est le bonheur*"; a mutilação imposta aos ideais de felicidade acenados pela retórica hedonística do progressismo do século XVIII transcende de muito o conteúdo nostálgico e socialmente restrito, *ci-devant*, da frase de Talleyrand.

Desenvolvendo-se como oposição cultural ao *éthos* oitocentista, a arte romântica ambicionava romper com a vida corrente. A prinicípio, entretanto, esse abandono do cotidiano obedecia à disposição de *apreender a realidade*, fugindo à miopia da visão rotineira. No captítulo XIV de *Biographia Literaria*, Coleridge declara que o plano das *Lyrical Ballads*, marco inaugural do romantismo inglês, previa, na parte encomendada a Wordsworth, uma lírica realista, destinada a dar *the charm of novelty to things of every day*. Despertando a atenção da mente *from the lethargy of custom*, orientando-a para a beleza do mundo ambiente, os românticos contavam com um tipo de percepção apto a penetrar além da camada da familiaridade e de egoística solicitude ("*film of familiarity and selfish solicitude*") que nos oculta o encanto da realidade corriqueira.

Como se vê, a vida corrente, em si mesma, ainda não é posta em questão; *o mundo habitual não é desprezado;* a atividade diária é que, exclusiva e imediatista, nos separa do seu charme, nos afasta da beleza do real no entanto simples e próximo. Em breve, o Biedermeier, "romantismo aburguesado", se deliciará com o intimismo classe-média, esquecido do potencial crítico dessa busca da "novidade do habitual". Por isso mesmo, a literatura pós-romântica será forçada a dramatizar o motivo da ruptura com o familiar.

Mas a primeira nostalgia – *Sehnsucht* – romântica é uma impaciência bem diferente do pasargadismo moderno. Num de seus ensaios capitais – "A Poesia em 1930" (recolhido em *Aspectos da Literatura Brasileira*), Mário de Andrade registrou de maneira muito fina a diferença psicológica entre o tema do exílio, ou desejo de voltar, nos românticos e o voumemborismo dos modernos, devorados muitas vezes por um ideal de partida sem passagem de volta. A saudade do "eu não sou daqui" de Novalis pertence ao primeiro tipo; o *voyage* de Baudelaire, de Rimbaud e de Mallarmé, ao segundo. O evasionismo dos modernos representa um grau mais avançado na acidez da crítica da cultura; o motivo da fuga não abriga neles nenhum resíduo daquela antiga confiança no habitual, porque a totalidade da experiência corrente se tornou, para o homem moderno, cena de angústia e de maceração.

O homem moderno, notou Walter Benjamin, é alguém enganado em sua própria experiência; alguém sempre a constatar

Que a vida é traição.

Daí o seu pudor em relação a toda espontaneidade moral, o seu jeito oblíquo de considerar os bons sentimentos, ainda tão capazes de enlevar e de arrebatar os românticos. Não que estes, em absoluto, não tenham também orquestrado a melodia da existência canhestra, da *maladresse* vivida como destino e que não passa, por assim dizer, do comportamento equivalente ao "mal-estar na civilização" descrito por Freud. Friedrich Schlegel, inserindo as significativas "Confissões de um Desajeitado" no seu romance *Lucinde*, chegaria a elaborar o tema do "ser *gauche* na vida". Mas a inquietação romântica terminou por encontrar seus portos de repouso, e a própria orientação religiosa do romantismo mais inquieto, o alemão, acabaria por assegurar-lhe uma âncora redentora, "soteriológica", inteiramente desconhecida pelos grandes intérpretes da tradição moderna. Perto da salvação redescoberta dos românticos de Iena, os pobres consolos e beatitudes de Baudelaire são tênues, intermitentes, precaríssimos.[10] Até mesmo onde a religiosidade reconstruída não predominou, o mero gosto do sonho serviu de bálsamo à mente romântica – e o amor ao sonho é suficientemente consubstancial ao romantismo para dar razão a Frank Laurence Lucas,[11] quando ele assinala a essência onírica da arte romântica.

Outro ponto de apoio do lirismo romântico – aquela "unidade de poesia e pessoa empírica" (Friedrich, op. cit.) que empresta um cunho biográfico (não importa se factualmente verdadeiro ou não) à obra lírica e, por extensão, à toda produção romântica, viria igualmente a ser rejeitado pelo estilo moderno, pela poética mais autêntica a partir de Baudelaire. A *despersonalização* será um dos fatores formativos de toda a literatura pós-romântica, desde o ornamentalismo parnasiano a Rilke, Trakl, Valéry, Gotfried Benn e o último Yeats, sem falar nas máscaras poudianas e sua linhagem, nos heterônimos de Fernando Pessoa, e no véu arcaico-mitológico de St. John Perse. Como "desegoização" (*Entichung*) da lírica, ela representou um esforço constante de recuperação do nível interpretativo e filosófico da

---

[10] Hugo Friedrich falará de "vacuidade do ideal" em Baudelaire, no capítulo 2 de *Die Struktur der modernen Lyrik* (1956). Trad. espanhola: Barcelona, Seix Barral, 1959.

[11] Em *The Decline and Fall of the Romantic Ideal* (1936). Cambridge, Cambridge University Press, 1963, passim, e, em particular, o início do capítulo 2. Em outros pontos, em compensação, o livro é altamente discutível.

poesia, estiolada no baixo confessionalismo da sentimentalidade tardo-romântica.

Mas não é bastante curioso que, para recobrar sua antiga altura de pensamento – para reconstituir-se como poesia-do-mundo – a lírica moderna tenha escolhido, na despersonalização, o caminho *inverso* ao que Goethe elegeu, por volta de 1770, ao iniciar um lirismo de interpretação *autônoma* do real? Deste modo, a diferença revela algo mais do que a simples necessidade de combater os excessos epigônicos do subjetivismo romântico; indica, ao mesmo tempo, uma modificação radical na psicologia do sujeito lírico. Para Goethe e para os românticos, a criação lírica, em seu poder de reorientação existencial virtualmente em luta com a sociedade, deve emanar da expressão aberta da individualidade. Para os modernos, tudo se passa como se a individualidade não tivesse escapado à tributação tentacular da vida inautêntica, da existência postiça reservada ao habitante da cultura de massa.

Se o próprio fundo da personalidade individual parece ter sucumbido, as expressões diretas do material anímico se tornam, paralelamente, suspeitas. A nova poesia não será só despersonalizada, será também desemocionalizada: buscará transmitir os sentimentos por via indireta, mediata, sinuosa. Nada da comunicatividade romântica: esta virou uma retórica afetiva a serviço da cultura. A desconfiança ante as emoções (não raro traduzida em despistamentos humorísticos) será o *pendant* da despersonalização. Sob a influência das ideias do "decadente" Remy de Gourmont, T. S. Eliot soldará ambos os aspectos na frase famosa de *Tradition and Individual Talent* (1917): "*Poetry is (...) an escape from emotion; (...) an escape from personality*".

Com essa valorização de uma poética objetiva, o espírito moderno se voltará contra o egocentrismo em dissolução da retórica vitoriana, concedendo um triunfo tardio à noção esteticista do *chameleon poet* de Keats – desse romântico *sui generis*, cuja sensualidade ficou à margem do transcendentalismo de seus contemporâneos, e que não hesitava em afirmar que o caráter poético (...) *has no self,* sendo *every thing and nothing*, como um camaleão impessoal (carta a Woodhouse, 27/10/1818). Ora, essa impessoalidade mimética do camaleão vale por um antônimo perfeito do que Carl Schmitt tão bem chamou "ocasionalismo romântico", isto é, daquela atitude, inerente à consciência romântica, que consiste em contemplar o fluxo da realidade como uma sequência de acontecimentos insubstanciais, funcionando como meros estímulos para a criação artística, como se fossem simples ocasiões para a autoafirmação do ego, esse sim, substancial.

Evasionista, impessoal, "fria", a tradição da arte moderna construiu sua apreensão crítica da realidade numa ampla inversão dos procedimentos românticos. Arquétipo da sensibilidade pós-romântica, o estilo de Baudelaire, fundador da poesia moderna em seu período propriamente contemporâneo, alimentou-se de uma reflexão estética que o situa como ápice da crítica novecentista, mais complexo e mais penetrante que todos os estetas profissionais e sistemáticos da época. No essencial, a estética baudelaireana preserva do romantismo *o senso da autonomia da arte* – mas deixa de lado seus pressupostos metafísicos. Baudelaire restringirá sua fidelidade à visão romântica ao campo do especificamente estético, através da preservação do conceito de imaginação criadora, cujo suporte filosófico é a identificação idealista do sujeito com a realidade.[12] Quanto ao mais, sua obra e sua estética se realizarão em sentido oposto às premissas do idealismo romântico.

Do ponto de vista da história da cultura, a melhor produção romântica aparece como defesa crítica ante os traumas do processo geral de adaptação da sociedade ocidental às normas de vida da era industrial – o que não significa que a industrialização fosse a única, nem mesmo,

---

[12] Conforme vimos em *A Astúcia da Mímese* (ver nota 4), no ensaio "Nuvem Civil Sonhada" (5ª seção da parte III), Mallarmé se separará de Baudelaire neste ponto.

conforme o tempo e lugar, a mais importante causa dos deslocamentos culturais em curso. Por adaptação à era industrial devemos entender um complexo de forças históricas, desde a migração populacional para as grandes cidades até as tensões sociais e políticas contemporâneas (Revolução, guerras napoleônicas, Restauração), sem esquecer o surgimento de um novo público, singularmente contrastante com o refinamento e a homogeneidade da antiga audiência fidalgo-alto-burguesa – e sem o qual quase todos os principais traços da literatura romântica (emocionalismo, subjetivismo, revogação de fórmulas tradicionais de interpretação da experiência – donde a queda da "grade" mitológica e da hierarquia de gêneros artísticos) assim como os seus defeitos mais frequentes (exibicionismo, inclinação pelo melodrama, prolixidade, mau gosto, etc.) – dificilmente teriam prevalecido.

Já a produção pós-romântica se mostra condicionada menos por um processo irregular de adaptação do que pela existência consolidada da nova base sociológica da cultura ocidental: a grande cidade. E, assim como a vida massificada e massificadora do grande espaço urbano dos últimos 120 anos representa um estágio mais avançado de agressão e de ameaça à individualidade, a arte dessa época tende a despojar-se da exaltação subjetivista, egológica, da poética romântica – quando não a combatê-la explicitamente. De maneira concreta, pode-se dizer que, com o passar do tempo e a cristalização do moderno estilo existencial, o emocionalismo subjetivo perdeu progressivamente acuidade intelectual, convertendo-se numa retórica "ideológica", ou seja, capaz de acobertar o drama do indivíduo com os mitos do ego ideal, mas incapaz de articular um novo realismo lírico, uma nova simbologia e um novo *páthos* enraizados nos aspectos verdadeiramente relevantes da situação do homem na cultura vitoriana.

A atualização da forma lírica veio com Baudelaire. Para a perspectiva *engagée*, a única verdadeira ruptura com o romantismo se dá no realismo balzaquiano e stendhaliano, ou na conversão da literatura à campanha liberal-popular. Heine reunia o classicismo weimariano ao romantismo sob o signo-labéu de esteticismo e considerava que o fim do romantismo "religioso", transcendentalista, punha termo a toda uma *Kunstperiode* clássico-romântica. A crítica contemporânea deve aceitar essa delimitaçao cronológica; não tanto, porém, em virtude do advento de uma *arte engagée*, finalmente bastante estéril, quanto em função da emergência de uma *nova poética*, expressão artística de um novo estágio dessa tarefa de *crítica da cultura* que a alta literatura ocidental se adjudicara desde a idade clássico-romântica e, a rigor, desde o pré-romantismo rousseauniano.

Os estudos de Walter Benjamin permitem situar a estética pós-romântica em dois eixos fundamentais: 1) a elaboração de um *páthos* vinculado à realidade íntima do espaço existencial da moderna cultura urbana; 2) a adoção de uma *poética da alegoria*, em substituição à *poética do símbolo* partilhada pelo estilo clássico-romântico. Uma exposição sintética das diferenças entre ambas as poéticas ocupa as páginas 104-113 do já citado *Arte e Sociedade em Marcuse, Adorno e Benjamin* (ver nota 3). Esquematicamente, a poética alegórica se distingue da consciência simbólica porque: a) ao contrário desta, não pressupõe a coincidência do sujeito com o objeto, mas sim a sua assimetria; b) não aspira à captação imediata do todo no particular (ao universal concreto de Hegel, equivalente especulativo do conceito goetheano de símbolo), mas antes *à referência ao Todo através da representação do Outro*; c) não parece animada por uma inspiração ideal-utópica, caracterizando-se, em vez disso, por uma espécie de "ascese frente ao futuro" (Adorno) – a "vacuidade do ideal" de Hugo Friedrich – inerente à figuração artística; d) é fortemente *polissêmica*; e) parece muito mais comprometida com a interpretação dos textos do que com a análise direta da realidade, isto é, com uma *hermenêutica da cultura* bem mais do que com uma captação da natureza. Quanto à ilustração viva da poética do alegórico, podemos surpreendê-la na obra de Baudelaire, Rimbaud, Mallarmé, Proust, Kafka ou Joyce –

nos próprios pontos culminantes do que é lícito considerar "a tradição da arte moderna".

Munida de uma pauta de referência (os modos de vida da sociedade urbana e seu significado antropológico) e de uma panóplia expressional (a poética alegorica, os *moods* característicos de despersonalização, desemocionalização, evasionismo, etc.) peculiares, a arte moderna se desdobra, em sentido profundo, desde, pelo menos, Baudelaire, Flaubert, Dostoievsky, a pintura impressionista e a música de Wagner – sem tocar nos múltiplos precursores de vários gêneros, de Hölderlin e Kleist ao último Beethoven e Delacroix. O que é certo é que a sua irrupção no meio do século XIX é suficiente para relegar as ideias sobre a "unidade" da cultura oitocentista ao plano dos motivos tópicos. Somente nas monografias deliberadamente não sintéticas, como a clássica pesquisa de Mario Praz sobre a sensibilidade erótica na arte oitocentista, The Romantic Agony (*La Carne, La Morte e il Diavolo nella Letteratura Romantica*, 1930), o "decadentismo" *lato sensu* do fim do século (compreendendo, por exemplo, Mallarmé) pode ser julgado "apenas um desenvolvimento" da literatura romântica – embora, significativamente, Praz não ignore a importância do *tournant* representado pela geração de 1820 e faça da obra de Baudelaire e Flaubert uma divisão entre o romantismo e o decadentismo.[13]

Um estilo moderno – pós-romântico – se inaugura por volta de 1860, em resposta a um novo tipo de arena cultural. Erigido contra o gasto das formas românticas, esse estilo não deixará de dlferenciar-se em vários momentos e várias linhas, algumas das quais implicariam até mesmo um retorno a elementos do conjunto expressivo do romantismo adaptados ao novo regime estilístico: daí os numerosos neorromantismos do *fin-de-siècle* da *Belle Époque* ou até do período contemporâneo, de Wagner e Verlaine ao expressionismo alemão.

---

[13] Ver Mario *Praz*, op. cit. Nova York, Meridian Books, 1965 (4ª reimpressão), p. XI, VII, 152.

De maneira geral, porém, na tradição da arte moderna, a persistência de elementos românticos não submetidos à nova economia estilística em sua dupla função referencial e poética atuou como fator de formalismo: de estreitamento da visão artística e de enfraquecimento da sua vitalidade comunicativa. Em outras palavras: ao lado de certos traços românticos ou clássico-românticos *assimilados* pelo estilo moderno em sua dinâmica propriamente pós-romântica, a arte e, sobretudo, a mentalidade estética dos últimos 120 anos comportam determinados traços românticos não assimilados *residuais*, e que, desligados do seu contexto originário, tendem a figurar como tecidos mórbidos no corpo da arte moderna, desservindo à sua capacidade de delineamento de uma crítica da cultura e (uma coisa sendo indissociável de outra) à sua energia criadora. Alguns *desses resíduos românticos em função negativa na consciência estética pós-romântica* é que, voltando ao livro de Edgar Wind, passaremos a examinar.

2

Conforme vimos, a tradição da arte moderna, condicionada pelo espaço sociocultural do Ocidente nos últimos cem anos, desenvolvida através de uma poética *distinta* da do romantismo, se confunde com as várias formas do estilo *pós-romântico*. Em algumas de suas formas, esse estilo moderno (que data, na lírica, de Baudelaire) recupera certas características românticas, adaptando-as a um novo regime expressivo; por outro lado, porém, a persistência, na mentalidade estética moderna, de resíduos românticos *inadaptados* equivale à presença de forças de esterilização, de pontos de esclerosamento no processo produtivo da arte moderna.

Em *Art and Anarchy*, Wind esquadrinha um certo número desses resíduos: a *superestimação dos efeitos de imediatez* na criação e na percepção estéticas; *a inclinação formalista da análise estilística*; a *subestimação das relações entre arte e pensamento*; a relativa *cegueira ante o abastardamento da arte na época da mecanização* sistemática e da reprodutibilidade técnica das obras. Wind procura encarar todos esses aspectos a partir da perspectiva unitária, por ele indigitada, de marginalização do artístico, ou seja: de manutenção da arte fora do centro das preocupações vitais do homem contemporâneo; e consegue demonstrar, de forma bastante persuasiva, que esses hábitos da consciência estética contribuem seriamente para o prolongamento da situação marginal da arte no quadro da cultura do nosso tempo.

Entretanto, fomos nós – e não Wind – que, pretendendo historicizar, no interior dos três últimos séculos, os fenômenos apontados em *Art and Anarchy*, rotulamos de "resíduos românticos" os mencionados hábitos estéticos. Resta então comprovar o bem fundado da nossa etiqueta, contemplando de *per si* cada uma das práticas negativas capituladas por Wind.

A "superestimação dos efeitos de imediatez" se manifesta frequentemente na consciência estética pós-romântica, em geral sob a forma de uma valorização do que, na obra de arte, é captável *imediatamente* pela percepção, contraposto ao que requer maior elaboração imaginativa. Em história da arte, o exemplo típico dessa atitude é a mania de supervalorizar o esboço frente à obra acabada. "*L'esquisse fait le bouger le chef-d'oeuvre*", (Henri Focillon). Quem não ouviu dizer que o esboço "pré-impressionista" de *A Carroça de Feno*, de Constable, é superior à versão definitiva, "composta em obediência aos requisitos acadêmicos"? O "herético" Wind ousa notar que o quadro acabado pode ser menos espontâneo, mas é "uma imagem mais madura e mais rica", mais cheia de matizes significativos. No entanto, o inefável abade Bremond oficializará, em *La Poésie Pure* (1926), o apreço desproporcional aos *lambeaux de vers* em detrimento da unidade lógica do poema; e a distinção feita por John Crowe Ransom entre "estrutura" (conteúdo lógico) e "textura" (conteúdo concreto, logicamente irrelevante) do poema, cuja origem bergsoniana foi identificada por

René Wellek,[14] situará essa mentalidade fragmentarista no seio do *new criticism*.

Fragmentarismo é bem a palavra. Enquanto clara ou secreta desconfiança do esforço prolongado, da criação arquitetônica, e da contemplação trabalhadora, o amor ao espontâneo e ao imediato é preferência pelo fragmento. O melodismo romântico já propiciara o recuo da sensação de ubiquidade da forma no curso da sonata; a voga dos *morceaux de bravoure*, entronizados pelos virtuoses (figura de intérprete característica do novo público burguês) reforçou vigorosamente essa fragmentação da estrutura musical. Dos estilhaços da ironia schlegeliana aos trechos da música romântica e aos passos "antológicos" da lírica oitocentista, que a noção arnoldiana de *touchstone* procurará legitimar, do ideal ótico imediatista do impressionismo aos esboços e fragmentos de Rodin, da dignificação schoenberguiana da dissonância (logo retomada por Theodor W. Adorno) ao monossilábico *Schreidrama* expressionista, uma espécie de "mística do pedaço" invade a arte ocidental.

Como o exemplo do virtuosismo musical indica, o fragmento não é, *necessariamente*, sinal de luta contra a anestesia da cultura, e muito menos, como quer Adorno, teorizando o atonalismo de Schoenberg, cicatriz deixada no corpo da obra pelas (vãs) tentativas de expressão autêntica.[15] Enquanto marca estilística da busca da imediatez, da experiência viva e pura, preciosamente distinguida das gastas sensações proporcionadas pela monotonia do cotidiano, o fragmento oscila entre a crítica da cultura e uma espécie de sensibilidade utopística: o mito da vividez virginal, da cristalinidade da vivência pura. Naturalmente, dependerá de cada instância artística o peso dado a um ou a outro polo; mas o problema não nos parece solúvel na base de uma absolvição prévia da "estética

---

[14] Ver René Wellek, *Concepts of Criticism*. New Haven, Yale University Press, 1963, p. 339.

[15] V. o já citado *Arte e Sociedade em Marcuse, Adorno e Benjamin*, p. 48-69, 92-94.

do fragmento", e de uma consequente desvalorização das exigências de realização completa, de estruturação desenvolvida, enfim: da superação do fragmento, na obra e no seu ser recebida pelo espectador.

Além disso, a extensão do arco histórico do fragmentarismo estético (do romantismo à atualidade) é enganosa. A "filosofia do fragmento" na idade romântica é diferente da sua análoga moderna. O fragmento romântico não era um simples servo da paixão pela imediatez do *vécu*. No prefácio à segunda edição das *Lyrical Ballads*, Wordsworth advertia contra a fome envilecedora do sensacional – o *"craving for extraordinary incidents"*. Como reação à *"uniformity of (their) occupations"*, o público, diz ele, nesses tempos de *"increasing accumulation of men in cities"*, se lança a uma *"degrading thirst after outrageous stimulation"*. Ora, esta sede não passa de um efeito do *savage torpor* a que a mente, diminuídos os seus *discriminating powers*, se vê reduzida, na atmosfera urbano-fabril.[16] Se bem que o processo de urbanização ligado à era industrial tenha começado, na Inglaterra, sabidamente mais cedo, Wordsworth declara expressamente sua confiança na vitória do espírito sobre a corrosão das vivências – *e abre a estrada à crítica ao fragmento-esboço mítico*, repositório da vividez das sensações.

Existe uma razão metafísica para que o fragmentarismo romântico recuse o ideal sensório-imediatista, o tema da experiência tanto mais pura quanto isolada: é que o fragmento romântico espelha a nostalgia "religiosa" de um suporte transcendental, aquela *aspiração ao Todo* indissociável da alma romântica. Quando Novalis pondera que completar um objeto finito seria submeter-se a uma limitação (*Fragmente*, ed. Kamnitzer, 1229, n. 2050), ao passo que o finito quebrado sugere o infinito; quando Victor Hugo afirma, na teoria do grotesco do

---

[16] *The Poetical Works of Wordsworth*. Ed. Th. Hutchinson, revista por Ernestde Selincourt. Nova York, Oxford University Press, 1959, p. 735.

prefácio de *Cromwell*, que ser incompleto "é a melhor maneira de ser harmônico", vemos sem dificuldade que o fragmento romântico é devorado por uma carência de infinito, e não por uma urgência da imediatez. Afinal *"viver a imediatez dos contrastes* através da mágica identificação do próximo e do longínquo, do corpo e do espírito, do homem e da natureza, da terra e do céu" (Mittner, op. cit., p. 701; grifo meu) é uma particularidade essencial do voo romântico. *Viver a mediação como imediatez,* eis a experiência-base do *sensorium* anímico dos românticos; por isso é que eles se deliciavam com "desejar o desejo". Mittner (op. cit., p. *700*) ensina como a falsa etimologia de Sucht em Sehnsucht – essa palavra-chave do romantismo – abriga uma caracterização feliz da alma romântica – *Sucht* é mal (*Sehnsucht,* mal do desejo), mas foi tomada por *suchen*, procurar. A paixão do esforço infinito (*unendlich Streben*) mudou o mal do desejo em uma "procura do desejo".

Porém, sentir intensa, vividamente, o fluxo da mediação, o salto para o infinito, o roçar do Todo, não equivale, simultaneamente, *a viver a imediatez como mediação*? Em ambos os casos, a "mística difusa" do romantismo pressupõe uma distância, um solo transcendente, alheios à intermitência inarmônica do espontaneísmo do fragmento moderno. Comparada à psicologia romântica, a obsessão moderna da proximidade absoluta do sentido, do esgotamento imediato do vivido, do real como cercania, é uma busca não dialética da imediatez. Novalis não dissera que "tudo é romântico, desde que transportado para longe"?

Novalis falava também na conveniência de restaurar fragmentos mutilados na sua originária qualidade de esboços (*Fragmente,* ed. cit., n. 9). Se o fragmento é sugestão do infinito, o esboço é estenografia do gênio. É muito significativo que a obra do primeiro gênio da história da arte sociologicamente configurado como tal, Michelangelo, consista, em tão grande parte, de esboços – e de esboços tão admirados quanto as suas obras completadas. O fragmentarismo romântico – herdeiro da

Genieperiode do *"Sturm und Drang"* e da teoria kantiana do gênio (*Crítica do Juízo*, parte I, parágrafos 46-50) – rejuvenesce o conceito neoplatônico, quatrocentista, de inspiração criadora. Essa apologia da criatividade natural é claramente estranha ao cerebralismo da noção moderna de produção artística.

Em compensação, ela está inteiramente de acordo com o conceito schellinguiano da criação estética como síntese entre o trabalho individual livre e consciente, e a necessidade do agir *inconsciente* da natureza. Para Schelling, o artista de gênio, partindo de um fim consciente, chega a um produto que o ultrapassa. O gênio encontra a natureza no meio de seu caminho: pois esta procede do inconsciente para o consciente, enquanto o artista criador realiza o itinerário inverso. Em pleno decadentismo, esse tema ecoará no belíssimo ensaio *Die Ruine*, de Georg Simmel, onde está dito que "a fascinação da ruína reside em que, nela, a obra do homem aparece totalmente como produto da natureza".[17] A teoria do gênio é ainda uma das faces da religião do Todo.

O fragmento n. 509 da *Enzyklopedie*, de Novalis, lembra que "a alma deve tornar-se espírito, (porque) o mundo ainda não está terminado"; o célebre fragmento n. 116 de Friedrich Schlegel (publicado no *Athenäum* de 1798) define a poesia moderna como "progressivo-universal", isto é, como poética aberta à renovação incessante das vivências, e só assim capaz de atingir o universal. Estes dois textos fragmentários nos revelam a autêntica fisionomia do fragmentalismo romântico. A sentença de Novalis estabelece com toda a clareza a conexão do fragmentarismo romântico com o amor ao infinito – ao infinito do esforço e ao infinito que é esforço do Todo *in fieri*; a poesia "progressiva" de Schlegel assinala a presença do motivo de *interpenetração entre arte e vida* no coração da estética romântica.

---

[17] Em *Philosophische Kultur. Gesammelte Essays* (1911); trad. inglesa em *Essays on Sociology, Philosophy and Aesthetics*. Georg Simmel et al. Wolff, K. (ed.). Nova York, Harper & Row, 1965.

Ora, a tradição da arte moderna substituiu a religiosidade romântica pela "vacuidade do ideal", e o expressionismo – o trânsito (problemático) entre arte e vida – pelo *senso da incongruência entre o* criar e o viver, entre a obra e a vivência. De modo que, com a queda do transcendentalismo, da volúpia do infinito e da expansão psicofânica, da alma-que-vira-cosmos, o fragmentarismo abandonou a dialética da imediatez, engrenagem do senso do Todo, e a abertura "progressiva" à realidade do mundo. Em lugar da dialética imediatez da mediação, adotou a dieta da busca da sensação pura e imediata; e em lugar da antiga assimilação de alma e cosmos, colocou o ideal de expressão "autêntica" da subjetividade intransitiva.

O fragmentarismo sofreu, portanto, o impacto da ruína da visão romântica, mas, em vez de substituir-lhe uma nova perspectiva de interpretação do real, uma nova articulação entre a obra e o mundo, refugiou-se na mística isolacionista da expressão da vivência pura. Obstinando-se em preservar o pressuposto romântico da convergência entre sujeito e objeto na época em que a sua base histórico-cultural já se dissipava, o fragmentarismo reduziu o sujeito idealista, prenhe de relações com o mundo, a ego abstrato, alimentado apenas da fragilidade das vivências intransitivas. Selo da espontaneidade isolada, a estética do fragmento iniciou então sua carreira de resíduo "romântico", isto é, de *desfiguração de um traço romântico, no contexto de um regime estilístico formado pela superação do romantismo.*

Tornaremos a surpreender a mística fragmentarista ao examinar nosso segundo "resíduo": o formalismo na história da arte e na análise estilística em geral. Por enquanto, voltemos à atitude que está na raiz do fragmentarismo "residual": a supervalorização da sensação de imediatez (ou de "espontaneidade") como prova presumida de vitalidade estética. É evidente que, para esse gênero de gosto estético, autenticidade artística equivale à *intensidade da expressão*. A viva, vibrante sensação de imediatez, prezada entre todos os atributos na experiência entre a obra, é imputada à manifestação da riqueza e da energia do sujeito que se exprime – da "consciência criadora" que nos oferece o espetáculo do seu vigor. A "supervalorização da sensação de imediatez" é uma característica central da estética *expressionista*.

A estética expressionista está historicamente ligada a duas premissas filosóficas. Primeiro, à tese idealista do sujeito como matriz da realidade. Segundo, a uma modificação que o expressionismo, na obra de seu maior teórico, Benedetto Croce, impôs ao idealismo dominante da idade clássico-romântica, o de Hegel – e que consistiu em isolar o sujeito da expressão estética do reino de significados histórico-intelectuais que integravam, em Hegel, o sentido e o valor da obra de arte. Cortada do mundo, divorciada do pensamento, a intuição-expressão a que Croce restringe a experiência artística se transforma em suporte da "arte pura", de uma *liricità* abstrata, da vibração estética surda e fechada ao pulso do universo.

Historicamente, o purismo croceano tinha por si a necessidade de consolidar a reação contra o reducionismo generalizado do meio do século XIX, e que havia sido preparado pelo vezo hegeliano de interpretar a obra de arte em termos de reflexo – ainda que não mecânico – do *Zeitgeist*. As reduções da significação da obra ao "espírito do tempo" anunciam o sociologismo positivista. Por outro lado, a separação entre intuição e intelecto se destinava a contrabalançar, em nome da liberdade da arte, as exigências didáticas e exortativas da estética *engagée*, tradicionalista, liberal ou socialista.

No entanto, ao responder ao reducionismo e ao conteudismo, Croce caiu na distorção oposta: a do isolacionismo estético. A hora verdadeiramente fecunda para a afirmação da autonomia do estético não foi a de Croce, no limiar do Novecentos – e sim a da *Crítica do Juízo*. Não é à toa que o extremismo puritano da sua *Estetica come Scienza dell'Espressione* acusa a *Crítica do Juízo* de intelectualismo disfarçado (2ª parte, cap. 8). O que Croce estima condenável em Kant é exatamente a tentativa (consubstanciada no conceito de "ideia estética", (*Crítica do Juízo*, 1ª parte, § 49) de construir uma síntese entre a autonomia da arte e o mundo do pensamento a que ela se refere (sem, não obstante, confundir-se com a linguagem puramente intelectual). A natureza anacrônica da teoria de Croce, em relação à afirmação kantiana da independência do estético, transparece ironicamente no "emagrecimento" conceitual a que ele submete a problematização dos vínculos da arte autônoma com o real na *Crítica do Juízo*.

O que Croce resgatou do cativeiro positivista e moralista – a autonomia da arte – ele mesmo hipotecou a outra barreira ideológica da sociedade industrial – o mito da especialização. No plano da realidade econômica, a especialização é funcional; no plano ideológico, porém, ela ultrapassa frequentemente a esfera da funcionalidade. A arte isolada, a arte vestal da estética croceana, é uma atividade estanque, resultante de uma "faculdade" estanque (a intuição-expressão), correlato mental do agir insulado do produtor moderno. Sobretudo, essa arte distilada representa a versão estética do pensar não menos ilhado do especialista, modelo da pesquisa científica inconsciente da suas raízes culturais.[18]

Durante muito tempo, Croce foi tido por "fundador da estética moderna"; seu purismo expressionista, espiritualmente afim das tendências formalistas[19] que

---

[18] Sobre a teoria e a prática científica estanques, ver as considerações de Horkheimer e Adorno sobre a filosofia neutral, academicamente especializada, executante do "taylorismo do espírito", n. 18 dos "apontamentos e esboços" da *Dialetik der Aufklärung*, Amsterdam, Querido Verlag, 1947 (trad. ital.: *Dialettica dell'Illuminismo*. Turim, Einaudi, 1966); ver ainda Theodor W. Adorno, "A Sociologia e a Investigação Empírica" (conferência de 1957 reproduzida no volume *Sociologia II*, de Adorno e Horkheimer. Frankfurt am Main, Europäische Verlagsanstalt, 1962 (trad. esp.: Madri, Taurus, 1966); Herbert Marcuse, *One-Dimensional Man*. Boston, Beacon Press, 1964, caps. 6 e 7 e as certeiras críticas de Jürgen Habermas ao anticientismo "naif" de Marcuse em *Technik und Wissenschaft als "Ideologie"*, incluído no volume *Teoria e Prassi nella Società Tecnologica*. Bari, Laterza, 1969, especialmente p. 201-03.

[19] Croce, como é sabido, censurou duramente os ancestrais filosóficos da *Kunstgeschichte* formalista (Herbart, Zimmermann, etc.), mas isso não destrói absolutamente o parentesco *subterrâneo* a que aludimos.

evocaremos em breve, constitui a rigor a *consumação do residualismo romântico* na era pós-romântica – e não uma abertura genuína da teorização moderna. O longo império de Croce (hoje assaltado por quase toda a estética italiana de categoria) foi na verdade um dos mais claros sintomas da persistência do romantismo na tradição da arte moderna, persistência em que, conforme vimos, os elementos românticos necessariamente degeneram em impulsos formalistas, estranhos ou hostis ao consórcio da grande arte com a crítica da cultura.

O expressionismo de Croce, coetâneo de Bergson, tem vários pontos em comum com a "filosofia da vida" do último Oitocentos e da *Belle Époque*. Croce tinha em alta estima (ver a *Estética*, parte II, cap. 11) a estética de Schleiermacher, o teólogo romântico que tanto influenciou o fundador da *Lebensphilosophie*, Wilhelm Dilthey. Distinguindo a consciência artística da afetividade e da religiosidade, Schleiermacher a identifica com a "autoconsciência imediata" (*unmittelbare Selbstbewusstsein*). Essa autoconsciência imediata (a intuição-expressão de Croce) não é o conceito do ego, nem de qualquer de suas determinações, mas antes "a própria diversidade de que temos de ser conscientes, uma vez que a vida, em sua totalidade, não passa do desenvolvimento da consciência". Tanto o prazer sensível quanto a experiência religiosa são determinados por um ente exterior, porém a consciência estética é "produtividade livre", desligada de qualquer polo referencial.

As lições de estética de Schleiermacher foram, como as de Hegel, postumamente editadas por seus discípulos, em 1842. Do mesmo modo que a sua filosofia da religião, elas se opõem à doutrina hegeliana. A "autoconsciência imediata", a "produtividade livre", contrariam o conteudismo da noção hegeliana da arte como "aparecer sensível da Ideia". Entretanto, uma face desse conteudismo hegeliano era positiva: o seu aspecto de conceptualização das relações entre a arte e a vida histórica. É verdade que Hegel viciou essa conquista teórica por meio de uma frequente inclinação redutora-historicista (redução do significado da obra ao *Zeitgeist*), e considerou que o único estágio histórico da Ideia capaz de adequada exteriorização sensível foi o espírito da Grécia antiga, deduzindo daí, com manifesto abuso, a "morte da arte" no cristianismo e na modernidade; assim, na sua *Estética*, convertida em "oração fúnebre" (Croce), a arte sucumbe à agressiva vizinhança dos outros modos da Verdade – religião e filosofia. Mas a exumação croceana de Schleiermacher substitui esse conteudismo viciado pelo discutibilíssimo purismo da consciência fechada ao mundo, fascinada pela sua "plenitude" narcisística. A mística da imediatez da vivência ganha autoridade teórica: a torre de marfim recebe a chancela da filosofia neoidealista.

Essa mesma mística é a "vida" de Dilthey, a embriaguez dionisíaca de Nietzsche, o "*élan* vital" de Bergson: em suma, o vitalismo *fin-de-siècle*. Como arma para a crítica da cultura e para a abertura de uma estética suscetível de incorporar a dialética da arte e da cultura, esse vitalismo só se desenvolverá nas mãos de Nietzsche. Se bem que, em obras do gênero de *Das Erlebnis und die Dichtung*,[20] Dilthey demonstre notável aptidão ao relacionamento da interpretação estética com o quadro cultural, suas análises pressupõem geralmente uma problemática harmonia entre a significação da grande obra artística e as tendências culturais de cada época. Seu método é bem mais historicizante do que as antinomias nietzscheanas do *Nascimento da Tragédia*, mas o reconhecimento da assimetria entre a arte e a cultura, inerente à semântica do estilo moderno, ou do alto maneirismo (Tasso, Camões, Shakespeare, Donne – para só citar esses exemplos) – prima pela ausência. O senso histórico que permeia o conceito diltheyano de "vivência" o mantém admiravelmente distante do purismo abstrato da "expressão" croceana – mas não é, por si só, capaz de devolver a estética pós-romântica o seu acúmen crítico-referencial.

---

[20] Ensaios dos anos 1870 e 1880, reunidos em 1905; trad. espanhola: *Vida y Poesía*. Cidade do México, Fondo de Cultura Econômica, 1945.

Por outro lado, em Dilthey, a complacência com a infinita diversidade da vida em seu cortejo histórico chega ao ponto culminante, na forma daquela "ilimitada impressionabilidade" que Simmel julgava um traço típico das culturas decadentes. As tensões espirituais da época da Primeira Grande Guerra renovando a fome de absolutos, poriam termo ao sucesso do relativismo diltheyano. A tipologia perspectivista das "visões do mundo" foi destronada no projeto de uma "filosofia como ciência rigorosa". A flexível "compreensão" (*Verstehen*) cederá lugar a uma ascética "visão das essências" (*Wesensschau*). A autognose da "hermenêutica, que Dilthey retomara de Schleiermacher para opô-la ao método "explicativo" das ciências naturais, será transformada numa sequência de operações mentais destinadas a assegurar a determinação de essências por trás do fluxo vivencial – do ideal normativo por trás do empírico. O sistematizador de todas essas linhas de reorientação epistemológica, Edmund Husserl, erigirá o *vécu* em experiência do *necessário*, a vivência (*Erlebnis*) em palco do *apodíctico* e a "descrição pura das essências", ou fenomenologia, em fundamento de todo o saber.

(A apresentação da fenomenologia como reforma e corretivo da *Lebensphilosophie* poderá soar arbitrária. De fato, não parece que a meditação das obras de Dilthey tenha sido um elemento formador muito importante para Husserl. Herbert Spiegelberg [*The Phenomenological Movement*. Haia, M. Nijhoff, 1960] registra que Dilthey foi quem se interessou primeiro por Husserl [dedicando um seminário às *Logische Untersuchungen* em 1904], provavelmente por intermédio do psicólogo Carl Stumpf, condiscípulo de Husserl sob Brentano, e, como Dilthey, professor em Berlim. O que liga Husserl a Dilthey é o *tema do concreto*, a análise da experiência viva, que situa a ambos em oposição ao objetivismo do logicismo neokantiano. Ora, a crítica do logicismo "estava no ar"; e o próprio Dilthey chamou a atenção para os paralelismos *espontâneos* que emergem em torno dos motivos centrais de cada época. Dito isto, não esqueçamos que Husserl submete a "filosofia do concreto" a uma reorientação radical: a reorientação que vai da *Erlebnis* à redução eidética. Mas a redução *não* equivale a uma volta ao logicismo. Em 1925, em seu curso de verão, Husserl definiria a investigação do 2º volume das *Logische Untersuchungen* como um "remeter a intuição aos *vécus* lógicos". Essa expressão mostra claramente que a fenomenologia procurava evitar a *um só tempo* o psicologismo [por seu relativismo] e o logicismo [por seu "objetivismo"]. O psicologismo, já questionado pelo 1º volume das *Logische Untersuchungen*, foi rudemente atacado por Husserl no famoso artigo "Philosophie als strenge Wissenschaft", publicado no órgão neokantiano *Logos* em 1910-11: Dilthey se sentiu justamente visado. Mas isso não impediu que o 2º volume das *Logische Untersuchungen*, que vários admiradores do primeiro tomo esperavam se destinasse a reformar a crítica do psicologismo, fosse julgado como "recaída" psicologista por gente como Charles Sanders Peirce. O *vécu logique* é portanto uma *absolutização da teoria do concreto, e não a sua rejeição*. Numa carta ao líder neokantiano Paul Natorp [18/03/1909], Husserl afirma que a fenomenologia parte "de baixo", dos fenômenos concretos, enquanto o neokantismo caminha "de cima", desde rígidas fórmulas abstratas [ver Spiegelberg, op. cit., 2ª ed., p. 110, n. 2]. O psicologismo não repugna a Husserl por referir as significações aos atos da consciência, mas sim por tratar esses atos como puramente contingentes [sem atentar para a sua orientação ideal-normativa] e sobretudo, por *dissolver a objetividade das significações*, perdendo de vista o seu sentido imanente. O psicologismo esquece a significação; o objetivismo logicista, os atos da consciência transcendental que a constituiu.)

Na fenomenologia autêntica, que é a husserliana, a passagem da redução à construção – a ascese construtivista – é primordial. A redução às essências, ao mental purificado, à significação axiomática, desemboca na ambição de fornecer uma nova fundamentação do saber. A *crise da ciência* é a preocupação nuclear de Husserl, que não tem o menor gosto pelo descritivismo assistemático, mundano (isto é, não filtrado pela redução fenomenológica) e existencial da fenomenologia francesa, tipificada em Merleau-Ponty; e a solução que ele pretende trazer a essa crise obedece inteiramente à tradição racionalista da "unidade do conhecimento", isto é, do princípio crítico e construtivista, científico-arquitetônico, em que Ernst Cassirer (*Erkenntnisproblem*, vol. I, 1.3, cap. 1) enxergava o legado decisivo de Descartes à filosofia moderna. Walter Biemel[21] repara que Husserl não encara a filosofia a partir da *sophia* e sim a partir da *mathesis* ou *scientia*, no sentido racional-moderno.

Aparentemente, nos afastamos sem razão do nosso debate estético. No entanto, já voltaremos a ele, porque a ascese construtivista é uma das religiões estéticas mais disseminadas no nosso tempo. O construtivismo da Bauhaus, da arquitetura de Gropius, do mobiliário funcional de Mies van der Rohe, da pintura de Albers, do *design* de Max Bill, da neoplástica de Mondrian, etc. é um credo estético que está para o expressionismo vitalista assim como a fenomenologia husserliana está para a "impressionabilidade" da *Lebensphilosophie*.

Em ambos os casos, a autognose enamorada da multiplicidade das vibrações do eu se reconverte, através de uma depuradora absolutização do *vécu*, em princípio de reconstrução do universo – do universo epistemológico, ou do universo dos objetos fabricados. Em ambos os casos, a consciência se contrai, numa espécie de sístole reflexiva purificadora, antes de dilatar-se como ciência-matriz de todas as significações certas (fenomenologia), ou como exemplo produtivo de regeneração da prática social (arte bauhausiana). Em ambos os casos, o potencial isolacionista, separatista,

---

[21] Walter Biemel, "Les Phases Décisives dans le Développement de la Philosophie de Husserl". In: *Husserl, Cahiers de Royaumont*. Paris, Ed. de Minuit, 1959, p. 53.

do ego pós-romântico está presente. Husserl alicerça a apodicticidade de todas as significações atingidas pela redução eidética no horizonte de um "ego transcendental" autossuficiente, anterior à experiência da interação social e à esfera do que transcende a consciência. Gropius contemplava na concentração monástica dos *ateliers* do Bauhaus uma chave para a regeneração da sociedade pelo trabalho racional. Na fenomenologia como na Bauhaus, um construtivismo virtualmente isolado abriga uma ambição *cosmopoética*: um projeto de recriação do universo. O cosmos do saber e o cosmos do agir são produtos da razão reclusa – ainda que idealmente coletiva – do claustro higiênico do espírito.

A Bauhaus era um grupo bastante heterogêneo; nem todos os seus membros podem ser classificados como "construtivistas" em suas ideias artísticas (seria particularmente difícil incluir Kandinsky ou Klee nessa classificação). Mas o bauhausianismo "ortodoxo", o de Gropius, é o paradigma do construtivismo. Giulio Carlo Argan (a meu conhecimento, o primeiro a assinalar as analogias entre o redutivismo husserliano e o construtivismo bauhausiano) deu uma excelente caracterização da mentalidade deste último em *Walter Gropius e la Bauhaus* (Turim, Einaudi, 1951).

Gropius parte das ideias de um ilustre representante do formalismo herbartiano, o criador da *Kunstwissenschaft* e da teoria da "pura visibilidade", Konrad Fiedler (1841-1895). Para Fiedler, a arte é "contemplação produtiva": não busca apreender a essência do objeto nem a do sujeito; não interpreta a realidade, e sim a *produz*, com a exatidão do gesto que atua exclusivamente "no interesse do olhar". Fiedler traduziu a XI[a] tese sobre Feuerbach em termos estéticos: a interpretação do mundo pela arte morreu, a hora da práxis artística chegou... A originalidade de Gropius consiste em ter vinculado o conceito de contemplação produtiva ao problema histórico (que já roera Ruskin e os pré-rafaelistas) do divórcio entre artesanato e indústria, e entre "belas-artes" e utilitarismo fabril.

Sob a angústia do pós-guerra, Gropius refunde o esteticismo "decadente". A arte salvará a sociedade, mas para isso deverá começar por regenerar-se. A cultura humanístico-burguesa cavou um abismo entre as belas-artes e o cotidiano; a Bauhaus imprimirá à dignidade do estilo (que não passa do cálculo da forma plena e honestamente *funcional*) aos objetos familiares e "democráticos". Pelo *design*, o artista criador se tornará íntimo do reino da indústria. Pelo racionalismo produtivo, o espírito alemão escapará ao hipnotismo do caos, à crença demoníaca na desordem como fonte de criação. Adrian Leverkuhn jamais seria admitido entre os pedagogos da Bauhaus... Contra o mórbido "sublime" da wagnerite nazista, Gropius já havia levantado a bandeira da arte útil, clara e pragmática; contra a racionalidade retórica do otimismo de Le Corbusier, ele afirma a racionalidade como método, a sóbria razão que coloca a harmonia do universo na dependência do trabalho *técnico*, da tarefa renovada ante cada problema formal – ante toda função à espera de sua forma própria.

Mas o sonho de Gropius tinha o mesmo defeito das outras utopias da República de Weimar, e do seu pacifismo em particular: o de supor que o aperfeiçoamento da sociedade procederá da pureza ético-profissional, sem que as estruturas sociais sejam alteradas. Exilado nos Estados Unidos, Gropius terá tempo de constatar que o construtivismo da razão pura está condenado ao vácuo. Paralelamente, Husserl tende a eliminar a reflexão ontológica.[22]

A ascese construtivista é um expressionismo arrependido – uma doutrina da subjetividade exasperada pela própria levitação, que a pressão da História denunciara. O construtivismo é uma "autoconsciência imediata" que tenta reabocanhar o mundo, apenas para descobrir

---

[22] Ver as cortantes observações de Quentin Lauer sobre os embaraços da investigação ontológica – e, em última análise, a eliminação do problema do ser – em Husserl, *Phénoménologie de Husserl*. Paris, Presses Universitaires de France, 1955, cap. VI, especialmente p. 395, 399, 405, 407 e 409.

que a realidade aposentou as pretensões idealistas e as estratégias românticas – pois a ascese construtivista é um "resíduo romântico", um último avatar do mito da imediatez, *do mito da transparência do ego ante si mesmo*. Tanto a arte-expressão quanto a arte-construção não têm lugar para o senso da forma cognitiva, do artístico como *órganon* autônomo de conhecimento e de crítica objetiva da cultura. Veremos a seguir como esse isolacionismo estético emigra para o estudo da arte, quando a inclinação formalista predomina na análise formal.

3

Nosso ponto de partida foi a consciência da *posição marginal da arte* na era contemporânea, do fato de que a experiência estética se desenvolve perifericamente em relação ao núcleo ativo da cultura moderna. Vários autores não hesitam em saudar essa circunstância, acreditando que ela exime a arte de toda cumplicidade com uma civilização cujo estofo ético lhes parece desumanizante; porém, como as análises de Edgar Wind em *Art and Anarchy* o demonstram, a situação é bem mais complexa A mentalidade artística do nosso tempo *colabora* frequentemente com o processo de marginalização da arte, reforçando-lhe o *impulso formalista*, ou seja, a tendência a despojar-se de significações mais densas, a renunciar a fazer do(s) estilo(s) uma forma viva articulada com os problemas centrais da cultura, e a fundamentar, nessa mesma articulação, a ressonância universal da imagem artística.

Procurando historicizar o fenômeno indicado por Wind, sugerimos que a tradição da arte moderna, formada em resposta às condições peculiares da cultura urbano-industrial, se edificou em sentido oposto à estética romântica. Assim sendo, os elementos românticos manifestados nas obras e na consciência artística dos últimos 120 anos, *desde que não assimilados pela orientação global, não romântica, do estilo moderno*, passam a atuar como resíduos negativos, esteticamente estéreis. O impulso formalista instalado na evolução da arte contemporânea é, em grande parte, o resultado da influência desses resíduos românticos.

As premissas ideológicas do residualismo romântico pertencem à metafísica idealista. Uma delas é o ângulo subjetivo de consideração da realidade. A arte romântica concretizava essa perspectiva egológica através do culto da psicofania aberta ao mundo – da expressão da alma que engendra o cosmos, da alma que tornada Espírito, abriga a estrada para o Todo. O romantismo epigônico, residual, transformou a perspectiva egológica em subjetivismo fechado, intransitivo, acósmico. O conceito croceano de intuição-expressão representa o acabamento teórico dessa metamorfose; por isso, ele não constitui a inauguração da verdadeira estética moderna, e sim o auge do "residualismo" romântico.

A estética construtivista substitui a "expressão" croceana, a vibração narcisística da consciência neorromântica, pela ascese do eu produtivo, portador de uma reconstrução utópica da cultura ocidental abalada pela Primeira Grande Guerra. A arte da expressão vira arte da função. Partindo do formalismo de Fiedler, a ortodoxia bauhausiana se propõe solucionar o divórcio entre o estético e o útil, característico da sociedade industrial. O ego construtivista continua "fechado", mas se julga a matriz de toda uma nova práxis social – a expensas, naturalmente, da vocação radical de crítica da cultura. Avatar do formalismo, a estética construtivista se beneficiou fortemente do racionalismo tecnológico ambiente, chegando a inspirar, de maneira direta ou indireta, várias interpretações globais da arte contemporânea. A suposição de uma linha cubismo – construtivismo russo – Bauhaus – Mondrian – arte concreta – *optical art* (em suma, do cubismo a Vasarely, passando por numerosas instâncias maiores e menores, e sempre em oposição a cursos "irracionalistas" como o expressionismo, o surrealismo, ou a pintura "informal") elabora em termos construtivistas o juízo sobre a evolução da arte pós-cézanneana.

Mas será que o cubismo é efetivamente, ou essencialmente, o precursor do formalismo construtivista? Quando se leva em conta o papel de *tournant* da história da arte que o cubismo representou, em sua qualidade de fonte principal do estilo contemporâneo, vale a pena demorar um pouco sobre este ponto, antes de passar (na parte IV do nosso estudo) ao exame do formalismo no domínio da historiografia artística.

Para um Jorge Romero Brest,[23] que deseja fundar seu juízo crítico sobre a pintura contemporânea nos requisitos da "formação da linguagem de nosso tempo" (op. cit., p. 69); para quem a arte novecentista tende, louvavelmente, à "impessoalidade absoluta" (p. 134) e ao triunfo do *standard* coletivista (p. 303); e para quem a "vontade de estilo" da pintura moderna se orienta nitidamente para o abstracionismo geométrico, não há dúvida de que a aventura cubista é, no que tem de mais válido, um prelúdio a Mondrian. O cubismo é um "intelectualismo" (p. 105) idealmente votado à implantação universal da forma *standard* (p. 111).

O bravo crítico platino lamenta apenas que os cubistas, não tendo permanecido fiéis ao seu norte neoplasticista, hajam "mantido o sentido metafórico" (p. 125), "ao utilizar os elementos pictóricos como substitutos das imagens" (figurativas). Para nós, desprovidos da sua reconfortante confiança nas virtudes regeneradoras do coletivismo planetário, esse espúrio metaforismo cubista é uma felicidade. Graças a esse traço (que, conforme vemos, nem os adeptos entusiastas do puritanismo construtivista ousam negar), os cubistas criadores como Picasso e Braque escapam à cartilha da impessoalidade dogmática; graças a ele, o Picasso cubista já exibe aquela alusividade humorística tão sua – e cuja sorte, nas mãos do construtivismo, transparece sinistramente no itinerário de Klee a seu discípulo Max Bill: do humor alado, do pensamento irônico de Klee ao taciturno, plúmbeo intelectualismo de Bill.

---

[23] *La Pintura Europea Contemporanea*. Cidade do México, Fondo de Cultura Económica, 1952.

Por causa dessa vertente humorística, houve quem quisesse definir o cubismo, antes de tudo, pela prática do *capricho* estético, do *divertissement* plástico. Wind (op. cit., p. 200) responsabiliza Picasso (entre outros) pela promoção do capricho de exercício marginal a "forma predominante" da obra moderna; e Wylie Sypher,[24] estendendo bem discutivelmente o rótulo "cubista" à literatura (por exemplo: Gide), afirma que *"the acte gratuit is a psychological mechanism congenial to the cubist artist"*. Entretanto, convém não omitir que o sorriso, o perspectivismo lúdico e até o histrionismo cubista são solidários de outros aspectos mais "sérios", a começar pela exploração de uma nova conduta perceptiva. Pierre Francastel[25] destaca a vinculação do cubismo com as transformações da percepção trazidas pelo mundo moderno: a subversão das noções de longe e próximo, a familiaridade com altas velocidades e ritmos inéditos, a descoberta do infinitamente pequeno, etc. A arte cubista delineia *"une figure de l'univers qui ne coincide plus avec le découpage utilitaire et qui repose davantage sur la finesse des perceptions que sur le caractère pratique de l'expérience"*.

Esse compromisso do cubismo com o processo de atualização da percepção estética já o diferencia do formalismo construtivista, onde o quadro se anula enquanto referência ao exterior, só valendo como forma não representacional. O "sentido metafórico" da tela cubista é a garantia da sua capacidade de figuração; o veículo da sobrevivência da pintura como janela-sobre-o-mundo, *além* do abandono do quadro-espelho, isto é, do figurativismo tradicional. A tela cubista deixou de ser janela *fotográfica*, mas não deixou de ser *mimética*. John Golding, no que é certamente o melhor estudo sobre o cubismo[26] – sem

---

[24] In: *Rococo to Cubism in Art and Literature*. Nova York, Random House, 1960, p. 307.

[25] Pierre Francastel, *Art et Tecnique*. Paris, Ed. de Minuit, 1956, 3ª parte, cap. 1, C.

[26] John Golding, *Cubism: A History and an Analysis. 1907-14*. Londres, Faber, 1959.

desfazer nas interpretações pioneiras de Daniel-Henry Kahnweiler e Alfred Barr, nem nas cuidadas investigações de Guy Habasque, Robert Rosenblum e Edward F. Fry – insiste em que o movimento não foi de forma alguma "abstrato". A própria iconografia da pintura cubista revela as intenções "realistas" dos seus autores, e a mesma fragmentação dos objetos lhes parecia uma abordagem eminentemente figurativa. Quando Picasso, no outono de 1910, de volta de Cadaquès e do auge do cubismo "hermético", se esforça por aumentar a legibilidade de suas telas por meio de "chaves" realistas, ele dá provas desse espírito mimético, que o emprego, a partir de 1912, do *collage* e do *papier-collé* só virá intensificar.

Mas o nível mais autêntico do teor referencial, *filosoficamente figurativo*, do cubismo não se esgota nessa simples atenção ao objeto, nessa nova *finesse des perceptions*. Neste sentido, Gleizes e Metzinger – pervertidores eméritos da visão cubista, na teoria e na prática – passam longe do alvo ao sustentar que o novo estilo era o legítimo herdeiro de Courbet. O realismo cubista é menos visual do que *cultural*. A obstinação figurativista de Picasso e Braque deve ser entendida como estratégia de recuperação da energia mimética da obra de arte enquanto jato de luz sobre a cultura, e não enquanto mero registro da aparência sensível, fotográfico ou não. O apego ao objeto é neles um agarrar-se ao *quadro como metáfora da cultura*.

A forma específica desta carga referencial do quadro cubista consiste na força com que ele focaliza a crise *semântica* da arte na cultura moderna. A característica número um da tela cubista é a tensão entre o ímpeto figurativo e a acentuação da realidade da própria tela, ou seja, da bidimensionalidade. Esta tensão – inerente à pintura em si, mas que o cubismo cultiva de maneira sistemática – se manifesta tanto na angulosa "caça ao volume" de Picasso quanto no amor de Braque pelo *espace tactile*; tanto na "estatuária" do linearismo picassiano quanto na sedução colorística dos "relevos" de Braque. Em ambos os casos, o quadro se devota ao objeto (em Picasso, em detrimento do fundo; em Braque, visando ao complexo objeto-adjacências); mas, ao mesmo tempo, é ele próprio o objeto principal (*tableau-objet*).

Ora, essa intimidade ideal entre o senso do objeto e o senso do quadro, esse desejo de fazer passar a representação pela consciência viva dos seus meios formais, ilumina poderosamente a situação particular da arte na cultura ocidental moderna. Vejamos de que maneira.

Nos seus *Entretiens* com Georges Charbonnier (Paris, Plon) Claude Lévi-Strauss considera a maior parte da pintura ocidental desde a Renascença cativa de três "vícios": o *academismo*, ou visão do objeto submetida à obediência servil ao formulário da escola; o *figurativismo desbragado*, que leva ao empobrecimento da significação, e cuja base psicológica é a extrema possessividade em relação ao objeto – a "concupiscência mágica" – com que o artista moderno, habitante de um mundo dessacralizado, atua como se pudesse apoderar-se do objeto por meio de sua efígie (op. cit., p. 66, 69, 88-89); e a *excessiva individualização da produção artística*, que não se confunde com a simples individualidade do estilo (fenômeno presente na sociedade primitiva ou, na arte ocidental, até na Idade Média) e indica, isto sim, uma tendência ao esfiapamento dos laços culturais entre o artista e a comunidade, traduzido no primado das mitopoéticas individuais sobre a fabulação de fundo coletivo (p. 64, 74, 110).

Lévi-Strauss visualiza a história da pintura pós-medieval à luz do esforço de eliminação dessas mazelas. A servidão acadêmica foi abolida pelo impressionismo; a volúpia figurativa, pelo cubismo (ibid., p. 77, 80). Somente o terceiro vício – o individualismo exagerado da produção artística – não pôde ser liquidado, porque depende menos da renovação da arte do que da reorientação da cultura como um todo e da sociedade em seu conjunto.

Essa perspectiva de uma história da cultura estética em termos antropológicos é substancialmente acurada. Outros aspectos das reflexões de Lévi-Strauss não são menos interessantes: tal é o caso, em particular, da distinção, estabelecida no primeiro capítulo de *La Pensée Sauvage*, entre os três modos do "diálogo da estrutura com a contingência inerente à obra de arte": diálogo com a contingência da execução da obra; com a do seu *modelo*; com a da sua *destinação*. À parte o terceiro modo, importante sobretudo na esfera das artes aplicadas, os dois grandes tipos de diálogo da estrutura com a contingência coincidem, esquematicamente, com a supracitada cesura entre a arte pós-medieval e a arte "primitiva" (inclusive a ocidental). A estética "primitiva" se concentra no diálogo com a contingência-matéria ou execução (e daí sua densidade técnico-semântica, sua energia formal); a estética moderna, no diálogo com a contingência do modelo (e daí sua tendência íntima à orgia figurativista, com risco automático de anemia semântica e debilidade formal).

Dedicando-se à suspensão da concupiscência figurativa, sublinhando o papel capital da execução e da forma, o cubismo tentou inverter o processo da estética moderna (isto é, não primitiva). A empresa cubista se apresenta assim como denúncia da crise (semântica) da arte moderna; e se é verdade que o cubismo constitui o momento de fundação da arte contemporânea, é lícito considerar esta última inspirada pelo *páthos* da crítica da cultura em toda a sua radicalidade.

A beatífica satisfação do espírito construtivista com as tendências culturais vigentes, o amor acrítico ao império da razão tecnológica e a mística do impessoal-coletivo nada tem a ver, evidentemente, com a motivação radical da crítica da cultura. O programa construtivista não se propõe de modo algum romper com o cerne dos valores modernos – a hegemonia da mentalidade racional-tecnológica; propõe-se, ao contrário, levar ao apogeu o domínio da civilização tecnológica, "purificando" a cultura contemporânea dos últimos resíduos a ela estranhos: os valores "românticos" da personalidade e da vida, a pátina renitente das tradições religiosas, a aura suspeita e inútil do indivíduo e das coisas.

A mensagem axiológica do cubismo como gênese de arte do século exige do *contemporâneo* que se legitime como ruptura com o processo civilizacional *moderno*; a mensagem construtivista encara o contemporâneo como simples *modernização*, como consumação da cultura tecnológica. Por mais que a teoria construtivista tente apoderar-se do cubismo, este não é, em sua medula, nenhum precursor inconsistente da miopia cultural do construtivismo. A presença da arte negra no atelier de Picasso dos anos "heroicos" instrui muito mais sobre a essência do movimento do que as pretensões genealógicas dos construtivistas.

Efêmero ou não, o cubismo alojou nesse vigor com que foi capaz de assumir a estética da crítica da cultura a sua flagrante superioridade em relação a todas as formas plásticas de apologia da civilização existente. Lembremos apenas duas: o futurismo e a obra de Fernand Léger. Por ter vinculado a atualização da percepção sensível ao culto do "moderno", o futurismo se desviou da pesquisa cubista; por ter optado pelo credo da máquina e da cidade. Léger condenou seu muralismo ao impasse – um impasse ironicamente ignorado pela superficialidade das "recuperações" recentes de artistas influenciados por ele, a começar por grande parte do nosso modernismo plástico.

Se, nas pegadas de Walter Benjamin, conferirmos ao conceito de surrealismo – tendo o cuidado de afastá-lo do charlatanismo espírita, do imaginário de almanaque, do neorromantismo contraditório e, sobretudo, do otimismo circense de Breton e da copiosa mediocridade dos membros mais notórios da corrente – o significado básico de uma figuração artística em luta com o sentimento de perda da autenticidade da experiência vivida, poderemos associar cubismo a surrealismo. À vivência como martírio cotidiano das potencialidades do homem, testemunhada pela técnica surrealista, corresponde a ambígua trituração cubista do objeto, a semi-iconoclástica reconstrução da imagem em nome do vestígio da sacralidade da forma – do seu esquecido poder de significar a epifania do mundo, em vez de captar meramente a epiderme da coisa manipulável. Fechando-se nessa ressacralização da forma, a tela cubista, por assim dizer, antecipou, ao nível da "espécie" pintura, aquela evocação-protesto que o quadro surrealista buscava extrair, no nível do quadro singular, das variações da consciência. O cubismo foi, por assim dizer, como processo "filogenético", o que o surrealismo procurou ser no plano da "ontogênese", da obra individual. A luta contra a perda de significação da imagem prenunciou o empenho em resgatar a riqueza de sentido da experiência. Por isso, o cubismo parece mais "formal", ante o "literário" surrealista; mas, como crítica de cultura, a polifonia dos planos na tela de Picasso é uma astúcia afim da conjuração onírica de Max Ernst. Daí o grande criador em que o linearismo pós-cubista e o novo senso do espaço se uniram à temática "literária", Paul Klee, poder ser julgado ao mesmo tempo o verdadeiro mediador entre cubismo e surrealismo, e o autor da obra mais completa da pintura ocidental da primeira fase do século.

Contestada a interpretação formalista do cubismo, é tempo de examinar os efeitos da impregnação do formalismo na historiografia artística: o emagrecimento da história da arte convertida em discriminação de estilos desatenta ao drama da cultura. Para tanto é que percorremos, na próxima seção, o trajeto ideológico de Heinrich Wölfflin a Erwin Panofsky, sem esquecer o terreno da crítica literária.

4

Conforme vimos nas seções anteriores do nosso estudo, a posição marginal ocupada pela arte na sociedade contemporânea levou a crítica a interrogar a mentalidade estética do nosso tempo, em busca dos elementos ideológicos que atuam em cumplicidade com os demais fatores responsáveis pelo isolamento da arte do seio da cultura. O que chamamos de "tradição moderna" em história da arte é o conjunto de tendências estilísticas surgidas de há um século para cá, e "grosso modo" caracterizadas por dois aspectos: a) a reação crítica contra os modos de vida impostos pela sociedade urbano-industrial; e b) a fidelidade a uma poética essencialmente distinta das coordenadas estéticas vigentes durante a precedente era clássico-romântica.

De acordo com essa premissa, a sobrevivência, desde 1850, de traços românticos na produção artística ou na mentalidade estética em geral, chocando-se com a natureza dominante nãoromântica da tradição moderna, origina um ou outro dos seguintes resultados: ou a assimilação do traço romântico em causa, de maneira a inseri-lo no contexto ideológico "moderno";[27] ou a preservação da sua índole romântica, isto é, pré-moderna, caso em que – esta a nossa tese – o mencionado elemento representaria, como *resíduo* inassimilado pelo processo autêntico da arte moderna, um vírus esterilizante para a produção artística. No curso de sua transformação em resíduos esterilizantes, os ingredientes da estética romântica perdem a funcionalidade e a vitalidade que possuíram antes, convertendo-se em *fontes de formalismo*, ou seja, em estímulos à manutenção e ao reforço dos fatores da insensibilidade da arte aos problemas da cultura contemporânea.

Em *Art and Anarchy*, de Edgar Wind, surpreendemos alguns dos principais focos desse residualismo romântico favorável à persistência do formalismo. O primeiro deles foi a *superestimação dos efeitos de imediatez* na criação e na percepção estéticas, de que são solidárias a mística do fragmento e do esboço, a estética expressionista (Croce) e, dialeticamente, a estética

---

[27] Um grande exemplo de assimilação da estética romântica numa obra fundamentalmente moderna é o estilo de Klee. Seu *Diário* e seu breve manifesto estético, a conferência pronunciada em Iena em 1924, estão cheios de ecos da *Naturphilosophie* e do idealismo novalisiano – mas sua produção pictórica e gráfica pertence medularmente àquela "poética da alegoria" em que Benjamin discernia o tronco da atitude estética pós-romântica (Benjamin, ele próprio carregado de reminiscências românticas, se interessou de maneira bem significativa por Klee) e se situa, como assinalamos na última seção, na fronteira dialética entre a plástica cubista e o surrealismo.

funcional-construtivista. Na 3ª seção, a propósito do cubismo, procuramos indicar a discutibilidade das ideias formal-construtivistas no terreno da interpretação de um momento fundamental da história da arte novecentista. O segundo foco que nos propusemos considerar foi a *inclinação formalista da análise estilística*. Nós a abordaremos, por ora, no domínio da história das artes plásticas; ulteriormente, no da crítica literária.

Por "análise estilística" ou "formal" entenderemos aquelas tendências em história da arte definidas pela vontade sistemática de circunscrever os aspectos propriamente formais da obra de arte, indiferentemente ao seu conteúdo ideológico ou afetivo. O tipo de análise empregado por Wölfflin para as artes plásticas ilustra perfeitamente essa corrente de investigação. É imperioso sublinhar que o que consideramos insuficiente ou errôneo, nesse gênero de estudos, *não é de modo algum a análise formal em si* – mas apenas a sua rarefação, o seu "emagrecimento" numa atenção à forma "pura", esquecida da riqueza de significações que ela contém. Essa rarefação converte a análise formal em visão *formalista*, como tal perseguida pela nossa crítica ao residualismo romântico na moderna tradição estética. Ela acompanha feito uma sombra a história da análise formal, mas não é (ao contrário do que pensam os conteudistas de todas as procedências) um desdobramento necessário desta última, e sim uma sua *inclinação* virtual. De acordo com a linha mestra do nosso ensaio, podemos arriscar a tese de que a materialização dessa metamorfose formalista da análise formal se deve à influência de resíduos românticos no interior da consciência estética moderna, no nível crítico-historiográfico.

A inclinação propriamente formalista da análise formal consiste, portanto, em isolar a forma de toda articulação com o significado cultural da obra de arte, tanto no que se refere à cultura material quanto no que concerne à cultura espiritual. Cronologicamente – e isso é que parece dar razão à ideia conteudística de que estudo de forma e formalismo se confundem – essa inclinação coincide com a própria emergência da análise da forma, em Wölfflin. É claro que o impulso de valorização da forma em sentido isolacionista já ocorrera anteriormente, sendo bastante citar aquele esteticismo romântico a que aludimos na primeira seção;[28] mas o purismo crítico só se sistematiza metodologicamente no fim do século passado, com os historiadores Heinrich Wölfflin e Aloïs Riegl.

As fundações filosóficas da história das formas de Wölfflin ou Riegl remontam à estética herbartiana. Johann Friedrich Herbart (1776-1841) integra, com Fichte, Schelling e Hegel, o quarteto dos grandes pensadores pós-kantianos que, rejeitando a teoria de Kant sobre a incognoscibilidade da coisa-em-si, partiram para uma reinstauração da metafísica. Diversamente, porém, dos outros membros do quarteto, Herbart se recusou a construir uma "filosofia do sujeito" à moda idealista. Para ele, a tarefa da nova filosofia está em determinar as bases *objetivas* daquelas formas *a priori* do conhecimento que Kant situava na consciência. Ao contrário dos cultores da filosofia do sujeito, Herbart aspira a apresentar um painel realista (isto é, anti-idealista) das categorias, convertendo a "lógica "transcendental" da *Crítica da Razão Pura* não só em ontologia, como Hegel, mas em metafísica *realista* (ver Ernst Cassirer, *Erkenntnisproblem*, III, cap. 5, 1). Herbart quer harmonizar a visão kantiana do conhecimento como estrutura com a epistemologia realista, mostrando que a experiência não nos oferece nunca *nem* um "dado" informe, inarticulado, *nem* qualquer "ato" sintético executando a articulação dessa suposta matéria bruta; e censura Kant por não ter visto que os próprios conceitos e categorias são "dados", à medida que a experiência sempre se estrutura, em todos os seus níveis.

---

[28] Já o ideal weimariano de "extirpação da substância pela forma" propugnado na *XXIIª Carta sabre a Educação Estética*, de Schiller (1795) – híbrido da teoria da "distância estética" de Bullough e da ética lúdica de Schiller (ela própria ancestral da "dimensão estética" da utopia marcusiana) –, dificilmente, a despeito do que sugere Wind (op. cit.), admite uma interpretação esteticista pura.

Ora, Herbart, nesse impulso realista, proscreverá todo privilegiamento psicologista das flutuações do eu. Em lógica, por exemplo, ele exige que as articulações do pensamento sejam estudadas indiferentemente aos acontecimentos psíquicos que se produzem quando o raciocínio se realiza; e *em estética*, do mesmo modo, reclama o primado absoluto da consideração da estrutura dos objetos estéticos sobre a investigação das emoções. Assim como a análise do conhecimento não busca os atos formadores de um sujeito demiúrgico, mas a arquitetura *objetiva* da experiência mesma, a análise estética não persegue a vibração anímica do espectador, e sim a ordenação *objetiva* das formas.

A focalização das emoções leva a minimizar as diferenças entre as várias artes; a focalização da forma, ao contrário, é antes de tudo consciente da *distinção entre as artes*. Segundo Herbart, a beleza de uma obra é tanto mais pura quanto mais fiel à lei íntima do tipo de arte a que a obra pertence. Lionello Venturi (*Storia della Critica d'Arte*, 2ª ed. 1948, cap. X) dirá com perspicácia que o conhecimento da beleza supõe, em Herbart, uma dupla abstração: abstração do sentimento, e abstração dos tipos de arte diversos daquele a que a obra examinada se filia.

A *Estética* de Robert Zimmermann (1865), discípulo de Herbart e mestre de Riegl, representa uma ponte entre o pensamento pós-kantiano e a análise formal da *Kunstgeschichte fin-de-siècle*. Como Herbart, Zimmermann foge ao beco sem saída do sentimento: atribui à psicologia o estudo do conteúdo da fantasia, reservando à análise estética o da *imagem* da fantasia. Além disso, elabora a teoria da diversidade das artes, e instaura a investigação das artes plásticas como exame dos "símbolos visuais". Em Fiedler – que já encontramos na fonte do construtivismo da Bauhaus – a natureza técnica, específica, da "contemplação produtiva" descende do senso herbartiano da particularidade de cada reino artístico, enquanto a abstração do sentimento é confirmada por uma teoria kantiana da "percepção objetiva". Divulgadas pelo "Cézanne alemão", Hans von Marées, e, sobretudo, pelo círculo do escultor e teórico Adolf von Hildebrand (1847-1921), de Munique, as ideias fiedlerianas ou doutrina da "pura visibilidade", estavam bem implantadas no âmbito meridional da cultura germânica quando o suíço Heinrich Wölfflin (1864-1945) e o austríaco Aloïs Riegl (1858-1905) sistematizaram o emprego da análise formal em história da arte.

A fidelidade de Wölfflin à disciplina herbartiana da abstração do sentimento se revela em seu repúdio da estética da *empatia* (*Einfühlung*). Vejamos, em duas palavras, em que consistia esta última. O termo *Einfühlung* (literalmente: introdução do sentimento; ein = dentro, *páthos* = sentimento) aparece pela primeira vez no *ensaio Über das optische Formgefühl* [Sobre o Sentimento-da-forma Ótico, 1873] do historiador de arte Robert Vischer, filho do célebre esteta hegeliano Friedrich Theodor Vischer, e que disputaria mais tarde com Wölfflin a cátedra de Berlim. Segundo a teoria da empatia, o homem não se restringe, na experiência estética, a uma contemplação puramente objetiva, mas antes projeta instintivamente, no objeto contemplado, as suas próprias emoções.

De acordo com a moderna história da estética,[29] podemos caracterizar a evolução histórica da teoria da empatia como uma tentativa de harmonizar a estética experimental de Fechner com a tradição romântico-idealista. Gustav Theodor Fechner, o primeiro "Gründer" da nova ciência psicológica segundo a clássica *History of Experimental Psychology*, de Edwin Garrigues Boring, dedicou-se ativamente à pesquisa da sensação estética – e seu esforço residiu precisamente em substituir as conceituações *especulativas* do belo dos românticos e dos filósofos idealistas – a estética "pelo alto" (*von oben*) – por uma estética indutiva "de baixo" (*von unten*), isto é, construída a partir de definições estabelecidas pela psicologia experimental.

---

[29] Ver, por exemplo, Armando Plebe, "L'Estetica Tedesca nel'900" (cap. 1), na obra coletiva *Momenti e Problemi di Storia dell'Estetica*. Milão, Marzorati, 1961, vol. 3.

À observação de laboratório, e não aos golpes de estado metafísicos, é que caberia determinar a *differentia specifica* da sensação estética. Infelizmente, porém, Fechner estreitava demasiado o seu conceito do estético, emagrecendo-o de todas as notas espiritualmente valorizadoras a que o fenômeno artístico estava tradicionalmente associado. Os fechnerianos Theodor Lipps (1851-1914) e Karl Groos (1861-1946) tentarão preencher essa lacuna, incorporando à definição psicológica, antiespeculativa, do sentimento estético o *glamour* da ideia romântica e idealista do universo objetivo como projeção do Espírito. Para tanto é que se apropriarão da "empatia" de Robert Vischer. Com ela, a psicologia da sensação estética passa a ser teoria experimental do mundo investido pela alma dos objetos "vivificados" pelas emoções humanas. Esse apego da *Einfühlungstheorie* ao idealismo é uma instância modelar daquela recorrência de resíduos ideológicos românticos no segundo Oitocentos que é, segundo vimos, a semente comum dos vários ramos da atitude *formalista* na idade pós-romântica.

Assim, por meio de Vischer, influenciado por seu pai, a estética psicológica voltava a Hegel. Entretanto, nem por isso ela esqueceu a sua vocação empírica. A prova é que, em vez de permanecer no plano do sujeito – da "*Einfühlung*" indiferenciada de Vischer –, Lipps e Groos *inclinaram em sentido objetivo a noção de empatia*. Para Lipps, esta é mais *simpatia* que mera projeção: é uma espécie de participação emotiva na natureza do objeto, de tal modo que *só alguns* objetos – aqueles com cuja estrutura experimentamos afinidades psicológicas – são suscetíveis de uma contemplação empática verdadeiramente *estética*. A empatia estética é mais do que uma simples projeção: é uma projeção anímica orientada pela estrutura seletiva dos objetos. Indo adiante, Groos a definirá como "imitação interna" (*innere Nachahmung*) da realidade objetiva; a "simpatia" de Lipps se torna um reviver (*nacherleben*) ativo do objeto estético, fora de qualquer finalidade prática – o que permite a Groos restaurar o conceito romântico da arte como jogo.

Mas nem mesmo esses aspectos "objetivistas" da teoria da empatia eram capazes de livrá-la do seu psicologismo. A teoria não estava consagrada ao exame das *obras* de arte, e sim ao das *sensações* estéticas; seu conceito do prazer estético – "gozo objetivado de si mesmo" (Lipps, *Ästhetik*, II, 1, 4) – não deixa dúvida sobre este ponto. Além disso, Lipps e Groos deram um cunho idealístico bastante anacrônico à sua reespiritualização da sensação estética. Lipps fala muito no "valor da personalidade" envolvido na simpatia, enquanto Groos julga a imitação interior "o mais nobre jogo do homem". Esses ecos da "alma bela" weimariana e romântica – da concepção de uma estética idealizada de uma arte comprometida com a harmonia da personalidade – não escaparam à crítica de Croce, vigilante em relação à confusão de estética e ética e a toda apresentação "edificante" do fenômeno artístico. Nos primeiros anos do nosso século, vigorosamente criticada por Max Dessoir, Richard Müller-Freienfels, Benedetto Croce e Wilhelm Worringer, a doutrina da empatia bateu em retirada, subsistindo apenas – embora depois de ter sofrido uma oportuna cirurgia plástica, transformando-se em tipologia do simbolismo estético – em Johannes Volkelt. A doutrina volkeltiana do simbolismo estético será, antes da teoria da particularidade de Lukàcs, a mais completa formulação de uma poética neorromântica do *símbolo*, oposta à poética *alegórica* dos estilos da tradição moderna (referida no final da nossa 1ª seção, q.v.).

A própria inflexão "objetivista" da doutrina da empatia só se forma no decênio de 1890. O primeiro livro fundamental de Wölfflin, *Renaissance und Barock* (1888), ainda sacrificava ao estágio vischeriano da prestigiosa teoria; desde 1889 porém, em seu volume sobre Gessner, Wölfflin se separa dela, aderindo à corrente antiestética da "abstração do sentimento". Em *Die Klassische Kunst* (1899), sob o signo de uma homenagem a Hildebrand, ou seja, ao purovisibilismo fiedleriano, ele oporá as categorias visuais à estética emocional; "sem tonalidade afetiva em si, sem expressão", essas categorias puramente formais de percepção e de figuração constituem o núcleo do seu ensaio mais famoso, os *Conceitos Fundamentais da História da Arte* (*Kunstgeschichtliche Grundbegriffe*, 1915).

Enquanto direção antiemocionalista, o purovisibilismo não estava sozinho. Se há um ponto em que as estéticas metafísicas de Schelling e Hegel (no primeiro, a teoria da arte como *órganon* da intuição da identidade básica entre consciência e natureza; no segundo, a teoria do belo como esplendor sensível da Ideia) concordam com o antipsicologismo herbartiano, é no seu desprezo por toda tentativa de erigir o "sentimento" em sede da experiência estética. De maneira que tanto o conteudismo de Schelling ou de Hegel quanto o formalismo herbartiano antecipam o ataque de Fiedler à mística da "emoção" estética.

Antes mesmo, porém, da sua germinação teórica nos *pós*-kantianos, o veto ao espontaneísmo *sentimental* havia prosperado. Embora seja bastante frequente equiparar romantismo e emocionalismo, a verdade é que a primeira grande vaga romântica – o grupo de Iena – revela uma notável continuidade em relação ao controle clássico e à consciência da forma dos weimarianos. É certo que Novalis pede à poesia a "representação do sentimento" – mas seria altamente enganoso tomar esse programa por uma defesa da efusão direta da sentimentalidade empírica; Novalis preza sobretudo o "poeta puro aço", capaz de manipular a magia verbal com a perícia de um lúcido algebrista. O seu anti-intelectualismo, como o de Friedrich Schlegel, é dirigido contra o intelecto extrapoético da Aufklärung, isto é, contra o que Poe chamará de "heresia do didático" – mas nada tem a ver com a tendência à identificação da arte com a experiência emocional bruta que foi o núcleo mítico do "*Sturm und Drang*" pré-romântico. Entre a inflação patética dos *Stürmer*, continuadores da literatura *larmoyante* do Setecentos inglês, e o romantismo novalisiano se interpôs a vontade de estilização do real da obra madura de Goethe e Schiller, vontade incompatível com a simples equação arte = vida. Na França, onde "pré-romantismo" designa uma fase muito mais tardia do que a dos seus homônimos inglês e germânico, correspondente aos anos do Diretório e do Império, a literatura "pré-romântica", protagonizada pelo patetismo de Chateaubriand, surge, de fato, como precursora imediata do sentimentalismo de Lamartine e de Hugo; porém, na Alemanha, onde o romantismo começa pelo menos vinte anos mais cedo, o estilo romântico herdou muita coisa do classicismo de Weimar (por sua vez, tão diverso do classicismo iluminista francês que, na França, Goethe e Schiller foram longo tempo considerados "românticos"!...); tanto assim, que para Hermann August Korff, em seu monumental estudo *Geist der Goethezeit* (1770-1830), o romântico alemão de 1800 é menos um "anticlássico" do que um *clássico romantizado*. Pois bem: um aspecto da "frente" Weimar-Romantik, em sua oposição comum ao pré-romantismo do período "genial" (sturmeriano) é precisamente *o freio à efervescência patética*. Esta só voltará com o segundo romantismo, o de Heidelberg e de Berlim (Brentano, Arnim, Kleist, Hoffmann), de temperatura emocional bem mais alta que o romantismo filosófico de Iena, e só se instalará – sob a forma bem comportada do sentimentalismo piegas, pudicamente melancólico, dos tardo-românticos (Eichendorff, Chamisso, Uhland), ou na versão mais dramática, byroniana, dos epígonos "dilacerados" (*Zerissenen*), Heine, Lenau, Immermann e Grabbe – depois de encerrado o ciclo *propriamente* romântico. O romantismo pacificado de Eichendorff ou de Uhland dissolve a *Sehnsucht*, a inquieta "procura do desejo", num ideal de beatitude sentimental análogo ao antipassionalismo caseiro do Biedermeier (Grillparzer, Stifter, Moerike); e o novo agonismo dos byronianos abandonará a visão transcendental da *Kulturkritik* romântica pela arte *engagée* ou simplesmente costumbrista. Na Inglaterra, paralelamente, o patetismo não é uma característica romântica *toto caelo*; domina em Byron e Shelley, mas não em Keats nem na primeira geração (Wordsworth, Coleridge); e só se espraia, como postura melancólica, na arte do *decorum* vitoriano, tipificada em Tennyson, e que a historiografia inglesa absolutamente não confunde com o estilo romântico, a não ser com a significativa qualificação de epigônico. Os avatares do sentimentalismo romântico na música e na pintura também são posteriores do alto romantismo literário – a ópera de Weber, como a melíflua pintura de Overbeck e dos Nazarenos, corresponde ao senso "popular" e cristão do *Heimweh* (nostalgia do lar) uhlandiano; Schubert, à pintura de *genre* Biedermeier (Schwind, Spitzweg); e os *lieder* de Schumann têm letras de Chamisso e de Heine. O único estágio da pintura romântica alemã próximo à visão transcendental, a arte de Caspar David Friedrich, não é sentimental nem patético; o colorismo dramático de Turner ou Delacroix só se afirma já na idade vitoriana, no último caso, unido a uma estética pré-baudelaireana, em que a espontaneidade das efusões se vê substituída por uma rigorosa consciência artesanal.

De resto, por volta de 1840, o esteticismo de Delacroix, de Gautier e de Poe repudia o sentimentalismo e a expressão espontânea em nome dos valores da composição. Esse estilo aspirará à emoção *como efeito*, e não como instrumento, da arte. A retórica cênica de Wagner coroará essa tendência, que Baudelaire sauda e lega ao simbolismo. A partir de então, a polêmica emocionalismo/antiemocionalismo por assim dizer se desloca, passando a versar menos sobre sentimento-ou-consciência como *órganon* da elaboração artística do que sobre a validez ou não do efeito emocional como base da percepção estética e seu significado último. O núcleo da experiência estética reside em emocionar-se, ou em apreender relações formais concretizadas em palavras, sons, cores e volumes?

Em 1854, rebelando-se contra a mobilização emocional a que Wagner visava, um crítico tcheco, Eduard Hanslick, fustigou o patetismo musical. Se é verdade, dizia Hanslick, que a antiga música helênica consistia em produzir efeitos emocionais – se bastava o toque das cordas frígias para encorajar as tropas em luta, ou uma melodia em modo dórico para robustecer a fidelidade das esposas de maridos distantes – então a perda da música grega é uma triste coisa para os generais e os maridos...

mas não para o esteta nem para o compositor. A "abstração do sentimento" na consideração da obra de arte encontrou em Hanslick um fino defensor, que os herbartianos imediatamente aclamaram; e Hanslick aparece hoje como um autêntico (embora intuitivo) precursor da *Formgeschichte* wölffliniana.

Recusando a estética da empatia, o método de Wölfflin se negava a analisar as obras de arte em função das "expressões" da consciência individual. Essa ideia estava no ar. Em seu ensaio *A Origem da Hermenêutica* (1900), Dilthey foi talvez o primeiro a ambicionar explicitamente "compreender o artista melhor do que ele mesmo". A famosa tese wölffliniana de uma "história da arte sem nomes" submete essa ultrapassagem, analiticamente legítima e necessária, da interpretação do autor a uma orientação a um só tempo, fecunda e errônea.

Por um lado, Wölfflin quer descobrir, por trás da individualidade aparentemente absoluta do estilo de um pintor, uma espécie de "episteme visual", ou seja, do esquema perceptivo vigente em determinada época, e que o artista, querendo ou não, é forçado a perfilhar. Essa episteme visual "atua" indiferentemente a toda e qualquer "expressão" particular que o artista tenha almejado confiar a sua obra. Além disso, os esquemas visuais epocais pertencem, naturalmente, à cultura e não à natureza: não são estágios de uma presumida história da imitação da natureza pela arte, e sim períodos de uma história das motivações sociopsicológicas da abordagem visual do mundo físico. Não há representação "natural" da realidade sensível – toda figuração é produto de uma dialética entre os estímulos fisiológicos e um quadro cultural suscetível de alteração. Mais tarde, em seu precioso *Art and Illusion*, Gombrich levará às últimas consequências essa desmistificação de todo "realismo ingênuo" em matéria de representação artística do real: para ele, a psicologia do estilo deve ser completada por uma verdadeira sociologia da percepção. De qualquer modo, Wölfflin lançou as bases de uma história da arte decidida a surpreender, subjacente à consciência dos criadores e à figuração da natureza, a configuração que lhes serve de fundo e lhes dá sentido. Hoje, ninguém pensaria em renunciar a esse duplo movimento de escavação analítica.

Por outro lado, contudo, a teoria da "história da arte sem nomes" recai numa certa dose de mistificação – na falácia *holista* que consiste em encarar as diversas linhas de produção artística de uma mesma época – para não falar nos diversos produtos de cada linha – como manifestação perfeitamente homogênea de um princípio único, de um Todo (*holos*) ubíquo e onipotente. Wölfflin gostava de repetir que a essência do gótico é tão evidente num sapato medieval de ponta afilada quanto numa catedral; analogamente, Riegl sustentava que o *Kunstwollen* – a "vontade artística" – de cada época consiste no fato de que ele se impõe com a mesma intensidade e imediatez a todas as manifestações artísticas desse período, tanto nas "elevadas" quanto nas mais "humildes". No entanto, a complexa variedade de artes e de estilos, mesmo contemporâneos, dificilmente se deixa explicar pela remissão *imediata* de cada obra a um dado *arché* taxinômico, a um princípio classificatório axiomático e imperialístico. Arnold Hauser[30] pôs o dedo na ferida ao chamar a atenção para a origem *historicista* do holismo de Wölfflin ou Riegl. De fato, é típica do historicismo oitocentista a pretensão de diluir todo fenômeno individual numa força coletiva superior (nação, Estado, religião estabelecida), e, ao mesmo tempo, de afirmar a individualidade irredutível de cada fase histórica. Em suma: o individual desaparece enquanto contemporâneo, para reemergir ostensivamente como sequência histórica. Para a historiografia moderna, porém, essa atitude resulta em reducionismo: o glorioso *Kunstwollen* esmaga arbitrariamente as feições individuais das artes e das obras. Não é à toa que o ancestral da "história da arte sem nomes" é a "*histoire sans*

---

[30] *The Philosophy of Art History*. Londres, Routledge & Kegan Paul, 1959, parte IV, cap. 1.

noms"³¹ recomendada por Comte, isto é, pelo pai dessa metafísica do reducionismo que foi o positivismo.

Segundo Wölfflin, a história da arte é a crônica do desenvolvimento *autônomo* dos estilos. A sucessão das epistemes visuais não deve ser explicada por condicionamentos externos, mas sim por leis evolutivas *imanentes*; convém não esquecer que, "na história da pintura, a influência de um quadro sobre outro é muito mais efetiva como fator estilístico, do que tudo que derive diretamente da observação da natureza". A episteme visual se apresenta concretamente como um certo conjunto de requisitos formais, um dado nível de habilidade técnica, um determinado padrão do gosto e da sensibilidade; e a inserção de cada novo artista na práxis estética começa pela familiarização com esses aspectos *institucionais* do fazer artístico. Em regra, as próprias revoluções do estilo não surgem *ex nihilo*: elas explodem numa negação *determinada* da prática existente; não raro se apoiam, para inovar, na reabilitação de formas antigas. Assim, dialeticamente, a tradição comporta a ruptura das convenções. As grandes reorientações do gosto se inauguram invariavelmente como brigas de família. O anticlassicismo de Pontormo sai do classicismo de seu mestre Andrea del Sarto; o antimaneirismo de Caravaggio, de sua intimidade com o maneirismo lombardo.

Daí a estrita indispensabilidade de uma visão *endógena* da evolução artística, indispensabilidade que a fidelíssima atenção de Wölfflin à forma incorporou definitivamente à história da arte. A atenção à forma, aliás, se desdobra necessariamente em consciência da *técnica*. Fiedler havia desacreditado perspicazmente a imagem lessinguiana de um "Rafael sem mãos", cujas ideias artísticas tivessem validez independentemente de sua execução. Seus *Schriften über Kunst* contêm a declaração taxativa de que "tudo o que merece o nome de representação artística não pode ter origem senão no processo mesmo que lhe deu forma". A mão nunca se limita a moldar o

---

[31] *Cours de Philosophie Positive*, Leçon LII, V, 14 (Littré [ed.]).

que o olho "já houvesse visto"; na realidade, ela prolonga e desenvolve o que o olhar vislumbra. Ao contrário, neste ponto, de Riegl, para quem o material e as técnicas eram apenas "coeficientes de atrito" enfrentados pela vontade artística, Wölfflin se manteve aberto à consciência da relevância do veículo na elaboração da forma; em vez de *Kunstwollen*, com sua enganosa suposição de indiferença ou passividade da matéria e da técnica, ele preferia falar de uma simples e modesta *Formphantasie*.

Não obstante, sob dois aspectos substanciais, Riegl veio complementar admiravelmente a *Formgeschichte* de Wölfflin e sua disciplina de estudo autônomo do estilo. Em primeiro lugar, curiosamente, o próprio vício idealista de Riegl – a subestimação do material implícita no conceito de vontade artística – lhe permitiu incorporar à história do estilo as então menosprezadas "artes menores". Polemizando contra as ideias de Gottfried Semper que visava a deduzir mecanicamente o estilo da técnica, Riegl investiu a cerâmica, o mobiliário e os códigos decorativos da dignidade de expressões artísticas, tão dotadas de estilo quanto as artes mais nobres – e o espírito moderno consagrou resolutamente essa ampliação do terreno estético.

Em segundo lugar, Riegl foi o verdadeiro sistematizador do repúdio ao normativismo classicista – dessa *renúncia à predileção pelo clássico* – que se confunde com a conquista da maturidade em matéria de história do estilo. Até Fiedler, a tradição herbartiana fora incapaz de admitir plenamente a legitimidade da arte não clássica; a Grécia de Péricles e a Alta Renascença florentino-romana perduravam como paradigma do belo artístico, tal como o haviam sido para Winckelmann, para os cenáculos de Weimar ou para Jacob Burckhardt. Nem sequer Wölfflin escapa inteiramente ao hipnotismo da norma clássica: sua analística do barroco, a despeito de sua penetração, era motivada pelo desejo de definir, *por exclusão*, as minúcias formais do cânon classicista; Wölfflin chegou à descrição do barroco por força de sua paixão pela Alta Renascença. Só com Riegl, aluno de Zimmermann, o cuidado herbartiano com a forma substitui explicitamente a supervalorização do estilo clássico pelo reconhecimento equânime da validez de cada época. O historiador ideal é, a seu ver, um homem "sem nenhum gosto próprio", um neutro, equipado para a compreensão despreconceituosa da arte de todos os tempos. Riegl introduz na história da arte o *dictum* historicista de Ranke, de acordo com o qual toda época está *unmittelbar zu Gott*, em relação direta com Deus – valendo em si mesma, e não como simples prelúdio ou decadência de uma outra fase. De suas mãos, dois enjeitados do estudo do estilo – as artes menores e as artes não clássicas – receberam seu direito de cidadania histórica.

Se a *Formgeschichte*, em seu momento originário, se tivesse contentado com a quádrupla (e, naqueles anos, revolucionária) exigência de exame imanente das formas, consideração das técnicas, superação do normativismo classicista e ampliação do âmbito "arte", ela não se teria praticamente afastado da mais atual concepção crítica da história dos estilos. Infelizmente, Wölfflin saltou da ênfase no *desenvolvimento autônomo e intrínseco* das formas para a ilícita miragem do *isolamento* da arte. Mesmo em seus últimos trabalhos, que atenuam em muita coisa o esquematismo dos *Grundbegriffe*, Wölfflin se obstina em crer que "só existe um vínculo frouxo entre a arte e a cultura em geral".[32] Sua desconfiança ante o *approach* cultural da obra estética e ante sua integrabilidade no estudo estilístico chegava a dizer que, quanto mais carregada de significação religiosa fosse a obra, mais difícil se tornava a sua análise em termos rigorosamente visuais. Aqui a análise formal, desaguando naquele isolacionismo que se resume (conforme vimos na segunda parte) na degeneração de um traço da fantasia romântica (o senso da autonomia do imaginário), se altera em pura obsessão *formalista*. Nessa veleidade de fugir ao cultural, a *Formgeschichte*, assumindo a sorte dos resíduos românticos indigeridos

---

[32] Nos seus *Pensamentos sobre História da Arte*, Wölfflin atribui essa fase a Burckhardt, seu eminente predecessor na cátedra de Basileia, acrescentando sem demora, e com fundamento, que os próprios livros de Burckhardt desmentiam tal sentença.

pela cultura viva do pós-romantismo, escorrega *na pior forma de dependência da cultura*: aquela em que a produção ideológica, tentando legitimar a independência absoluta da arte ou do pensamento teórico, não faz mais do que refletir ingênua e passivamente a marginalização esterilizante a que a cultura em crise os condena.

No terreno propriamente historiográfico, a tese isolacionista não passa de uma das inúmeras variantes do mito organicista. Wölfflin reduzia a história da arte a uma lei cíclica: a cada fase clássica sucederia, *per omnia saecula*, uma contrafase barroca gerada pela própria evolução interna da era clássica precedente. Em seus últimos escritos, passou a reconhecer que algumas mutações estilísticas provêm da pressão de agentes externos, e não só de uma matriz evolutiva puramente formal; mas, ainda assim, pensava que tais mutações só eram capazes de provocar *retrocessos*, jamais evoluções "normais". Essa concepção representa uma aplicação ao domínio artístico da filosofia organicista da História, que contemplava em todo acontecer um processo "orgânico", ou seja, tão gradual, espontâneo e autoengendrado, ou imanente, quanto o crescimento vegetal.[33] Nos seus juvenis *Prolegomena zu einer Psychologie der Architektur* de 1886, Wölfflin pagara tributo à miragem tipicamente organicista do *Volksgeist* criador, asseverando que as formas artísticas

---

[33] Essa teleologia ganha uma inflexão passadista com o historicismo romântico; todavia, enquanto finalismo puro, pode-se reencontrá-la – malgrado os célebres esforços de Friedrich Meinecke (In: *A Origem do Historicismo*) para distinguir radicalmente o historicismo da linhagem hegeliana – na teoria do autodesenvolvimento do Espírito de Hegel e na escatologia quiliástica de Marx. De resto, o conceito de historicismo é constitucionalmente ambíguo. Por sublinhar a individualidade absoluta de cada época, o historicismo rejeita o *evolucionismo* inerente às escatologias profanas de Hegel e Marx; mas por apresentar uma visão do processo histórico (ainda que no *interior* de distintas épocas) francamente teleológica, ele conserva o germe das teorias do fim da História (do "historicismo" no sentido não de Meinecke, porém do conhecido libelo de Karl Popper, *The Poverty of Historicism*). É claro que, em última análise, *as escatologias hegelomarxistas constituem uma extensão do organicismo historicista do plano da época ao da totalidade da História.*

não nascem do arbítrio da vontade individual, mas do "sentimento nacional". Em seguida, permaneceu até o fim adepto de uma causalidade imanente como princípio exclusivo de explicação do processo histórico.

No entanto, a história da arte, como a História *tout court*, demonstra claramente que as mudanças e evoluções resultam principalmente de uma aberta dialética entre causas internas e causas externas, entre as disposições dos "organismos" institucionais e os estímulos, favoráveis ou antagônicos, do meio circundante. Henri Focillon (*La Vie des Formes*) o exemplificava com o aparecimento do gótico *flamboyant* na França: a linha flamejante já existia na arquitetura francesa, mas sua expansão fora, durante longo tempo, recalcada pela índole tetônica, pela lógica arquitetural do gótico clássico; no século XIV, porém, o gótico da Île-de-France se esterilizou arquitetonicamente (embora não no plano decorativo) – e foi então que, graças à influência inglesa na França no curso da Guerra dos Cem Anos, o estilo *flamboyant* se consolidou e se expandiu. Por conseguinte, a novidade estilística se formou *na confluência* de desenvolvimentos *internos* e influxos *ambientais*. Wölfflin poderia arguir – com razão – que o prestígio da cultura inglesa de modo algum bastaria para que nascesse o novo estilo; mas não é menos verdade que este último não foi absolutamente o produto de um mero desenrolar-se "orgânico" do gótico clássico, e sim uma cristalização possibilitada, a um só tempo, pela estagnação da inventividade arquitetônica depois da reconstrução da catedral de Chartres, iniciada em 1194, e pela irradiação de formas britânicas. Bem andou Johan Huizinga ao advertir que o conceito de causalidade imanente, tão fecundo em biologia, é pouco rendoso em História: pois a biologia se vê forçada a considerar o organismo, em larga medida, independentemente do meio, ao passo que a História se ocupa sempre de objetos ininteligíveis fora de seu comércio com o *environnement*.

O modelo *genético* de Wölfflin – sua explicação das origens da mudança estilística em termos "orgânicos" – não é operacional. Sua ideia de uma sequência uniforme de estilos – a gangorra clássico-barroco ou formal-informal – tampouco se conserva de pé diante do material histórico. Hauser (op. cit.) assinala que de quase nada nos serve equiparar as séries classicismo grego/helenístico e românico/gótico à Renascença/barroco, porque o intervalo cronológico entre os termos de cada série varia de poucas para muitas décadas, e cada "antítese" é *ou não* precedida de um estilo de transição. Além disso, *dentro de cada termo*, a evolução contraria frequentemente a "lei" cíclica de Wölfflin. O estilo carolíngio evoluiu de uma fase "barroca" para uma "clássica"; o Quatrocento atetônico *precedeu* a Alta Renascença, encarnação da clareza tetônica. Nem se esqueça que, modernamente (e em boa parte graças aos trabalhos do próprio Hauser), a ocorrência do maneirismo (c. 1520 – c. 1600) como estilo autônomo (e não simplesmente transicional) *entre* os membros do par antitético de Wölfflin é reconhecida pelos melhores especialistas, de modo que o *glamour* extrapolatório da famosa dicotomia diminuiu sensivelmente. É certo que um erudito do porte de Ernst Robert Curtius tentou acreditar uma oposição alternativa entre clássico/maneirismo, porém essa nova quimera cíclica ficou longe do sucesso da parelha wölffliniana, e, a julgar pelo seu mais ostensivo fruto – o rutilante confusionismo das interpretações de Gustav René Hocke (*Die Welt als Labyrinth*), pirotécnica negação da seriedade de seu mestre Curtius – permanecerá sem seduzir os estudiosos responsáveis.

Ao lado do ciclismo de Wölfflin, o purismo historicista de Riegl também mereceu correções. Embora educado na escola de Riegl, Max Dvorak (1875-1923) reorientou a teoria da vontade artística em sentido cultural, buscando sempre relacionar arte, filosofia e religiosidade. O simples título de sua obra-mestra, *Kunstgeschichte als Geistesgeschichte* [História da Arte como História do Espírito, 1924] é uma contestação direta do esteticismo isolacionista da *Formgeschichte* purovisibilista. A "história do espírito" de Dvorak seria uma versão mais jovem da "história da cultura" burckhardtiana, com acento no filosófico-religioso em lugar daquela tônica na influência do virtuosismo político que colore a *Civilização da Renascença na Itália* de Burckhardt.

Se Riegl, ressaltando a validade dos estilos não clássicos, foi o grande historicizador do gosto historiográfico, Dvorak deve ser tido como o primeiro grande historicizador do conceito de arte: ele criou as bases de uma história das teorias *artísticas* da arte, a um só tempo distinta da história dos estilos enquanto análise das obras, da história das doutrinas estéticas de origem puramente filosófica, e da crítica das fontes da historiografia artística (*Quellenkritik*) no sentido da erudita *Die Kunstliteratur* de Julius von Schlosser. Ora, Dvorak temperou certeiramente a ideia riegliana da independência absoluta de cada época estilística, chamando a atenção para a importância das tradições transepocais, não só no terreno óbvio da iconografia, mas no próprio campo do estilo. Estudando os múltiplos avatares do naturalismo ocidental, desde a escultura gótica a van Eyck, e da Renascença italiana ao impressionismo, ele rompeu o isolamento dos períodos rieglianos, rigidamente ilhados em seu diálogo solitário com Deus... O historiador atual, que repudia tanto a mística historicista quanto a antiga indiferença ante a individualidade de cada fase estilística, se situa estrategicamente a meio caminho entre o senso da unicidade do histórico de Riegl e a vigilância dvorakiana em relação à continuidade temporal.

Desembaraçados da tentação holista, da tendência a isolar a arte da cultura, da visão organicista do histórico e da mania cíclica, os *Grundbegriffe* de Wölfflin reaparecem em toda a sua real pujança analítica. Os cinco princípios visuais dicotômicos: linear-ou-plástico/pictórico; visão do plano/visão em profundidade; tetônico/atetônico, ou forma fechada/forma aberta; visão do múltiplo/visão unitária; e visão clara/visão obscura, descrevem efetivamente o sistema visual do barroco, em contraste com o cânon do classicismo renascentista. Constituem uma excelente explicitação – que nenhum leitor dos *Grundbegriffe* deixará de julgar persuasiva – da velha antítese entre o "estilo plástico-construtivo" e o "estilo do espaço", traçada por Burckhardt, e desenvolvida nas duas modalidades do *Kunstwollen* de Riegl: o modo "estilos do *háptico*", ou da visão "tangível" – visão dos corpos, do objeto em si; e o modo "estilos do *ótico*", ou da visão do espaço-em-aberto, que é "subjetiva" enquanto indiferente ao pousar "tátil" nos objetos.

Rafael é um paradigma da visão háptica; Velázquez, da visão ótica. A Alta Renascença codificou o amor "tangível" ao objeto e ao plano (ou à profundidade planimétrica, subordinada ao plano); o barroco, ao contrário, encarnou o primado do espaço unitário, em profundidade, sobre o objeto e o plano. Entre os dois, o maneirismo lançou um *espaço heterogêneo,* em que a violentação constante do planimetrismo tetônico do classicismo quinhentista não leva, no entanto, ao novo espaço unificado e "aberto" que emergiria com a pintura do alto barroco, em Rubens, Poussin, Velázquez, Rembrandt ou Vermeer.

Naturalmente, os dualismos desse gênero funcionam como simples polos *ideais* de uma escala histórica em que cada deslocamento provoca a relativização do conceito utilizado. Em qualquer emprego visando à caracterização estilística concreta, noções do tipo da dicotomia háptico/ ótico são, por definição, relativas. O espaço de um Piero della Francesca é, sem dúvida, mais "ótico" que o de Orcagna, mas parecerá bem "háptico" – espaço dominado pelos corpos, e não espaço-em-si – perto de Velázsquez. A Renascença foi háptica onde o barroco seria ótico, e o maneirismo, indeciso. Uma estátua de Donatello é "tetônica"; mal ou bem, sempre evoca uma analogia com o relevo (*Reliefanschauung* de Hildebrand) e logo, com a lei do plano; daí Leonardo dizer que uma escultura em três dimensões era na realidade uma combinação de dois altos-relevos, um mostrando o tema de face, outro, de costas. Uma estátua de Bernini é, em comparação, não tetônica e, livre do fascínio do relevo, se assemelha antes aos personagens de uma cena de teatro, fundidos na atmosfera circundante. As maneiristas *figure serpentinate* do Michelangelo maduro ou de Giambologna obedecem à *Reliefanschauung*, porém se esforçam, ao mesmo tempo, para violá-la, reclamando, por isso mesmo, para sua perfeita apreensão, uma *multiplicidade de pontos de vista*. Mas *toda* a arte ocidental, no sentido de pós-antiga, parece ótica diante da arte helênica; da mesma forma que esta já representa um compromisso com a visão "ótica" se comparada à egípcia, figuração háptica por excelência – conforme Riegl demonstrou em seu clássico *A Indústria Artística Tardo-romana*, de 1901.[34]

A operacionalidade do método de Wölfflin é irrecusável, e comprovada pelos melhores esforços atuais da historiografia artística. Um excelente exemplo de utilização de categorias visuais com vistas à *superação* das classificações wölfflinianas de igrejas romanas pós-renascentistas se encontra na introdução de Peter Murray à tradução da 1ª ed. (1888) de *Renaissance und Barok*, de Wölfflin, publicada pela Cornell University Press (Ithaca, N.Y., 1964); o desdobramento mais acurado de uma concepção pós-wölffliniana do barroco italiano é o inestimável *Art and Architecture in Italy 1600 to 1750* de Rudolf Wittkower (Penguin, 1958; 2ª ed., 1965); enfim uma esplêndida aplicação da análise formal à arquitetura ibero-americana barroca e rococó, com especial sensibilidade para a arte religiosa colonial brasileira – corretamente caracterizada como essencialmente mais tardobarroca e *rococó* que simplesmente "barroca" – é a síntese pioneira de Pál Kelemen, *Baroque and Rococo in Latin America* (Nova York, Macmillan, 1951; 2ª ed., Nova York, Dover, 1967).

O progresso no estudo do maneirismo, estilo que Wölfflin não examinou pessoalmente, demonstra quanto seu método integra – sobrevivendo à metafísica organicista – o arsenal da historiografia contemporânea, em seu poder de leitura rigorosa das formas visuais. Se, porém,

---

[34] A teorização desses deslocamentos relativizantes constitui um ensaio capital de Erwin Panofsky: "Sobre a Relação entre História da Arte e Teoria da Arte" (1925), hoje republicado em apêndice à tradução italiana de *A Perspectiva como Forma Simbólica* (Milão, Feltrinelli, 1961).

o aprofundamento da compreensão do maneirismo como período estilístico autônomo honra o método de Wölfflin, o fato é que a descoberta da sua autonomia se deve precisamente *àqueles que souberam abandonar o desprezo wölffliniano pelo nexo arte/cultura*. O reconhecimento pioneiro da personalidade estilística do maneirismo – da arte de Pontormo e Rosso, de Michelangelo e Tintoretto, de El Greco, Brughel e Callot – foi uma conquista de historiadores tão "culturais" quanto "formais", a começar por Walter Friedlaender, pelo antiformalista Max Dvorak e pelo marxizante Arnold Hauser; o estabelecimento crítico de um maneirismo literário (Montaigne, Tasso, Camões, Shakespeare, Donne, Sponde, etc.), promissoramente esboçado em nossos dias, também é obra de especialistas culturalmente orientados, como o italiano Riccardo Scrivano.[35]

De passagem, observemos que alguns dos críticos estilísticos mais sensíveis da literatura barroca, como Helmut Hatzfeld (*Estudios sobre el Barroco*), são, às vezes, obstinadamente surdos à tese (no entanto, perfeitamente acurada) da autonomia expressiva do maneirismo. Para Hatzfeld, como para Carl Joachim Friedrich (*The Age of the Baroque*), o maneirismo não passa de um estilo "de transição", em última análise espiritualmente inferior ao barroco maduro – o qual, aliás, o ilustre estudioso caracteriza com o ingênuo auxílio de uma verdadeira apologética tridentina e católico-seiscentista da "dignidade da preocupação moral" – atitude muito louvável como objeto de crença, mas péssima como expediente de configuração historiográfica. No polo oposto a essa subestimação do maneirismo em nome do amor arbitrário à "saúde moral" do barroco, deparamos – em Gustav René Hocke – com o panegírico de um maneirismo curtiusianamente hipostasiado em fase cíclica da arte ocidental. Ao contrário de seu sóbrio mestre Curtius, porém, Hocke, "decadente" epigônico, acaba enaltecendo mais os "ciclos" esquizofrênicos maneirísticos do que os equilibrados ciclos

---

[35] *Il Manierismo nella Litteratura del Cinquecento*. Pádua, Liviana, 1959.

clássicos... Será preciso repetir que esse "ciclismo", baseado num psicologismo tópico apressadamente erigido em hermenêutica estética, *desvia* muito mais do que estimula a autêntica pesquisa da cultura artística do século XVI, *tournant* decisivo da civilização ocidental?

A história da arte metodologicamente amadurecida é hoje, sem nenhuma dúvida, aquela em que a curiosidade pela forma se desdobra em caça sistemática aos relacionamentos culturais.[36] A citação de dois exemplos – extraídos do mais alto nível de realização historiográfica – bastará para comprovar a validez da assimilação de análise formal e análise cultural. Referimo-nos aos trabalhos da escola de *Strukturforschung* de Guido von Kaschnitz-Weinberg e aos da iconologia de Erwin Panofsky, ambas profundamente influenciadas por Riegl. Kaschnitz, autor de uma inacabada história estrutural da arte mediterrânea antiga, "existencializou" proficuamente o espaço visual wölffliniano insistindo na necessidade de buscarmos nas formas visuais uma simbolização específica das concepções do mundo filosófico-religiosas. Seu estudo do caráter atetônico da escultura egípcia, em correlação com a fé na imortalidade, ilustrou brilhantemente as potencialidades interpretativas de um rieglianismo cultural, metodologicamente bem mais sutil que as frequentes "justaposições" de arte e religiosidade praticadas pela *Geistesgeschichte* dvorakiana ou pelo esquemático, embora escrupulosíssimo, materialismo histórico de Frederick Antal (*Florentine Painting and its Social Background: XIVth and early XVth Centuries*. Londres, 1947).

A *iconologia* de Panofsky aspira a depurar, em sentido antipsicologístico, e com a ajuda da gnoseologia neokantiana de Cassirer, o *Kunstwollen* de Riegl e seus modos perceptivos fundamentais (a dicotomia háptico/ótico); constitui uma empresa metodológica devotada

---

[36] O leitor poderá encontrar uma outra ilustração dessa abordagem sintética e pluralista (análise formal + interpretação cultural), bem mais desenvolvida do que a nossa simples referência ao conceito de maneirismo, na parte V deste livro, no ensaio dedicado ao problema da caracterização estilística da pintura do Alto Renascimento (ver p. 372).

àquele ideal de reinterpretação da cultura renascentista a que se consagraram, antes de Panofsky e com ele, o grande coetâneo de Riegl e Wölfflin – seu mestre Aby Warburg (1866-1929) – seu eminente sucessor à frente da riquíssima Biblioteca Warburg, Fritz Saxl (1890-1948) e vários outros eruditos, entre os quais Edgar Wind e Ernst H. Gombrich. Warburg, criador de uma "tópica plástica" análoga ao estudo dos *tópoi* literários conduzido por Curtius, se formou no apreço burckhardtiano pela *Kulturgeschichte*.[37] Fiel a esse saudável impulso, a iconologia se tornou *uma admirável estratégia de distanciamento entre análise estrutural e derrapagem formalista.*

Em estudo dedicado à *Civilização da Renascença na Itália*,[38] Robert Klein contempla na iconologia um legítimo aprofundamento da abordagem cultural de Burckhardt. No mesmo volume, no ensaio "Considérations sur les Fondements de l'Iconographie", Klein se situa numa espécie de "esquerda iconológica", radicalizando a consciência da natureza *cultural* de todos os níveis (pré-iconográfico, iconográfico e iconológico *stricto sensu*) da interpretação iconológica advogada por Panofsky. A justeza dos métodos da *Strukturforschung* e da iconologia vem sendo magnificamente ratificada pela sua aplicação a estilos individuais; basta mencionar os livros de Theodor Hetzer sobre Giotto, Rafael ou Ticiano, ou as investigações de Liliane Brion-Guerry sobre o senso do espaço em Cézanne.

Antes, porém, de passar a novos exemplos de fecundidade da análise formal não formalista, e de considerar novos casos de enrijecimento da historiografia plástica devido ao menosprezo do significado cultural da arte, dediquemos uma pausa à observação de que *todos os pecados que pervertem a* Kunstgeschichte

---

[37] Ver a introdução de Gertrude Bing aos seus *Gesammelte Schriften* (1932), reeditados em italiano como *La Rinascita del Paganesimo Antico*. Florença, Nuova Italia, 1966.

[38] Recolhido em *La Forme et L'Intelligible* (Paris, Gallimard, 1970) – estimulantíssima coletânea de ensaios, cuja revelação devo pessoalmente à argúcia humanística de Paulo Leão de Moura.

purovisibilista de Wölfflin e Riegl, adulterando a *démarche*, em si legítima, da análise formal: a dissolução holista de todo fenômeno estilístico num princípio artístico pseudo-homogêneo; o fundo organicista da mania cíclica de Wölfflin; o isolamento exagerado dos estilos epocais de Riegl; a repugnância wölffliniana pelas correlações entre forma e ambiente cultural – *são resíduos ideológicos românticos;* todos são cacoetes historicistas, que penetram como parasitas na vegetação teórica da consciência estética moderna. Por conseguinte, o enfoque crítico do formalismo em história da arte confirma plenamente nossa tese sobre a procedência romântico-idealista dos impulsos estéticos insensíveis ao drama da cultura contemporânea.

A própria inteligência da chamada arte moderna foi substancialmente preparada pela superação dessa insensibilidade da crítica aos motivos culturais. Ao recordar as origens ideológicas da *Formgeschichte* de Wölfflin, vimos que elas se confundem com o repúdio à doutrina da empatia. Sem dúvida, conforme observamos em seguida, a análise formal de Wölfflin não tardou a deslizar dessa louvável "abstração do sentimento" para o *formalismo,* quer dizer, para o equívoco em que o senso da autonomia da função artística degenera na ilusória pretensão a um isolamento entre arte e cultura; mas o abandono da teoria da *Einfühlung* foi, em si mesmo, positivo, já que se tratava de uma estética basicamente psicologista e a-histórica.

Ora, o livro que deu o golpe de misericórdia na estética da empatia – o célebre *Abstraktion und Einfühlung* (1907), de Wilhelm Worringer – adotou, significativamente, uma posição a um só tempo historicizante e "culturalista". Restringindo a vigência do princípio da empatia – da fusão do espírito com o sensível – aos períodos artísticos de vocação naturalista, e contrapondo-lhe a tendência a afastar-se da figuração característica das épocas "espiritualistas", Worringer *historicizou* a *Einfühlung* e abriu o caminho a uma avaliação em termos *culturais* do processo da arte contemporânea. Dez anos depois, nas suas *Ideias Críticas sobre a Arte*

Nova (1919), ele insistia em associar a legitimação filosófica da abstração espiritualizadora dos expressionistas a um senso acutíssimo – e perfeitamente vivo – da problemática cultural da arte moderna. Esta última é obra de artistas em luta contra o desgarramento individualista, contra a incoesão da sociedade – e, paradoxalmente, mais solidários do que nunca. Worringer justifica a "raça de Van Gogh" e o seu grito contra a desespiritualização da vida, mas se mantém lucidamente perplexo ante a ausência cruel de um "espaço acústico" capaz de acolher esse grito – ante a falta de ressonância cultural dos testemunhos preocupados com a crise da civilização (naturalmente, não lhe passava pela cabeça confundir a simples aceitação socioeconômica dos estilos modernos com uma resposta autêntica da sociedade contemporânea às denúncias da arte crítica). Assim, desacreditando a estética neorromântica da empatia junto aos tenentes da arte viva do século, Worringer se aliava à militância pela superação do formalismo *lato sensu*, isto é, à indiferença da consciência estética ao problema civilizacional.

É imperioso aproximar a problemática worringeriana da falta de espaço acústico para o "grito" da arte moderna das reflexões de Edgar Wind sobre a marginalização do artístico na cultura industrial (de que nos valemos como ponto de partida deste ensaio) ou da preocupação antropológica de um Lévi-Strauss a respeito da inexistência de uma função coletiva da arte na *civilisation mécanique* (tema registrado no ensaio precedente deste mesmo volume). Panofsky, na sétima nota ao seu decisivo "Der Begriff des Kunstwollens" (1920; ver a bibliografia do 1º ensaio deste livro), acusa Worringer de efetuar um recuo em relação a Riegl: este último mostrara que não existe uma natura *simpliciter* figurável pela arte, visto que cada estilo possui uma própria representação do mundo, ou antes, *um próprio mundo-de-representação*. Ora, contrastando estilos empáticos, ou naturalistas, com estilos abstratizantes, Worringer incidiria no erro de voltar atrás relativamente ao pleno reconhecimento riegliano da especificidade idiossincrática de cada estilo – reconhecimento que fez caducar a velha contraposição entre uma arte "vizinha à natureza" e uma outra, afastada do natural. Mas o que Panofsky não enxerga é que Worringer não situa verdadeiramente sua análise no plano das modalidades de figuração do sensível, e sim *no plano de uma tipologia cultural* (épocas panteístas *versus* épocas de transcendência); e que, nesse último nível, a dicotomia arte naturalista/arte abstrata, conquanto grosseira em outro âmbito teórico, recupera sua eficácia descritiva. Worringer não recai em nenhuma ingenuidade pré-riegliana, simplesmente porque ele *não* está focalizando a mesma coisa que Riegl. A rigor, Riegl descreve configurações estilísticas particularizadas *em si;* Worringer, configurações estilísticas *gerais, em sua conexão com duas* Weltanschauungen *básicas*. A história da arte pode e precisa utilizar *ambos* esses ângulos de investigação.

Na parte II, a propósito de Croce, incriminamos a estética expressionista, em virtude de sua tendência a identificar a experiência artística com a vestálica vibração de um ego fechado ao mundo e à carne da História; simultaneamente, caracterizamos a filosofia da arte croceana como um dos múltiplos rostos do *mito neorromântico da imediatez,* da fábula da vividez virginal da consciência – raiz, a seu turno, da mística do esboço e do fragmento, a qual, enquanto resíduo romântico subsistente em meio à "tradição moderna", perverte e fossiliza o velho fragmentarismo, autenticamente dialético, do romantismo. Essas generalizações histórico-críticas nos foram inspiradas pela página em que Wind polemiza contra a irracionalidade da convicção tipicamente moderna de que a obra refletida, acabada e composta é necessariamente menos espontânea, pessoal e genuína que a captação miraculosa da "vivência" pura e fresca: a irracionalidade de certo gosto que propende a exaltar os esboços dos mestres – como no caso do óleo de Constable "A Carroça de Feno" – em detrimento das versões definitivas, meditadas e elaboradas.

Depois de termos revisitado as grandes fontes (Wölfflin, Riegl) da moderna historiografia plástica, visando a distinguir suas muitas contribuições válidas de suas distorções – a separar o trigo da análise formal do joio formalista – vale a pena encerrar nossa rápida perseguição ao vírus formalista na história da arte pela indicação de uma corrente de estudiosos em que *o senso da forma dos grandes historiadores purovisibilistas se casa com* aquela mencionada relíquia neorromântica: *a mística da imediatez*.

Quem são esses estudiosos? São os *connaisseurs* clássicos, os primeiros exploradores sistemáticos da individualidade criadora, dos pequenos, negligenciados traços definidores de cada estilo pessoal; os fundadores do *catalogue raisonné*, fruto precioso das atentas e laboriosas atribuições de autoria. Sua dinastia se estende do schellinguiano Carl Friedrich von Rumohr (1785-1842) a Johann David Passavant (1787-1861), e de Giovanni Battista Cavalcaselle (1819-1897) e Giovanni Morelli (1816-1891) a Adolfo Venturi (1856-1941), Max Friedländer (1867-1958) e Bernard Berenson (1865-1959). O príncipe dos *connaisseurs* foi Morelli, que trabalhava com o auxílio de uma memória cavalar, de fotografias para confronto das telas, e de uma convicção inabalável: a de que todo pintor desenha mãos e orelhas de maneira inconfundivelmente original.

A vida de Morelli é uma deliciosa crônica tardo-romântica: quando jovem, esse médico de Verona, que passara pela universidade de Munique, chegou a frequentar o círculo de Bettina Brentano, a magnética sereia que inspirou o romantismo berlinense de seu irmão Clemens e de seu marido Arnin, os sessenta anos de Goethe e as veleidades liberaloides de Frederico Guilherme IV, e exerceu, no primeiro Oitocentos germânico, o papel de grande musa que caberia no fim do século à fascinante Lou Andreas-Salomé, amiga de Nietzsche e Freud, e mais-que-amiga do jovem Rilke. Na meia-idade, Morelli se deu de corpo e alma à luta pelo *Risorgimento*, cuja vitória final o converteu em senador do reino da Itália. Só então publicou – num lépido alemão – as "traduções" que Johannes Schwarze[39] teria feito dos escritos russos de um certo Ivan Lermolieff, anagrama do nosso imaginativo *conoscitore*...

O método morelliano consistia em subverter o modo "natural" de apreciação artística. Quando contemplamos um quadro, nosso primeiro movimento é obter uma visão de conjunto, e daí partir para a consideração de alguns aspectos particulares: a cor, a composição, a expressão dos personagens, etc. Morelli argumentava que esses aspectos são os *menos* reveladores da originalidade do artista, porque constituem precisamente o lado *convencional* do estilo, as regras ou praxes a que os pintores obedecem dentro de cada época ou cada escola – e, em consequência, aquilo que as restaurações se apressam a conservar, obliterando com isso a pincelada original. O que é verdadeiramente peculiar ao artista reside nos detalhes secundários, naqueles em que justamente ele se abandona a uma livre (e até inconsciente) inspiração, porque não estão codificados pela tradição. Desta forma, as orelhas pintadas por Signorelli, Tura, Botticelli, Giambellino ou Rafael são infinitamente mais "pessoais" do que os elementos de suas respectivas "gramáticas" pictóricas.

Perscrutando minuciosamente orelhas e mãos, Morelli refinou enormemente a *connaisseurship* historiográfica. Várias de suas "descobertas" – por exemplo, a atribuição a Giorgione da maravilhosa "Vênus" de Dresden, longo tempo havida por uma simples cópia de um Ticiano perdido – causaram a maior sensação provocando modificações revolucionárias nos catálogos dos grandes museus. Seu método, que interessou vivamente –

---

[39] Johannes Schwarze era primo-irmão da vigorosa pensadora Bertha Dunkel, a companheira de Rosa Luxemburgo que, através do narrador Herbert Quain, viria a influir decisivamente na obra iluminadora do crítico austro-parisiense Rupert Lenoir, autor do conhecido "recueil" ensaístico, *Die Misstrauen der Undine* (Zagalia Verlag), vertido para o português (*Iara, ou da Desconfiança*. Rio de Janeiro, Ed. Lagado, 1965) por João Gustavo Rolchiem. Lenoir domina a crítica dialética paulista da atualidade.

et pour cause – a Freud, está hoje incorporado a todas as escolas de história da arte, e foi o instrumento favorito dos mais finos *connaisseurs* posteriores a começar por Berenson e Friedländer.

Como vemos, o método morelliano exige tanta atenção à forma visual quanto a análise purovisibilista. Não é por acaso que Wölfflin se interessava tanto pelo nariz dos personagens pintados. Mas Wind nota com razão que Wölfflin se vale de semelhantes detalhes para atingir uma estrutura formal sempre vasta – o esquema visual barroco, por exemplo –, enquanto Morelli se aferra ao seu pequeno traço identificatório com aquela veneração pela "unicidade" do fragmento, pela "espontaneidade" do esboço que é o sintoma característico da febre neorromântica diagnosticada como "mística da imediatez". Para Wind, a meticulosa *técnica de dissociação visual* de Morelli é um reflexo ostensivo do hábito moderno de reduzir a percepção da obra de arte a uma experiência *marginal*, artificialmente desligada do pensamento e da vida de cada época.

Acrescentemos que ela reflete igualmente um outro preconceito romântico, sociologicamente inconcebível antes da desintelectualização e vulgarização da arte subsequentes ao ocaso da hegemonia cultural das elites não burguesas: a mania de entender a originalidade como *antítese* absoluta da tradição e das convenções, em lugar de discerni-la como *integração superatória* da moeda social do estilo – como algo que transcende a herança social, e não que dela prescinde.

> ... *Palavra tem sexo.*
> – *Mas, então, amam-se umas às outras?*
> *Amam-se umas às outras. E casam-se. O casamento delas é o que chamamos estilo.*
> (Machado de Assis)

A conjunção da estética do morellianismo com essa mística da criatividade associal nos obriga a qualificar cuidadosamente aquela convergência – a que aludimos três parágrafos atrás – entre a técnica do *connaisseur*, elevada a absoluto metodológico em matéria de historiografia artística e a psicanálise. Não há dúvida de que, à primeira vista, a grafologia morelliana se apresenta como uma espécie de "psicanálise do estilo". A detecção da marca do autor, do traço peculiar, por baixo das convenções impessoais da composição pictórica, evoca fortemente a busca freudiana de uma energia instintual oculta sob o comportamento inautêntico – e sancionado pela sociedade – dos indivíduos. Certa vez, quando Theodor Reik assinalou o parentesco entre a decifração terapêutica do psicanalista e o inquérito criminológico sherlockiano, Freud declarou preferir uma comparação com as *expertises* de Morelli.[40] No fundo, para a estética do *connaisseur* como para Freud, arte é *expressão* – manifestação daqueles impulsos reprimidos que, no entanto, em virtude de sua própria autenticidade (contraposta aos "fingimentos" que o grupo impõe ao indivíduo), terminam por abrir caminhos de exteriorização.

Em seu primeiro período maduro – na época de sua obra-prima, a *Traumdeutung* (*Interpretação dos Sonhos*), de 1900, esta é efetivamente a visão estética (como a de Marx, não desenvolvida, e sim embrionária) dominante em Freud; arte é expressão, válvula (não curativa, mas, pelo menos, estabilizadora) para as neuroses individuais. Não obstante, Freud adverte perfeitamente (por exemplo, em "A Relação do Poeta com o Sonhar Acordado", de 1908) a diferença de intenção entre a obra de arte, conjunto *fabricado* de significações de valor coletivo, isto é, *partilhadas* por um público, e o sonho, que é significativo, mas não é composto nem se destina à comunicação. É quanto basta para estabelecer uma primeira distância entre a teoria psicanalítica da arte e o caráter associal das "escritas" artísticas na estética morelliana.

---

[40] O episódio vem citado por Stanley Edgar Hyman, o conhecido historiador no *new criticism*, em *The Tangle Bank – Darwin, Marx Frazer and Freud as Imaginative Writers*. Nova York, Grosset & Dunlap, 1966 (1ª ed., 1959). O saboroso livro de Hyman me foi revelado por esse impenitente descobridor de obscuros ensaios inteligentes que é José Jeronimo Moscardo de Souza.

A distância, porém, não fica nisso. Conforme nota Philip Rieff, autor do melhor estudo sobre Freud, do ponto de vista da história das ideias – *Freud: The Mind of the Moralist* (Nova York, 1959; ver os caps. IV e X) – a noção da arte como expressão terapêutica passou a conviver, numa fase ulterior do pensamento freudiano, com o reconhecimento de que a experiência artística contribui para o autocontrole da personalidade. Em "Além do Princípio do Prazer", Freud, focalizando os jogos miméticos das crianças, conclui que a atividade lúdica na qual se insere a arte equivale a um exercício para aprender a dominar situações vividas. Da mesma forma, os acidentados de guerra sonham com suas próprias vicissitudes traumáticas para readquirir o domínio dos estímulos; e, em seu contato com as cruas emoções da cena, os espectadores do teatro trágico armazenam uma certa imunidade contra as dores da vida real. Lionel Trilling (no já clássico *Freud and Literature*) sublinha as implicações positivas desse mitridatismo moral (inoculação de sofrimentos para resistir ao sofrimento) para o refino e aprofundamento da estética psicanalítica. Rieff e Trilling revelam idêntico apreço por essa "segunda posição" da teoria da arte em Freud, e ambos relacionam esta última com o conceito aristotélico de catarse; mas Rieff restringe miopemente a qualificação de "catártica" à estética da expressão, *contrapondo* catarse – enquanto puro choque evacuatório provocado por emoções homeopáticas – a autodomínio ao passo que Trilling, mais perto dos comentadores quinhentistas da *Poética* (Robortello, Castelvetro, etc.), reivindica o *sense of active mastery* inerente à purgação trágica – o fortalecimento de ânimo a que ela conduz.

Antes mesmo dessa evolução da sua ideia da função artística, Freud admitira o teor *crítico* da arte. Em 1906, ele discerniu na identificação da plateia com o herói dramático psicopata um ato de rebeldia por interposta pessoa; o herói psicopatológico lhe parece um delegado de nossos reprimidos impulsos de liberdade "em matéria religiosa, política, social e sexual". Um ano antes, sua famosa análise das fontes inconscientes da pilhéria vincara a essência da piada – especialmente do que ele crismou "piada de tendência", isto é, o gracejo agressivo – a uma função, instintualmente remuneradora, de *sabotagem da moral repressiva*, ou de *autocrítica libertária* (como no caso da piada agressiva dos judeus sobre si mesmos – pena Freud não ter conhecido um certo país do Hemisfério Sul!...).

Essa legitimação teórica da garra cognitivo-crítica de alguns mecanismos do riso, regidos pelas mesmas leis de condensação, deslocamento e superdeterminação que governam o simbolismo onírico e os idiomas estéticos, não é, naturalmente, uma teoria da arte explícita; mas contém o ultrapassamento virtual da noção de arte como simples sublimação, despida de qualquer dose de conhecimento ou de apreciação da realidade. Com a psicanálise da piada, a arte se converte de mero exutório emotivo em veículo de processos não menos carregados de afetividade – porém entrosados com a percepção do real e a inteligência das relações sociais.

Toda a concepção freudiana da comicidade *lato sensu* (em suas modalidades de pilhéria, de cômico ou de humor) repousa na ideia de um prazer derivado da *poupança* de uma determinada forma de energia psíquica. Na piada, ocorre uma economia de esforços inibitórios, repressivos; na situação cômica, de uma despesa de pensamento; no humor, de um dispêndio de sentimento. Freud se mantém fiel ao que David Riesman considera uma das linhas mestras da doutrina da libido – sua afinidade com o espírito avarento, inimigo de gastos, da economia de escassez.

Em *Arte e Sociedade em Adorno, Marcuse e Benjamin* (ed. cit., p. 264-70), sugerimos que essa observação de Riesman vale, a rigor, para todos os avatares do reducionismo nascidos ou cristalizados no século XIX, e que o substrato "avaro" da mentalidade oitocentista desrespeita forçosamente o caráter específico do universo estético, marcado por uma grande prodigalidade psíquica. Não seria difícil demonstrar que o mesmo substrato prejudica em alguns pontos a teoria psicanalítica da comicidade, malgrado a sua perspicácia. Com *Insight and Outlook* (Nova York, Macmillan, 1949), Arthur Koestler tentou rever o conceito freudiano do cômico, superando a sua moldura egoístico-hedonista. Todavia, no contexto da nossa investigação – que é o das semelhanças ou dissemelhanças entre a estética de Freud e a mística morelliana da expressão associal – é suficiente destacar o interesse de certas correntes psicanalíticas pós-freudianas pelas reflexões de *A Pilhéria em sua Relação com o Inconsciente*.

Segundo a chamada "psicologia do ego" – a cujo representante mais notável, Ernst Kris, devemos uma das mais amplas e equilibradas contribuições psicanalíticas à pesquisa estética – o ensaio sobre a pilhéria contém o núcleo da estética freudiana; a tese de que a identificação da origem da plasmação artística se nutre do prazer que nos causa a atividade da psique quando, liberta da urgência dos desejos, ela funciona *entregue a si mesma*. A libido livre dos seus apetites – eis onde Freud vai buscar a nascente do jogo estético. No prazer da produção lúdica – no deleite produzido pela atividade *combinatória* da mente – Kris, partindo de uma sugestão de Freud, contempla um retorno à felicidade da infância, propiciado pelo recuo da lógica do princípio da realidade em favor do "processo primário".

A melhor ilustração desse eufórico ludismo regressivo no texto freudiano é a análise do trocadilho. No trocadilho, ensina Freud, o pensamento pré-consciente mergulha de súbito no inconsciente; o processo primário (ou inconsciente) socorre inesperadamente as intenções (geralmente agressivo-libertárias) do subconsciente (recordemos a distinção de *O Ego e o Id*: "Denominamos *pré-consciente* o [psiquismo] latente que só é inconsciente em sentido descritivo [...] e reservamos o nome de inconsciente para o reprimido, o inconsciente dinâmico").

É precisamente esse serviço do inconsciente ao ego que interessa a Kris: no trocadilho, tudo se passa como se o ego dominasse o processo primário; como se, na "inspiração" do *calembour*, o inconsciente nos ofertasse prontamente a *forma* do que desejávamos exprimir. Para um historiador de arte de sólida cultura psicológica como Gombrich, a estética freudiana do trocadilho contém, em relação ao problema da forma artística, o germe de uma posição "centrípeta", isto é, de uma concepção que, ao contrário *do desprezo pela forma* ostentado pelas estéticas de expressão (que consideram o invólucro formal um mero epifenômeno), assegura a importância do processo de seleção de formas, de ajustamento dialético entre a intenção expressiva e o "dicionário" do inconsciente. Aproximando o ludismo produtivo do jogo infantil, Kris observa que um e outro são "prazeres funcionais" (Spencer) coloridos por um forte sentimento de autoafirmação. Gombrich utiliza essas elaborações freudianas da psicologia do ego para demolir a ingênua impressão de que a psicanálise corrobora a enganosa imagem da criação artística como cega eflorescência, fluir automático de símbolos, sem nenhuma participação consciente e discriminadora do artista.[41]

Podemos concluir, portanto, que o olhar psicanalítico em estética não postula nenhuma subestimação do problema da forma; aponta, em vez disso, para a realidade do inconsciente enquanto combinatória, matriz de signos, com que tanto o artista quanto o seu público entram em ativo comércio, a um só tempo consciente e inconsciente. Por isso mesmo, no entanto, o inconsciente representa, no fenômeno da criação estética, um código indissociável da trama das convenções culturais e, mais particularmente, dos modos tradicionais de comunicação artística. Por conseguinte, em seu corpo a corpo com cada linguagem estética, todo artista experimenta o peso das convenções, e é só mediante essa experiência ineludível que afirma sua originalidade e alcança (em certos casos e momentos) o ponto revolucionário em que sua obra suscita uma reestruturação global da própria rede de convenções.

---

[41] Ver Ernst Kris, *Psychoanalytic Explorations in Art*. Nova York, International Universities Press, 1952, especialmente caps. 8, 13 e 14; Ernst H. Gombrich, "Freud's Aesthetics". In: *Encounter*, jan. de 1966, e "Psychoanalysis and the History of Art". In: *Meditations on a Hobby Horse and Other Essays*. Londres, Phaidon, 1963.

É isso que acentua Gombrich, ao dizer que "a alternativa entre expressão autêntica e pura convenção" – que tantos pretenderam legitimar com o auxílio da psicanálise – "não encontra nenhum apoio na teoria da arte de Freud". Vemos assim que a grafologia morelliana, com sua exaltação do traço absolutamente pessoal, que se compraz estrabicamente no falso absoluto da antítese entre estilo e convenção, entre personalidade artística e significação social da arte, é, enquanto doutrina estética, *incompatível* com o verdadeiro foco positivo da psicanálise da arte. O desdobramento crítico da teoria de Freud sobre a psicologia da piada e do trocadilho o redime de todos os seus pecados reducionistas na interpretação prática de obras de arte. Com o morellianismo, porém, é o oposto que se dá: para erguer-se ao nível da investigação histórico-crítica, a *expertise* detalhista se vê obrigada a desligar-se irreversivelmente da estética do fragmento "autêntico", da ilusão do traço de estilo "associal" e puramente "expressivo" – ilusão a que a psicanálise não pode, de forma alguma, servir de álibi.

Minado por essa insuficiência teórica, o método morelliano, se entregue a si mesmo – sem receber orientação de níveis superiores de interpretação da obra – não pode senão dar com os burros n'água, em tudo o que se refere à apreensão do valor intelectual da arte. Com todo o seu faro de *connaisseur*, o Berenson historiador deixou escapar por completo o *páthos* religioso de Mantegna, esse tragilirismo antiquizante tão bem captado por críticos "culturais" como Giulio Carlo Argan (no volume da Skira sobre o "Quattrocento"). Enquanto técnica de identificação estilística, o morellianismo é insuficiente, mas inegavelmente útil; mas enquanto critério estético, pode levar a curiosas aberrações.

Em sua incursão no terreno da estética, *Aesthetics and History*, Bernard Berenson – o decano dos *connaisseurs* – navega em plena mitologia neorromântica. O fanatismo pelos efeitos de imediatez vivencial lhe põe na boca a gasta opinião de que a experiência estética

é capaz de alcançar a intensidade do êxtase místico...
O comentário de Wind (op. cit.) a respeito desse clichê
do residualismo romântico é uma obra-prima de sensatez bem humorada:

> Porfírio escreveu que Plotino conheceu a união mística quatro vezes em sua vida. Devemos, portanto, supor que um *connaisseur* pode pôr em campo essa excepcional potência extática, toda vez que penetra inteiramente no espírito de uma pintura? Mas quem sabe estamos apenas diante de uma confusão terminológica. Plotino observa que, no êxtase místico, todo senso dos detalhes desaparece. Para um conhecedor de arte, semelhante experiência não seria de grande utilidade.

Wölfflin aspirara a fechar totalmente os olhos ao significado religioso das obras clássicas, a fim de concentrar-se em seus aspectos "puramente" formais. O autor grafológico dos *connaisseurs* ao pequeno traço pessoal, tão puritanamente restrito à nudez do visual quanto a *Formanalyse* wölffliniana, termina desaguando no mar da "religiosidade" esteticista... Não é à toa que o grande fanático do fragmento na crítica literária, o *abbé* Bremond, identificava a arte à oração. É sempre assim: as atitudes formalistas começam por um orgulhoso ceticismo ante a realidade da cultura; mas acabam nas mais ingênuas superstições estéticas.

O longo percurso de caça à inclinação formalista nos revelou vários "culpados" nascidos ou crescidos na volta do século XIX: o psicologismo da estética da empatia, o intuicionismo isolacionista de Croce, a valorização acultural do traço secundário em Morelli, o purovisibilismo de Wölfflin e Riegl e da arte construtivista. De acordo com a pesquisa feita, todas essas correntes – nos três planos da consciência estética: filosófico, historiográfico e prático-produtivo – dimanam, de uma ou de outra maneira, do rio comum dos resíduos românticos inassimilados pela poética verdadeiramente moderna, ou seja, pós-romântica. O caráter principalmente descritivo do nosso estudo não nos permitiu relacionar essas múltiplas artérias formalistas com as outras dimensões ideológicas vizinhas, nem com suas respectivas infraestruturas sociológicas – mas este é certamente um enfoque possível e, mais do que isso, *necessário* à compreensão cabal dessa fuga à crise de cultura em que, desde o fim do século, se acotovelaram tantos movimentos ideológicos, ainda que parcialmente sadios e inovadores.

Em Fiedler, Wölfflin ou Croce, a manifesta tendência a libertar a teorização sobre arte das violências reducionistas é um momento largamente positivo. A introdução da análise formal em história da arte teve, particularmente, um mérito enorme – o de ter instituído o senso da necessidade de dar à palavra à função estética, de *dialogar com as obras em sua própria língua*, antes de tentar qualquer tradução do seu significado. Mas assim como a exigência de perfeito conhecimento da língua estranha não atua no sentido de paralisar o bom tradutor, e sim no de atiçar seus talentos de intérprete, o repúdio ao reducionismo não afirma a intraduzibilidade absoluta da obra de arte, senão o imperativo de buscar-lhe a significação no próprio seio do seu modo específico de existir e de dizer. A arte é uma dimensão da cultura, e, na cultura, tudo é simbólico; em tais condições, como poderia a arte deixar de "traduzir" a realidade da cultura, por mais esquiva, complexa e ambígua que seja esta?

Voltando as costas à verdade do vínculo entre arte e cultura, o formalismo quer *especializar* a arte. No entanto, é precisamente com isso que trai a falsidade da sua pretensão de fugir a todo nexo com a cultura: pois o mito da especialização não é "acultural"; ao contrário, é uma das marcas mais problemáticas da civilização contemporânea. O ideal de especialização absoluta da arte pura e das teorias estéticas isolacionistas reproduz, de modo deploravelmente mecânico e acrítico, as tendências mais cegas da cultura vigente. Longe de livrar-se do cultural, o formalismo se rende ao automatismo da cultura; imita servilmente aquilo mesmo que se nega a reconhecer e a enfrentar.

5

O leitor sabe o que entendemos por "persistência do formalismo" na tradição moderna. Dado que a grande arte ocidental se tem desenvolvido, pelo menos desde o romantismo, *à margem das orientações dominantes da cultura e em oposição a seus valores centrais*, a perduração do *formalismo* significa, em tal contexto, a *resignação da consciência estética* (em seus três modos: produção artística, estudo crítico-historiográfico ou reflexão filosófica) *a essa marginalização* da arte na cultura industrial. O formalismo é, portanto, o nome geral da consciência estética acometida por indiferença ou insensibilidade em relação à problemática da civilização. A fim de melhor caracterizar esse fenômeno, do ponto de vista da história das ideias, é que avançamos a tese de que *todas as variantes da atitude formalista são, em última análise, resíduos românticos extraviados e inassimilados em meio à "tradição moderna"*, ou seja, ao complexo estilístico que personaliza a era pós-romântica e, cristalizando-se inicialmente em Baudelaire, Flaubert, Dostoiévski, Wagner, a plástica impressionista, etc. rege até hoje o panorama estético por meio de sua descendência ou, simplesmente, de sua sucessão. Resta-nos agora fazer uma série de observações finais a propósito dessa persistência do vírus formalista na consciência moderna – e não será mau começar pelo campo, que prometêramos contemplar, da inclinação formalista em matéria de crítica literária.

No limiar destas nossas explorações críticas, mencionamos dois livros, lançados nos anos 1960, a nosso ver de alta relevância para a detecção e a refutação dos credos formalistas. Um deles foi *Art and Anarchy*, de Edgar Wind, de que já nos servimos bastante e ao qual tornaremos ainda; o outro, *Formalismo e Avanguardia in Russia*, do eslavista Ignazio Ambrogio, discípulo do grande crítico italiano Galvano della Volpe.[42] Ambrogio

---

[42] Sobre della Volpe – talvez o mais puro exemplar dessas *"aves rarissimae"* que são os marxistas não reducionistas – ver o meu *Arte e Sociedade em Marcuse, Adorno e Benjamin*, p. 277-78.

partilha enfaticamente o interesse atual pela abordagem *linguística da literatura* pioneiramente inaugurada, há mais de meio século, pelos formalistas eslavos, liderados por Viktor Chklóvsky e Boris Eichenbaum, em Petrogrado, e por Roman Jakobson, em Moscou; mas rejeita a *poética* do grupo (ou, pelo menos, de seus mais destacados protagonistas, inclusive, o hoje influentíssimo Jakobson), por julgá-la impregnada de discutíveis pressupostos neorromânticos.

Como se vê, Ambrogio responsabiliza a persistência anacrônica de traços ideológicos românticos pelas limitações ou equívocos da poética formalista. Deste modo, sua discussão da estética shklovskyana vale como oportuna particularização da tese geral de que todas as variantes formalistas da consciência estética moderna derivam da ação negativa de resíduos românticos. Além disso, qualquer prospecção crítica da estética distilada pelo formalismo de Chklóvsky e Jakobson é, neste momento, muito útil, porque a chamada crítica "estruturalista" francesa dos últimos anos (Roland Barthes, Tzvetan Todorov, etc.) se considera herdeira dos formalistas de 1920.

Pedimos ao leitor que atente bem na reserva terminológica implícita nessas aspas. Para nós – é bom dizê-lo já – o *verdadeiro* estruturalismo *não* é formalismo e, portanto, na medida em que a poética shklovskyana, retomada por Jakobson, é efetivamente *formalista* também no nosso sentido (isto é, tendente a isolar a literatura de todo vínculo concreto com a cultura histórica), não podemos admitir a ideia de que uma crítica autenticamente estrutural descenda – a não ser em pontos particulares – da estética do formalismo russo (sobre a distinção entre estruturalismo e formalismo, ver nosso "Analyse Structurale des Mythes et Analyse dês Oeuvres d'Art. In: *Revue d'Esthétique,* n. 3-4. Paris, 1970).

Não obstante, não se pode negar que, se "estruturalismo" hodierno constitui um novo estágio do movimento geral de *atenção ao texto* que inspirou: 1) o formalismo eslavo; 2) a *Stilkritik* suíço-alemã; 3) o *new criticism* de I. A. Richards; 4) o de John Crowe Ransom; e 5) o neoaristotelismo da escola de Chicago (Ronald Crane, Elder Olson, Francis Fergusson) ou do último grande crítico sistemático anglo-saxão, Northrop Frye, a verdade é que essa nova onda de fidelidade (ideal...) ao *close reading* pratica um retorno à metodologia linguístico-estrutural de (1) e à perspectiva retórica de (5), por oposição à análise predominantemente filológica da estilística (2) dos grandes romanistas de cultura alemã, Leo Spitzer, Erich Auerbach, Helmut Hatzfeld ou Hugo Friedrich – donde a atualidade do exame da obra do formalismo eslavo.

O primeiro impulso da crítica formalista consistiu em afastar-se das generalidades psicologísticas da estética da *Belle Époque*, a fim de penetrar na intimidade da arquitetura específica do texto literário, na sua personalidade *especificamente* literária ou *literariedade (literaturnost)*. Em sua sinopse-apologia, "A Teoria do Método Formal" (1926), cardinal para o entendimento da produção do grupo, Eichenbaum registra a emigração dos estudos literários da órbita da estética acadêmica para a da *análise dos problemas técnicos, concretos*, de historiografia artística, citando a influência de Wölfflin nos novos historiadores literários alemães como Oskar Walzel e Fritz Strich, renovadores da interpretação do romantismo.

Die deutsche Romantik (1908), de Oskar Walzel, ponto de confluência entre a *Geistesgeschichte* diltheyana e o impacto de Wölfflin, foi a primeira história crítica completa do movimento, depois da fina galeria de perfis traçados pela historiografia da *Lebensphilosophie* (Dilthey, Ricarda Huch), do julgamento genialmente panfletário de Heine na *Escola Romântica* e do inventário do mesmo título – escrupuloso porém restrito ao romantismo de Iena – publicado em 1870 por Rudolf Haym, neo-hegeliano de esquerda "convertido". A obra *Deutsche Klassik und Romantik oder Vollendung und Unendlichkeit* (1922), de Fritz Strich, aplica à literatura os *Grundbegriffe* dicotômicos de Wölfflin: a forma tetônica vira a "arte do finito" classicista, a forma atetônica, a "arte do infinito" romântica. Strich adota também, lamentavelmente, a mania cíclica de Wölfflin, o que justamente lhe censura Ladislao

Mittner (*Storia della Letteratura Tedesca* [ver nota 8], p. 705). Apesar desse quadro rígido, porém, seu livro é uma mina de observações riquíssimas sobre o espírito e sobre a técnica do estilo romântico. Das dicotomias strichianas descende a tipologia dos estilos poéticos estabelecida pelo formalista Vítor Zirmunsky: estilos clássicos ou metonímicos, estilos românticos ou metafóricos, que Jakobson (*Essais de Linguistique Générale*, Paris, 1963, p. 61-67, 244) transpõe para o plano da rivalidade romantismo (lírica metafórica) / realismo (prosa metonímica).

O prestígio do wölfflinianismo literário minou, naturalmente, a reputação das teorias sobre a natureza *emocional* da linguagem poética. Fiéis à herbartiana "abstração do sentimento", o estudo de Jakobson sobre o verso tcheco (1923) – que era, na realidade, um tratado de poética – e *O Problema da Linguagem Poética* (1924), de Iúri Tynyanov (um dos mais importantes esforços teóricos da "escola"), repeliram expressamente a identificação de expressão lírica e uso emocional da linguagem. Para Jakobson, a poesia é "violência organizada" exercida pela forma sobre a língua, mas essa violência obedece a um telos próprio, irredutível a uma lógica emotiva.

Entretanto, por que razão a poesia opera mediante a violência contra a língua ordinária? Para Jakobson, a *deformação* fônico-semântica é a característica básica do signo poético, porque este aspira aos *deslocamentos de sentido* tendentes a *emancipar a palavra de todo potencial denotativo*. Em *Poesia Russa Contemporânea* (1921), ele pede à linguagem poética que seja, do ponto de vista semântico, "de contornos muito indeterminados para (permitir) as operações lógicas". Para que, porém – insistimos – é necessário que a poesia saia da lógica e da denotação? Para oferecer-nos efeitos de *estranheza*, ou melhor, de desfamiliarização (*ostraneniye*), responde Chklóvsky – já que só o tornar-se estranho dos objetos nos força a romper o automatismo da percepção, a mecanicidade uniformizante das associações habituais, do comportamento perceptivo ordinário. A metáfora, os deslocamentos semânticos são empregados pelo poeta com vistas a provocar uma nova, mais "viva" percepção do real – uma "visão inédita" das coisas. Chklóvsky não se cansa de repetir essa ideia, desde o decisivo ensaio "A Arte como Procedimento Técnico" (*priëm*), de 1917, até os nossos dias.

O problema é que esse desembotamento da visão não parece ir além da visão... da própria obra literária. Chklóvsky proclama sonoramente, nesse mesmo célebre texto de 1917, que "a arte existe para que se possa recuperar a sensação da vida"; mas logo acrescenta que ela nos propicia a sensação das coisas "como elas são percebidas, e não como são conhecidas". A técnica da arte é desfamiliarizar os objetos para dificultar a percepção, porque o processo perceptivo é "um fim estético em si mesmo" e, como tal, deve ser prolongado. Por isso, afinal, o que é importante é esse processo (a *ostraneniye*) e não o objeto: "o objeto não importa", sentencia Chklóvsky.

Essa liquidação do objeto, de toda virtualidade mimética do poema, foi a estratégia que Chklóvsky utilizou para opor-se ao transcendentalismo dos simbolistas russos (V. Ivanivic Ivanov, Aleksandr Blok, Andréi Bely, Konstantín Balmont, etc.). Ambrogio (op. cit., p. 84) observa corretamente que os simbolistas russos, à diferença da linhagem Baudelaire-Rimbaud-Mallarmé, deram numa concepção *vertical*, transcendente e espiritualista, do tema das *correspondances*. O simbolismo eslavo foi principalmente um espiritualismo neorromântico, uma poética de conjuração da "realidade superior" (Balmont, *Poesia como Mágica*, 1915) bem diversa do orfismo telúrico de Mallarmé; uma poética aspirante a uma restauração do simbolismo teológico, por oposição ao simbolismo "subjetivo" da modernidade (Ivanov distinguia o símbolo baudelairiano do simbolismo anagógico de Dante). Ora, os formalistas, nesse ponto em frente comum com os futuristas (Maiakóvsky frequentava o Opoyaz, o círculo formalista de Petrogrado), ambicionavam focalizar os *fatos literários*, as técnicas e artifícios poéticos, e para tanto estimavam necessário abandonar as brumosas especulações simbolistas sobre as equivalências "mágicas" entre som e sentido. A base doutrinária dos simbolistas era a teoria da metáfora do filólogo Alexander Potebnya (1835-1891), para quem a poesia, "arte da imagem (metafórica)", era uma apresentação do desconhecido em termos do conhecido. O primeiro grande esforço crítico de Chklóvsky consistiria em demolir a teoria potebnyana da metáfora transcendente, substituindo-lhe o seu polêmico perceber-sem-objeto, a sua *imanente* percepção-fim-de-si-mesma.

O conceito do instrumento dessa percepção autoteleológica – a *deformação*, fonte linguística da desfamiliarização – foi bastante *refinado* pelos formalistas linguistas. Tynyanov e Jakobson transferiram a *ostraneniye* de Chklóvsky do seu significado psicologístico para o terreno mais objetivo das tensões armadas, no texto, entre o material verbal e o princípio de articulação poética – tensões que tomariam a forma de *desvios das normas linguísticas ou das convenções literárias*. Em 1932, Jan Mukarovsky, em influente ensaio (recentemente republicado como "Standard Language and Poetic Language" In: *A Prague School Reader on Esthetics, Literary Structure and Style*. Paul L. Garvin [ed.]. Washington D. C., Georgetown University Press, 1964), retomou a identificação do literário com a desautomatização, especificando, porém, que o desautomatismo se concretiza como *desvio linguístico saliente (foregrounding)*. Além disso, Mukarovsky fez notar que a deformação não pode abranger todos os componentes do texto poético, caso contrário recairia no próprio automatismo que tenciona combater; para ressaltarem, as técnicas de deformação devem ser como figuras atuantes sobre um fundo linguisticamente normal.

Do ponto de vista de uma teoria da essência geral do poético, esses amadurecimentos não aplacam nossas dúvidas ante a validez da doutrina shklovskyana; pois nada é menos seguro do que a equação "literatura = desvio da normalidade linguística". Na conferência interdisciplinar sobre estilo, realizada em Bloomington, em maio de 1960 (coligida em *Style in Language*. Thomas Sebeok [ed.]. Cambridge, M.I.T. Press, 1960), Edward Stankiewicz proferiu incisivo e convincente requisitório contra essa concepção. No máximo, a noção do literário como desvio da moeda comum linguística só se impõe na versão, bem mitigada, da dita escola neofirthiana, que, nos estudos de um Geoffrey Leech, por exemplo (ver *Linguistics and Literary Style.* Donald D. Freeman[ed.]. Nova York, Holt, Rinehart & Winston, 1970), e, principalmente, de John Spencer e Michael J. Gregory ("An Approach to the Study of Style". In: *Linguistics and Style.* Nova York, Oxford Univ. Press, 1964), acentua a conveniência de tratar a literatura como uma *microlinguagem* – descrevendo-se o texto literário não tanto contra o fundo da língua inteira quanto contra as características do seu *registro* (isto é, do *uso* linguístico peculiar aos vários gêneros: à ode, ao conto, etc.) e do seu *dialeto* (ou seja, os idiomatismos do autor e do seu grupo estilístico).

Significativamente, aqui se trata menos de desviação do que de *dialetização*, inclusive com as perspectivas que esta implica em matéria de sociologia da linguagem e, portanto, de superação da ingenuidade sociocultural do método formalista. Nem é à toa que a análise linguística do literário em termos de registro e dialeto descende de um conceito de significado independente da doutrina do círculo de Praga: o conceito de *contexto situacional*, de Bronislaw Malinowski, a que o orientalista John Rupert Firth e seu principal discípulo, Michael A. K. Halliday, deram cidadania linguística (ver, a propósito, o cap. VI de Giulio C. Lepschy, *La Linguistica Strutturale.* Turim, Einaudi, 1966). Spencer e Gregory (op. cit.) situam admiravelmente o papel de uma abordagem linguística do literário desdobrável em sentido sociológico, adaptando a lição de Firth ao estudo da literatura: todo texto deve ser considerado como um enunciado *que é parte de um processo social complexo*, formado de circunstâncias sociais e ideológicas inafastáveis da análise. Assim, a leitura analítica deve fazer-se atenta a dois contextos: o *intratextual* e o *cultural* (contexto situacional de Firth). A *colocação* do texto literário no seu devido *status diacrônico* (periodológico), *diatópico* (de dialeto) e *diatípico* (isto é, sua relação com o tema, com o tom e com o gênero do discurso) é um momento essencial da investigação.

Psicológica (Chklóvsky) ou linguística (Tynyanov e Jakobson), absoluta ou dialética (Mukarovsky), a "deformação" desfamiliarizante não parece, por si só, apta a definir a especificidade da função poética. A menos que se interprete, como candidamente fazem Lee T. Lemon e Marion J. Reis,[43] a percepção-sem-objeto de Chklóvsky como uma simples referência àquele convite à percepção demorada, àquele apelo ao reconhecimento da carne dos signos (que, na linguagem pragmática, "denotativa", se apagam), a "visão inédita" shklovskyana só pode significar, em tudo o mais, uma "intuição" nebulosa, um frêmito existencialoide ("recuperação da sensação da vida"...) e pseudomístico ("perceber que não é conhecer") do mais descarado neorromantismo.

Daí Ambrogio considerá-la, com razão, um resíduo romântico, um motivo irracionalista finissecular. O próprio Zirmunsky já havia aproximado o ideal formalista de "desfamiliarização" do *charm of novelty* que Wordsworth cobrava à percepção poética, conforme vimos no início da nossa parte II. Por seu lado, Ambrogio (op. cit., p. 151) prefere sublinhar a parecença do intuicionismo inobjetivo de Chklóvsky com: a) o virginal "vibrato" da intuição croceana, flor do idealismo metamorfoseado pela dieta da torre de marfim; e b) o irracionalismo bergsoniano, que tinha, como se sabe, uma gula especial por toda oposição mitológica entre o "conhecer" intelectual, automático e pobre, e o "intuir" paramístico. *Le Rire* (1900) – a "estética" de Bergson – já estava vertido para o russo desde 1914; é bem possível que, na Rússia, o príncipe do intuicionismo *fin-de-siècle* não tenha influído apenas sobre Lev Chestov... (De resto, às convergências notadas pelo crítico italiano, poderíamos somar pelo menos outra: a da dicotomia traçada pelo pai do *new criticism* sulista, John Crowe

---

[43] Em seus comentários à pequena ontologia *Russian Formalist Criticism*. Lincoln, Univ. of Nebraska, 1965.

Ransom, entre "estrutura" [ou conteúdo lógico] e *textura* [ou conteúdo concreto logicamente irrelevante] do poema de clara ascendência bergsoniana [ver nota 14]. A percepção desautomatizada de Chklóvsky tem por objeto um equivalente da "textura" ransomiana).

O mais divertido é que o imperturbável exame de Ambrogio põe vários "estruturalistas" atuais – que timbram em aceitar de modo acrítico a poética formalista, mas protestam simultaneamente grande repugnância por toda gnoseologia intuicionista – na constrangedora situação de acolher, juntamente com seus heróis eslavos, os Croce, os Bergson e outros papas do comprometedor idealismo... Esperemos que a sua generosidade – certamente maior do que a sua coerência – os leve a reconhecer sua dívida – via Chklóvsky, Jakobson, etc. – para com esses mestres injustamente esquecidos.

Por enquanto, o que convém é inscrever a percepção autoteleológica de Chklóvsky, essa obscura percepção sem objeto, entre as derivações da lânguida, neorromântica mística da imediatez narcisística – e contrastá-la sem tardar com as técnicas visando à imediatez *objetiva* e *cognitiva*, como os bruscos efeitos de distanciamento em Brecht ou as citações gênero "mãos ao alto" da ensaística de Benjamin, irmãs da imagem-choque surrealista. Nem é menos urgente isolar esse enxerto neorromântico do complexo de contribuições analíticas do formalismo eslavo, especialmente no terreno da análise linguística da literatura. Um conceito como a definição da função linguística do poético por Jakobson – a célebre projeção do princípio de equivalência do eixo da seleção (eixo paradigmático, ou das associações) para o eixo da combinação (eixo sintagmático, ou da sequência verbal) – não depende para nada do confusionismo especulativo da "percepção estética" de Chklóvsky, e tem o melhor futuro no campo da pesquisa crítica (Samuel Lewin, Nicolas Ruwet). O que é preciso é não confundir a positividade da abordagem linguística do literário com um seu ilusório direito ao monopólio metodológico, nem função *linguística* do poético com função *global* da linguagem poética.

No terreno da crítica brasileira, essa é a miragem que vem sendo repelida com energia por autores – como Eduardo Portella (*Teoria da Comunicação Literária*. Rio de Janeiro, Tempo Brasileiro, 1970 – principalmente o cap. IV) e Luiz Costa Lima (ver especialmente sua recensão crítica de "A Rima na Poesia de C. Drummond de Andrade", de Hélcio Martins, publicada no número especial da revista italiana *Aut Aut* dedicado ao Brasil) – ativamente interessados na pesquisa estrutural, mas resolvidos a não compactuar com as deformações praticadas em seu nome.

Victor Erlich (*Russian Formalism*. Haia, Mouton, 1955) ressalta com justiça o processo de amadurecimento por que passou a poética formalista, processo auspiciosamente consolidado na fase dita *estruturalista* do movimento, que não é mais russa, e sim tcheca, vivida no fim dos anos 1920 em torno do Círculo de Praga, o grupo-matriz da linguística saussureana tornada operacional com o lançamento da análise fonológica de Nikolai Trubétskoy (ver Erlich, p. 170, 181). Ambrogio destaca, de preferência, a revisão a que Tynyanov submeteu a noção shklovskyana de obra literária como "soma de procedimentos estilísticos", a ideia de uma identidade substancialista entre "literariedade" e artifício técnico.

Para Chklóvsky, a obra literária era "pura forma", puro relacionamento de materiais; desde modo, forma e matéria, ou melhor, artifício e material, ficam numa oposição tão rígida e mecanicista quanto a velha antítese de forma e conteúdo. Todos os elementos da obra são rebaixados à condição de simples argila informe, sobre a qual operará um princípio construtivo – o artifício, ou soma deles – sempre igual a si mesmo. Tynyanov propõe a *dialetização* do conceito da relação artifício/material. Este último, dirá ele (op. cit.), é na verdade heterogêneo, formado de dimensões (fonética, sintática, léxica, etc.) alternativamente soerguidos a uma função *dominante*, em detrimento das demais.

Ora, esse material "dominante" (expressão tomada por Tynyanov ao esteta alemão Broder Christiansen), de modulação variável, não pode mais ser encarado como elemento extraconstrutivo: é um material-forma. A obra passa a ser uma *Gestalt* dinâmica, composta não de uma estática *soma* de artifícios, mas sim de um *sistema* de materiais subordinantes e subordinados. Por isso, para apreender a especificidade da tensão formal peculiar a cada obra – a sua versão particular da dominante composicional – é preciso estudá-la à luz das outras produções do autor, do período estilístico, e, em última análise, do horizonte representado pelo *sistema sincrônico* em que se ordenam, a cada momento dado, todos os integrantes do *corpus* literário, nacional e mundial. Com o que, nota Eichenbaum, a teoria formalista decidiu "entrar na História".

A consequência dessa historicização (historicização, bem entendido, *estrutural*; diacronia percebida através do sincrônico) do conceito de obra é que a literariedade se converte numa qualidade variável, identificada, de época para época, com valores diferentes, que só têm em comum a marca da sua fronteira em relação ao não literário. Erlich, que acentua este ponto, encarece o fato de que o formalismo *maduro* (ou estruturalismo) tendeu a ocupar-se cada vez mais não só da descrição dos artifícios de construção literária, mas da compreensão de sua *motivação* (*motivirovka priëma*), para tanto abrindo-se a uma abordagem *pluralista* do texto estético.

O fato é que, passada a fase "heroica" do formalismo (como escola) maciçamente formalista (na acepção do nosso trabalho), as retificações dos próprios tenentes da primeira fase se sucederam saudavelmente. Chklóvsky já em 1923 reconhecia que a insistência não dialética no primado da forma podia ser tão mecanicista quanto o antigo conteudismo; dez anos depois dessa memorável *amende honorable*, "O Que É a Poesia?", de Jakobson, se esmerava em distinguir o senso da *autonomia* do artístico de qualquer enganosa afirmação do *separatismo* da arte.

Infelizmente, o vírus formalista é como a hidra de Lerna... suas maléficas cabeças são múltiplas e renascentes.

Tomemos a poética do último Jakobson (consubstanciada em *Linguistic and Poetics,* 1960), elo histórico entre o formalismo eslavo do primeiro Novecentos e a atual voga "estruturalista". A nós parece claro que a *deformação* semântico-fônica, supervalorizada no jovem Jakobson, não desempenha diretamente um papel tão central nos seus escritos recentes. As *Teses* do Círculo Linguístico de Praga haviam imaturamente consagrado a poética assemântica: "O princípio organizador da arte (...) é que a intenção se dirige não para o significado, mas para o próprio signo. O princípio organizador da poesia consiste em dirigir a intenção para a expressão verbal". Mas o Jakobson de *Linguistics and Poetics* se reconcilia – ao menos teoricamente – com a dimensão semântica.

Seguindo o ricardiano William Empson, ele fala agora de *ambiguidade* denotativa – em vez de erradicação do denotar – como característica da função poética. Sua nova preocupação com o semântico vai ao ponto de legitimar, em princípio, as teses simbolistas sobre a sinestesia; logo, sobre a "inegável objetividade" do simbolismo dos sons. Ao mesmo tempo, frisa que a análise linguística de poesia *não* se limita ao exame dessa função poética, ou seja, do evidenciamento da palpabilidade dos signos verbais – admitindo com isso que o poético não se reduz ao esplendor "físico" da linguagem.

Estamos sem dúvida longe daquele formalismo hipnotizado pela mística da corporeidade do signo verbal, que chegava a vislumbrar poemas "abstratos", compostos de palavras semanticamente nulas... Mas teremos realmente saído do gueto em que o formalismo sequestra a arte, negando-lhe toda função denotativa, referencial, e, por conseguinte, a capacidade de articular uma mímese dialética dos problemas do homem e da cultura? O último Jakobson não nega que o poético (= o literário) se ligue à função referencial da linguagem; *Linguistics and Poetics* desenha uma classificação dos gêneros literários básicos (lírico, narrativo, dramático) de acordo com a maior participação, ao lado da função poética do signo linguístico, das demais funções verbais: da função emotiva, no gênero lírico; da conativa, no dramático; e da *referencial*, no gênero narrativo.

Contudo, nossa exigência do reconhecimento da referencialidade do literário *em si* – da literatura em qualquer de seus gêneros – permanece irrespondida. De nada serve declarar a denotatividade da épica. Ao contrário: pois, pelo menos até recentemente, a evolução da narrativa, desdenhando o contar em verso, tendia a afastar-se concomitantemente daquele primado da função verbal poética – de modo que um espírito de porco poderia alegar que o único consórcio do poético com o referencial celebrado por Jakobson estava destinado à dissolução... Não embarquemos numa confusão terminológica: a única "referencialidade" que Jakobson concede à literatura é apenas a velha "objetividade" do mundo épico em contraste com a subjetivização do processo lírico, dualismo que a teoria literária elabora desde Goethe e Schiller até Emil Staiger e Wolfgang Kayser; e tal "referencialidade" é uma *modalidade* da visualização verbal imaginativa (do estrato da representação objetual, de Roman Ingarden), e não a alusividade universal inerente à natureza *mimética* do literário em si, logicamente anterior a toda diversificação em "gêneros".

Outra distância: a referencialidade *modal* do *gênero* narrativo é uma indicação *expressa* de um determinado mundo imaginativo: é o acompanhamento vizualizante dos ditos pensamentos e dos gestos dos personagens, dos aspectos do cenário, etc., por exemplo, a notação das reações fisionômicas, frases e intonações de Monsieur de Norpois durante o inesquecível jantar em casa do narrador, na primeira parte de *À l'Ombre des Jeunes Filles en Fleurs*. Já a verdadeira referencialidade *mimética* da *espécie* literatura é o *conteúdo* da obra de arte nos termos da excelente definição de Peirce: aquilo que a obra deixa transparecer sem mostrar. O referente aqui é sempre tácito, poderosamente encoberto por uma espécie de astúcia da mímese; e é nele que a análise objetiva do texto literário descobrirá a rede de relações, afinidades e/ou antagonismos, entre a obra e o seu meio sociocultural, tudo inervado, é evidente, na tensão interpretativa que o *hoje* lança sobre o vai e vem analítico do texto à história e vice-versa.

Três tipos de referencialidade do literário são, a rigor, discerníveis: a) a referencialidade a esse conteúdo cultural (Peirce), ou mímese tácita; b) a referencialidade específica, inerente a cada obra particular, a um mundo objetual (Ingarden) imediatamente legível, ou mímese explícita; c) a referencialidade *in genere* da classe literatura narrativa, enquanto "objetividade" oposta à interiorização do universo lírico. Mais: (c) não é propriamente um tipo de referencialidade; é uma *direção* – "objetivante" – tomada por (b) quando dada no terreno narrativo. Tanto em (a) quanto em (b), o que chamamos processo mimético não deve ser entendido no sentido "fotográfico", factual, servil ou "histórico", e sim – conforme a lição sempre viva da *Poética* aristotélica – como uma imitação seletiva, imaginativa, autônoma e "filosófica" da existência do homem e da sociedade. Finalmente, é preciso não esquecer que (b) – e, em consequência, sua modalidade (c) – é, por assim dizer, inteligível "do lado de dentro" da literatura; é uma referencialidade suscetível de ser lida *na obra* ou, no máximo, em suas relações com o *corpus* literário epocal, mas, em princípio, sem reclamar, para sua compreensão, a leitura de outras zonas de realidade, ao passo que (a), referencialidade cultural, impõe uma leitura a um só tempo *interna e externa* da obra, porque nasce do confronto das características do texto com os traços da cultura ambiente. Para usar a linguagem de Panofsky (na introdução a *Meaning in the Visual Arts*), o texto é, para a interpretação do seu *conteúdo* ou referencialidade (tácita) imanente-e-transcendente, um *monumento* e, como tal, o centro da análise; mas é um monumento que requer obrigatoriamente, para sua correta inteligência e avaliação, o auxílio dos *documentos* que são os dados histórico-culturais circunvizinhos. Daí o ir e vir do texto à história constituir um ritual hermenêutico do próprio método de análise formal; o recurso ao cenário da cultura é um aspecto *estrutural* da interpretação estruturalista.

Tanto em seu período "shklovskyano" quanto em seus estudos recentes, Jakobson não chega a desenvolver nenhuma consciência da referencialidade cultural da obra de arte – da nossa referencialidade (a). Daí sua prática analítica oscilar quase cegamente entre um polo positivo, virtualmente aberto à integração de uma perspectiva cultural no exame estilístico – exemplos: a brilhante análise das figuras gramaticais do exórdio da oração fúnebre de Marco Antônio em *Julius Caesar*, que coroa *Linguistics and Poetics*; o ensaio de 1935 sobre a lírica de Pasternak; ou a "microscopia" de *Les Chats*, de Baudelaire, feita em colaboração com Claude Lévi-Strauss – e um polo negativo, que espelha a reafirmação implícita, na estética da "poesia da gramática" do Jakobson maduro, da insuficientíssima noção da literariedade como artifício *imotivado*, como engenho formal isolado e gratuito.

O estudo sobre a poesia de Pasternak relaciona, da maneira mais iluminadora, a "poesia da gramática" a uma representação objetual, por sua vez associável à posição histórico-cultural do verso russo pré-1917. O uso pasternakiano da metonímia e da sinédoque revelam uma tendência a substituir a ação ao ator e o ambiente à ação; o mundo de Pasternak exala uma passividade básica, correlativa ao espírito "apolítico" de certo ambiente pré-revolucionário. Para dizê-lo em nossos termos, Jakobson emprega a análise das figuras gramaticais como pista objetiva para um levantamento da "mímese explícita" (da referencialidade [b]) dos nomes de Pasternak, *e com isso prepara a determinação crítica da sua "mímese tácita", isto é, da significação cultural* própria à lírica pasternakiana (da sua referencialidade [a]). A microscopia de *Les Chats* se encaminha para a mesma direção; é fácil comprová-lo por meio de um confronto entre a conclusão do ensaio, recheada de indicações filosófico-sociológicas, e o *finale* resolutamente "abstracionista" da microscopia do quarto *Spleen* das *Fleurs du Mal*, ou da curiosa desmontagem de *Ulisses*, de Fernando Pessoa, obra de Jakobson e de Luciana Stegagno Picchio ("Les Oxymores Dialectiques de F. Pessoa". In: *Langages*, n. 12, 1968).

A que atribuir esse reenclausuramento cíclico da interpretação estilística no isolacionismo formalista? Será que ele decorre de recaídas periódicas naquela poética hipnotizada pela corporeidade do signo verbal – pelo estrato fônico – que, conforme vimos, o último Jakobson, autor de *Linguistics and Poetics*, superara? Tzvetan Todorov ("Les Anomalies Sémantiques". In: *Langages*, 1, 1966, p. 121) sugere que a prática analítica de Jakobson o levou a restringir o seu próprio conceito de função da linguagem "*au côté phonique du mot*" – sugestão que acolhe Ambrogio (op. cit., p. 232, n. 2), embora essa restrição lhe pareça mais um *sintoma* do que uma causa do formalismo jakobsoniano. Não se vê, porém, como Todorov possa ter chegado à ideia de que as análises de Jakobson se limitem à consideração do estrato fônico! Basta percorrer as microscopias de *Les Chats* ou do último *Spleen* baudelaireano para convencer-se da leviandade dessa afirmação: Jakobson nos faz esbarrar o tempo todo num minucioso inventário de categorias gramaticais, funções sintáticas, figuras de gramática, relações entre termos próprios e figurados, relações entre entidades animadas e inanimadas, emprego da voz, da pessoa, etc. Onde a "limitação ao lado fônico da palavra"?

O pecado original de certas leituras críticas de Jakobson não é nenhum monismo fonológico, nenhuma recaída no feroz assemanticismo da poética shklovskyana. A formalistização da análise estilística não resulta de uma limitação da função poética da linguagem ao estrato fônico, e sim de *uma inconsciência dos limites da abordagem linguística no que concerne à apreensão do fenômeno poético*. Como nota Michael Riffaterre (In: *Yale French Studies*, n. 36-37, 1966), Jakobson presume, em regra, que qualquer reiteração ou contraste de um traço gramatical se torna, automaticamente, um artifício poético; não obstante, nada demonstra que pertinência fônico-gramatical e pertinência poética sejam coextensivas: vários aspectos gramaticais podem ser poeticamente irrelevantes. Nicolas Ruwet ("Limites de l'Analyse Linguistique en Poétique".

In: *Langages, n.* 12, 1968), linguista chomskyano que se declara pronto a "testar a validez" da análise linguística recorrendo a abordagens não linguísticas do texto, admite que a determinação da pertinência poética ultrapassa a jurisdição do exame linguístico, embora possa e deva servir-se dele. No ensaio precedente, constatamos a impraticabilidade de definir o poético à base da noção de desvios da norma linguística, ou de graus de gramaticalidade. O último Jakobson libertou-se consideravelmente do fanático amor formalista à glória da infração; todavia, *fetichizando a gramática*, não deixa de manter-se surdo à plenitude da voz poética, à sua riqueza alusiva e à sua integridade intelectual.

Foi seu mestre della Volpe quem legou a Ambrogio a hostilidade ao isolamento formalista da obra de arte. A despeito de seu errôneo desprezo pela dimensão "física" do signo verbal, della Volpe lançou um conceito – noema-imagem – apto a realizar uma síntese dialética entre as peculiaridades da economia *estética* do texto, em sua natureza polissêmica e orgânica, e a essência mimética, referencial, e *cognitiva* da linguagem artística. Seu racionalismo estético abre as portas a uma compreensão rigorosa do papel crítico da arte no seio da cultura. Ambrogio tem toda a razão de denunciar a ausência dessa perspectiva na poética do formalismo eslavo e acerta em cheio ao contemplar nessa lacuna um resíduo neorromântico. Neorromantismo que é – insistimos – um emagrecimento espiritual de suas próprias origens românticas.

Para Novalis, com efeito, a poesia era ao mesmo tempo uma "álgebra", e um conjuro da transcendência, utilizado como "arma de defesa contra o cotidiano". Jakobson proclama encantado sua entusiástica fidelidade aos cálculos formais do construtivismo poético, mas amputa implicitamente o segundo termo, o termo filosófico-social, da fórmula novalisiana... Em Novalis, autonomia da arte e crítica da cultura são funções solidárias. Omitindo quase sistematicamente a referencialidade do texto literário, a dieta formalista reduz o projeto romântico de uma arte filosófica ao programa de uma arte que não passa de jogo estreito e frívolo, sem espessura ontológica nem personalidade crítica.

Certo é que entre a obra literária e o real, como entre a linguagem e a realidade, não existe nenhuma correspondência mecânica, ponto por ponto; mas existe uma correspondência de nível superior, análoga àquela função mimética que o próprio Jakobson descobriu na linguagem, com a ajuda da noção peirceana de ícone-diagrama. O *noema-imagem dellavolpiano é o equivalente estético do ícone-diagrama linguístico.* O delito formalista consiste em resvalar do senso da autonomia da imagem para o repúdio ou esquecimento do seu poder de cognição do universo. É uma pena que o Jakobson da maturidade, havendo restaurado, contra Saussure, a noção da referencialidade da língua, tenha, paradoxalmente, contribuído para retardar o pleno reconhecimento de referencialidade específica da literatura.[44]

Mais deplorável ainda é que alguns meios *soi-disant* de vanguarda, onde, não raro, um "terrorismo metodológico" (Jean Starobinski) de inspiração estruturaloide é tanto mais ruidosamente manipulado quanto, aos olhos ingênuos, encobre ou maquila amplo analfabetismo filológico e vasta indigência filosófica, utilizem o prestígio da linguística entre as modernas ciências humanas para tentar entronizar uma poética mutiladora do poético e esterilizadora da crítica. No comércio vivo e produtivo

---

[44] Ver o seu ensaio "A la Recherche de l'Essence du Langage". In: *Diogène*, n. 51, reproduzido no vol. coletivo *Problèmes du Langage*. Paris, Gallimard, 1966. Nada encontramos no último ensaio teórico de Jakobson – o *Postscriptum* de *Questions de Poétique* (Paris, Seuil, 1973, p. 485-504) que nos permita afastar a acusação de formalismo, no sentido bem preciso de esquecimento *metodológico*, sistemático, da dimensão mimético-referencial do texto poético. Jakobson replica com facilidade aos que negam, anacronicamente, o princípio da análise linguística da literatura – mas não responde àqueles que só censuram as versões formalistas e "fechadas" da dita análise linguística. Nesse ponto, o nível teórico de sua argumentação é inferior ao da atual semiologia soviética, representada por Yuri Lotman (*A Estrutura do Texto Poético*. Moscou, 1970) (trad. italiana: Milão, ed. Mursia, 1972), caps. 2 e 9.

dos estudos literários com a linguística e com a expansão multidisciplinar da análise estrutural, essa poética formalista é, sem tirar nem pôr, o contrabando de um equipamento deteriorado – o residualismo romântico.

O monismo linguístico em crítica literária – o monopólio da abordagem linguística do texto – poderia alegar, apesar de tudo, uma justificativa metodológica: a de que ele articula a interpretação das obras *além* do plano da significação imediata. De fato, as microscopias de Jakobson dissociam a interpretação do poema de seu significado superficial, epidérmico; a "poesia da gramática" de cada poema nunca se confunde com o que o texto "diz" à primeira leitura. Como é bem sabido, uma particularidade da análise estrutural (nisso herdeira de Marx, Freud, Nietzsche, Weber, Panofsky, e de todos os grandes renovadores das ciências humanas em busca de determinações inconscientes do comportamento), em face de outras correntes hermenêuticas, é o *impulso de emancipação do sentido imediato*, a recusa a identificar a esfera do sentido com a órbita da evidência, das relações direta ou empiricamente observáveis. "*Il n'y a de science que du caché*", dizia Bachelard. Mas será que as microscopias linguísticas, empregadas como abordagem absoluta do texto literário, obedecem *de fato* a esse correto princípio de conhecimento?

Na realidade, o monismo linguístico capta somente *na aparência* o plano do significado profundo do texto literário. Em outras palavras: a análise linguística absolutizada, embora mergulhe além do sentido superficial do texto poético, *não atina com a natureza específica do seu sentido "profundo"*, o que torna errático e gratuito o esforço de transpor a camada imediata da significação. Vejamos, no entanto, *por que* o monismo linguístico não apreende o *verdadeiro* significado do texto poético. Para isto, bastará que nos lembremos da natureza específica da semântica literária.

No começo do século passado, William Hazlitt afirmou que a poesia é a representação de formas que sugerem outras formas, de sentimentos que sugerem outros sentimentos. Netos espirituais de Saussure, podemos dar a essa fórmula uma roupagem linguística: poesia é a articulação de formas verbais que evocam outras formas verbais. De fato, a semântica poética não é uma semântica da denotação, e sim da *conotação*. Ninguém negará que a literatura é um sistema simbólico de segundo grau (posto que se serve da linguagem, ela própria um sistema simbólico) que opera mediante a organização do sentido conotativo das palavras. Hjelmslev (*Essais Linguistiques*, Copenhague, 1959, p. 43; *Prolegomena*, § 22) definiu a conotação distinguindo-a da metalinguagem. Em toda língua, ao plano da *expressão* (*o signifiant* de Saussure) opõe-se o plano do conteúdo (*signifié*). Mas esse sistema de duas faces pode, a seu turno, converter-se em simples elemento de um segundo sistema: assim, a língua (expressão + conteúdo) se transforma em plano *da expressão* para o sistema literatura, ao passo que a mesma língua será antes o plano *do conteúdo* para a metalinguagem, isto é, para as operações encarregadas de "falar" da língua natural por meio de uma expressão própria – de um código de descrição científica. Portanto, *conotação* é a modalidade semântica que trata a linguagem, *em seu duplo aspecto* de expressão e de conteúdo, como expressão. A metalinguagem descreve a língua, enquanto a conotação *se vale* dela. Para a primeira, a linguagem é objeto; para a segunda, matéria-prima.[45]

Por outro lado, entretanto, a conotação possui um *status* sociológico peculiar. Martinet considera conotativos *os elementos do sentido que não pertencem a toda a comunidade* utilizadora de determinada língua. A conotação das palavras, bem mais que a sua denotação, varia entre os grupos etários, as classes sociais, etc.; ela é uma função das múltiplas estratificações da comunidade linguística. Se quiséssemos esquematizar, recorrendo à famosa dicotomia estabelecida por Edward Sapir entre a

---

[45] Com frequência, a palavra *metalinguagem* é usada como simples equivalente de sistema simbólico de segundo grau, tal como nós mesmos a empregamos no apêndice do ensaio anterior. Supérfluo notar que não é essa a acepção de Hjelmslev ora em causa.

(relativa) *estabilidade da linguagem* e a *instabilidade da cultura*, diríamos que, no reino do sentido, a denotação é, como a língua, estável, e a conotação, como a cultura, *instável*. A conotação *é menos universal e mais variável* que a denotação.

Ora, se a literatura é um sistema semântico eminentemente conotativo, e se a conotação se vincula tão intimamente à diferenciação social, é impossível dispensar o ângulo sociológico na análise do texto literário. Negligenciando sistematicamente a relação texto/sociedade, procedendo como se o literário se reduzisse ao linguístico, a análise linguística absolutizada esquece que o literário não é *a* linguagem, nem mesmo uma forma dela – mas sim um *uso* da linguagem.

Aí temos por que o acerto metodológico da leitura linguística absolutizada é apenas *aparente*. Os inventários fônico-gramaticais de Jakobson, se desligados de um confronto com uma sociologia da conotação, *extraviam* o princípio estrutural de ultrapassagem do plano da significação imediata; pois a "poesia da gramática", ainda que não se identifique com o sentido superficial do texto literário, não levará jamais, por si mesma, ao *background* social da semântica especificamente poética, isto é: à obra como sistema particular de conotações. Sozinha, a "poesia da gramática" é capaz de ultrapassar o nível da superfície do sentido, mas não de deparar com a *verdadeira* zona de profundidade semântica do poema, que é conotativa e, portanto, referência ao quadro sociocultural.

A natureza sociológica da semântica literária (conotação) também invalida as pretensões a fixar analiticamente uma "gramática generativa" do discurso artístico, similar à gramática transformacional de Noam Chomsky. Essa possibilidade é, aliás, recusada pelos próprios transformacionalistas (por exemplo, Sol Saporta; ver o volume coletivo *Style and Language*, op. cit.), mas é brandida por alguns críticos "estruturalistas", como Tzvetan Todorov.[46]

---

[46] Ver o ensaio "Poétique". In: Todorov et al., *Qu'Est-ce que le Structuralisme*. Paris, Seuil, 1968.

Diante, porém, da variabilidade intrínseca do sentido conotativo de que se alimenta a literatura, como discernir uma matriz estável, um código generativo à maneira do que é requerido pela noção todoroviana de "literatura possível"? Quando cada *performance* literária se move entre mil possibilidades diversas, como chegar a explicitar uma teoria da *competência* da arte verbal?

Uma teoria da competência linguística e contemplável, mas uma teoria da "competência literária", não. Por isso, a despeito de suas ambições, o esboço todoroviano de poética não transcende, na prática, o plano da velha e honesta teoria da literatura (Wellek, Kayser, etc.) e se limita a introduzir nessa área alguns instrumentos conceituais de origem linguística. Um deles é a escorregadia distinção entre "discurso referencial" e "discurso literal". Através dela, Todorov fraciona o texto literário numa série de enunciados "que designam fatos extralinguísticos" e enunciados "que não designam nenhum fato extralinguístico". Essa distinção, além de semanticamente rudimentar, é puramente interior à análise linguística – e incapaz de articular o sentido global do texto com a realidade histórica. Em relação ao "vai e vém da forma à história", Todorov pratica um jejum faquiresco. Sua concepção das relações entre a literatura e a realidade social chega a ser cândida. A concentração nas "propriedades internas do discurso literário" relega ao plano do episódico a necessidade de recorrer ao contexto social em que aparece a obra. Todorov insinua um problemático "segundo tempo" da análise, em que esse tipo de relacionamento interviria, mas termina sua *poétique structurale* com uma melodia foucaldiana, exigindo apenas uma "colaboração" entre poética e história do discurso literário – sem sombra de integração entre análise literária e ciências humanas...

Ora, a história das ideias, negligenciada por Todorov, não deixaria de explicar esse encastelamento no enfoque do "discurso literário" (em lugar do debruçamento sobre as obras) como resultado de um curioso encontro da vaga "estruturalista" com a tradição da crítica francesa moderna. Esta última sempre foi muito mais *metacrítica* que crítica: muito mais discurso filosofante sobre a literatura do que investigação palpável do *corpus* literário – nos melhores casos, a crítica francesa dos últimos decênios se especializou na projeção esquemática de uma arbitrária epistemologia do imaginário sobre as pobres obras (pense-se em Gaston Bachelard, Georges Poulet, Maurice Blanchot, Lucien Goldmann ou Jean Starobinski, para não citar o primarismo da *analyse thématique* de Jean-Paul Weber). Todorov nos dá o casamento entre a estética isolacionista do formalismo russo e os cacoetes da metacrítica francesa, ou seja: as núpcias da miopia ante o vínculo arte/cultura com a impaciência ante a disciplinada consideração minuciosa da totalidade do texto. A orientação geral da sua crítica se inclina mais para o campo dos "estruturalismos" dedicados à construção de elegantes sisteminhas fechados do que para o terreno da verdadeira análise estrutural. Em todo caso, o conhecimento efetivo das obras literárias ganha bem menos com a sua poética pseudogenerativa do que com as empresas de *desnaturalização do signo* – de análise estrutural do conteúdo ideológico dos sistemas simbólicos de segundo grau como a literatura, a moda ou a publicidade – tentadas por Roland Barthes, de *Mythologies* a *S/Z*. Não é à toa que Barthes, em seus trabalhos, exibe um agudo senso da natureza da conotação.

Barthes, porém, é a fonte de um outro declive formalistizante, muito bem pilhado por Cesare Segre (*I Segni e la Critica*. Turim, Einaudi, 1969). Instruído pelo cauteloso ensinamento semiológico de Eric Buyssens (*La Communication et l'Articulation Linguistique*. Paris, PUF, 1967), Luiz J. Prieto (*Messages et Signaux*. Paris, PUF, 1966) e Georges Mounin (*Introduction à la Sémiologie*. Paris, Ed. de Minuit, 1970), Segre advertiu que a chamada crítica semiológica vem escamoteando com frequência a diferença entre *signo* e *sintoma*, e procedendo como se as significações da obra literária fossem todas suportadas por signos, ou seja, por sinais convencionalmente prefixados. Ora, o álibi teórico desse costume equívoco é a famosa inversão a que Barthes (*Eléments de Sémiologie*) submeteu a perspectiva semiológica vislumbrada por Saussure: em vez de incluir, como Saussure, a língua na classe genérica dos sistemas semiológicos, Barthes, pretextando que toda significação requer, para ser compreendida, a mediação da língua, sugere que a linguística atue como chave universal da semiologia – legitimando, com isso, a aplicação de conceitos elaborados para a análise dos *signos* linguísticos aos *sintomas* de outros complexos simbólicos, do tipo literatura (ou moda, etc.). *Na prática, a decifração de sintomas culturais como pseudossignos tem afastado a interpretação da trilha onde a leitura formal se desdobra, por si mesma, em captação do sentido cultural das obras ou objetos simbólicos.* Hipnotizado pelo pseudocódigo do texto – pseudocódigo porque, ao contrário da língua, e por mais que *se sirva* de convenções (gênero, metro, tom, etc.), o texto literário não abriga o núcleo de suas relações significativas em sinais preexistentes (como as unidades da língua), e sim em sinais nascidos de uma simbolização originária, *ad hoc,* sem precedentes codificados – muito crítico semiológico se enclausura em esqueminhas formalistas. Mas a obra artística não é simplesmente análoga ao ato da *fala* por oposição à língua; ela instaura uma vegetação simbólica altamente *peculiar* (posto que apta a proliferar no estilo de uma "escola" ou de uma tradição de gênero) na linguagem que utiliza. Essa camada de sinais é decifrável; contudo, não apresentando unidades socialmente pré-convencionadas, sua semântica é eminentemente *sintomatológica*, e como tal deve ser tratada.

Feitas essas reservas a algumas manifestações da crítica dita estruturalista (a certas leituras de Jakobson, ao conceito shklovskyano de literariedade, à poética de Todorov), convém frisar que o objeto da nossa firme condenação não é, de modo nenhum, a análise estrutural, e sim a sua *perversão* formalista. Conforme assinala Claude Lévi-Strauss[47], o iniciador da extensão extralinguística

---

[47] "La Structure et la Forme". In: *Cahiers de l'Institut de Science Economique Appliquée*, série M, n. 7, 1960.

do método estrutural, estruturalismo *não* é formalismo. Pela mesma razão, recusar *os* desvios *formalistas* da crítica eslava da época da Grande Guerra ou a escolástica estruturaloide dos nossos dias absolutamente não significa recusar a validez intrínseca da abordagem estrutural.

A esse propósito, é muito importante deixar claro que consideramos a negligência da referencialidade cultural da obra de arte, que é a grande culpa dos formalismos, como um *obstáculo* ao próprio desempenho daquela virtude gnoseológica peculiar ao método estrutural: a sua sistemática insatisfação com o plano das significações imediatamente dadas, a sua vontade de dar caça ao sentido oculto, às determinações semânticas em profundidade. Fugindo ao relacionamento ordenado das estruturas do texto com a pauta da cultura e da sociedade, esquivando-se à consideração do vínculo obra/mundo, a escolástica estruturaloide substitui o foco específico, concretizante, da análise formal não formalista pelas generalidades gratuitas da gramática *qua* poesia ou da todoroviana teoria do "discurso literário"; e, com isso, esvazia a ultrapassagem do sentido superficial do seu efetivo teor iluminatório e do seu verdadeiro alcance analítico.

Por conseguinte, *objetivamente* – apesar de toda a sua afetação de alergia ao intuicionismo neorromântico – a escolástica estruturaloide converge com a resistência da fenomenologia (de origens schleiermacherianas, como em Paul Ricoeur, ou merleaupontyanas, como em Enzo Paci) à destruição estrutural do sentido dado. Nas grandes discussões sobre a análise estrutural dos anos 1960, a instância clássica dessa resistência fenomenológica foi a tese do *surplus de signifié*, que Ricoeur levantou, no simpósio da revista *Esprit* (nov. de 1963), contra o pretenso *désespoir du sens*, de Lévi-Strauss.

O elemento comum a ambas as frentes fenomenológicas é, naturalmente, o culto da *Erlebnis* – o apego à *vivência* como órgão de conhecimento, diretamente ameaçado pela insistência estruturalista em rejeitar a suposta continuidade entre o *vécu* e o real, entre a *Erlebnis* e a significação. Mas Ricoeur deseja legitimar a tese do "excesso de significado" – contra o "partido do significante" representado pela análise estrutural – com a autoridade da hermenêutica de Schleiermacher; assim como a estética formalista, a gnoseologia da vivência é um neorromantismo declarado. Na perspectiva da nossa identificação da índole romântico-residual dos impulsos formalistas, não é difícil compreender porque o "partido do *signifié*" nada tem a oferecer em matéria de análise sistemática das formas ideológicas e de sua relação com o social.

Conviria, aliás, invocar, contra a mística da vivência cognitiva, alguns dos melhores testemunhos da filosofia contemporânea. Será suficiente citar duas linhas de pesquisa, das mais importantes para a moderna teoria do conhecimento. A primeira é a de Ludwig Wittgenstein. O parágrafo 655 de suas seminais *Philosophische Untersuchungen* poderia servir de lema da análise dos sistemas simbólicos desembaraçada da ilusão vivencial: "Não se trata de explicar um jogo de linguagem por meio de nossas experiências vividas (*Erlebnisse*, no original), mas sim de registrá-lo (ou fixá-lo)".

A segunda, diretamente concernente ao problema da interpretação da obra de arte, é a do heideggeriano Hans-Georg Gadamer. Em seu livro capital sobre a hermenêutica, *Wahrheit und Methode* (1960), Gadamer assimila a gnoseologia do *vécu* à noção psicologística de "expressão", advertindo que o conceito de expressão foi *subjetivizado* pelo romantismo. De fato, na retórica clássica, "expressão" designa um sistema de *efeitos* – a expressão justa – apto a produzir determinadas *impressões* no ouvinte ou leitor; só com o romantismo é que esse conceito passa a indicar o vago reino da exteriorização de um sentido interior. Jean Starobinski (In: "Leo Spitzer et la Lecture Stylistique", prefácio aos *Études de Style* de Spitzer. Paris, Gallimard, 1970) descreve a evolução da *Stilkritik* de Spitzer como um distanciamento progressivo do credo psicologista (*oratio vultus animi*), e uma aproximação simultânea da "estilística dos efeitos" (Michael Riffaterre). Starobinski busca igualmente a chancela da hermenêutica objetivante de Gadamer para uma estilística suscetível de romper com o alvo impraticável de devassar as "intenções" ou "estados de ânimo" do autor.

De tudo isso se depreende que a análise estrutural da literatura é beneficiária de posições epistemológicas de comprovada solidez, em notável sintonia com o rumo da melhor reflexão filosófica de nossos dias. Tanto mais lamentável seria que os novos estudos literários se perdessem na mutilação formalista, largando o rastro revelador do relacionamento *estrutural* do texto literário com a cultura e a sociedade. Não há, porém, razão para supor que o espectro neorromântico dos formalismos mascarados de modernidade venha a prevalecer sobre a fertilidade natural da abordagem estruturalista; sobretudo porque tanto a lição do pensamento estético dos últimos anos quanto o sentido profundo da tradição da arte moderna tendem precisamente a vetar a visão formalista, focalizando, com crescente argúcia, o nexo vivo entre arte e cultura. A esta lição e a este sentido é que dedicaremos nossas páginas de conclusão.

6

Croce, cuja estética, segundo vimos na parte II, consagrava o isolacionismo da obra de arte, desdenhou toda reflexão acerca da materialização das ideias artísticas, da plasmação efetiva da *forma* estética. Significativamente, a filosofia da arte pós-croceana, rejeitando esse arbitrário descaso pelos problemas de forma e técnica, desembocou em pleno reconhecimento do *significado sociocultural* das obras artísticas, cumprindo assim uma franca superação do formalismo de Croce. Na Itália, como bem observa Renato Barilli (*Per un'Estética Mondana*. Bolonha, 1964), o principal responsável por essa dupla correção da ótica croceana foi Luigi Pareyson, articulador da *teoria della formatività*. Pareyson identifica o conteúdo da obra de arte (a intuição-expressão de Croce) com a formatividade: não com a forma-resultado, mas antes com a sua "*forma formans*", com o seu processo formativo; e define esse conteúdo-forma, dialético e dinâmico, em termos de espiritualidade *situada*, humana, social e culturalmente determinada, um pouco à maneira do sujeito sartreano ou da *vie ambiguë* (imbricação inextricável de consciência e mundo) de Merleau-Ponty.

Com o conceito da origem técnica e da natureza social do simbolismo artístico, a estética atual se mune do melhor antídoto contra o vírus idealista, fomentador das miopias formalistas. A dificuldade reside apenas em não escamotear a especificidade ontológica da obra – a pretexto de pôr em destaque as suas relações com seu meio cultural – nem a autonomia da linguagem com que ela, obra, "fala" do seu tempo e ambiente. Particularmente insidioso é o sestro de reduzir a semântica artística a uma simples duplicação da consciência social de dado grupo histórico – escorregão frequente até mesmo nos que partem, como o Lucien Goldmann de *Le Dieu Caché*, da saudável intenção de pesquisar homologias entre estilo e sociedade, mas acabam na redução da mensagem de Racine a uma metáfora especular das vicissitudes da alta burguesia jansenista... Contra essas derrapagens sociologistas, nada melhor do que a advertência de Pierre Francastel (*Art et Technique*, parte III, 1, c): a obra de arte não é ideia na mente do autor nem dos espectadores; é antes um *signe-relais*, um lugar de associação dos valores, das carências e atividades caros a certa época. Acrescentamos tão só que os "valores, carências e atividades" são constantemente heterogêneos, quando não contraditórios – o que veta, por si só, qualquer pretensão a converter a análise cultural do estilo em apelo a um pretenso *Zeitgeist* unitário.

Parte do despreparo da consciência crítico-historiográfica em relação aos desvios da interpretação sociológica (mas por que não nos habituarmos a dizer "interpretação *filológica*" dado que a boa tradição filológica sempre colocou sua alma na tentativa de *ler* as formas como símbolos *culturais*?) provém de mera confusão dos *níveis* da abordagem cultural do fenômeno artístico. É claro que, no nível das características *gerais* de estilo, tudo se passa como se a autonomia da resposta artística aos estímulos e requisitos do ambiente social, conquanto de nenhum modo inexistente, fosse afetada por uma certa inércia, contribuindo para a ilusão de que o dado estilístico seja mero "reflexo" da realidade social extra-artística. Não é outra a base de certas correlações perfeitamente válidas, na linha das que um Jean Laude[48] observa, nas culturas arcaicas, entre especialização artística e divisão do trabalho, ou entre plástica figurativa e sociedade de classe. Para Max Scheler (*Die Wissensformen und die Gesellschaft*), o condicionamento social da religião era algo hierarquizado, de tal modo que certas formas da experiência religiosa – por exemplo, a atuação dos místicos e profetas – seriam bem menos estritamente condicionadas pela infraestrutura social do que outras, como os ritos e costumes populares. Talvez fosse o caso de esboçar uma análoga hierarquização de níveis no domínio das conexões arte/sociedade.

Originariamente, porém, o "reflexo" pode não passar de "afinidade eletiva" entre os traços gerais de um estilo coletivo e certas feições sociais dominantes. Max Weber, emérito lançador de uma sociologia do conhecimento voltada, antirreducionisticamente, para a descoberta de homologias estruturais entre as configurações ideológicas e a práxis socioeconômica, focalizou as afinidades entre a música tonal europeia e aquela *racionalização* global da cultura que é a chave da evolução do Ocidente desde a Idade Moderna (ver o apêndice de *Economia e Sociedade,* intitulado "Fundamentos Racionais e Sociológicos da Música"). Melhor ainda: o estilo coletivo pode dar ao seu vínculo com a sociedade uma expressão francamente antitética. Em *Tristes Tropiques*, Claude Lévi-Strauss analisou os esquemas geométricos da pintura facial dos Caduveu como uma verdadeira negação, de fundo utópico, da realidade social da tribo.[49]

---

[48] "Lecture Ethnologique de l'Art", no volume coletivo *Les Sciences Humaines et l'Oeuvre d'Art*. Bruxelas, La Connaissance, 1969.

[49] Maiores detalhes em José Guilherme Merquior, *A Estética de Lévi-Strauss*. 2ª ed. São Paulo, É Realizações, 2013.

A abertura da teoria estética ao significado cultural da arte traz consigo algumas implicações especialmente relevantes. Retenhamos duas: a revisão das relações entre arte e *pensamento*, e o reexame do valor *cognitivo* da arte. O problema do nexo arte/pensamento pode, por sua vez, ser encarado de dois ângulos distintos: o do papel do *intelecto* na experiência artística, e o ângulo das relações entre a arte e *saber*. Vamos explorar primeiro este último.

A partir do romantismo, a criação plástica vem sendo preferencialmente havida por escassa ou nua de matéria intelectual. Vários experimentalismos se apresentam, sem dúvida, como poéticas ultracerebrais; mas o seu intelectualismo se resume na consciência técnica; absolutamente não ambiciona assenhorear-se de um conteúdo doutrinário externo, semelhante ao que tanto inspirou a grande arte do passado. O estilo didascálico, o estilo de ilustração e comentário de ideias, perdeu a cidadania estética, por mais que espíritos como Burckhardt fizessem notar que essa atitude foi inteiramente estranha aos mais ricos períodos de produção artística. O romantismo, representando uma legítima reação contra a "heresia didática" (Poe) da sentenciosa literatura anterior, e coincidindo com o recuo do predomínio intelectual das elites cultas, do público sofisticado do *Ancien Régime*, instituiu o descrédito da arte filosófica.

Mas Baudelaire, que tinha um faro infalível para o alegorismo declamatório e a má pintura de programa, sabia que a grande arte "se apoia sobre grandes ideias" (*L'Art Philosophique*). Assim, desde o início, a estética pós-romântica procurou superar o preconceito contra o pensamento e a indevida identificação entre independência semântica de imagem e uma suposta incompatibilidade com a ideia. Apesar de autor daquele sensato *caveat*: "a poesia não se faz com ideias, e sim com palavras, meu caro Degas" – Mallarmé conversava de boa vontade com textos de filosofia, do mesmo modo que Flaubert, Machado de Assis, Joyce, Borges ou Guimarães Rosa. O analfabetismo do grande escritor é uma lenda (naturalmente avivada pelos *maus* escritores analfabetos).

Como toda lenda, porém, a noção do divórcio entre arte e saber tem um fundamento histórico. Wind (op. cit.) assegura ao tema arte/saber sua correta latitude, mostrando que o "pensamento", no caso, ultrapassa o círculo da ciência racional em sentido moderno: "é verdade que alguns povos sem alfabeto criaram uma arte superior; mas seria errôneo pensar que tampouco possuíam instrução: eles haviam aprendido tudo o que sabiam pela tradição oral". E o autor de *Art and Anarchy* ajunta sem demora que, na *nossa* cultura, onde o saber é entesourado na palavra escrita, as maiores obras plásticas foram criadas "por artistas de altíssimo nível intelectual e literário". É lógico que, desde cedo (numa espécie de prelúdio à separação radical das "duas culturas" de C. P. Snow) – logo depois de Leonardo – o artista ocidental perdeu a intimidade com a ciência. Wind lastima com razão que a curiosidade científica de um Klee tenha ocorrido num contexto cultural em que a colaboração entre o engenho gráfico dos artistas e os manuais de biologia, outrora tão produtiva, haja emigrado para o museu das singularidades anacrônicas; e lamentam que Picasso, ao compor uma série de águas-fortes de animais, possa tomar Buffon por um álbum "literário", mas não "possa" ilustrar, com a naturalidade de um Jan van Calcar em suas gravuras para a anatomia de Vesálio, um grande biólogo contemporâneo. Contudo, embora cada vez mais afastados das ciências exatas, os artistas se mantiveram, de Rubens e Poussin e Delacroix, Degas e Cézanne, em contato vivo com as letras e humanidades.

A vigência do figurativismo na plástica foi, por longo tempo, garantia do comércio do artista com todo um acervo de informações filosófico-literárias. Às vésperas da Primeira Grande Guerra, Clive Bell decretou que o elemento figurativo numa obra de arte era inteiramente destituído de importância; mas a verdade é que esse juízo, se levado a sério, lesaria a própria consideração *formal* da maioria esmagadora da produção artística do universo, na qual, independentemente do maior ou menor grau de "realismo", os valores da forma atuam em estreita ligação com um conteúdo representativo. A imagem pura, virgem de todo contato com a ideia, é uma quimera neorromântica, solidária do mito da sensibilidade ignorante. Denunciando o solo – e os limites – históricos da separação abusiva de arte e episteme, vale a pena evocar a situação irônica em que Wind surpreende a estética antissaber: com efeito, esta proclama seu desapego a toda cognição intelectual, a todo saber racional, no preciso instante em que, em seu frenético experimentalismo, a arte contemporânea se entrega a uma autêntica mímica do experimento científico... Experimentador obsessivo, o artista "analfabeto" macaqueia o pesquisador do laboratório.

Vejamos agora a segunda face do problema do nexo arte/pensamento, isto é, o ângulo das relações entre experiência artística e *intelecto*. Em sua revolta contra o papel inferior a que o entendimento iluminista rebaixara a fantasia estética, os românticos endeusaram a intuição supraintelectual – o *intellectus archetypus* dos neoplatônicos, o mentar não discursivo enaltecido por Schelling. Desde então, a percepção estética tendeu a ser comparada a um processo puramente irracional, de natureza afetiva (embora distinta dos sentimentos "empíricos"), e não intelectual. Mesmo os autores que se esmeraram em caracterizar a criação artística como algo fundamentalmente diverso de qualquer espontaneidade sentimental sacrificaram ao clima irracionalista; Novalis, por exemplo, acreditava que "o pensamento é apenas o sonho do sentir, é um sentir entorpecido".

É lógico que essa alergia ao fator intelectual da experiência estética não se coaduna com a moderna propensão a identificar a obra de arte com um sistema *inteligível* de sinais; numa palavra, com a fecunda orientação *semiológica* da estética atual. Este ponto é, aliás, suficientemente relevante para condenar à caducidade até mesmo alguns expoentes da teorização pós-idealista. Mikel Dufrenne, autor da mais volumosa contribuição da fenomenologia à investigação estética (*Phénoménologie de l'Expérience Esthétique*, 1953) não se libertou do anti-intelectualismo neorromântico. Influenciado por Merleau-Ponty,

Dufrenne se salientou pela determinação de expurgar a análise fenomenológica (em seu caso, aplicada ao terreno estético) do idealismo de Husserl. Nas pegadas deste, o primeiro grande esteta fenomenológico, Roman Ingarden (*Das literarische Kunstwerk*, 1931), pretendera descrever a experiência estética recorrendo ao motivo idealista da imaginação *constitutiva*. Para Dufrenne, ao contrário, o objeto estético é antes de tudo um objeto *percebido*; em lugar de relacioná-lo com atos da imaginação, ele o vincula *à percepção*, ou seja, ao sensível.[50] O objeto estético é, por definição, o que *dura* no aparecer, à diferença do percebido não estético, cujo aspecto sensível é rapidamente apagado numa "significação pragmática".

Mas a fidelidade ao *perçu*, a perseverância no sensível, afasta, segundo Dufrenne, o estético da representação. O significado do objeto estético "se comunica ao sentimento sem se deixar captar pelo entendimento". Ei-nos em plena mística anti-intelectualista... como se a legítima rememoração da índole perceptiva, sensível da experiência estética devesse obrigatoriamente corroborar o clichê neorromântico da separação absoluta entre pensamento e percepção estética. Com este *non sequitur*, Dufrenne recai nos equívocos de Croce: sua teoria do *perçu* irracional é um sucedâneo anacrônico da *liricità*. É pena que a estética fenomenológica não tenha atentado nas páginas em que um Galvano della Volpe insiste, de modo tão persuasivo, na racionalidade, na logicidade do poético. Sem confundir o idioma do texto artístico – orgânico e polissêmico – com a linguagem pragmática, della Volpe sublinha – em aberta polêmica com os diversos avatares da estética romântica – o fato de que ele não é, de jeito algum, menos racional e intelígivel do que os

---

[50] O debate explícito de Dufrenne é com Ingarden; mas sua apologia anti-idealista do estético *qua perçu* converge notavelmente com as correntes norte-americanas opostas às doutrinas idealistas anglo-saxônicas de um Collingwood, um Samuel Alexander, um de Witt H. Parker, etc. Ver a respeito Paul Ziff, "Art and the 'Object of Art'". In: William Elton (org.), *Aesthetics and Language*. Oxford, Blackwell, 1959.

enunciados utilitários. Na elaboração como na recepção da mensagem estética (verbal ou não), os valores lógicos estão sempre presentes.[51]

Outra controvérsia suscitada pelo amadurecimento da reflexão estética ciente do sentido cultural da arte é a do valor *cognitivo* desta última. Por cognição estética, é claro, entendemos um fenômeno bem distinto do problema, há pouco referido, do contato entre arte e saber não artístico; pois aqui se trata do valor cognitivo *intrínseco* da obra de arte, independentemente da sua maior ou menor impregnação pelo saber da época. Certas correntes da estética novecentista se obstinam em considerar a arte como pura questão de sentimento, sem nada a ver com o conhecer. A separação estabelecida pela cassireriana Susanne K. Langer (*Feeling and Form*, 1953) entre formas "presentativas" e formas discursivas se baseia nessa concepção – em que não é difícil reconhecer um descendente atrasado da mística neorromântica da vigência imediata, e gnoseologicamente cega. O sucesso estrepitoso que tiveram os livros de Susanne Langer, nos *late fifties*, entre alguns círculos vanguardistas é um dos melhores indícios históricos da contaminação de muita "vanguarda" pelo vírus formalista. A teoria das "formas presentativas" é um ótimo exemplo da malsinada confusão entre *especificidade* da percepção estética e amputação da faculdade cognitiva da arte. Querendo frisar que a arte não é conhecimento abstrato, obtido a partir de conceitos unívocos, o presentativismo não hesita em dispensá-la de conhecer o que quer que seja. Mas essa é uma cantiga bem sovada. A "percepção desautomatizada" dos formalistas russos tampouco tinha objeto...

Só nos resta deplorar que a indigência filosófica de certas "vanguardas" tenha preferido o kantismo de segunda mão da senhora Langer a Hegel, para quem a arte era o "brilhar sensível da Ideia", a manifestação estética da Verdade. *O conteúdo veritativo do fenômeno artístico*

---

[51] Ver, a propósito, sobre a presença do racional no universo lírico, o meu *A Razão do Poema*. São Paulo, É Realizações, 2013, p. 180-221.

é um pressuposto da afirmação do significado cultural da arte. A menos que se negue o caráter irredutivelmente *autônomo* da maneira pela qual a obra de arte se relaciona com a sociedade e a cultura, forçoso é concluir que ela "diz" sobre estas algo antes não sabido; algo talvez pressentido, mas, em todo caso, não propriamente *conhecido*. Logo, a simbolização estética pode legitimamente reivindicar uma função gnoseológica, decerto diferente das demais vias de conhecimento, porém não menos genuinamente cognitiva.

Essa dignidade gnoseológica da produção estética é inerente à arte em todas as épocas; mas emergiu com especial nitidez no tempo da desarmonia "estrutural" entre arte e cultura, ou seja, no período que se abre com a Revolução Industrial. Desde aí, as relações entre a grande arte e as tendências culturais dominantes adquirem uma natureza antagonística. A interpretação da lírica de Baudelaire por Walter Benjamin representa a primeira teorização crítica dessa belicização do diálogo arte/cultura; mas certos estudos de conjunto sobre o romantismo, e, especialmente, a *Romantik* alemã, já equivalem a uma espécie da macroanálise da literatura enquanto *Kulturkitik*. A superioridade da leitura de Benjamin está em que ela não se limita (como a maioria das interpretações de *Romantik*) a inventariar os inumeráveis exemplos de protesto romântico ante a cultura burguesa; Benjamin vai buscar o antagonismo arte/cultura na própria *estrutura* do lirismo de Baudelaire, confrontada com processos culturais (por exemplo: o declínio da experiência da "aura") característicos do seu ambiente histórico-social (a passagem à metrópole moderna). Ora, os gestos estilísticos com que a arte entra em conflito com os rumos da civilização são outras tantas *iluminações críticas* do quadro sociocultural, ao rebelar-se contra a orientação dos costumes, contra os valores em curso, as obras de arte aclaram de forma original (às vezes, pioneira) a própria sociedade. Longe de "refletir" simplesmente a moldura social, elas proporcionam às ciências humanas um testemunho inédito sobre a sua evolução.

Consciente de seu poder cognitivo, a arte dos últimos dois séculos iria explorá-lo de maneira quase sistemática. O aparecimento de uma poesia filosófica ideologicamente autônoma, marca da lírica de elite a partir de Goethe,[52] consubstancia essa inflexão. No fim do século, as *performances* gnoseológicas da arte dão o tom. Robert Greer Cohn, o melhor intérprete de *Un Coup de Dés*, não hesita em qualificar Mallarmé de eminente epistemólogo; Merleau-Ponty saudou em Cézanne um precursor genial da moderna teoria da percepção. A música de Wagner se dava por toda uma metafísica, e o romance moderno, de Proust a Joyce, não lhe fica atrás, em matéria de ambições cognitivas. O fato de que alguns recentes experimentalismos, tipo *nouveau roman* ou concretismo, negligenciem esse aspecto só vem confirmar a medida das distorções e esclerosamentos a que, sob a alegação de atualizar-lhe as técnicas de expressão, elas submetem o espírito autêntico da "tradição moderna".

Bem mais sutil do que esses experimentalismos narcisísticos, a moderna "arqueologia do saber" (Michel Foucault) promoveu em boa hora a revalorização de teorias da literatura – como a de Maurice Blanchot – conscientes da motivação cognitiva da produção estética. Em seu ensaio *La Littérature et le Droit à la Mort*,[53] Blanchot tenta, com o auxílio do conceito hegeliano do "trabalho negativo", extrair uma poética geral da atitude literária de Sade, Hölderlin, Lautréamont, Mallarmé e Kafka. A linguagem corrente assassina o real para assegurar-lhe um significado: nega o existente para ressuscitá-lo como ideia, como significação; Hegel viu que Adão se tornou senhor dos animais ao lhes dar "um nome, isto é, ao aniquilá-los enquanto existentes" (analogamente, Ernst Cassirer diria mais tarde que a "forma simbólica" da linguagem

---

[52] Cf. o ensaio sobre Rilke no meu *A Astúcia da Mímese*. Rio de Janeiro, José Olympio, 1972, e, aqui mesmo, o segundo ensaio da parte II, p. 118.

[53] Ver Michel Foucault, "La Pensée du Dehors". In: *Critique*, de 1966. O ensaio de Blanchot está no volume *La Part du Feu*. Paris, Gallimard, 1949.

domestica pelo conceito a fluidez infinita da experiência perceptiva). Ora, a linguagem *literária* é precisamente a que não se contenta com isso, *a que deseja prolongar o "movimento da compreensão"* além dessa denotação prática. Daí ela proceder ao relacionamento incessante de cada palavra com outras, daí buscar na "materialidade" da língua a ausência viva do existente – daquilo que a domesticação verbal relegou à sombra. É então que o texto enfrenta "o instante em que as palavras se fazem mais fortes que o seu sentido, e o sentido, mais material que a palavra". Logo, a literatura encontra sua natureza intrínseca: a soberania da palavra sobre o sentido pragmático, sobre a comunicação meramente expeditiva e utilitária, *por força de uma profunda, de uma fatal inquietação gnoseológica*. O poético brota do impulso de conhecer; não do conhecer pelo conceito puro (e em última análise, desverbalizado) do pensamento científico, mas pela oblíqua refração da plenitude do real nos crespos da mesma linguagem que a sonegara.

Enfim, para a estética antiformalista, nada mais natural que o ganhar consciência das alterações impostas à experiência estética pela *evolução da cultura moderna*. É conhecida a importância – decisiva – que Benjamin atribuiu ao advento das técnicas de reprodução no destino da experiência estética. Sobre esse tema, Wind (op. cit.) tem observações admiráveis. A familiaridade com as cópias mecânicas – diz ele – terminou por condicionar fortemente nosso modo de abordar as obras plásticas. Porém Wind, em lugar de partilhar a euforia de André Malraux ante o *musée imaginaire* e sua coleção de fotos instrutivas, prefere registrar os efeitos menos lisonjeiros do império da reprodução. Por causa da simplificação violenta a que a estampa colorida reduz o cromatismo das grandes obras pictóricas, tendemos hoje a "ler" um Ticiano como um Douanier Rousseau... perdendo nesse hábito toda a riqueza simbólica da pintura tonal.

Sem dúvida, a arte se populariza graças à reprodução em massa; mas não se esqueça do que a popularização, na esmagadora maioria dos casos, obscurece ou anula. Wind compara uma honesta cópia em preto e branco de Renoir a uma transcrição pianística de uma partitura para orquestra sinfônica; e 90% das suas reproduções coloridas, a uma transcrição para *pequena* orquestra – com a agravante de que os instrumentos são todos desafinados. O "museu imaginário" oculta quase tanto quanto mostra. E se a ninguém ocorreria proibir à vista disso a vulgarização da arte pelo recurso à mecanização, nada seria mais ingênuo do que fechar os olhos às deficiências da "educação estética" massificada e às mutilações por ela impostas ao potencial discriminativo do gosto e do juízo.

George Steiner (*Language and Silence*) é um dos melhores críticos firmados na última década, embora bem menos festejado no Brasil do que as vedetes estruturaloides e seus jargões pseudocientíficos. A pletora audiovisual da sociedade de massa vem sendo um tema favorito de seus estudos sobre a evolução literária. Steiner não se cansa de chamar a atenção para o moderno *retreat from the word*: para o recuo da posição hegemônica da expressão verbal na cultura contemporânea. Nesta, a ciência abandona gradualmente o logos linguístico. Depois das matemáticas, há muito afastadas do empírico mediante uma simbolização própria, não verbal, e das ciências naturais, até mesmo as ciências sociais começam a dar mostras de rompimento com a exposição literária. Sob o imperialismo da lógica simbólica e o prestígio dos métodos da quantificação, Keynes parece ter sido o último grande economista escritor. Ao mesmo tempo, a pintura e a nova música tendem a rejeitar toda paráfrase verbal. O resultado global é a *new illiteracy* de Richard Palmer Blackmur: a paradoxal rusticidade retórico-literária da sociedade... alfabetizada. O inglês de Shakespeare dispunha basicamente de 150 mil palavras; o moderno, de 600 mil. Mas Shakespeare marcou profundamente o inglês literário, ao passo que a influência de autores vocabularmente pobres, como Hemingway, e o isolamento de experiências a contracorrente, como a de Joyce, revelam que a desverbalização afeta hoje a própria literatura. "*The musical sound, and to a lesser degree the work of art and its reproductions, are beginning to hold a place in literate society once firmly held by the word"*.

A mera citação de estudos tão independentes, e aplicados a campos tão heterogêneos quanto os de Wind e Steiner, mostra que diversidade permite o ângulo sociocultural da análise estética. As investigações de Wind sobre a influência da mecanização na percepção artística e as de Steiner sobre efeitos do destronamento da comunicação verbal na literatura pertencem a uma espécie de *macroanálise*, dedicada menos ao exame detido de traços estilísticos específicos do que à designação e avaliação de tendências gerais. Neste sentido, esse gênero de pesquisa se opõe à microanálise de Benjamin; pois esta situa sempre em primeiro plano as características individuais de um estilo (por exemplo, do verso de Baudelaire, do romance de Proust ou das parábolas de Kafka), embora articulando-as constantemente com uma experiência social (por exemplo, o declínio da aura). No entanto, macroanálises e microanálises têm em comum, no caso, a circunstância de confrontarem a realidade artística com aspectos sociológicos *infraestruturais*. Outras indagações, porém, correlacionam preferencialmente as obras de arte *com o nível ideológico*. A iconologia praticada pelos membros do Instituto Warburg e a estilística de Erich Auerbach interpretam as obras plásticas ou os textos literários contra a moldura filosófico-religiosa de sua época.

O livro de Heinz Politzer sobre Kafka[54] é um excelente aproveitamento da estilística cultural auerbachiana. Politzer caracteriza muito bem a ficção de Kafka por intermédio do contraste estabelecido no primeiro capítulo de *Mímesis* entre o estilo narrativo da *Odisseia* e o relato bíblico do sacrifício de Isaac (Gênesis, 22): no epos helênico, os fenômenos são exteriorizados, uniformemente iluminados, em tempo e espaço definidos, a narração bíblica, ao contrário, reduz a exteriorização a um mínimo, deixando pensamentos e emoções inexpressos, sugeridos

---

[54] *Franz Kafka: Parable and Paradox*. 2ª ed. Ithaca, Cornell University Press, 1966.

pelos silêncios ou falas fragmentárias dos protagonistas, num ritmo eminentemente tenso, penetrado por *suspenses* e, como nota Auerbach, "cheio de *background*", isto é, reclamando sistematicamente um "enquadramento" semântico por parte da consciência religiosa da comunidade. Para Politzer, as parábolas de Kafka se centram em seu paradoxo; mantêm um suspense derivado da nunca definida relação entre seu enredo e seu *background*. Assim como as histórias da Bíblia recorrem sistematicamente para sua plena decifração ao código semântico da fé, as fabulações de Kafka exigem chaves culturais que as traduzam – mas a diferença é que, em Kafka, essas chaves primam cruelmente pela ausência.

Benjamin, talvez o contemporâneo de Kafka mais próximo do seu espírito, já tinha dito que a obra do autor de *O Castelo* são parábolas que querem ser mais que parábolas, mas não têm o apoio de uma doutrina – de uma visão do mundo explícita. Na literatura talmúdica, as *haggadah* (estórias) serviam de rodapé às *halakah* (regras morais); deste modo, cada anedota parabólica dispunha de uma base filosófica estável. É justamente essa inteligibilidade do narrado que desaparece no universo de Kafka. Benjamin relaciona o enigmatismo da parábola kafkiana à sua capacidade de apreender a substância espiritual do mundo contemporâneo. "A obra de Kafka é uma elipse cujos focos são a experiência mística da tradição e a experiência do habitante da grande cidade". As parábolas puramente "hagádicas" de Kafka, arte da transmissibilidade-sem-transmitido, da tradição-que-perdeu-o-que-trazer (*trahere*), são o espectro da comunicação na época do isolamento total.

Sob pretexto de que se trata de um autor fantástico, assimila-se frequentemente Kafka a grandes cultores do maravilhoso na ficção moderna. Seria bastante útil testar a consistência desse pseudogênero: a literatura fantástica, atualmente tão fascinante para a crítica formalista, com a ajuda das análises de Benjamin e de Politzer. A título de pura sugestão, quanto seria instrutivo recomparar deste modo um Kafka a um Borges, por exemplo!

Não é evidente que o fantástico de Borges está mais perto do modelo narrativo da nitidez homérica do que do relato-com-*background* da tradição bíblica? Não seria estimulante (por mais árdua que fosse a tentativa) tentar medir o grau de presença, na obra de um e de outro, de motivos inerentes à situação psicológica e intelectual do homem contemporâneo? Não seria, além do mais, altamente remunerador – em vez de repisar platitudes sobre os caracteres comuns aos narradores fantásticos – traçar as diferenças entre a literatura essencialmente *moralista* de Kafka e as especulações metafísicas desse habilíssimo *fantástico de biblioteca* que é Borges?[55]

Assinalado o descerramento da estética relativamente à consideração do significado cultural das obras de arte, mencionada a aplicação prática dessa abertura nos estudos de artes plásticas (Panofsky, etc.) e nos literários (Auerbach, Benjamin) fiéis aos vários tipos de leitura imanente,[56] acusados os desvios formalistas na teoria estética e na crítica, nada melhor do que convidar o leitor a refletir sobre alguns *exemplos de atitude antiformalista na própria práxis artística do nosso tempo*. Para tanto, escolhemos dois temas surgidos e amplamente discutidos nos últimos quinze a dez anos: a arte *pop* e o teatro de

---

[55] O conceito de "fantastique de bibliothèque", cunhado por Michel Foucault a propósito do Flaubert da *Tentation de Saint-Antoine* (*Cahiers Renaud Barrault*, n. 59. Paris, Gallimard, 1967), mereceria cuidadosos desenvolvimentos por parte dos devassadores da ficção não realista. O ponto de partida de Foucault: o reconhecimento de que a imaginação de Flaubert é tão estruturalmente ligada aos livros quanto a pintura de Manet à tradição pictórica – é cheio de promessas para a interpretação de autores substancialmente "livrescos" como Borges ou Machado de Assis. Só receamos é que uma boa parte da crítica latino-americana – decididamente muito, muito menos livresca que Machado ou Borges... – reaja ao termo como se se tratasse de um pejorativo, algo assim como uma antítese condenável da "literatura vivida", esse nobre paradigma do confusionismo estético, quando não da simples indigência mental.

[56] Na nossa historiografia literária, seria o caso de citar a finíssima *Formação da Literatura Brasileira* (São Paulo, Ed. Martins, 1959) de Antonio Candido.

Grotowski, ambos esquematicamente analisados na última parte deste volume.

A vitalidade do *pop art* e do "teatro pobre" vale por uma confirmação de que a ampliação semântica da arte contemporânea passa necessariamente pelo estreitamento dos seus vínculos dialéticos com a evolução da cultura. Vários outros domínios estéticos poderiam atestá-lo. Um dos seus aspectos mais salientes é a preocupação com o caráter "poliglota" do filme moderno, a sua natureza de arte elaborada a partir de um contraponto de diversas "linguagens": imagem, palavra, música, etc. Com a distinção entre a categoria de "fílmico" e a de "cinematográfico", Christian Metz, o paladino da crítica semiológica aplicada ao filme, vem tentando teorizar a inerência dessa pluralidade de códigos ao cinema de hoje (por oposição ao purismo plástico do filme mudo); e tanto os diretores seduzidos por uma visão "wagneriana" do filme, por um cinema operístico, como Federico Fellini ou Glauber Rocha, quanto autores mais intimistas e menos "cênicos", como Joseph Losey, Michelangelo Antonioni, Pier Paolo Pasolini, Marco Bellocchio (*I Pugni in Tasca*), John Schlesinger (*Sunday, Bloody Sunday*) ou Peter Bogdanovitch fornecem uma confirmação prática da relevância desse tipo de reflexão. Mas esses nomes não foram escolhidos por acaso: eles mostram que a densidade da polifonia entre imagem, palavra e gesto é constante nos diretores sistematicamente inclinados (se bem que a partir de ângulos muito diversos) a concentrar-se numa *Kulturkritik* cinematográfica equidistante da incurável frivolidade da *nouvelle vague*, do *cinéma-vérité* ensaiado por Jean-Luc Godard, do "primado do diálogo" em Ingmar Bergman e do humanismo convencional de François Truffaut (*Fahrenheit 451*) ou de Stankey Kubrick (*2001*).[57]

Diante de tantas comprovações do revigoramento da arte contemporânea por meio da sensibilização do símbolo

---

[57] Para uma fina análise do embutimento da atitude de crítica axiológica no último Antonioni, antes do engajamento de *Zabriskie Point*, v. Fernando G. Reis, "O *Blow up* de Antonioni", em *O Globo*.

ao drama da cultura, a estreiteza de concepção das vanguardas que persistem em considerar a crise da arte, sobretudo ou exclusivamente, um mero problema de modernização de veículos expressivos ganha uma evidência esmagadora. Tentar redimir a comunicação literária, por exemplo, pela simples adoção irrefletida do ideogramatismo de Pound (baseado numa interpretação inteiramente irracional não só de cultura ocidental quanto da chinesa), combinada a seu tempo com fraseologias "progressistas" e evoluída para experiências em prosa que não passam de lamentáveis pastiches involuntários de *Finnegans Wake*, do gênero dos cometidos pelo insigne jogral da estética alienada, Max Bense (cujas vociferações contra os mitos românticos mal escondem a consternadora penúria sociológica da suas ideias) é uma empresa condenada à gratuidade, porque estigmatizada, *ab ovo*, pelo que se deveria chamar de ilusão tecnológica. E a invocação ritual de Mallarmé, Maiakóvski ou Joyce só contribui para acentuar o caráter irremediavelmente epigônico e redutor de semelhantes "modernizações" do médium literário; pois em quase todos os "padroeiros" invocados, a questão do veículo, o problema da forma, nunca se dissociou de uma enérgica recondução da literatura ao domínio fertilizante da crítica da cultura. A menos que se julgue a autonomia do *pensamento* literário outro mito romântico pulverizado pelo computador mágico, ou por qualquer extensão indébita da teoria da informação – contingência mais do que provável na mente de quem seja capaz de situar a aflitiva inocência sociológica de um Bense ao lado ou acima do vanguardismo culturalmente lúcido de um Benjamin ou de um Adorno.

A detecção do desvio formalista na teoria e na práxis da tradição moderna é uma tarefa sem termo lógico ou cronológico. Não havendo receitas para a obtenção da substância estética, a mediação preventiva contra o formalismo não tem fórmula fixa; a qualquer tempo, dentro de qualquer estilo (mesmo dos que nasceram em reação a ela), a degenerescência da arte crítica em jogo alienado pode repetir-se. Por isso, talvez seja melhor encerrar nossa longa peregrinação pelo território dos programas e formas culturalmente passivos por um simples lembrete histórico: o de que o próprio conceito de arte em uso há duzentos anos, na estética moderna, se formou como expressão da crítica da cultura.

Conforme Paul Oskar Kristeller observou,[58] o *sistema* das artes – que implica a consideração de um campo artístico unitário, a um só tempo distinto da área das ciências e da dos ofícios – é uma figura ideológica do século XVIII. Embora vários ingredientes dessa concepção tenham precedido a era de Kant, nem a Antiguidade nem a Idade Média nem a Renascença nem o grande século do barroco e do cartesianismo conheceram uma estética geral que colocasse a literatura, a música e as artes plásticas sob os mesmos princípios, vinculando-as todas à fonte única da imaginação criadora. Temos, portanto, o direito de indagar se a realização da estética filosófica na *Crítica do Juízo* não está em conexão dialética com essa disjunção entre arte e cultura, com essa marginalização da arte por nós referida e que provém, igualmente, do limiar da época industrial. Não foi talvez por acaso que a estética moderna se preparou pelas reflexões dos amadores; pois o sentido da arte enquanto dimensão global da condição humana não resultou de práticas especializadas – foi antes uma condensação da reticência dos melhores espíritos face à sociedade mecânica, nas vésperas de seu advento. Seja como for, a estética sistemática se tornou logo um componente essencial da bagagem ideológica da arte ocidental em combate contra a civilização das massas alienadas. A *Crítica do Juízo* é realmente obra de um discípulo de Rousseau. É quanto basta para mostrar em que nível de profundidade o destino da pesquisa estética parece ligado à problematização da cultura.

Veneza – Paris – Bad Godesberg,
outubro de 1969 / janeiro de 1971.

---

[58] "The Modern System of the Arts". *Journal of the History of Ideas*, vol. XII (1951), 4 e vol. XIII (1952),1; republicado em *Renaissance Thought*, II. Nova York, Harper & Row, 1965.

A Estética Semiológica
(Mukarovsky e depois)

A Anatol Rosenfeld,
Antonio Gomes Penna,
Benedito Nunes
e Cesare Segre.

I. O PAPEL DA PERSPECTIVA SEMIOLÓGICA NA
SUPERAÇÃO DA ESTÉTICA IDEALISTA

O nascimento da estética como disciplina sistemática na *Crítica do Juízo* de Kant (1790) coincidiu com a queda do normativismo neoclássico; o nascimento da estética *moderna*, na *Estética* de Croce (1902), com a rejeição geral de todos os *reducionismos*: de todas as teses que, reduzindo o fenômeno estético à ilustração de ideias ou à expressão do sentimento, ao reflexo da personalidade ou do meio, à manifestação do instinto lúdico, à experiência do agradável ou à edificação moral, perdiam de vista, em todos esses casos, a natureza específica e autônoma da função estética, isto é, artística (no intervalo entre Kant e Croce, Hegel transformara a estética de teoria *do belo* em filosofia *da arte*).

No seu primeiro estágio, porém, a estética moderna tendia a confundir a *autonomia* da arte como um processo *autárquico*, autossuficiente, demasiado infiel à realidade multirrelacional do fenômeno artístico. O neoidealismo croceano espiritualizou em excesso a natureza da arte. Por isso, o desenvolvimento positivo da estética contemporânea ficaria comprometido com a necessidade de superar o idealismo – com a necessidade de construir uma teoria *materialista* (mas não mecanicista, nem reducionista) da existência e do funcionamento autônomos dos objetos artísticos. Essa necessidade motivou, aliás, duas das contribuições mais sérias da estética pós-croceana, por sinal também italianas: a teoria da formatividade de Luigi Pareyson e a poética antirromântica de Galvano della Volpe (1895-1968).

A revisão materialista da estética moderna não pode, em caso algum, abandonar a tese fundamental da especificidade e autonomia da esfera artística. Imbuída desse imperativo, a reorientação anti-idealista da estética já realizou um grande avanço teórico, devido à estética *sociossemiológica* formulada, desde os anos 1930, por Jan Mukarovsky (1891-1975).[1]

---

[1] Os principais trabalhos estéticos de Mukarovsky estão reunidos, no original tcheco, em *Studie z Estetiky* (Praga, 1966). Parte desses ensaios foi traduzida para o alemão sob o título *Kapitel aus der Ästhetik*. Frankfurt, Suhrkamp, 1970 (mencionado em nosso texto como *KA*); e, para o italiano, em *La Funzione, la Norma e il Valore Estético come Fatti Sociali*. Turim, Einaudi, 1971 (edição mencionada aqui como *FNV*). O texto central da estética de Mukarovsky, o opúsculo de 1936, *A Função, a Norma e o Valor Estéticos como Fatos Sociais* (que deu título à citada coletânea em italiano) já existe também em inglês: *Aesthetik Function, Norm and Value as Social Facts*. Ann Arbor, Michigan Slavic Contributions, 1970. Para a estética *literária* de Murakovsky, ver, em alemão, *Kapitel aus der Poetik*. Frankfurt, Suhrkamp, 1967 (mencionado como *KP*) e dois dos ensaios: "Standard Language and Poetic Language" e "The Esthetics of Language" – reunidos no vol. organizado por Paul Garvin, *A Prague School Reader in Esthetics, Literary Structure and Style*. Washington, Georgetown University, 1964 (a nosso conhecimento, a primeira referência brasileira a Mukarovsky é o aproveitamento do segundo desses ensaios na contribuição de Haroldo de Campos, "Superación de los Lenguajes Exclusivos", ao volume coletivo coordenado por César Fernández Moreno, *América Latina en su Literatura*. Cidade do México, Ed. Siglo XXI, 1972). Ver ainda o ensaio "La Dénomination Poétique et la Fonction Esthétique de la Langue" (1936). In: *Actes du 4ème Congrès International des Linguistes*. Copenhague, Einar Munksgaard, 1938; republicado em *Poétique* n. 3, 1970; citado aqui como *DP*. Sobre Mukarovsky, ver René Wellek, "The Literary Theory and Aesthetics of the Prague School". In: *Discriminations: Further Concepts of Criticism*. New Haven, Yale University Press, 1970, p. 275-303; e Sergio Gorduas, introdução a *FNV*, p. 7-26 (ambos com bibliografia). Mukarovsky recebeu uma formação estética especializada em Praga, em cuja universidade imperial, ainda bilíngue no século XIX, era forte a tradição herbartiana (Robert Zimmermann ensinou em Praga); herbartiana era a estética musical do wagneriano Otokar Hostinsky e de seu sucessor

O ponto de partida de Mukarovsky é a arte *como fato semiológico*. Este é precisamente o título de um ensaio-piloto de 1934, incluído nos *Estudos* (*FNV*, p. 155-63). Sensível às indicações de Ferdinand de Saussure e Karl Bühler sobre a conveniência de elaborar-se uma ciência dos signos ("semiologia", para Saussure, "sematologia" para Bühler, "semiótica" para Peirce) e atento à possibilidade de aplicar os resultados da semântica linguística a "todas as outras séries de signos", nosso autor prega a conversão das "ciências do espírito" à perspectiva semiológica. "Todo conteúdo espiritual que ultrapassa os limites da consciência individual adquire, pelo próprio fato de sua comunicabilidade, caráter de signo" (*FNV*, p. 155).

Mas essa perspectiva semiológica é, desde o início, endereçada *ao mesmo tempo* contra os reducionismos *e* contra o formalismo: "Sem direção semiológica, o teórico tenderá sempre a considerar a obra de arte como uma construção puramente formal, ou ainda como o reflexo direto quer das disposições psíquicas, ou talvez fisiológicas, do autor, quer da realidade distinta expressa pela obra, da situação ideológica, econômica, social e cultural de um dado ambiente" (*FNV*, p. 161). Razão tem, portanto, Victor Erlich, o conhecido historiador do "formalismo" eslavo (*Russian Formalism*. Haia, Mouton, 1955), quando nota que Mukarovsky conseguiu evitar não só o vício metodológico de reduzir a obra da literária ao seu estrato verbal, mas também outro

---

Otokar Zich, mestre de Mukarovsky. Este, que conheceu pessoalmente, e pontificou entre, a maior parte da vanguarda artístico-literária na Boêmia e na Eslováquia dos anos 1930, foi cofundador do Círculo Linguístico de Praga, em 1926, e corredator de suas famosas *Teses* de 1929. A partir de 1945, Mukarovsky tenta conciliar estruturalismo e marxismo. Entretanto, tendo aderido ao golpe de Praga de 1948, abjurou pouco depois, violenta e grosseiramente, seus escritos estruturalistas, chegando a tomar parte ativa, como reitor, no "enquadramento" ideológico da Universidade de Praga. Apesar disso, em 1966, Mukarovsky consentiu na edição dos já citados *Estudos de Estética*, que incluem seus trabalhos estruturalistas desde 1931 e outros, inéditos, redigidos durante a guerra.

erro – o de identificar a literatura com o exclusivamente literário.² Com ele, diz Erlich, "*o formalismo puro se abranda em estruturalismo*". É lícito acrescentar: *e o estruturalismo se separa do idealismo*.

II. Estética e antropologia filosófica: o objeto da estética e o objeto estético

Sendo irredutível à consciência de seu autor ou à de seus destinatários, a obra de arte tem caráter de signo; só existe efetivamente enquanto objeto de uma consciência coletiva. A *obra* enquanto matéria é o substrato sensível do *objeto estético*; é apenas o seu "símbolo exterior", diz Mukarovsky, seguindo uma distinção traçada pelo esteta dinamarquês Broder Christiansen.³ Trata-se, aliás, de uma concepção com ótimo "pedigree" no pensamento contemporâneo. Pouco antes de Mukarovsky, a poética fenomenológica de Roman Ingarden afirmara que a obra de arte tem uma existência essencialmente *intencional*; mais recentemente, Max Bense sustentaria que o modo de ser peculiar aos objetivos estéticos é a *correalidade*.⁴

O objeto estético "funciona como *significado*" (*FNV*, p. 163). A fim de especificar a natureza da significação estética, Mukarovsky recorre a uma *tipologia das funções*

---

² A observação de Erlich é oportunamente reproduzida na nota editorial de *KA*.

³ Broder Christiansen, *Philosophie der Kunst*. Hanau, 1909. Sobre a influência de Christiansen no formalismo russo e no estruturalismo tcheco, ver Victor Erlich, op. cit., passim. Conferir, também, René Wellek, *Discriminations*, op. cit., p. 279.

⁴ Roman Ingarden, *Das literarische Kunstwerk* (1931). 2ª ed. Tübingen, Max Niemeyer, 1960; *Vom Erkennen des literarisches Kunstwerks*. Tübingen, Max Niemeyer, 1968. A primeira dessas obras foi conscienciosamente utilizada por René Wellek em "The Mode of Existence of a Literary Work of Art". *Southern Review*, n. 7, 1942; e por Maria Luiza Ramos *em Fenomenologia da Obra Literária*. Rio de Janeiro, Forense, 1969. Para Max Bense, ver o terceiro fragmento de sua *Aesthetica*. Stuttgart, Deutsche Verlags-Anstatit, 1954; tradução argentina: Buenos Aires, Ed. Nueva Visión, 1957.

da consciência coletiva, baseada numa antropologia filosófica de índole husserliana (as funções mukarovskyanas são objeto de uma verdadeira "descrição fenomenológica"). Nessa tipologia, a natureza específica do significado da obra de arte aparece vinculada à *função estética*.

Num ensaio de 1942, "A Significação da Estética" (*FNV*, p. 131-52), a sucessão da estética tradicional, como "ciência do belo" é atribuída a uma "ciência da função estética". O mesmo texto discrimina entre quatro atitudes ou funções: prática, teórica ou cognitiva, mágico-religiosa e estética. Na atitude *prática*, a consciência se satisfaz, pragmaticamente, com uma imagem simplificada da realidade. Na atitude cognitiva de tipo *científico*, os objetos da consciência tampouco são fins em si: as coisas são dissolvidas numa rede de relações genéricas, que são o conteúdo das leis naturais. Na atitude mágico-religiosa, cada fenômeno já se apresenta imediatamente como signo; mas remete, não menos imediatamente, a uma realidade que o transcende – o sacro, o numinoso, o divino ou demoníaco. Porém na atitude *estética*, a atenção se concentra *na própria realidade que se torna signo*. Por exemplo: quando fazemos um exercício físico, nossa atitude se subordina a uma função prática (robustecimento do corpo pela ginástica, etc.). Não obstante, podemos, no curso do exercício, dar-lhe função puramente estética, valorizando cada movimento *por si*, independentemente de seu sentido atlético, utilitário. Em todas essas atitudes antropológicas que acabamos de descrever, os objetos *significam*; representam algo em determinado contexto comportamental; mas *só* na atitude *estética* a consciência se enamora de seus objetos por eles mesmos; só então é que a percepção dos signos se torna curiosa do "corpo" mesmo destes últimos.

Ainda em 1942, em conferência pronunciada diante do Círculo Linguístico de Praga – "O Lugar da Função Estética entre as Outras" (coligida em *KA*, p. 113-37) – Mukarovsky, reestruturando sua tipologia das funções, salienta que o signo não é, na atitude estética, mero instrumento, como o é na prática e na científica. A obra de arte é signo *autônomo,* já advertia o mencionado texto-piloto de 1934 (*FNV*, p. 157, 162). Em *A Função, a Norma e o Valor Estéticos...*, a capacidade de *isolamento* (Emil Utitz) conferida ao objeto, o *deleite* proporcionado pela sua contemplação e a *ênfase dada à sua forma* são capitulados como propriedades fundamentais da função estética (*FNV*, p. 57-58). Discípulo herbatiano, e, por conseguinte, herdeiro da estética de Kant, Mukarovsky não poderia deixar de reconhecer o prazer desinteressado e a sensibilidade à forma como emblemas da experiência estética.

Nos nossos dias de "contestação" ativa, propícios ao relançamento das estéticas participantes, essa fidelidade aos pressupostos psicológicos da autonomia da arte poderá soar algo anacrônica e "ideológica". No entanto, um mínimo de *détachement* – um mínimo daquilo que Bullough gostava de chamar de *distância estética* – é imprescindível à percepção artística, *mesmo no caso das obras mais engajados*. O desinteresse como estado mental é um requisito da coleridgeana "*willing suspension of disbelief*", sem a qual as ficções da arte não ficam de pé – e só quando elas ficam de pé é que deixam de ser gratuitas, passando a iluminar criticamente a condição humana em todos os seus aspectos. Em essência, esta verdade figura tanto em Kant ou na *Poética* de Aristóteles quanto na grandiosa *Estética* marxista de Lukàcs. São só as interpretações ultraesteticistas, evasionistas e não dialéticas da doutrina do desinteresse estético que merecem, no tribunal da filosofia, condenação pelo menos tão eloquente quanto à que contra elas proferiu o promotor Nietzsche, em nome da subordinação da arte aos interesses superiores da vida, e da cultura enquanto energia criadora (*Genealogia da Moral*, III, 6).

Quanto a Mukarovsky, não vacila em distinguir expressamente a sua teoria da finalidade autônoma do signo estético de toda metafísica da *Interesselosigkeit* (*FNV*, p. 123). De resto, como poderia o estético ser *ontologicamente* isolado da vida, se nem sequer dispõe de uma área da realidade privativa e permanentemente sua? No campo do real, o estético não possui nenhuma propriedade privada:

(...) entre a esfera estética e a extraestética, não existe fronteira nítida e precisa; não existem objetos ou fatos que sejam, por natureza ou constituição, independentemente da época, do tempo e do sujeito apreciador, portadores da função estética, nem outros que, sempre devido à sua conformação ontológica, sejam necessariamente excluídos do seu campo de ação" (*FNV*, p. 37-38).

Moral: nada *é* estético; tudo pode *tornar-se* estético. O estético não é uma região predeterminada do real; é o produto mutável de uma atitude humana. A qualidade estética é uma emanação de um comportamento do espírito humano, e só esse comportamento, não o seu objeto, se mostra constante.

Isso não significa que não haja objetos "deliberadamente criados para provocar no espectador uma atitude estética" (*FNV*, p. 140) – tais são, precisamente, as *obras* de arte. A arte não é a única depositária da função estética; mas é a sua portadora titular. E é natural que o estético, emanação do espírito humano, se localize ostensivamente no domínio de determinados produtos desse mesmo espírito. Dado, porém, que a função estética não tem nenhum "conteúdo" prévio, *mesmo* no campo da arte ela atua de modo *transparente* (*FNV*, p. 180): não repele as outras funções; antes as absorve e auxilia. Longe de deduzir, da especificidade do estético, uma separação arte/vida, Mukarovsky frisa que a atitude estética "não impede o contato da arte com os interesses existenciais do homem" (ibid.). Prólogo à estética semiológica, a teoria mukarovskyana da função estética não trai a plenitude humana do *verdadeiro* conceito estruturalista da arte.

III. Arte e norma, ou estética e sociologia da arte

"O lugar habitualmente ocupado nas teorias estéticas, ora pela metafísica, ora pela psicologia, pertence, antes de tudo, à sociologia" (*FNV*, p. 129). Já o fato de que os elementos psíquicos subjetivos presentes na percepção estética – aqueles elementos que Gustav Theodor Fechner qualificara de "fatores associativos" – "adquirem um caráter objetivamente semiológico, semelhante ao que possuem os significados 'secundários' de uma palavra" (isto é, as suas *conotações* – J. G. M.) "por meio do núcleo pertencente à consciência coletiva" (*FNV*, p. 157) demonstra, por si só, a inseparabilidade da semiose estética (como, de resto, de *toda* semiose) do social. Por outro lado, a "estabilização da função estética é uma questão atinente à coletividade" (*FNV*, p. 54). Se o estético não é uma qualidade ôntica, e sim, conforme vimos, o produto de um relacionamento da consciência com a realidade exterior, esse próprio relacionamento só se "cristaliza" em termos sociais. O fenômeno estético não é natureza, é *instituição*; e como todo dado institucional, depende de um contínuo processo de *socialização* da experiência; de um processo de *enculturação* (conforme diriam, com Melville Herskovits, os antropólogos) da percepção individual.

Nesse plano da consciência coletiva, inerente à própria percepção individual, a função estética se manifesta, antes de mais nada, "como um sistema de normas" (*FNV*, p. 56). Passando do estudo fenomenológico da *função* estética ao enfoque, eminentemente sociológico, da *norma* estética, a semiologia de Mukarovsky aparece plenamente como sociossemiologia. A análise da norma estética constituirá assim o segundo capítulo do referido ensaio axial de 1936: "A Função, a Norma e o Valor Estético como Fatos Sociais". Mais especificamente, Mukarovsky nos instiga a perscrutar "a relação entre a norma estética e a organização social", porque "a variabilidade e a obrigatoriedade da norma não podem ser concebidas e justificadas nem do ponto de vista do homem como espécie nem do homem como indivíduo, mas somente do homem como criatura social" (*FNV*, p. 60-61).

Mukarovsky aponta a mutabilidade "aberta e em grande escala" que singulariza as normas estéticas, em contraste com as linguísticas e até mesmo as jurídicas. Particularmente interessantes são suas considerações sobre o trajeto histórico dos cânones artísticos:

os ostracismos e reabilitações de preceitos estilísticos, a migração das normas de composição entre os diversos estratos sociais, o revisionismo da arte moderna relativamente a tantas convenções estético-sociais – e particularmente feliz é a fórmula com que procura englobar todo esse processo: *circulação das normas estéticas* (*FNV*, p. 87).

Mas igualmente agudo, e certamente tão ou mais importante, é o reconhecimento por Mukarovsky de que as diferenças de ritmo evolutivo entre as diversas categorias de norma social não excluem o contato entre essas últimas nem o constante deslocamento de normas de umas para as outras categorias (*FNV*, p. 87-94). "Entre a norma estética e as outras, não há barreira hermética" (*FNV*, p. 87). Assim, por exemplo, na arquitetura funcional, normas práticas de engenharia podem adquirir um sentido estético; inversamente, como indicou Jakobson,[5] determinadas normas poéticas (esta inversão sintática, aquela associação léxica) viram frequentemente normas linguísticas *extraestéticas*. A norma artística é eminentemente *transitiva* em relação às demais.

Em última análise, contudo, a alterabilidade do *nomos* estético é, para Mukarovsky, condição mesma da criação estética. "A obra de arte é sempre uma aplicação inadequada da norma estética" (FNV, p. 68-69). "Examinada do ponto de vista da norma estética, a história da arte aparece como a história das revoltas contra a(s) norma(s) dominante(s)" (ibid.). Mukarovsky parece partilhar o amor dos formalistas eslavos pela infração, pela *deformação* como sinal de autenticidade artística. Mas corrige, ao mesmo tempo, o unilateralismo da estética da deformação, e de sua apologia canônica – o célebre "A arte como procedimento técnico", de Chklóvsky[6] – fazendo observar que determinados

---

[5] O texto de Roman Jakobson a que alude Mukarovsky é o famoso "O Que É a Poesia?" (original tcheco de 1933), hoje acessível em tradução francesa em *Poétique* n. 7, 1971; e em Roman Jakobson: *Questions de Poétique*. Paris, Seuil, 1973, p. 113-26.

[6] Em inglês, esse ensaio figura no vol. organizado por Lee T. Lemon e Marion J. Reis, *Russian Formalist Criticism*. Lincoln, University of

princípios constitutivos, de natureza antropológica, relacionados com a própria constituição do ser humano, servem necessariamente de pauta à variação das normas estéticas. Tais princípios asseguram inclusive a *inteligibilidade* – de outro modo impossível – da variação e das infrações (*FNV*, p. 64-67).

O que Mukarovsky entende concretamente por "princípios constitutivos" da percepção estética – por exemplo, nas artes temporais, o ritmo, fundado na regularidade da circulação sanguínea e da respiração; para as artes espaciais, a simetria, derivada da constituição e da posição normal do corpo humano; para a pintura, a lei de complementaridade das cores; para a escultura, a lei da estabilidade do centro de gravidade – denuncia claramente a sua herança herbartiana.[7] Porém, Mukarovsky despe esses princípios psicofísicos, a que a doutrina fiedleriana da "pura visibilidade" conferia foros preceitísticos, de todo cunho estreitamente normativo. Os princípios constitutivos mukarovskyanos são pautas, termos de referência, e não normas estéticas *stricto sensu* – até porque, se respeitados de maneira *absoluta*, se rigorosamente obedecidos, acabariam por levar o sujeito da percepção estética à indiferença (*FNV*, p. 66).

Wölfflin e Riegl haviam relativizado o decálogo herbartiano; a Mukarovsky, sensível à fecundidade artística das deformações modernistas, e, não obstante, *isento da mística da deformação*, caberia a tarefa de realizar a conversão final da estética da regularidade e da simetria em simples metro antropológico da sucessão infinita de normas estéticas historicamente instituídas e destituídas. O vínculo dialético entre esses "princípios constitutivos" antropologicamente fundados e as normas estéticas socialmente condicionadas é o motor da

---

Nebraska Press, 1965, p. 3-24; em francês, na seleta *Théorie de la Littérature: Textes des Formalistes Russes Réunis, Présentés et Traduits par Tzvetan Todorov*. Paris, Seuil, 1965, p. 76-97. Ver comentários na 5ª seção do precedente ensaio deste livro.

[7] Sobre a linha Herbart-Zimmermann-Fiedler-Wölfflin, ver a 4ª seção do precedente ensaio deste livro.

evolução dos estilos artísticos e a chave da análise não idealista das obras de arte.

IV. A QUESTÃO DO VALOR ESTÉTICO

Até aqui, ao falar da importância da norma na percepção estética, deixamos como que em suspenso uma questão crucial: a do *valor* estético. Todavia, para Mukarovsky, a norma, ao estabilizar a percepção estética, estabiliza também e sobretudo o reconhecimento do maior ou menor *valor* das obras de arte. Por isso, acompanhando o itinerário de *A Função, a Norma e o Valor Estéticos...* (*FNV*, p. 94-129), devemos focalizar agora a problemática do valor.

A norma estabiliza o valor estético. Entretanto, "na esfera privilegiada do valor estético" (*FNV*, p. 95), ou seja, na arte, é por assim dizer *a norma que se subordina ao valor*, e não o inverso; pois a norma é, na arte legítima, frequentemente violada e, mesmo quando respeitada, constitui mais um instrumento do que um fim em si. No prazer estético diante da grande arte, da arte genuína, o deleite convive dialeticamente com o potencial de desagrado trazido pela ruptura entre o estilo e as convenções artísticas estabelecidas; o prazer passa a derivar da percepção exigente do *todo* artístico, não de seus elementos isolados. Mukarovsky subscreve a advertência de Schelling: "*in dem wahren Kunstwerk, gibt es keine einzelne Schönheit, nur das Ganze ist schön*" (na verdadeira obra de arte, não há beleza isolada, só o todo é belo).

A valorização do todo na obra de arte é um princípio estruturalista de ilustre ascendência (Aristóteles, Schelling, Coleridge). Porém, Mukarovsky se revela o mais lúcido de seus expositores, ao libertar a visão estrutural da obra de arte de qualquer idealização holista, organicista. "Estrutura" é para ele um todo dinâmico, uma unidade que consiste "num conjunto de oposições dialéticas" e vive num equilíbrio "sem cessar violado e renovado" (*FNV*, p. 168). A estrutura mukarovskyana não é nem uma forma externa, nem uma *wholeness* ou *Gestalt* (Wellek, *Discriminations*, op. cit., p. 278). Mukarovsky talvez assinasse o preceito de Barthes: "*il faut à la fois dégager le texte de son extérieur et de sa totalité*" ou o do semiólogo soviético Yuri M. Lotman: é preciso reagir contra a identificação de "texto" com a ideia da "integralidade" da obra de arte.[8] Embora totalizante, a visão estrutural não se confunde com esse velho vício epistemológico do idealismo: o fetichismo do Todo.

Definida a relação (também dialética) entre a norma e o valor estéticos, Mukarovsky aborda o problema da variabilidade social e histórica do juízo estético. Variabilidade, é claro, extrema: pois até quando uma obra é bem acolhida em épocas diferentes, o motivo dessa apreciação positiva muda. Além disso, os próprios valores "fundamentais" da arte, aparentemente *au-dessus de la mêlée* dos conflitos de estilos, mostram-se, a longo prazo, mutáveis. Por exemplo, a arte moderna liquidou com a valorização da obra *durável*. Desde 1934, em *Point du Jour*, Breton já compreendera que Picasso considerava suas criações essencialmente transitórias, infensas a todas as qualidades do bom "acabamento" artesanal. No artista moderno, secretamente iconoclasta, não resta senão muito pouco do "honesto artesão" vitoriano. A estética moderna encoraja resolutamente a dessacralização da obra.[9]

---

[8] Roland Barthes, *S/Z*. Paris, Seuil, 1970, p. 12; Yuri. M. Lotman, *A Estrutura do Texto Poético* (original russo: Moscou, 1970); tradução italiana: Milão, Mursia, 1972, caput do cap. 3.

[9] Ver a propósito Walter Benjamin, "A Obra de Arte na Época de sua Reprodutibilidade Técnica" (original alemão, 1939); tradução brasileira: Rio de Janeiro, Zahar, passim; e Robert Klein, *La Forme et L'Intelligible*. Paris, Gallimard, 1970, p. 375-81 e 403-29, comentados em José Guilherme Merquior, "L'Art Anti-Oeuvre selon R. Klein". In: *Chroniques de l'Art Vivant*, n. 14, outubro de 1970. Para uma análise penetrante da importância da ética "artesanal" no esteticismo vitoriano, ver o ensaio consagrado à literatura de Theodor Storm em *A Alma e as Formas* de Georg Lukàcs (o original húngaro é de 1910: a edição alemã, de 1911; a tradução italiana desta última [Milão, ed. Sugar], de 1963).

Mas Mukarovsky se recusa a transformar a verificação da relatividade do valor estético em conclusões esterilmente relativistas. Com toda a extensão e a intensidade da variação dos juízos e valores estéticos, a questão da objetividade do valor artístico permanece de pé. Para começar, a percepção estética é naturalmente judicativa e hierarquizadora. Logo, para além da sociologia da arte, torna-se imperioso "examinar (...) uma certa legalidade válida geralmente, que caracteriza a relação entre a obra de arte como valor e qualquer coletividade, ou qualquer membro de qualquer coletividade (*FNV*, p. 105).

Mukarovsky busca a resposta para esse problema – o mais decisivo de toda estética madura – na própria natureza semiológica da obra de arte. Analisando as características específicas do *signo* estético, ele afirma a um só tempo a sua *autonomia* radical e a sua indefectível *abertura* à realidade. Se a arte, em nome dos direitos do imaginário, suspende a relação *direta* com o real, é só para *reforçar* seu contato com este. Inspirando-se no Wilde de *The Critic as Artist* e no Valéry de *Eupalinos*, Mukarovsky persegue a *referencialidade* e a significação existencial dos produtos estéticos até mesmo nas artes atemáticas, como a música ou a arquitetura; e leva com isso a estética semiológica a refutar sem hesitação a identificação ontológica de arte e ilusão, defendida, entre outros, por Konrad Lange (um esteta *fin-de-siècle* que, pelo menos nesse ponto, vovô Croce [*Estética*, II, cap. 18] já, se recusava a levar a sério).

Essa concepção referencial – a concepção mimética da arte,[10] Mukarovsky não tardará a radicalizá-la.

---

[10] Mukarovsky não emprega o termo. Sabe-se, porém, que o conceito de mímese, na *Poética* aristotélica, implica o *pleno* reconhecimento: (a) da *autonomia* expressiva; e (b) da *estruturalidade* da obra de arte. A grandeza do conceito aristotélico de mímese reside precisamente na combinação desse reconhecimento com a afirmação do poder *cognitivo* da arte. Ver a respeito Armando Plebe, "Origini e Problemi dell'Estetica Antica" (II, 3 e 4), na obra coletiva *Momenti e Problemi della Storia dell'Estetica*. Milão, Marzorati, 1959, vol. 1, p. 33-42; John D. Boyd, S. J., *The Function of Mimesis and its Decline*. Cambridge, Harvard

Depois de explicar a objetividade dos valores estéticos pela alusividade e significação humana das grandes obras artísticas, conduz seu raciocínio às últimas consequências: declara que o valor estético da obra consiste exclusivamente "num conjunto de valores extraestéticos" (*FNV*, p. 123). Do mesmo modo que a função estética é *transparente* em relação às demais, o predomínio do valor estético não significa nenhuma repressão dos valores vitais. O que faz o estético, ao prevalecer, como valor, na experiência artística, consiste apenas em "*destacar cada um (dos outros valores) do contato direto com o vital, a fim de pôr o conjunto de valores contido na obra, na forma de um todo dinâmico, em contato com o sistema global dos valores que formam a força motriz da práxis da coletividade*" (*FNV*, p. 124).

A concepção do valor estético como conjunto de valores não artísticos, esboçada por Mukarovsky desde 1932 (no ensaio "A Obra Poética como Conjunto de Valores"; é o segundo texto da coletânea *KP*) atinge sua formulação precisa no ensaio central de 1936.[11] René Wellek se escandalizou diante dessa teoria mukarovskyana, equivalente, segundo ele, a um "convite ao suicídio da estética" (*Discriminations*, p. 291)... No entanto, a noção do valor estético como simples assembleia dos valores extraestéticos – a noção da forma enquanto valor como pura ordenação do conteúdo – se conjuga claramente, em Mukarovsky, com um respeito inequívoco pela especificidade do estético. O protesto de Wellek não tem nenhum fundamento. Como o Umberto Eco de *Opera Aperta* (Milão, Bompiani, 1962), Mukarovsky sabe que o *conteúdo* essencial da obra de arte, subjacente a

---

University Press, 1968, passim e, especialmente, p. 56-74 e p. 141-49. Fica bem aquém desses dois estudos o de Stefan Moráwski, "Mimesis". *Semiotica*, II, 1 (1970), que só confere à categoria de mímese um alcance "regional", limitado a certas artes e estilos.

[11] Data igualmente de 1936 o pequeno ensaio *DP* (ver nota 1), no qual, à "relação imediata" com a realidade, presente na função comunicativa, prática, da linguagem, se opõe a "relação global" com o universo, privilégio da função *estética* da linguagem.

seus simples "temas", só se manifesta "através da maneira pela qual a obra se estrutura" (Eco, op. cit., p. 12, 20) – mas, de novo como Eco, ele não esquece que, no interior mesmo dessa mútua inerência de conteúdo e "forma", cada obra de arte autêntica constitui uma "metáfora epistemológica" (ibid., p. 42) – um modo de visão e de interpretação da realidade.

Significativamente, é justamente a tese da "porosidade" do valor estético que permite a Mukarovsky ultrapassar o unilateralismo dos formalistas russos. À proposta formalista de considerar todos os elementos da obra de arte partes integrantes da forma, Mukarovsky responde acrescentando que a natureza essencialmente aberta e porosa do valor estético converte *ipso facto* todos os componentes da obra em "portadores do significado e dos valores extraestéticos, e, portanto, em partes integrantes do *conteúdo*" (*FNV*, p. 124).

Com essa impecável pirueta lógica, consuma-se a superação teórica do formalismo, por obra e graça do estruturalismo tcheco. Afirmando a *transparência* da *função* estética, a *transitividade* da *norma* estética e a *porosidade* do *valor* estético, Mukarovsky dava toda força, há quase quarenta anos, ao princípio tão bem enunciado por Lévi-Strauss: "a *forma* se define por oposição a uma matéria que lhe é estranha; mas a *estrutura* não tem nenhum conteúdo separado: ela é o próprio conteúdo, captado numa organização lógica concebida como propriedade do real".[12]

V. Além de Mukarovsky: alguns problemas atuais na estética semiológica

Mukarovsky foi um notável pioneiro da *desidealistização* da estética moderna. Sua semiologia decididamente sociologizante, mas inafetada pelo sociologismo,

---

[12] Claude Lévi-Strauss, "La Structure et la Forme (Réflexions sur un Ouvrage de Vladimir Propp)". In: *Poetics*, n. 3, 1960.

nos parece constituir atualmente uma estrada obrigatória não só para a reflexão estética dos nossos dias como para toda crítica que se queira orientar por critérios objetivos. Não tivemos aqui a pretensão de expor exaustivamente seu pensamento estético, em muitos pontos ainda praticamente inacessível (porque intraduzido do tcheco); mas acreditamos haver salientado, mesmo de forma apenas indicativa, a fertilidade que revelou, na sua obra, o casamento da estética herbartiana com os motivos conceituais provenientes da fenomenologia e, principalmente, da linguística estrutural e da semiologia. Nem é preciso acentuar o rendimento de suas teses no tocante à inteligência e à análise de algumas das características centrais da arte e da literatura contemporâneas.

Há 45 anos, um expoente da estética norte-americana, Thomas Munro, já recomendava à estética "científica", como antídoto contra o subjetivismo e a arbitrariedade, a análise formal das obras de arte e a psicologia. Depois de Mukarovsky, podemos dizer que a importância dos métodos de análise *imanente* da arte ganhou outro e mais produtivo aliado: uma semiologia em comércio ativo com a sociologia. Com a sociossemiologia mukarovskyana, o velho sonho de uma estética construída *von unten*, liberta dos golpes de estado especulativos, conhece um princípio de realização enfim despojado de toda miopia positivista. Depois de Mukarovsky, o idealismo em estética não dispõe mais do seu álibi centenário: a alegação de que os problemas centrais (autonomia da arte, valor estético, etc.) são deixados na sombra pela reflexão antimetafísica.

Porém, ao lado dessas qualidades excepcionalmente positivas, a estética mukarovskyana apresenta, senão propriamente defeitos, certas deficiências, a nosso ver perfeitamente sanáveis dentro do próprio espírito da teoria. A ela consagraremos os nossos parágrafos finais. Mas, a fim de comprimir ao máximo a conclusão crítica deste já alentado ensaio, daremos aos nossos reparos a forma de nove indicações bem esquemáticas, que seriam as seguintes –

1) *Os três elementos do signo estético* –

Mukarovsky considera a obra de arte um composto de três elementos (*FNV*, p. 159): a) um símbolo sensível, produzido pelo artista; b) um "significado" – o objeto estético – "depositado na consciência coletiva"; e c) uma relação com a coisa significada, relação essa que se refere, conforme vimos, ao contexto dos fenômenos sociais; e designa como *estrutura* da obra o elemento (b) (id. ibid.).

2) *A (má) separação entre semiose e o valor estético* –

Semiologicamente, esse conceito de estrutura equivale a localizar a semiose artística no plano da *norma* estética e do significado institucional das obras, *separando-a* do elemento (c), ou seja: da dimensão do *valor* estético. Não obstante, depois de tudo quanto se disse a respeito da conexão entre o aspecto semiológico e o aspecto axiológico da obra de arte, e da interpenetração do seu ser-*signo* com o seu ser-*estrutura*, parece impossível manter afastadas as "três naturezas" da obra: a de "campo" ou processo semiótico, a de realidade estrutural, e a de *valor*. Logo, o desenvolvimento da análise semiológica em estética deve apreender a inter-relação desses três aspectos.

3) *Significação intencional e inintencional na arte* –

Tanto isso é verdade, que esse gênero de problemática seria aflorado por Mukarovsky anos depois de *A Função, a Norma e o Valor Estéticos...* – e pouco antes de sua conversão ao marxismo. No estudo "Intencionalidade e Inintencionalidade na Arte" (1943), Mukarovsky distingue cuidadosamente o processo de unificação semântica que o espectador deve levar a cabo para compreender a obra – processo que se refere a esta última como signo, considerado na sua intencionalidade – daquilo que, escapando àquela unificação semântica, "atua diretamente sobre a vida espiritual e sobre os estratos mais profundos da personalidade do espectador".[13]

---

[13] Valemo-nos aqui do resumo de Sergio Corduas, em seu posfácio a *FNV*, p. 191.

4) *Estagnação da estética "semiológica" pós-mukarovskyana* –

Porém, a estética semiológica ou parassemiológica posterior aos estudos de Mukarovsky *não* progrediu nessa direção. Bense, por exemplo, designa a sua reflexão nos anos 1950 *"Zeichenästhetik"* (estética dos signos) e utiliza a semiótica de Morris (op. cit., edição argentina, p. 49) para dar cobertura à arte abstrata (arte, segundo ele, de *designata* sem *denotata*); contudo esses momentos semiológicos serão, nele, episódios esparsos, e, o que é pior, justapostos a uma terminologia heideggeriana – saída ora da analítica existencial (id., p. 20, 46), ora da ontologia fundamental do segundo Heidegger (p. 42) – invariavelmente incompatível com a abordagem semiológica. Na *Aesthetica* II (*Ästhetische Information*) e na III (*Ästhetische Kommunication*), Bense se aproxima da teoria da informação; mas seu conceito da obra de arte como "informação sobre a estrutura" nada tem em comum com a semiose "porosa" ao conjunto de valores sociais evocada por Mukarovsky.

5) *A contribuição da história da arte à estética semiológica* –

Os verdadeiros progressos da concepção semiológica do artístico não foram realizados na área da estética, mas sim na teoria da história da arte. Tais progressos se devem, no essencial, à *iconologia* de Erwin Panofsky (1892-1968). Para Panofsky, a interpretação da obra de arte procede por níveis de complexidade crescente. O primeiro nível é o da *análise formal* das propriedades sensíveis, à Wölfflin. O segundo nível já lida com uma camada de significações literárias – é o domínio da interpretação *iconográfica*. No terceiro nível finalmente – o nível *iconológico* propriamente dito – o significado iconográfico se torna o significante daquilo que Panofsky, aplicando uma definição de Peirce, chama *conteúdo* da obra: conteúdo é "o que a obra deixa transparecer sem mostrar". A análise iconológica coroa a hierarquia dos níveis interpretativos; nela, a determinação do conteúdo da obra, encarada como *monumento*, opera por meio de um minucioso confronto entre as obras e o maior número possível de *documentos* de civilização historicamente ligados seja diretamente a elas, seja ao seu grupo estilístico.[14]

6) *Sinal e sintoma na semiose estética* –

O exemplo da iconologia, significativamente abeberada na semiótica de Peirce, revela que *a determinação da semiose estética em sua plena profundidade necessita pensar o significado das obras de arte como uma relação entre os sinais artísticos* – os signos intencionalmente articulados pelo autor, e suscetíveis de uma descodificação institucional ou institucionalizável por parte do receptor (isto é, do leitor ou espectador) *e os sintomas que esses sinais artísticos apreendem inintencionalmente, e que dizem respeito à vida "secreta", inconsciente, da cultura e da sociedade*. Em outras palavras a sociossemiologia da arte deve necessariamente desdobrar-se em *sociopsicanálise* do processo artístico.[15]

7) *Sintomatologia x ideologia na interpretação da arte* –

Com esse desdobramento, a estética semiológica se tornaria capaz de: a) compreender a margem *ideológica* do significado das obras de arte (o elemento [b] do esquema de Mukarovsky; conferir nosso item 1, supra); e b) ampliar o conceito de função psicossocial da arte, por meio de uma diferenciação entre as suas funções manifestas e as suas funções *latentes*. Em estudo, hoje clássico, de teoria sociológica, Robert K. Merton identifica

---

[14] De Erwin Panofsky, ver sobretudo *Studies in Iconology*. Nova York, Oxford University Press, 1939; e *Meaning in the Visual Arts*. Nova York, Doubleday, 1955. Sobre o método iconológico, ver José Guilherme Merquior, "Analyse Structurale dos Mythes et Analyse des Oeuvres d'Art". *Revue d'Esthétique*, n. 3-4 (1970), p. 372-75.

[15] Sobre o estatuto semiológico do valor estético e a relação sinal-sintoma, ver, na parte III deste mesmo volume, a 3ª seção do ensaio "Do Signo ao Sintoma".

as funções *manifestas* com consequências objetivas do agir, conducentes ao ajuste ou transformação do sistema social, consequências essas *intencionais* e reconhecidas pelos agentes da vida social; e as funções *latentes*, com as consequências objetivas que não são *nem intencionais nem reconhecidas*.[16] Evidentemente, a extensão da semiose da obra de arte ao plano "obscuro" do *valor* estético global – ao plano daquilo que, no dizer de Mukarovsky, "atua sobre a vida espiritual e os estratos mais profundos da personalidade" do público – pressupõe que a arte desempenha funções latentes. Funções latentes que podem ser, em relação ao sistema sociocultural, de tipo integrativo ou disruptivo.

8) *Valor estético e universalidade, ou arte e "natureza humana"* –

Mas é preciso não confundir, pura e simplesmente, essa semiose do profundo com o valor estético. As funções latentes da significação, a semântica "subliminar" da obra, podem, *até certo ponto*, atuar *tanto* em obras de alto valor *quanto* em obras secundárias – ou valiosas somente para certas épocas. A *universalidade* do valor estético parece, portanto, ligada ao grau de amplitude com que, na semiose *total* da obra de arte (manifesta e latente), os significados historicamente circunscritos se conjuguem com uma pauta *transistórica* de valores humanos. Desse modo, em vez de fechar os olhos, por fanatismo historicista, ao problema da "natureza humana", uma verdadeira estética semiológica deveria esforçar-se para estender ao âmbito moral a significação daqueles "princípios constitutivos", de que fala Mukarovsky, ou melhor: para definir, no plano *global* da condição humana, algo análogo aos princípios antropológicos de caráter psicofísico que regem, sem tolher-lhe a liberdade de invenção, a arte em seus

---

[16] Robert K. Merton, "Manifest and Latent Functions: Toward the Codification of Functional Analysis in Sociology". In: *Social Theory and Social Structure*. Glencoe, Free Press, 1949, p. 21-81.

aspectos rítmicos e espaciais; pois tudo indica que, na formação da semiose estética como *valor*, o processo semiótico atue através de uma complexa interação de motivos históricos e motivos "antropológicos", de natureza transistórica. A estética neoclássica pode ter pecado por negligência em relação aos primeiros; mas a estética moderna talvez peque por omissão no que concerne aos segundos. Entre a *general nature*, demasiado abstrata, do Dr. Johnson, e a inconvincente identificação do valor artístico com a "autoconsciência histórica da humanidade" na estética hegelo-marxista de Lukàcs, existe lugar para a ambição já expressa pela *Poética* (1887) de Dilthey: ver, na obra de arte, o produto de uma fusão de princípios *universais* com dados *históricos*. *A arte se constitui pela historicização do universal, porém subsiste pela universalização do histórico.*

9) *Semiose estética e estrutura da cultura: pelo diálogo da crítica com as ciências humanas* –

Em seu aspecto heurístico, a concepção da semiose-valor como função latente é uma analítica de tipo *estrutural*. A significação da obra de arte radica na homologia entre a *forma* (no sentido totalizante de forma-conteúdo) e a estrutura do universo cultural. Assim como a estrutura da obra singular se imbrica, conforme quer Mukarovsky (*FNV*, p. 169-73) com a estrutura do *corpus* artístico inteiro (é a noção de "sistema literário", cara a T. S. Eliot, a Ernst Robert Curtius e a Northrop Frye), a estrutura da semiose profunda de cada obra se imbrica com a estrutura total da cultura. A perspectiva que essa imbricação abre para os estudos sobre arte é, com certeza, tão exigente quanto ampla. A determinação da semiose estética em correlação com a infinita complexidade da cultura como sistema requer da crítica um contato permanente com as ciências sociais – contato em tudo e por tudo oposto à beata autossatisfação dos que, por exemplo, pretendem ingenuamente encastelar a análise da literatura numa liturgia antisséptica e estanque, hipnotizada pela pseudopureza de uma "literariedade" alheia ao mundo humano e social.[17] No terreno crítico como no teórico, o ensinamento da estética semiológica resulta sempre num desmentido ao formalismo.

Bonn, abril de 1973.

---

[17] Em compensação, o projeto crítico fundado na estética semiológica parece ser o único apto a tirar a crítica de arte (ou literária, etc.) do seu frequente "estrabismo": por um lado, com efeito, a análise *desinvidualiza* as obras de arte, contemplando-as "hegelianamente" como simples expressões do *Zeitgeist* (ou de seus avatares materialistas); por outro a crítica, prisioneira inconsciente do mito neoplatônico da individualidade "criadora", fixado na Renascença, *superindividualiza* as obras (ou os estilos individuais), encarando-as como manifestações solipsistas, e bloqueando suas ligações com a história social da cultura (esse procedimento esquizoide da história da arte corrente mereceu recentemente aguda crítica por parte de James Ackerman, "Toward a New Social Theory of Art". *New Literary History*, vol. IV, n. 2, 1973). Somente a abordagem sociossemiológica, delineada por Mukarovsky, parece habilitada a respeitar a individualidade da obra e dos estilos pessoais, evidenciando, ao mesmo tempo, a natureza *transitiva* e socialmente significativa dessa mesma individualidade.

Parte V

ARTE E CULTURA NA
HISTÓRIA DA(S) ARTE(S)

O Problema da Interpretação
Estilística da Pintura Clássica
(um desafio para o método formalista)

A Afonso Arinos de Melo Franco

O dossiê da caracterização historiográfica do maneirismo comprova a dependência da *Formanalyse* do estudo culturalista no que concerne à introdução de novos períodos estilísticos na história da arte – períodos a que Wölfflin não concedia um *status* autônomo. Entretanto, as carências da análise formal se manifestam *dentro mesmo da periodização wölffliniana*. Tomemos, por exemplo, no campo da pintura, a própria sucessão dicotômica predileta de Wölfflin: a passagem do estilo clássico do Cinquecento para o barroco. Vejamos se essa contraposição – mesmo em termos de puras categorias visual-formais – efetivamente prescinde, em todas as suas implicações, do auxílio de motivos culturais.

Como é bem sabido, Wölfflin distingue energicamente o estilo barroco, arte da profundidade, do da Alta Renascença, baseado na primazia do plano. No entanto, não dissimula a natureza paradoxal dessa "vontade do plano" da pintura cinquencentista (aqui, é preciso dizer "cinquencentista" e não, como seria natural, "quinhentista", porque o termo "Cinquecento", enquanto sinônimo de Alta Renascença ou de classicismo quinhentista, só vale plenamente para as duas primeiras décadas do século XVI, cuja maior parte não foi clássico-renascentista, e sim *maneirista*). Tanto a introdução dos *Grundbegriffe* quanto o prólogo do segundo capítulo precisam que o estilo clássico, que "dispõe as partes em planos paralelos", em "fatias sucessivas paralelas" à superfície, se distingue da pintura "primitiva", quatrocentista, pelo domínio do esforço e pela ciência do aprofundamento da cena. Em outras palavras: o estilo clássico, que prefere a "composição por *planos*", é nem mais nem menos o estilo do período em que se consuma – depois das tentativas incoerentes dos "primitivos" – a posse perfeita da representação pictórica do espaço tridimensional; logo, da *profundidade*. Será necessário o advento do barroco para que essa lei do paralelismo dos planos (planimetria) seja revogada por uma composição fundamentalmente interessada em "conduzir o olhar da frente para o fundo" do espaço figurativo, ou seja: interessada em fazer valer a profundidade em si mesma, e não mais enquanto simples desdobramento de planos regidos por seu paralelismo em relação à superfície do quadro. Quanto à pintura manierística – que Wölfflin só vê como estilo compósito, heterogêneo, sem reconhecer na sua desagregação do espaço o selo de uma personalidade artística própria – não passa de uma transição: na linhagem dos pintores de Antuérpia, por exemplo, o maneirista Bruegel justapõe a planimetria de Joachim Patinir (clássico) à visão hiperbolicamente "profunda" de Peter Paul Rubens (barroco).

Já o estilo do Quattrocento "procurou antes escapar às exigências do plano que explorá-las". Esta frase de Wölfflin afirma claramente que os "primitivos", independentemente de todo problema "técnico", qualquer que fosse o grau da sua competência em matéria de representação do espaço sensível, foram animados por uma vontade estilística *diversa* do ideal planimétrico perfilhado pelo classicismo subsequente. Se, porém, essa diferença entre a primeira e a alta Renascença, entre o Quattrocento e o Cinquecento, não se deve à "imaturidade" da fase mais antiga, como explicar essa partição do bloco "arte renascentista" (Quattrocento + Cinquecento)? Conforme verificamos, a teoria da sucessão cíclica, em que a cada período "clássico" (tetônico) se segue forçosamente um "barroco" (atetônico), não só não descreve a passagem arte "primitiva"/arte clássica como é *desmentida* por ela, uma vez que o *a*tetonismo quatrocentista precede, em vez de suceder, o tetonismo do Cinquecento.

Temos, portanto, dois enigmas historiográficos irresolvidos pela *Formanalyse* pura: a) por que, em sua evolução, a Renascença *contraria* o ritmo evolutivo ilustrado pela própria sequência Renascimento/barroco?; e – mistério dos mistérios – b) por que a *Alta* Renascença, havendo conquistado o segredo da plena figuração do espaço tridimensional, colocou seu acento estilístico na composição por planos, em lugar de privilegiar a composição em profundidade? Dadas as múltiplas conexões de (a) e (b), não é difícil constatar que esses dois problemas são, a bem dizer, dois aspectos de um só: o enigma da gênese do estilo clássico cinquecentista. Nosso objetivo é justamente indicar como a sua obscuridade se reduz, de maneira considerável, quando a análise das formas visuais interroga conscienciosamente o horizonte cultural da época em apreço (séculos XV-XVI).

Para tanto, contudo, não precisamos abandonar essa atenção às realidades visuais que Wölfflin demonstrou ser tão instrutiva. Em consequência, comecemos – recuando os limites iniciais da era estudada, e deixando momentaneamente de lado a Alta Renascença – por fixar *a natureza específica do espaço quatrocentista*, confrontando-o com os seus predecessores. As magistrais pesquisas de Erwin Panofsky nos ensinaram a ver, na perspectiva do Quattrocento italiano ou flamengo, o termo de uma longa metamorfose de simbolização plástica do espaço. Recapitulemos seus principais momentos.

O espaço em perspectiva do século XV apresenta três características básicas: 1) representação ilusionística da natureza; 2) homogeneidade – trata-se de um espaço unificado e contínuo – e daí, mensurabilidade; e 3) infinitude. Em essência, este foi o módulo espacial utilizado pela pintura ocidental até o cubismo. Mas *essas três características de base tinham antecedentes historicamente diversos*. O *ilusionismo* do espaço quatrocentista fora antecipado pela pintura antiga, enquanto a sua *homogeneidade* e a sua *infinitude* provinha, ao contrário, da arte medieval. Vamos esclarecer rapidamente essas duas afirmações.

A superfície do espaço em perspectiva é sempre uma espécie de janela imaginária. "Perspectiva" significa "ver através". *Lato sensu*, perspectiva é a capacidade de representar os objetos, juntamente com a porção do espaço em que se encontram, de tal modo que a imagem do suporte material da representação seja completamente substituída pela imagem de um plano transparente, através do qual julgamos contemplar um espaço imaginário, que inclui todos os objetos dispostos em aparente sucessão e que não é limitado, mas somente seccionado, pelas margens do quadro (Panofsky).

Nessa obliteração do suporte (real) em proveito da imagem (irreal) reside a natureza *ilusionista* da perspectiva.

O espaço figurativo da Antiguidade tardia – tal como se pode contemplá-lo nos afrescos de Pompeia, ou na recém-descoberta pintura funerária de Paestum – era dotado de perspectiva. Todavia, em contraste com o espaço quatrocentista, não era nem homogêneo, nem infinito. Panofsky o define como um "agregado de corpos e de vazios, ambos finitos". "Agregado", isto é: ausência de unificação do espaço, que, pela mesma razão, não era mensurável. Por esse motivo é que os antigos, embora conhecessem perfeitamente as peculiaridades da sensação ótica, nunca elaboraram *sistemas* perspectivos equivalentes às construções renascentistas.

A ruptura cultural das Invasões feriu mortalmente o ilusionismo greco-romano, que a pintura paleocristã assimilara; a perspectiva desapareceu, sobrevivendo apenas – e mesmo assim *residualmente* – na arte bizantina. Com a sua desintegração, a pintura ocidental deixou de ser a "janela" metafórica; deixou de "ver através" da superfície da tela ou do muro. O primeiro grande surto pictórico da Idade Média – a pintura mural romântica, realizadora dos soberbos afrescos de Saint-Savin, Vic, Tavant, Berzé-la-Ville ou de San Clemente de Tahull – adotou "uma estética plotiniana" (Paul-Henri Michel): uma estética que, por desprezo cristão dos sentidos, tivesse adotado a teoria de Plotino (*Enéada* segunda, 1, VIII) segundo a qual os objetos distantes parecem pequenos devido à impotência do olhar. No entanto, se os olhos físicos são fracos e errôneos, os "olhos da alma" – diria Prudêncio no século IV –

"têm a vista penetrante". A arte cristã preferiu, naturalmente, representar a visão dos olhos da alma a figurar as sensações do olhar terreno.

Como, porém, os olhos da alma não são fracos, nem comunicam sua fraqueza aos objetos que contemplam, a pintura religiosa *aboliu a profundidade*. Reduzindo o espaço às dimensões da plana superfície, eliminando ou estilizando os fundos, o modelado, o *dégradé*, o claro-escuro, etc., o estilo românico purgou a pintura de tudo o que pudesse oferecer a impressão geral do relevo dos corpos, de tudo o que pudesse sugerir a fuga do olhar para o longe ou para o obscuro. A *claritas* impecável das suas figuras hieráticas, sobrenaturais (em si ou em sua significação), reconhecia francamente a realidade da superfície, em detrimento do ilusionismo.

Paradoxalmente, foi essa renúncia à perspectiva que dotou o espaço ocidental de uma das suas qualidades essenciais: a *homogeneidade* – a mesma homogeneidade pela qual o espaço quatrocentista ressuscitou o ilusionismo se distinguirá, não obstante, da pintura helenístico-romana. Isto porque,

> se a pintura românica reduz à superfície, concomitantemente, e com igual rigor, os corpos e o espaço, por isso mesmo sela e consolida, pela primeira vez, a homogeneidade entre este e aqueles, convertendo sua elástica unidade ótica numa firme unidade *substancial*: doravante, os corpos e o espaço estarão unidos na vida e na morte, e se, mais tarde, o corpo tornar a libertar-se dos vínculos que o prendem à superfície, não poderá crescer sem que o espaço cresça em igual medida (Panofsky).

Assim, o que Panofsky chama de "consolidação da superfície" – análoga, na pintura, ao processo de "consolidação da massa" da escultura românica – preparou o terreno para o espaço moderno, isto é, pós-medieval.

A tendência "cartográfica" da iluminura (e da pintura mural) "congelou" o *solo* das cenas representadas numa superfície plana, ao mesmo tempo em que o desenho dos *corpos* se congelava num conjunto de áreas bidimensionais, *sem nenhum relevo que as destacasse;* mas esse duplo congelamento uniu indissoluvelmente *os objetos ao espaço* circundante, convertendo-se, desde aí, num prelúdio à expansão solidária de ambos na terceira dimensão, que seria realizada pela Renascença.

Quando, sobre essa *consubstancialidade* do espaço e dos corpos, conquista da pintura medieval e antítese do "agregado" antigo, atuou a renascença do ilusionismo, a "fusão" de que nasceria o espaço moderno teve lugar – à *homogeneidade* do espaço medieval, unificado pelo desdém da perspectiva, *veio juntar-se um novo ilusionismo*: os corpos recobraram seu relevo, e o espaço, profundidade; uma profundidade que adquiriria em breve, com o emprego da perspectiva albertiana (ponto de fuga), o atributo adicional da infinitude. Com a fusão do ilusionismo, homogeneidade e infinitude, formou-se o espaço da pintura moderna, renascentista. Podemos esquematizar seus pontos de encontro e de desencontro com o espaço antigo e o medieval num quadro simples (atribuindo-se ao primeiro termo de cada oposição o sinal positivo, e ao segundo, o negativo).

Aspectos do espaço pictórico	Antiguidade	Idade Média	Renascença
Ilusionismo/ Ausência de Ilusionismo	+	–	+
Homogenidade/ Heterogeneidade	–	+	+
Infinitude/Finitude	–	–	+

O ponto de "fusão" seria a obra giottesca. Pouco depois, os sienenses do Trecento iriam além do próprio Giotto (1267-1337). Este, sem prejuízo da pujança renovadora de seu estilo, ainda visava à terceira dimensão, manipulando elementos plásticos, mas não o próprio espaço – ao passo que os descendentes de Duccio (1255-1319), como Ambrogio Lorenzetti (1290-1348), progrediriam bem mais do que os *giotteschi* na construção da perspectiva e na transcrição do espaço unificado. A representação do espaço *per se,* captado por meio da reprodução de interiores arquitetônicos suscetíveis de englobar toda a área representada, viria a ser a *via regia* da nova perspectiva quatrocentista, que se consuma em Jan van Eyck (1390-1441). Nem foi por acaso que os dois primeiros grandes inovadores, Giotto, na Toscana do "Trecento", van Eyck, na Flandres de 1430, se inspiraram, respectivamente, na *escultura* dos Pisano (Nicola [c. 1220/c. 1278], Giovanni [1250-1314]) e de Claus Sluter (1350-1405): a reconquista da profundidade passava naturalmente pelo novo senso do relevo que, em seu amor ao volume, os escultores fatigados da imaterialidade das figuras do último gótico legavam à pintura reconvertida à perspectiva.

Esse simples resumo da macro-história da formação da perspectiva renascentista já contém fatores "culturais". Mesmo sem ter acenado à decantada ligação entre o retorno à perspectiva em Giotto e Masaccio (1401-1428) e os primórdios do humanismo italiano ou o seu primeiro voo quatrocentista, deixamos claro que a motivação do desinteresse pela profundidade na pintura medieval tem raízes religiosas: o predomínio "plotiniano" da "visão da alma" no afresco românico não é um simples problema visual, mas a expressão visual de uma nova significação *cultural* da arte. A perspectiva moderna é realmente uma "forma simbólica" (Panofsky), um conceito plástico gerado a partir de todo um substrato de experiências culturais. Vejamos agora – penetrando no cerne do nosso argumento – porque o "uso" clássico, tardo-renascentista, dessa perspectiva moderna se diferenciou do seu emprego no Quattrocento; ou, nos termos de Wölfflin, porque o estilo cinquecentista modulou o espaço ilusionista revivido pela Renascença de acordo com a lei da "composição por planos", em vez de explorar as potencialidades expressivas da profundidade.

O Quattrocento italiano não foi, de início, no que concerne à elaboração do novo espaço, tão "avançado" quanto o nórdico. A pesquisa em perspectiva de van Eyck – se bem que a sua racionalização do espaço ainda recorra a uma "área" ou "eixo" de fuga, e não a um ponto de fuga precisamente localizado – é mais desenvolvida que a de Masaccio. O verdadeiro equivalente do espaço *per se* de van Eyck, tabuleiro infinito, microcosmo sobrevoado, (políptico de Gand), é a nave de Santo Espírito em Florença, isto é, a arquitetura de Brunelleschi (1377-1446) – e não os afrescos masaccianos da igreja do Carmo. Giulio Carlo Argan tem razão em distinguir o espaço brunelleschiano, "projeção de um construto lógico", do de Masaccio, espaço "encarnado na História", cenário sóbrio e despejado que só existe em função do gesto humano e do seu eco moral. Sem dúvida, Masaccio aproveitou a lição da perspectiva arquitetônica de Brunelleschi, mas a aproveitou, principalmente, porque o seu espaço, como drama histórico encarnado, necessitava da amplitude tridimensional que o edifício brunelleschiano respira. Entre ele e Brunelleschi, como entre os dois e Donatello (1386-1466), há *convergência*, mas não *identidade* de objetivo estético (mesmo que, no caso, a hipótese de uma identidade de alvo estético já esteja "*a priori*" relativizada pela disparidade dos seus respectivos veículos expressivos, pintura, arquitetura e escultura).

Em Masaccio, parecem reunidos os impulsos que, por via de influência, *poderiam* levar a pintura florentina do Quattrocento a desdenhar o primado da composição em profundidade. O espaço masacciano é, como conjunto unificado de corpos e vazios, eminentemente *antropocêntrico*; concentrado como o de Giotto, na manipulação dos elementos plásticos (objetos e figuras) bem mais do que na do espaço em si mesmo. A rigor, por volta de 1425, a investigação em perspectiva parecia – ao menos se considerarmos apenas os dois grandes focos de inovação pictórica, Masaccio e van Eyck – ter maiores possibilidades de desenvolvimento em Flandres do que em Florença. Coincidentemente, porém, com essa diferença relativa ao interesse pelo espaço em si, Masaccio e van Eyck, imbuídos de um senso pré-clássico do monumental, revelavam clara preferência pela composição planimétrica, por essa frontalidade tão nítida no *Tributo* da Capela Brancacci quanto na *Déesis* do altar de Gand ou na *Virgem do Chanceler Rolin* (Louvre). Deste modo, para explicar porque o Quattrocento florentino acabou mais amigo da composição em profundidade do que da planimetria, *é preciso supor que o influxo masacciano sobre a vanguarda quatrocentista foi neutralizado*, ou fortemente modificado, por outra vaga estilística.

A neutralização proveio do impacto do grande êmulo de Masaccio na revolução figurativa de Florença – Donatello. Sem dúvida, entre ambos há muito em comum. O agudo senso donatelliano do relevo equivale, na escultura, ao robusto modelado das figuras de Masaccio; e essa plasticidade separa ambos da elegância incorpórea dos tipos humanos do último gótico. Ao mesmo tempo, a humanidade dos personagens dos dois artistas é mais terrena, mais próxima, que a dos protagonistas da pintura de Giotto. Contudo, aqui cessa a comunidade de posições desses dois fundadores da arte renascentista. Ambos exibem um naturalismo dramático de alta eloquência, mas em direções diversas: em Masaccio, o drama é sempre uma *potencialidade* emanada do monumentalismo dos personagens, e por isso, até mesmo na dor de Adão e Eva expulsos do Paraíso, o drama é *interiorizado*; em Donatello, ao contrário, prevalece a agitação física, a *exteriorização* emocional. Essa solução classicizante de Masaccio, em contraste com a vocação *expressionista* da plástica de Donatello, é que induziu os historiadores do século passado, na esteira de Karl Friedrich von Rumohr e Hegel, à ilusão de uma antítese entre um suposto naturalismo masacciano, puramente "intelectual", e uma pretensa flama puramente "sentimental" de Fra Angelico (1395-1455).

Tecnicamente, a tendência masacciana à *stasis* clássica sacrifica a nitidez dos contornos ao modelado em claro-escuro (Mario Salmi) – Giovanni Paolo Lomazzo (1538-1600) dirá de Masaccio que "*solamente allumava, ed ombrava le figure senza contorni*" – ao passo que a veemência expressionista de Donatello se manifesta justamente no linearismo *à outrance*, no exagero do contorno. A exasperação da linha em Donatello é, como viu Argan, um aproveitamento particular da incidência da luz sobre a matéria esculpida. Na célebre *Porta do Paraíso* do batistério da catedral de Florença, a arte de Lorenzo Ghiberti (1378-1455), transição entre o gótico internacional e a primeira Renascença, recorrera ao ouro e ao modelado por planos oblíquos para, intensificando a luminosidade, fazê-la revelar os fundos arquitetônicos ou paisagísticos do relevo. Mas Donatello, obcecado pela representação prioritária da ação dramática, recusa essa luz plácida, que ilumina equitativamente a cena, sem se concentrar nos personagens. Substituindo os contornos suaves, as formas arredondadas de Ghiberti pelo relevo *schiacciato* (esmagado), ele deu às suas formas um *limite luminoso*, separado da superfície por uma nítida, drástica sombra. Desse modo, o contorno preciso, isolando o corpo dos atores, sublinha os seus gestos com uma ênfase única: o "luminismo linear" se torna a linguagem natural da narrativa expressionista.

Tanto pelo seu prodigioso nível de realização quanto pela sua forte representatividade em relação à área de convergência dos grandes estilos revolucionários do limiar do Quattrocento, o *magnum opus* masacciano da capela Brancacci atraiu sucessivas gerações de pintores. De Lippi, Angelico, Michelangelo e aos primeiros maneiristas, os melhores pincéis de Florença desfilaram discipularmente na igreja do Carmo, atentos ao venerável protótipo da "*maniera buona delle pitture*" (Giorgio Vasari). Todavia, diante da ostensiva influência de Donatello sobre os pintores florentinos do médio e tardo Quattrocento, é forçoso reconhecer (com Paolo Volponi) que a "escola" do Carmo transmitiu, aos jovens pincéis toscanos, antes um ensinamento formal *genérico*, do que a intenção expressiva peculiar ao estilo de Masaccio. Curiosamente, algo de parecido ocorreria com Donatello, a cuja expressão tensa e elétrica seus sucessores na *escultura* (Jacopo della Quercia, Luca della Robbia, Desiderio da Settignano, Mino da Fiesole, os Rosselino) preferiram nitidamente o exemplo da suavidade entre-gótica-e-renascentista de Ghiberti; mas a influência de

Donatello, "traída" em seu próprio *métier*, se desforraria amplamente entre os *pintores* do médio Quattrocento. Nestes, a fidelidade a Masaccio cederia bastante ao magnetismo do "vibrato" linear donatelliano.

Em pintura, o "masaccianismo" florentino do meio do século – centralizado na obra de Andrea del Castagno – é, na verdade, uma *adaptação do modelado de Masaccio ao linearismo de Donatello*. O próprio Filippo Lippi, que iniciou sua carreira como colaborador de Masaccio no Carmo, incorporou vários idiomatismos donatellianos, antes de chegar à expressão meiga das suas madonas adorantes ou das graciosas narrativas de episódios múltiplos numa só imagem (*prolepsis*), como o banquete de Herodes da catedral de Prato. Em última análise, somente Angelico – a própria "antítese sentimental" do naturalismo masacciano!... – evoluiria, nos afrescos da capela Niccolina (Vaticano), para uma verdadeira assimilação da plasticidade pré-clássica de Masaccio. A tal ponto a nervosa caligrafia de Donatello assumirá o papel de língua geral da arte florentma, que os mais importantes criadores do segundo Quattrocento – Pollajuolo, Verrochio e Botticelli – serão seus herdeiros, adeptos resolutos da vibratilidade da linha.

Ora, essa discreta preterição do espírito da capela Brancacci pela pintura quatrocentista abriu caminho ao triunfo do realismo, da caça à verdade do particular, às aparências características e idiossincráticas; e *a inspiração realista bloqueou o gosto idealizante*, o amor à estilização clássica e à solenidade formal. N'*A Arte Clássica*, Wölfflin contrapõe a idealidade suntuosa e digna do Cinquecento ao jeito pedestre e incircunspecto da maior parte da produção "primitiva". Mas o progresso desse naturalismo comprometeu a própria unidade formal da composição. A transcrição naturalista do "característico" e individual, especialmente quando animada por uma febre narrativa, ou por uma urgente vontade de notação psicológica, pôs em perigo a coesão das formas. O estilo quatrocentista conheceria várias vezes a volúpia da multiplicidade dispersa, da expressividade difusa. "Grosso modo", a *dissolução da forma* só seria evitada por um rebaixamento do valor intelectual da pintura: ou com o sacrifício da verdadeira transfiguração expressiva da imagem, reduzida à simples descritividade enfeitada de Ghirlandaio ou Pinturicchio, ou com a banalização do lirismo nos módulos estandartizados de registro emocional de Perugino – dessa beatitude simplista do que Sidney Joseph Freedberg denominou "classicismo por inércia".

Nas últimas décadas do século XV florentino, *o progresso do naturalismo havia levado à crise do estilo.* O grandioso desígnio de Brunelleschi, Masaccio ou Piero – a conquista do espaço como símbolo da autoconsciência da razão humana – se tornara um remoto ideal. Ao mesmo tempo, o princípio basilar da estética renascentista, o senso da harmonia – da *concinnitas* de Alberti – parecia inconciliável com as exigências de expressão plástica da experiência humana. A *concinnitas* fora ironicamente vencida pelo abuso de outro conceito albertiano: o de *copia*; a abundância das formas se substituíra à ordem das partes. O mesmo impulso de dissolução formal ocorreu, *mutatis mutandi*, no Quattrocento flamengo, depois de van Eyck e do "donatelliano" local, o "expressionista" Rogier van der Weyden. *E foi precisamente nesse contexto de debilitação da lógica formal que a orientação antiplanimétrica da arte "primitiva" prosperou.*

Haverá necessidade de acrescentar que *a opção planimétrica* do classicismo *foi uma componente da reação global* do Cinquecento *a esse processo de dissolução da forma*, provocada pela hipertrofia do naturalismo? A pintura de Leonardo, Michelangelo e Rafael – o classicismo tusco-romano que se desdobra de 1490 a 1520 – representa principalmente um soberbo esforço de reconciliação da figuração naturalista com padrões de dignidade e idealidade do homem e do espaço: um esforço de *reespiritualização* e *re-heroicização* da cultura plástica; mas essa reconversão criadora impunha, no terreno formal, o advento de uma composição *equilibrada*, harmônica, *tetônica*. Ora, dado o caráter predominantemente *háptico* do tipo de visualização vigente na Renascença – *era praticamente fatal que o fortalecimento da composição assumisse a modalidade planimétrica*. Expliquemos a razão.

A visão háptica, ou visão controlada pelos valores *tangíveis* (e não óticos) implica essencialmente o predomínio da contemplação *dos corpos* sobre a contemplação global *do espaço*; mas a visualização háptica encarna a persistência, na arte ocidental, da visão-*em-relevo* (Hildebrand), que norteou a plástica da Antiguidade; de modo que a "visão dos corpos" é apenas um sinônimo de visão *próxima*, do olhar que se compraz em demorar *na superfície*. Não sendo a planimetria senão o modo de composição dominado pela *referência* dos vários planos *ao plano da superfície*, é lógico que, sob o império da visualização háptica – império que só cessou no século XVII – todo esforço de revigoramento da composição deveria tender, obrigatoriamente, a restaurar a composição planimétrica. Por outro lado, o primado de superfície como pivô da composição exige que esta seja simétrica; a simetria é uma acentuação natural do plano da tela ou do muro. Donde se conclui que a planimetria induz ao *tetonismo*, ou seja, à composição equilibrada, balanceada – à "forma fechada", disposta em torno de um ostensivo eixo central. Assim, a própria imbricação das categorias visuais de Wölfflin, a sua mútua e imperiosa implicação, esclarece porque o classicismo cinquecentista, restaurando o ideal renascentista da harmonia entre razão e natureza, foi forçado a adotar a composição planimétrica e tetônica.

O classicismo do Cinquecento é vontade de *reespiritualização* da arte. Mas a essência da criação clássica reside na feição *naturalista* dessa reespiritualização. A forma clássica aspira infalivelmente ao consórcio da *idealização* enobrecedora dos corpos e do espaço com o respeito à verossimilhança anatômica e ambiental. Enquanto isolada, enquanto estranha a esse alvo sintético, a vontade de reespiritualização não pertence ao estilo clássico. Na realidade, define um dos seus predecessores imediatos: o espiritualismo "neogótico" do último Quattrocento, que possui em Botticelli o seu supremo intérprete. Ora, o linearismo melódico de Botticelli chega às vezes ao antinaturalismo: a pureza do ideal exige dele a violentação do próprio "ar de família" da arte renascentista – do ilusionismo, do verossímil. O braço da *Vênus Anadiômena* (Uffizi) se alongará em obediência a um modelo de beleza que não hesita em desobedecer ao códigos naturalistas; e nada é mais significativo do que o fato de que Leonardo, o clássico, tenha deplorado a insubmissão de Sandro aos ditames da correta perspectiva. Entre a graça botticelliana e o naturalismo renascentista há distância ou conflito, não síntese.

Esse dualismo é, de resto, uma espécie de tradução figurativa da mística-neoplatônica do círculo de Marsilio Ficino e de Pico della Mirandola, sede intelectual daquele contemplativismo evasionista (Eugenio Garin) que substituiu, no quadro do humanismo florentino, a retórica *engagée* dos seus primórdios. A índole religiosa desse neoplatonismo é, naturalmente, um dos maiores argumentos contra a leviana ideia de uma Renascença "pagã"; e o *dualismo* entre o espiritual e o sensível que o pensamento neoplatônico tende a restabelecer, apesar de todas as suas veleidades de síntese especulativa e, notadamente, apesar do papel mediador atribuído à arte, se situa nas vizinhanças do cristianismo ascético, inimigo *par excellence* do naturalismo renascentista. Não foi por casualidade que Pico e Botticelli cederam ao fascínio iconoclasta de Savonarola. Antes mesmo, porém, da fase "ascética" dos *Sepultamentos* (Munique e Milão) e da *Natividade* de Londres (que terminou, estilisticamente, num retorno à pintura religiosa anterior ao humanismo cristão de Angelico), o linearismo de Botticelli já havia criado uma reespiritualização francamente oposta ao ideal da clássica unidade entre espírito e natureza, de reintegração mundana e terrena do espiritual.

O caráter anticlássico da espiritualização botticelliana adquire plena evidência quando (Giulio Carlo Argan) o seu linearismo *intelectual* é confrontado com os valores atmosféricos do *sfumato* de Leonardo. Botticelli e da Vinci pertencem à mesma geração; mas enquanto o segundo se impõe, a partir dos anos 1480, como o arauto de uma *poética do fenômeno* ou da experiência, que busca a idealidade das formas na própria sensação visual, o primeiro institui, na mesma época, *uma poética da cultura*, isto é: uma arte em que a imagem se mantém rigorosamente consciente da sua diferença ontológica em relação à *physis*. Mas a vocação antinaturalista da linha de Botticelli é o ponto terminal da evolução do *disegno* florentino, a partir do momento em que as figuras "sem contorno" de Masaccio (e, mais tarde, os sólidos luminosos de Piero della Francesca) foram marginalizadas pelo influxo do linearismo de Donatello.

Conforme observamos ao distinguir o estilo de Donatello, por um lado, do de Masaccio e, por outro, do de Ghiberti, a origem do contorno acusado é um certo aproveitamento da incidência da luz sobre a imagem: o contorno donatelliano é um *limite luminoso* destinado a sublinhar a veemência do gesto nas narrativas dramáticas dos seus relevos. É precisamente essa função, peculiar ao contorno luminista, de concentração na figura humana e no gesto atual ou potencial que emigra da escultura para a pintura com Andrea del Castagno; no *raccourci* de Castagno, desenho carregado de energia, os planos luminosos, que não têm nenhuma fonte natural, são verdadeiros fatores de animação da massa: sua maneira de construir plasticamente a figura humana equivale a uma acentuação do seu valor moral. O dramatismo de Donatello se transmuda – mediante essa arma donatellianíssima que é a nitidez da linha – em exaltação da personalidade heroica (afrescos do cenáculo de Santa Apolônia, Florença), da "estátua" ética, a um passo da ação.

A apologia da *virtù* nos afrescos de Castagno levava, portanto, a uma separação entre linearismo e naturalismo. O naturalismo, nesse período, se refugiará nas graciosas narrativas anedóticas – isentas da seriedade moral de Masaccio, Donatello, Angelico, Piero ou Castagno – de Filippo Lippi, que reatará com o contar elegante e mundano de Ghiberti e Gentile da Fabriano. Caberia a um escultor-pintor dos anos 1470 a tentativa de reconciliar a energia do gesto e da figura com a representação naturalista do cenário: os gestos frenéticos dos personagens de Antonio Pollaiuolo (*Apolo e Dafne* de Londres, *Hércules* dos Uffizi) repercutem na paisagem, convulsionam o ambiente, prolongam a vibração da linha no espaço circundante. Com eles se efetua a conversão do linearismo ao naturalismo; sua análise linear do movimento será uma estrada paralela à captação atmosférica do natural em Leonardo. As primeiras obras de Botticelli (como a *Judite* dos Uffizi) conjugam o *vibrato* linear de Pollaiuolo com a elegância preciosa das figuras de Lippi. Mas Botticelll, ao conservar a precisão do contorno, multiplica as linhas luminosas, a ponto de dissolver a materialidade dos corpos num esplendor de fios tão sinuosos quanto cristalinos: "no momento em que a linha parece atingir sua mais pura qualidade gráfica, ela se revela como determinação extrema da luz" (Argan). Ora, essa *desmaterialização* situa Botticelli no polo oposto ao naturalismo de Pollaiuolo: seu desenho melódico, impalpável e ornamental, restaura a *intelectualidade* antiempírica do linearismo do primeiro Quattrocento. Por isso mesmo, será a mais perfeita expressão estética do platonismo *fin-de-siècle*. Ficino poderia ter pensado na *Primavera* ou os afrescos da Villa Lemmi (Louvre), ao definir a beleza como *aliquid incorporeum*.

Às gráceis, vaporosas madonas e afrodites botticellianas sucedeu a nova robustez clássica; a desenvoltura com que a figura cinquecentista se move no espaço desmentiu o leve pisar dos corpos de Sandro ou de Filippino, pousados na terra como seres exilados de seu solo natal. Contra a sua espiritualidade, etérea e pálida, o classicismo fez valer a idealidade sólida e sanguínea de figuras muscularmente vitalizadas pela ousadia do *contrapposto*; figuras capazes de tomar posse do espaço, radicalmente distintas da evanescência dos personagens do botticellianismo. A pintura do Cinquecento reviveu assim o princípio áureo da estatuária clássica: "a interpretação do corpo humano como entidade autônoma, autocêntrica, diversa do mundo inanimado em virtude de uma mobilidade controlada de dentro" (Panofsky). A figuração clássica de 1500 se identificará fundamentalmente com a "diferenciação do movimento da substância plástica no espaço" (Freedberg).

Essa *conjunção de vivacidade e solidez* dissocia o modelo clássico da figura e do espaço *tanto* da imponderabilidade "neogótica" *quanto* do lúcido universo estático, "egípcio" de Piero della Francesca, ou ainda, da petrificação arqueológica de Mantegna. Na ótica do Cinquecento, esses grandes voos "clássicos" do século anterior são mais "arcaicos" do que propriamente clássicos; para a plena classicidade, falta-lhes o sopro da *movimentação* dentro da ordem. A proposta de Freedberg de considerar as figuras cinquecentistas *psíquicas* – por contraposição às figuras *psicológicas* do naturalismo quatrocentista resume admiravelmente a rejeição simultânea do não idealizado e do não animado pela Alta Renascença. A figura "psíquica" do classicismo quer superar a um só tempo o naturalismo hipertrofiado, carente de idealização, e o pré-classicismo seu contemporâneo, cuja harmonia abole a pulsação vital.

Georg Weise chamou a atenção para o nome sob o qual a Alta Renascença enfeixou os múltiplos atributos da sua revigorada sublimação do antigo: *heroico*. Heroica era a arte da grandeza de ânimo solidária da excelência física, da transfiguração semidivina do homem e da sua circunstância; heroica, a fusão perfeita de idealidade e naturalidade, *pendant* plástico do italiano nobilitado com que os literatos substituíram, na mesma época, o *sermo pedestris* dos humanistas que haviam repudiado a solenidade das sentenças dos contemporâneos de Masaccio, os Salutati e Bruni. Heroica seria a "retórica das formas" (Dvorak) do classicismo, a "maneira grande" da *Ceia* de Leonardo, da Sistina michelangelesca ou das *stanze* vaticanas de Rafael. Heroicos, os arquétipos humanos que povoam esses grandes âmbitos pictóricos: figuras acima do comum dos homens, personalidades tão atléticas quanto "psíquicas", insufladas por um *éthos* mais largo e mais nobre que o agir cotidiano. A pintura clássica foi profundamente mitológica: ela ilustrou o mito humanista de uma humanidade heroica. Tal foi a sua verdadeira significação anagógica.

A síntese heroica se propôs superar tanto o naturalismo dissolvente do segundo Quattrocento quanto a sua primeira negação – o estilo "neogótico". A fim de conjugar nobreza e robustez nas figuras, a pintura clássica institucionalizou um espaço *antropocêntrico*: o espaço pictórico passou a exibir uma monumentalidade *emanada* das próprias figuras "heroicas". Esse espaço "feito pelas figuras" (Freedberg) revogou a prioridade dada pelo Quattrocento ao espaço sobre os corpos. Alberti afirmara que a "construção do palco" devia preceder "a colocação dos atores"; mas essa noção do espaço como vazio autônomo, *a priori*, em relação à figura humana, não tinha com que seduzir o novo e exaltado senso da importância do homem, da sua grandeza concreta, tanto mental quanto física. As heroicas *dramatis personae* do classicismo exigiam um espaço naturalmente *amplo*, porém *não autônomo*: o espaço será, para elas, uma função da sua própria energia irradiante, um prolongamento da sua solidez de semideuses encarnados. A antropolatria humanista foi a musa do retorno antiquatrocentista à forma; o espaço antropocêntrico se tornou, logicamente, a sua perfeita expressão plástica.

Nas suas realizações mais puras, esse antropocentrismo espacial tende a consagrar a planimetria, o primado compositivo da superfície. Mesmo quando não chega a desenvolver um desdobramento em profundidade de planos paralelos à superfície, a tela clássica sublinha a significação desta última. *Na Disputa sobre a Santíssima Trindade* (Pitti), obra-prima de Andrea del Sarto, o espaço se restringe ao neutro *sfumato* do fundo, de que as figuras se destacam, como estátuas, em forte proximidade à superfície do quadro. Desenvolvida ou não, a composição por planos denuncia sempre o seu parentesco com a visão-do-relevo, com a visão *próxima*, afeiçoada aos valores tangíveis. A cumplicidade entre visão "háptica" e espaço antropocêntrico é uma das grandes vértebras do Cinquecento.

A primeira concretização do espaço antropocêntrico antecede de quase vinte anos o Cinquecento cronológico: é a *Adoração dos Magos* dos Uffizi, esboçada por Leonardo da Vinci em 1481. Concebida quando Michelangelo contava apenas seis anos, dois anos antes do nascimento de Rafael, a inacabada *Adoração* pode ser considerada a matriz do estilo clássico: nela já se encontram os cânones geométricos da composição tectônica (o triângulo que une a Madonna aos anciães do primeiro plano), a idealização dos tipos humanos, a sua animação plástica, obtida pelo *contrapposto*, a sua diferenciação corporal e fisionômica segundo as várias "intenções da alma" (Leonardo), a harmonização de todas as formas pictóricas mediante a musical, cursiva graciosidade do *disegno*. No entanto, o classicismo leonardiano conserva suas raízes no espírito do Quattrocento. Como os naturalistas do século XV, Leonardo utiliza a pintura como interpretação da experiência. Basicamente, os movimentos anímicos ainda são para ele respostas a estímulos naturais – e não estados de alma puramente gerados no íntimo de personagens sobre-humanos, como os de Michelangelo ou Rafael. Por isso mesmo, os tipos idealizados de Leonardo se situam a meio caminho entre as figuras "psicológicas" do naturalismo quatrocentista e as figuras "psíquicas" da mitologia do Cinquecento.

Se excetuarmos a augusta solenidade da *Ceia* de Milão, a beleza, na obra de Leonardo, ficará mais perto daquela *graça* maviosa, daquele preciosismo quatrocentista que seu mestre Verrochio cultivara, do que do *sublime* inerente à retórica plástica de Michelangelo ou da maturidade de Rafael. O próprio estabelecimento de uma iconografia "heroica" lhe deve relativamente muito pouco: Fra Bartolomeo, e não da Vinci, seria o inventor da imponente Madonna celestial, despida daquela acessível humildade das virgens "primitivas". Leonardo desdenha a transfiguração solene do *páthos* religioso, que Michelangelo e o Rafael da *Madonna Sistina* irão explorar, e que os grandes pincéis clássicos da Veneza quinhentista, Sebastiano del Piombo, Ticiano e Veronese, atingirão por outra via estílistica – a da pintura tonal. Seu registro psicológico é mais "humano", mais íntimo, e de certa forma se prolonga – despojado da reticência e da alta sofisticação – no cálido emocionalismo de Andrea del Sarto ou de Correggio, isto é, naquele Cinquecento que, por seu naturalismo afetivo, merece o nome de "protobarroco".

Alheio à retórica heroica, fiel à sua sutilíssima, mas também personalíssima, mistura de idealização clássica e interrogação minuciosa das formas individuais, Leonardo se privou do vocabulário anatômico *generalizante* dos líderes da nova geração – e com isso, de um impacto equivalente à tremenda influência de Michelangelo ou Rafael. Ao contrário destes, ele jamais se empenharia em investir-se da *romanità* – daquela *absorção* do exemplo antigo que tanto estimulou os mestres clássicos atuantes na Cidade Eterna, fornecendo-lhes uma gramática formal admiravelmente adaptada à grandiloquência dos novos ciclos decorativos. Como a de Giorgione, a lição leonardiana foi sobretudo indireta: o sortilégio da sua arte – seu elixir de subentendidos – se furtou aos vários discípulos, da mesma forma que o intimismo de Giorgione escaparia aos seus. Leonardo e Giorgione são os dois *primeiros* clássicos, isto é, aqueles em que a nova excelência da forma ainda está banhada no lirismo individualizante e oblíquo do segundo Quattrocento.

A idealização leonardiana brota da atenção à natureza, ao *environnement* (não foi por acaso que o seu *sfumato* dissolveu a florentina estridência do contorno na circunstância atmosférica); ela culmina nos códices, que esse grande introvertido sonegou a seus coetâneos, em que se compraz em surpreender ordem, propósito e harmonia nos mais terríveis conflitos cósmicos: dilúvios, tempestades, terremotos. Se, em Leonardo, a síntese clássica repousa assim na perscrutação da *physis*, a arte de Michelangelo pertence a uma escala inteiramente diversa: a da interpretação moral do homem. A idealização michelangelesca nasce diretamente do reino do espírito. Para da Vinci, a pintura é investigação da experiência. A graça é o prêmio da estudiosa contemplação do orgânico; bela é a oculta lei da natureza, que o desenho e a cor trazem à luz. Mas para Michelangelo, o impulso criador não é propriamente intelectual, e sim *espiritual*. Ele não busca o exame do universo, mas a regeneração da alma. Familiarizado com a mística neoplatônica, impressionadíssimo pelo anátema de Savonarola, Michelangelo se põe a estudar a arte clássica; contudo, ele vê a estatuária antiga com os olhos mais cristãos desse mundo, porque a beleza anatômica não é para ele o harmonioso *pendant* de um intelecto apolíneo, e sim a encarnação mais eloquente das energias da alma inquieta, angustiada, ávida de purificação. A conquista mais paradoxal da Renascença está nisso: que a recuperação do pleno sentido da arte antiga, a capacidade de compreendê-la e de emulá-la, muito além da simples "citação" arqueológica, tenha sido o resultado de uma abordagem intensamente ética e espiritualista, ou seja, *não helênica*, dessa mesma arte.

Essa origem não naturalista do classicismo michelangelesco explica por que o seu estilo alcançou imediatamente a linguagem *generalizante* que faltou a Leonardo. Mas o germe platônico, espiritualista da obra de Michelangelo lançou sobre o seu *classicismo* a maldição da extrema fragilidade. Ironicamente, a evolução de Michelangelo, primeiro corifeu da retórica clássica, o afastou mais e mais da síntese heroica, da serena harmonia entre idealidade e natureza. Para continuar a simbolizar a grandeza do espírito em sua luta pela virtude e pela redenção, Michelangelo sacrificou a compostura da figura clássica e a tangível simetria do seu espaço. A espiral agônica dos *Escravos*, o *élan* ascético da *Pietà Rondanini*, a desmaterialização do espaço no *Juízo Final* e nos afrescos da Capela Paolina (Vaticano) representam o estágio último, já maneirista, dessa dinâmica desclassicizante; mas o esquematismo radical de forma e conteúdo nas cenas que ilustram os primeiros episódios do *Gênese* no teto da Sistina já se colocava na fronteira da síntese clássica de nobreza e naturalismo. Conforme Freedberg teve a agudeza de lembrar, a famosa *Criação do Homem* contém ao mesmo tempo a tese clássica e a sua antítese: a anatomia de Adão, "desperto" ao toque de Deus, ilustra esplendidamente a doutrina "sintética" da interpretação do espiritual e do físico; porém a centralidade dessa cena, na qual se plasma a teoria da *separação* originária de espírito e carne, submete o triunfo da figuração clássica a uma inspiração essencialmente anticlássica... Desde a gesta da Sistina, o estilo de Michelangelo, em seu irredutível dualismo, preparou a desforra da espiritualidade platônica sobre a síntese classicista.

A *terribilità* com que o *homo religiosus* Michelangelo tragicizou o mito humanista o levou, mesmo em pintura, a privilegiar a figura humana, minimizando toda transcrição de ambiente. Nisso também, sua pintura é o antônimo da imersão davinciana no espaço. Não obstante, enquanto representação "horizontal" da experiência e da História, a pintura clássica, depois de reorientada pela retórica generalizante de Buonarroti, precisava reencontrar o gosto da amplitude do cenário. Dedicando-se à narrativa de grandes massas, o espaço antropocêntrico necessitava reapropriar-se da profundidade. Essa reconquista foi obra de Rafael. De sua educação quatrocentista sob o "classicismo por inércia" de Pietro Perugino, Rafael não trouxera nenhuma tensão ética suscetível de violar a harmonia clássica. Nenhum hábito naturalista ou padrão de preciosismo lhe tolhia tampouco a pronta adoção da nova eloquência figurativa. Assim, dos três grandes pioneiros e principais criadores da Alta Renascença, foi ele – do ponto de vista da ortodoxia da "síntese heroica" – o mais completamente clássico.

Além disso, Leonardo, o reticente, o meditativo experimentador, pintou pouquíssimo; Michelangelo também não pintou muito, e sua pintura – como no teto da Sistina – obedece a uma direção francamente escultural: os profetas, sibilas e *ignudi* são "estátuas" colocadas em nichos ou apoiadas numa base arquitetônica; os painéis do *Gênese*, bem mais *plásticos* do que pictóricos, são "relevos" arquitetonicamente enquadrados; a carne dos seus corpos lembra o mármore, e o seu drapeado, a pátina do bronze. Ao desprezo de Leonardo pela escultura, Michelangelo respondeu com um pintar *escultórico*. Assim, tanto pela quantidade maior da sua produção quanto pela fidelidade a uma plástica verdadeiramente *pictórica*, Rafael foi o *pintor por excelência do classicismo* renascentista, de cujo tronco tusco-romano sua morte, em 1520, assinala a exaustão.

De sua educação em Urbino e Perugia, Rafael conservou alguns traços importantes, a começar pela marca de Piero: o amor aos valores do espaço. Mas a força que, em Florença (1504-1508), infundiu ao seu suave pincel úmbrio a vitalidade do Alto Renascimento foi a influência hipnótica de Leonardo da Vinci. Obras como a *Madona do Grão-Duque* (Pitti) revelam como o jovem Sanzio aproveitou as astúcias da magia leonardiana, o brando *chiaroscuro* e o *sfumato*, para superar a um só tempo a prosaica meridianidade e o banal sentimentalismo de Perugino; e obras como a *Madona do Pintassilgo* (Uffizi) ou a *Belle Jardinière* (Louvre), variações do módulo compositivo de *Sant'Ana* de Leonardo, já substituem à introspecção do modelo essa emoção mais direta e imediata, essa graça espontânea e comunicativa, com que a dicção rafaelesca relegou ao passado – ou ao futuro que se chamará maneirismo – as ambivalências de gesto e de expressão. Como Bellini o fizera em Veneza, Rafael descobriu no motivo da *Virgem com o Menino-Deus* um topos favorito para a humanização renascentista do sentimento religioso. Com a *Madona do Baldaquim* (Pitti), onde um colorido quase veneziano suaviza todas as formas, Rafael logra uma excelsitude, uma monumentalidade que, até então, na pintura devota de cavalete, só aflorara em Fra Bartolomeo. O *Baldaquim* representa a sua conversão ao dialeto heroico: o melhor preparativo possível para o seu decisivo apogeu romano.

No inverno de 1508-1509, quando Michelangelo começou a lidar com o teto da Sistina, Rafael atacou a primeira das três *stanze* por ele decoradas no Vaticano:

a *Stanza della Segnatura*. Aí, nas majestosas figuras de amplas vestes; na diferenciação dos tipos humanos e dos arquétipos anatômicos; na esperta gradação da distância entre o núcleo narrativo e o espectador; no sábio aproveitamento do muro e no generoso desdobramento do cenário paisagístico (*Disputa, Parnaso*) ou arquitetônico (*Escola de Atenas*); na maestria do *contrapposto* e da composição centralizada e rítmica, melodiosa e firme; no emprego das cores em funções espaciais (de projeção, recesso ou acentuação locativa), se consubstanciou uma alternativa magistral para o hierático despojamento da Sistina michelangelesca. A grandiosidade desta não foi, absolutamente, sacrificada – antes pelo contrário, é uma virtude que Rafael transporta agora até para a área da sua pintura "sentimental"; assim a *Madona dell'Alba* de Washington está, na forma e na expressão, impregnada de uma majestade estranha ao recato digno, mas ainda "familiar", das suas predecessoras. Todavia, a solenidade rafaelesca labora em regiões não visitadas por seu rival florentino. Na *Segnatura*, uma retórica urbana, serena, cheia de nobre movimento, mas isenta de agônicas tensões, menos carregada de plástica eticidade e, contudo incomparável em seu poder de idealizar, com a panóplia dos recursos pictóricos, a vária experiência mundana e histórica da tradição ocidental, replica e complementa ao severo classicismo ético de Michelangelo. Às austeras profecias do pincel moralista, obcecado pela Culpa e pela Salvação, se juntou a amena crônica da cultura e da comunidade, das efemérides do rito, do governo, da guerra e do saber. Michelangelo ilustrara o drama atemporal da consciência humana em face do divino; Rafael teceu, na Roma de Júlio II, a comemoração figurativa de momentos simbólicos historicamente particularizados do universo social da cristandade.

Três invernos mais tarde, ele iniciou uma aplicação substancialmente diversa, embora igualmente clássica, do estilo heroico da *Segnatura*: os afrescos da *Stanza di Eliodoro*. Obrigado agora a representar ações e não, como antes, situações, Rafael penetrou no terreno da narrativa dramática; em lugar, porém, do dramatismo *plástico* das figuras isoladas, ou em pequenos grupos, de Michelangelo, introduziu o drama, de latitude mais *pictórica*, de elencos numerosos e de massas corais. Passando da luminosidade *difusa* dos afrescos da *Segnatura* à *focalização* dramática dos incidentes narrativos, e dos plácidos *décors* daquela *stanza* a uma *perspectiva dinâmica*, visualmente imperativa (*Expulsão de Heliodoro*), Rafael aliou o equilíbrio da composição clássica a uma impetuosa série de enérgicas pressões. Esse novo classicismo pretende e consegue colher a estabilidade no próprio movimento *in fieri*, a ordem na agitação mesma do acontecer. A evolução dos retratos da segunda década (do *Inghirami* de Boston e da *Donna Velata* do Pitti ao *Castiglione* do Louvre) segue um caminho paralelo, incorporando à suave geometrização dos torsos uma diferenciação luminosa apta a captar a mobilidade do modelo. Na grande decoração mural contemporânea dos afrescos de Heliodoro – a belíssima *Galateia* da Farnesina – o gracioso *contrapposto* da ninfa serve de pretexto à endiabrada animação da composição, no entanto inteiramente estabilizada; no mais importante altar dessa fase – a *Madona Sistina* de Dresden – a *stasis* clássica intercepta a epifania da Virgem, fixando-a numa solene, ainda que não inacessível, distância transfiguradora; a vivacidade naturalíssima de Maria, do Menino e do pequeno S. João na *Madona da Cadeira* (Pitti) convive com o aberto geometrismo do desenho, que vinca resolutamente a hegemonia formal da superfície. O "século de Leão X" era ainda um *teenager* quando a arte de Rafael uniu o vigor da forma "nobre" com a flama da vibração vital.

Com os *cartoni* de 1515 (Victoria and Albert Museum, Londres) para as tapeçarias dos *Atos dos Apóstolos* destinadas à Capela Sistina (já então encimada pelo grande ciclo michelangelesco), Rafael atinge seu mais alto nível de estilização clássica. Wölfflin tomou o mais famoso deles, a *Pesca Milagrosa*, para ilustração do princípio da composição planimétrica. De fato, nos *cartoni*, a estratificação das figuras, agigantadas e próximas umas das outras, se dispõe em claro paralelismo à superfície, em nítida preferência pelo primeiro plano, lembrando o "estilo relevo" das zonas centrais do teto da Sistina. Como este, o estilo dos *cartoni* se concentra na figura humana, e abandona aquele gosto pelas particularidades do ambiente pela repercussão do *disegno* no cenário, tão sensível na *Segnatura* e na *Heliodoro*. A composição, de um geometrismo evidente, se torna mais simples e retilínea; o cursivo do contorno e a graça do *contrapposto* tendem a se apagar em benefício de gestos enfáticos, impressivos, não raro abruptos – mas a intensidade das emoções humanas, maior do que nas *stanze*, as reações bem vívidas, mais do que na série de Heliodoro, se inscrevem em diagramas cristalinos, em definições plásticas de completa legibilidade: como na arte antiga, o gesto se alça ao seu próprio arquétipo, à sua forma ideal. Rafael partilha aqui o persuasivíssimo esquematismo da *Criação* de Michelangelo.

Além desse estágio, além desse nível, a idealização retórica de Rafael transgredirá os limites que separam a *ênfase* clássica da *gesticulação* pré-maneirista (Freedberg): à urgência da expressão se sobreporá, com autoridade efetiva, mas sem chegar a qualquer síntese autêntica, a rede estabilizadora da composição; ou, inversamente – como na cena titular da *Stanza dell'Incendio* (Vaticano), o virtuosismo das posturas valerá como puro arabesco, despido de real motivação narrativa. No vasto altar dos últimos dias do pintor, a *Transfiguração* do Vaticano, o impulso disruptivo chegará a trair o próprio princípio da síntese clássica: em vez de partir de um todo unificado, para diferenciá-lo progressivamente, a composição parte de uma discrepância (entre as partes alta e baixa da tela), para tentar de maneira admirável, mas precária, a sua unificação. Sintomaticamente, a *Transfiguração* se tornou uma obra predileta dos pintores barrocos; pois nela o instinto do contraste é mais forte do que o sentimento de uma síntese originária. Dentro dos moldes da sua versão romana, a harmonia clássica faleceu algum tempo antes de Rafael.

Não obstante, em seu caso, a crise do classicismo nunca foi tão inapelável quanto em Michelangelo. O classicismo de Michelangelo continha *ab initio* o vírus anticlássico, ao passo que a mentalidade naturalmente tranquila e harmoniosa do estilo de Rafael via na ordem clássica algo de consubstancial à sua própria natureza. Por isso, mesmo depois da "ruptura" da *Stanza dell'Incendio*, e simultaneamente com as suas incursões pré-maneiristas, Rafael volveria à construção clássica: os retratos dos seus últimos anos são um soberbo testemunho desse retorno. Pela mesma razão, porém, a significação das suas infrações contra o classicismo transcende totalmente o âmbito das disposições individuais, e denuncia de maneira tanto mais clamorosa a precariedade *geral* da instauração clássica, os limites *culturais* da sua efêmera vitória. Michelangelo, que morreu (1564) bem idoso, deixou de ser clássico porque as convulsões e angústias do seu tempo o convidavam a dar livre curso a uma inata índole "expressionista"; de Rafael, ao contrário, se pode dizer que deixou de ser clássico porque a época não permitiu que continuasse a sê-lo; porque a cultura humanística, a despeito da proximidade do seu apogeu, estava, como o Shakespeare de T. S. Eliot, "movendo-se rumo ao caos". Neste sentido, a sua morte precoce é o acidente mais "simbólico" da história da arte ocidental.

Desse rápido olhar sobre as linhas mestras do estilo da tríade fundadora da pintura clássica, em Florença e Roma, se conclui claramente que, em todos os momentos supremos desta última – na *Ceia* de Leonardo, no teto da Sistina, nos afrescos e quadros de Rafael –, a composição por planos prevaleceu. O espaço *antropocêntrico* do Alto Renascimento – modulação humanista da visão háptica e da antiga obsessão do relevo – se apoiou na planimetria para restaurar os valores da forma e da composição, instrumentos indispensáveis da celebração figurativa da excelência do homem na terra, e da solenidade do seu contato com o divino.

Um partidário obstinado da pura análise formal poderá sorrir: se, como dissemos, a planimetria é, obrigatoriamente, a meta do espaço háptico – sempre que este se lança à restauração da forma – bastava que o estilo da Renascença quisesse "realizar-se" para que a composição por planos se impusesse... A afirmação ou o esquecimento da planimetria é, portanto, um simples problema da "vida das formas", resolúvel em termos de estritas "categorias visuais". Entretanto, nosso purovisibilista nunca nos explicaria por que a necessidade de restaurar os valores da forma se cristalizou, especificamente, nos pintores "humanistas" do Cinquecento; nem porque essa conversão clássica, em seus produtos de maior significação e repercussão, partiu, não menos especificamente, da Roma pontifícia de 1500. Esse "onde", esse "quando", esse "em quem" reclamam o auxílio da análise sociológica e da história da cultura. A planimetria era, decerto, uma *potencialidade* inscrita no sistema de modalidades estilísticas definidas pelo sistema da visualização háptica; mas tanto a duração global deste último quanto a *atualização* daquela potencialidade foram sustentados – e motivados – por um determinado substrato sociocultural e pela sua complexa e caprichosa, embora não arbitrária, evolução. No volume *Saudades do Carnaval* (Rio de Janeiro, Forense, 1972), cujo primeiro capítulo é consagrado à Renascença, tentamos lançar mais luzes sobre a impregnação humanista da arte do Cinquecento e sobre as razões culturais da vigência e da queda da visualização *háptica* (por oposição à visualização *ótica* do barroco). Com o exemplo da passagem do estilo do Quattrocento ao da Alta Renascença, damos por confirmado que a história da arte não pode realizar suas ambições interpretativas sem casar o estudo da forma à inspeção do éter de que ela nasce e em que ela vive: a cultura. Para apreender plenamente o sentido do estilo e das suas mutações, é preciso que o ouvido historiográfico saiba escutar, sob o alarido das formas em contato ou em luta, o murmúrio às vezes esquivo e subterrâneo das motivações culturais. Só a esse ouvido crítico o pulso e a problemática da cultura, que são a musa secreta da invenção artística, fazem aquelas confidências que nos permitem decifrar a opulenta mensagem do imenso tesouro das obras de arte.

BIBLIOGRAFIA SUMÁRIA:

ARGAN, Giulio Carlo. *Botticelli*. Genebra: Skira, 1957.

_____. e LASSAIGNE, Jacques. *Le XVème Siècle* – de *Van Eyck à Boticelli*. Genebra: Skira, 1965.

CHASTEL, André. *Art et Humanisme à Florence au Temps de Laurent le Magnifique*. Paris: Presses Univ. de France, 1961.

FREEDBERG, Sideney Joseph. *Painting of the High Renaissance in Rome and Florence*. (2 vols.). Cambridge: Harvard Univ. Press, 1961.

MICHEL, Paul Henri. *La Fresque Romane*. Paris: Pierre Tisné, 1961.

MURRAY, Peter e Linda. *The Art of the Renaissance*. Londres: Thames and Hudson, 1963.

_____. *Die Perspektive als "symbolische Form"*. Leipzig: Teubner, 1927; tradução italiana: Milão: Feltrinelli, 1961.

_____. "Renaissance and Renascences". In: *Western Art*. Estocolmo: Almqvist & Wiksell, 1960.

POPE-HENNESSY, John. *La Scultura Italiana*, vols. II e III (2 ts.). Milão: Feltrinelli, 1966.

SALMI, Mario. *Masaccio*. Florença: Longui R., 1932.

VOLPONI, Paolo. *Masaccio*. Milão: Rizzoli, 1968.

WEISE, Georg. *L'Ideale Eroico del Rinascimento e le sua Premesse Umanistiche*. (2 vols.). Nápoles: Ed. Scientifiche Italiene, 1961.

WÖLFFLIN, Heinrich. "Renascença e Barroco". In: *Conceitos Fundamentais da História da Arte. Renaissance and Baroque*. Tradução de Kathrin Simon; introdução de Peter Murray. Ithaca, N.Y.: Cornell University Press, 1964.

Sentido e Problema do "Pop" – "Pop" e Hiperrealismo

*A Carlos de Moraes
Mário e Emilie Chamie,
Reynaldo Jardim
e Sergio Paulo Rouanet.*

Ninguém contestará que a *pop art* constituiu o principal foco de vitalidade artística dos anos 1960. Nosso objetivo será avaliá-la (sinteticamente) do ponto de vista do problema do *formalismo* e de seu contrário, ou seja, da fertilização da arte por intermédio de uma auscultação crítica do ambiente social.

A vitalidade do *pop* ressalta imediatamente do seu contraste com o estilo hegemônico anterior – o chamado "abstracionismo lírico", "expressionismo abstrato" ou "informal" (se bem que essas denominações não cubram exatamente o mesmo campo). O *pop* foi, antes de tudo, uma ruptura com o estéril narcisismo da pintura informal, pintura altamente formalista. O "expressionismo abstrato" do pós-guerra convertera o abstracionismo em atrofia da semântica plástica. Os abstracionistas "líricos" de 1950 esterilizaram o vocabulário da estilização abstrata, reduzindo-o à elegância meramente decorativa dos signos de Hans Hartung, das barras de Pierre Soulages ou do refinado colorismo de Serge Poliakoff. Quanto ao "informal" propriamente dito – a pintura tonal de Gustave Singier, Basadella Afro ou Giuseppe Santomaso, os painéis oligocrômicos de Mark Rothko, a *pâte* de Nicolas de Staël, a *action painting* americana, os pintores da matéria como Alberto Burri, a tela cortada de Lucio Fontana (para só citar algumas das realizações mais sérias) – também desaguou bem cedo na solução decorativa. Ao lado do gratuito cinetismo da *optical art*, o império informal e adjacências parecia destinado a realizar o sonho do mercado de elite: atualizar a decoração dos apartamentos *up-to-date* com uma sofisticada, "poética" e inofensiva "arte moderna".

Sem dúvida, é preciso qualificar bastante o juízo sobre o expressionismo abstrato. Nunca será demais relembrar que a complacência com resultados puramente decorativos – no sentido *moderno*, de ornamentalismo formal e intelectualmente pobre – não é nenhuma exclusividade do chamado abstracionismo lírico. Os exemplos de amaciamento decorativo juncam o território da plástica pós-romântica. Bonnard transformou o cromatismo impressionista numa função claramente ornamental, e o Matisse do entre-guerra decorativizara espaço e cor do fauvismo. Em segundo lugar, conquanto a maioria da produção abstrato-expressionista tenha incidido em expedientes formalistas, arte abstrata, em si mesma, não significa forçosamente formalismo. A pintura de Kandinsky – e isso é particularmente visível nos seus anos finais (1933-1944) em Paris – praticou uma abstração a serviço do *signo*. A surpreendente raridade, complexidade e esplendor de suas imagens "abstratas" faz delas um enigmático correspondente moderno do mosaico ou do ícone; suas formas inéditas brilham entre a memória e a nostalgia de símbolos culturais, abstratos em relação à aparência sensível, mas não à experiência histórica. O formalismo do período informal provém justamente da supressão generalizada de pautas culturais de referência.

Em terceiro lugar, esse *abstrativismo* (e não, pelas razões expostas, simples abstracionismo) do informal, que o condena ao formalismo, é, naturalmente, um conceito indiferente ao programa explícito dos protagonistas desse estilo. Jean Fautrier, por exemplo, fazia questão de afirmar a impossibilidade de eliminar o figurativismo da pintura; mas isso não impede que os seus *Otages* sejam muito mais formalistas, muito mais desprovidos de carga referencial do que os frutos deliberadamente abstratos da ascese neoplasticista de um Mondrian. Por mais que o caminho construtivista se tenha revelado mais limitado e ingênuo do que os seus fundadores acreditavam, o fato é que ele ainda representava uma margem de tensão crítica em relação à cultura ambiente (tensão ainda sensível no geometrismo livre de um Ben Nicholson ou de um Giorgio Magnelli), foi o decorativismo informal, e não o construtivismo, que deu uma tonalidade objetivamente irônica, porque substancialmente conformista, ao sonho de Malevitch de livrar a pintura do "peso inútil do objeto".

Finalmente, é imprescindível, mesmo em sumários como este, separar os expoentes do decorativismo abstrato dos autores "informais" efetivamente acima do esteticismo formalista, pelo menos em certas fases de sua obra. Harold Rosenberg, que foi um dos grandes intérpretes críticos do informal ianque, enxergava na *action painting* de Jackson Pollock, Franz Kline e cia. uma "ética" refratária a toda esteticização do pictórico, e o *dripping* de Pollock era realmente, pelo menos em sua intenção, tão alheio a um *télo* decorativo quanto o tachismo genuinamente expressionista de Willem de Kooning. As formas atomizadas, microscópicas, de Wols, resíduos obscuros de iluminações místicas, problematizavam a poética voluntarista e antropocêntrica da plástica ocidental; suas imagens amorfas são inassimiláveis à desordem *voulue* e ao romantismo amestrado dos espaços decorativos "informais". O mesmo se poderia dizer dos severos labirintos de Vieira da Silva, ou das portas que Antoni Tàpies aprisiona em molduras de Procusto. E como falar de formalismo a propósito da "ironia entre imagem e matéria" (Nello Ponente) nos microcosmos grotescos – metamorfoses do arsenal cotidiano – com que o alquimista Jean Dubuffet consulta as texturas da paisagem moderna? Só quebrando a injusta extensão costumeira do termo "informal" é lícito afirmar a inferioridade manifesta desse período ante a exuberância criadora do primeiro Novecentos.

Entretanto, em seu conjunto, o zênite do "abstracionismo lírico" equivaleu, do mesmo modo que a "arte concreta" de Ulm ou as ilusões de ótica de Victor

Vassarely, a uma dissolução epigônica da aventura plástica do começo do século. Em seus momentos mais avançados – no fauvismo de 1906, no cubismo de 1910, na escultura de Brancusi, nos quadros de Klee –, a "arte moderna" havia sido principalmente uma estratégia de recuperação da soberania da forma, longamente sepultada por séculos de figurativismo *à outrance* (vide supra, parte IV, capítulo 3). A estilização abstratizante foi sobretudo um instrumento dessa guerra da imagem contra a banalidade naturalista. Significativamente, o estilo informal – apesar de sua aparência abstrata – não só acrescentou muito pouco à dinâmica dessa Reconquista, como fez frequentemente peças abstratas com a gramática figurativa (Robert Klein): relações figura/fundo, valores expressivos, efeitos luminosos, etc.

Caberia ao *pop* replicar a essa sonsa refigurativização do abstracionismo por meio de uma franca reabertura ao mundo da representação – paradoxalmente muito mais apta a utilizar os recursos da tradição cubista. A primeira característica do movimento seria, portanto, o relançamento da figuração. A marca generalizada do *pop* é o debruçar-se da arte sobre a cena contemporânea: sobre os cartazes publicitários, as ilustrações de jornais, os móveis modernos, a moda, os produtos alimentícios, as fotos de vedetes, o desenho animado, a história em quadrinhos... Sua temática predileta é a sociedade de consumo. Mas, como é também sabido, os artistas *pop* não se limitam a incorporar os temas do *environment* criado pela indústria de massa; servem-se até mesmo de suas técnicas, das tintas, dos plásticos, de quantos materiais sintéticos lhes seja dado utilizar. Eles representam o universo da cultura de massa na sua própria substância.

No entanto, o compromisso profundo do *pop* com a modernidade ultrapassa temas ou técnicas; a sua essência moderna reside na nitidez que ele confere ao *problema da imagem*. A imagem artística tradicional era dotada de uma fundamental *unicidade*; a obra de arte era rara e única por definição; na hierarquia das obras, o reprodutível, como a gravura, ocupava o nível mais baixo. A serigrafia de Andy Warhol, porém, abole todo resquício de diferença entre original e cópia. As imagens *pop*, íntimas da produção em série, são tão fungíveis quanto os objetos de consumo; são obras em série. O *pop* sistematiza o que Reyner Banham chama de "estética da consumibilidade", e isso tanto no tema quanto na própria matéria da obra, constantemente vizinha da *junk culture* – da cultura dos detritos. Ora, como bem viu Benjamin ("A Obra de Arte na Época de sua Reprodutibilidade Técnica"), a antiga unicidade da obra era o suporte da sua *sacralidade*. A aura augusta da imagem clássica, solenemente vivida no *hic et nunc* da contemplação da obra única, descendia da reverência ante a imagem sagrada; ao passo que a percepção estética condicionada pela litografia, pela foto e pelo cinema se processa numa desenvoltura profanadora, reclamando a plena manipulabilidade da forma.

Seguindo o rastro de Benjamin, Robert Klein[1] enxergou um desdobramento do recuo da contemplação da obra-em-aura: o declínio da *produção* de "obras de arte" no sentido sacralizado. Klein interpreta a arte moderna, identificada com a tradição dadá, como fazer estético dominado pela rejeição dos atributos da obra-fetiche: beleza, perfeição, "acabamento". Para ele, essas virtudes eram solidárias da vitalidade das *referências* externas a que a arte sucessivamente enfeudou a imagem: a natureza, o ideal clássico, a "expressão" romântica, etc. Caídos todos esses modelos, a arte passa a viver a era do "fim da imagem" – e a criação plástica fica entregue *à pura presença do gesto artístico*, que só se refere a si mesmo. A arte se recusa a encarnar valores numa obra aristocrática; repelindo a materialização do belo num objeto-fetiche, o estilo moderno perfilha a antipatia de Sartre pela possessividade burguesa.

Klein localizava o fermento da arte "antiobra" depois da dessacralização histórica executada pelo dadaísmo, na

---

[1] Ver nota 38 da parte IV. Para uma exposição sintética da teoria da arte antiobra de Klein, ver meu artigo "L'Art Anti-Oeuvre selon Robert Klein". *Chroniques de L'Art Vivant*, n. 14, Paris, outubro de 1970.

gesticulação radical da *action painting* de Pollock. Prosseguindo nesse tipo de análise, podemos dizer que a singularidade do *pop* será *ressuscitar a imagem, em plena consciência do eclipse da obra aurática*. Não admira que, com essa dialética audaciosa – movimento simultâneo de avanço e retorno, de reiconização dessacralizante, o *pop* tenha colhido de surpresa mesmo os teóricos mais aparentemente atualizados. Haja vista, por exemplo, a insuficiência com que um Umberto Eco, após ter forjado as linhas gerais de uma semiologia do abstracionismo informal (graças ao dúbio conceito de um sistema de comunicação seu, um "código autônomo"),[2] aborda a reemergência da referencialidade *pop*. Eco se restringe a mencionar a circunstância de que a obra *pop* se refere a códigos prévios (a iconografia tradicional, a publicidade, etc.) para sobre eles montar – ela também – seu código autônomo – quando o que nos interessa é, precisamente, compreender a *necessidade* desse neofigurativismo, até porque é ele, e não a recorrência da vontade de elaborar "códigos autônomos", o que constitui o autógrafo do novo estilo neste outono da "arte moderna".

Tentemos agora uma definição estilística do *pop*, pesando rapidamente as suas principais semelhanças e diferenças com outras correntes modernas. O primeiro ancestral óbvio do *pop* é a iconografia cubista, futurista e dadá da segunda década do século. Como os artistas *pop*, vários vanguardistas da época substituíram os temas "nobres" da arte acadêmica por imagens da vida moderna. Francis Picabia "retratou" velas de motor e aparelhos fotográficos, Kurt Schwitters recorreu ao desenho animado, e o cubismo sistematizou o *collage*, introduzindo diretamente no quadro a matéria vulgar do ambiente contemporâneo. Mas tudo isso era quase sempre governado por

---

[2] Autônomo, mas condenado a valer-se, para comunicar-se, de uma metalinguagem suplementar, conforme reconhece Eco em *La Struttura Assente*. Milão, Bompiani, 1968, p. 162. Dir-se-ia que a exacerbação da irreferencialidade da arte a torna fatalmente prisioneira de uma aporia didascálica: a obra que "só fala de si" não consegue se comunicar sem o auxílio de uma poética de socorro...

intenções "poéticas" (panegírico da máquina nos futuristas, humor dessacralizante no dadaísmo), ou então, como no *collage* cubista, pelo desejo de, vincando a existência física da imagem, sabotar o vício da leitura figurativa que, tomando o quadro por simples janela, ignora a energia da forma. A motivação da *imagerie* moderna no *pop* é substancialmente distinta; não se destina a sublinhar a autonomia da imagem ante o mundo, nem a celebrar os tempos modernos ou a escandalizar os partidários das convenções estéticas. Nada é mais alheio ao olhar *pop* do que, por exemplo, a atitude lírica, apologética de Fernand Léger ante a parafernália do mundo industrial. O humanismo de Léger, que partilhava com a arquitetura de Le Corbusier e a mística da simplificação plástica de Mondrian um utopismo tão exaltado quanto *naïf*, está nos antípodas do inventário da paisagem moderna, impessoal e neutro que o *pop* vem traçando.

A rigor, Léger só se propunha estender a idealização artística ao universo da máquina. O objetivo dadá era muito mais radical: tratava-se de dinamitar a função institucional da arte na cultura moderna, bloqueando toda atuação suscetível de cumplicidade com o véu mítico-ideológico das convenções burguesas. Enquanto Léger punha em questão os faunos e ninfas da pintura de Belas Artes, um Marcel Duchamp punha em questão a pintura *tout court*, isto é, aquele complexo de premissas axiológicas encarnado na valorização do "artista" (coisa que Léger nunca deixou de se considerar) e na espiritualidade "humanística" de sua "obra". Léger "modernizava" a arte, ao passo que o dadaísmo se esforçava por desvendar a natureza problemática da relação arte/cultura; por isso, o dadá surgia como antiarte, como não arte. A força – e a potência – do *pop* estão nesse mesmo campo: na capacidade efetiva de desnudar o problema do "artístico" no apogeu da cultura racionalizada.

Dadá nos parece hoje muito mais afim da atual concepção de arte crítica do que o surrealismo. Este foi, enquanto escola, mais um utopismo: a quimera de uma psicofania liberatória, de um instintivismo soteriológico. O otimismo vociferante de Breton, esse mau leitor de Freud, não vale o anarquismo lúcido da malícia dadá. E terá sido mesmo por pura casualidade que a revolução cultural surrealista engendrou tanta arte abominavelmente convencional? Os melhores frutos da paleta surrealista – um Max Ernest, um Joan Mirò – são derivados indiretos, amadurecidos pela infidelidade a vários artigos fundamentais do decálogo do automatismo psíquico; e é muito significativo que não se possa apontar nenhum Salvador Dali dadaísta... A vocação dadá para explorar explosivamente as esquinas do *status* cultural da obra de arte constitui a principal herança recolhida pelo *pop*. A diferença salta aos olhos: ela reside nesse "explosivamente". O *pop* autêntico *substitui o ativismo dadá* (herdado pela estética do *happening*) por um *páthos contemplativo e frio*, um pouco análogo à fleuma com que a "Neue Sachlichkeit" dos anos 1920 sucedeu ao fervor do expressionismo alemão, contemporâneo do dadaísmo.

Essa dominante *cool* do *pop* fornece um bom elemento de separação entre o *pop art, stricto sensu*, e seus precursores ou vizinhos.[3] No fim dos anos 1950, dois dos principais representantes do que se poderia chamar de proto-*pop*: Robert Rauschenberg e Jasper Johns, realizaram exposições marcantes na Galeria Leo Castelli, de Nova York, que se transformaria num dos focos de irradiação do movimento. Influenciado pelo músico John Cage, adepto da mística Zen, Rauschenberg se declarou resolvido a "agir na brecha que separa a arte da vida". Certa vez, comprou um desenho de De Kooning só para apagá-lo laboriosamente e exibi-lo sob o título de *De Kooning Apagado por Rauschenberg*... Multiplicando gestos desse tipo, Rauschenberg se mostrava impregnado

---

[3] Um excelente panorama da evolução histórica do *pop* inglês, do americano e de seus reflexos ou equivalentes europeus continentais, é o livro de Lucy R. Lippard (secundada por Lawrence Alloway, Nancy Marmer e Nicolas Calas): *Pop Art*. Londres, Thames and Hudson, 1966. Ver também de John Russell e Suzi Gablik (org.), *Pop Art Redefined*. Londres, Thames and Hudson, 1969.

do espírito dadá; ao mesmo tempo, incorporando a suas telas abstratas pneus, rádios, ventiladores, sinais de trânsito e garrafas de Coca-Cola, ajudava a lançar a imagística *pop*. Não obstante, e apesar de ter adotado até mesmo as técnicas mais características do *pop*, como a serigrafia, Rauschenberg confere aos objetos e imagens do nosso tempo um halo simbólico estranho à notação puramente objetivista; seu estilo se move numa área de tensão entre composição abstratizante e referência figurativa, tensão essa que transborda o laconismo da representação *pop*. Johns, ao contrário, dava realmente a palavra ao objeto; na esteira do *ready-made* dadá, ele fazia de uma bandeira um quadro, de uma lata de cerveja uma escultura – sem jogar, como seu amigo Rauschenberg, com um potencial metafórico. Mas a própria *unicidade* desses objetos promovidos a obra de arte os distingue taxativamente da poética do fungível, base da produção *pop*.

Bem mais longe do objetivismo *pop* se situam os *assemblages* grotescos, de sátira e protesto, dos *Doom artists* liderados por Sam Goodman. Os *nouveaux réalistes* protegidos pelo *marchand* e teórico Pierre Restany perseguem um alvo menos dramático e expressionista; porém, as suas *mythologies quotidiennes*, embora apegadas ao equipamento da sociedade de consumo, não renegam sua ascendência dadá ou surrealista. Lucy R. Lippard nota com razão que os automóveis esmagados de César são antes de tudo gestos de desafio, da mesma forma que a escultura de Niki de Saint-Phalle navega em plena fabulação fetichista. A própria "estética de acumulação" de Arman – sem favor a linha mais significativa do grupo – terminou desembocando, com seus descarregamentos de detritos, no ritual de provocações dadaizante. Neodadaísmo é, aliás, um conceito hoje bem amplo, capaz de abranger desde o empacotamento de objetos de Christo e dos feixes de *objets trouvés* de Daniel Spoerri (fixação definitiva a um suporte de coisas nele depositadas por acaso, como copos ou cinzeiros em cima de uma mesa) até a "arte pobre" do alemão Joseph Beuys, carregada de simbolismo neorromântico.

A mais rica manifestação de arte protopop foram os *environments* do californiano Edward Kienholz. Conjugando admiravelmente minuciosas reconstituições de ambiente *démodés* (por exemplo: um bordel dos anos 1940) com uma ênfase expressionista na sordidez das coisas gastas (roupas meladas, materiais viscosos) em cômodos povoados de detalhes grotescos (por exemplo, a cafetina com cara de javali, o nu feminino cheio de assinaturas inscritas na pele, como nomes de namorados em casca de árvore), Kienholz desenvolveu uma espécie de *museu de cera crítico* de enorme impacto estético; e seu comentário sobre o espaço existencial moderno (o bar, o automóvel, o lar, o hospital) fica a meio caminho entre a índole "literária" da plástica das antigas vanguardas europeias (dadá, surrealismo) e a imagem aparentemente neutra do *pop* de denúncia.

A essência do *pop* de real valor artístico reside na combinação do folclore moderno, da obra dessacralizada, e de uma conotação crítica *silenciosa*, astutamente sugerida, mas sem expressão explícita. Essa trindade apareceu pela primeira vez na Inglaterra, por volta de 1953-1955, graças a Eduardo Paolozzi e Richard Hamilton. O painel de Hamilton *Just What is it that Makes Today's Homes so Different, so Appealing?* [*Que É que Pode Fazer Nossos Lares de Hoje tão Diferentes, tão Simpáticos?*], colagem de efeito vigorosamente ilusionista (tridimensional), resumia o poder de fogo do figurativismo do *pop* britânico, profundamente impressionado pela força revelatória da fotografia e do cinema. Em seu segundo período (1957-1961), o *pop* inglês cedeu à influência do informal americano, convertendo-se aos grandes formatos e ao abstracionismo; foi aí que Richard Smith realizou uma série de variações abstratas sobre temas como o maço de cigarros. No último decênio, entretanto, o figurativismo voltou a prevalecer, alcançando a sofisticação formal e a densidade semântica dos retábulos de *pin-ups* de Peter Phillips, que partem da transcrição literal de figuras fotografadas, ou do estilo deformante dos óleos eróticos de Allen Jones.

Mas, em seu conjunto, o *pop* inglês, sucessor da retratística existencialista de Francis Bacon, ainda se coloca entre a retórica do surrealismo ou dos expressionismos e o humanismo protopop de Rauschenberg ou Kienholz. Arte da sociedade de consumo por excelência, o *pop* só acharia sua forma pura nos EUA.

O *pop* americano, que se impôs desde os *late fifties* como a corrente mais viva da arte contemporânea, não é um estilo *ex nihilo*; parte de suas técnicas e de seus padrões formais deriva claramente da tradição abstrata e, em particular, do informal. Nada seria mais errôneo do que tomá-lo por um surto de cultura popular; à cultura popular ele deve a sua temática, não o seu nível de elaboração. Mas essa familiaridade dos artistas *pop* com a arte erudita, com o acervo dos museus, não impede que eles sejam, em grande número, experientes manipuladores dos *mass media* e de suas táticas de comunicação. Para só nomear os "cinco grandes" do *pop* nova-iorquino, Andy Warhol e Roy Lichtenstein praticaram o desenho publicitário; James Rosenquist, o cartaz; Claes Oldenburg ilustrou jornais, e Tom Wesselmann estudou desenho animado. De maneira que o *pop* americano se apresenta como um ponto de encontro modelar entre arte culta e comunicação de massa.

Arte íntima, portanto, dos *mass media*, de suas técnicas e de seus mitos, porém não necessariamente em busca de uma mensagem "popular" ou conformista. Os melhores criadores de *pop art* se afastam cuidadosamente do estilo publicitário de bom gosto, conscientemente permeável ao *design* de categoria e à plástica moderna, para inspecionar ativamente a propaganda vulgar. Quando Lichtenstein isola um segmento de história em quadrinhos, ele percorre o itinerário inverso do trilhado pelos *comics*: o que os quadrinhos fundem na narrativa ganha de súbito uma evidência insólita, ridícula, agressiva ou intrigante. A "inflação visual" de James Rosenquist (ampliação do fragmento de uma carroceria, de partes do corpo, etc.) obtém resultados semelhantes a partir da atomização de imagens publicitárias.

Contudo, é forçoso reconhecer que o *pop* americano tem derrapado muitas vezes no esteticismo e na representação acrítica, na confirmação retificante da cena moderna. Há uma inegável ponta de esteticismo no próprio Lichtenstein, e submatisseanismo bem suspeito – uma *joie de vivre* muito dócil aos lemas do hedonismo de consumo – nos *Grandes Nus* de Wesselmann, enormes colagens que substituem a *transcrição* dos objetos usuais (Warhol, Lichtenstein) pela sua introdução *literal* em painéis figurando compartimentos íntimos do universo eletrodoméstico. Quanto a Andy Warhol, suas sequências alegremente coloridas de imagens de latas de cerveja ou de rostos de Elizabeth Taylor e Marilyn Monroe não desmentem sua cândida confissão, segundo a qual o *pop* significa "amar as coisas"... Warhol, lançador talentoso de vários processos técnicos do estilo, se afirmou como arauto da alienação *pop*.

Alienação a que não faltou o apoio da crítica. Gene R. Swenson, citado sem restrições por Lucy R. Lippard, baseia o elogio de Warhol no repúdio aos que protestam contra a sociedade tecnológica, porque, afinal, "muita coisa de agradável e precioso em nossas vidas é justamente o que é partilhado pela comunidade inteira"... E Lawrence Alloway em pessoa – corifeu do *pop* inglês e autor do próprio termo *pop art* – vive proclamando sua falta de aversão à cultura comercial, tão preconceituosamente tratada por tantos intelectuais..... Entre essa obtusa validação da cultura de massa e a suspeição absoluta com que a escola de Frankfurt (Horkheimer, Adorno, Marcuse) trata a tecnologia moderna e o universo dos *mass media*, a crítica deve exercer uma objetividade alerta, reforçando o sentido de radiografia e diagnóstico da cultura inerente ao *pop* de valor.

A audácia do *pop* consiste precisamente em *tentar exercer uma distância crítica no seio do próprio contato com os instrumentos da alienação*. Por isso mesmo, a tentação de compactuar com a massificação repressiva é, no seu caso, imediatamente presente. O formalismo da arte "nobre" abdica da denúncia pela escapatória da avestruz; comete, em seu decorativismo compensatório, um autocegamento da arte ante as mazelas da cultura. Mas o estilo *pop* não pode se dar a esse luxo: condenado ao convívio com os produtos e veículos da massificação, ele deve agredir ou aderir. Impedido de fugir, como a arte pseudoaristocrática, para um recesso compensatório, para um asilo de "valores humanos" pretensamente imunes à selva do quotidiano, o *pop* se obriga, para sobreviver como arte, a um incessante corpo a corpo com a substância mesma da desumanização. A alternativa é sempre a estética do *culinário* descrita por Adorno: a produção de obras sensualmente aliciantes, dirigidas à degustação beatífica de uma sociedade do lazer entregue à euforia mentecapta das dessublimações repressivas (Marcuse), às liberações previamente moldadas pelos interesses do consumo de massa.

Outra tese de Adorno (exposta no excurso sobre a "indústria cultural" da *Dialética do Iluminismo*, e retomada no ensaio de abertura de *Prismas*) aclara decisivamente a situação do *pop*. Para Adorno, a evolução da cultura repressiva alterou a natureza da função *ideológica*. Hoje, o triunfo da repressão sobre a consciência crítica lhe permite desprezar as máscaras de que se servia outrora: atualmente, "ideologia é (...) a sociedade como fenômeno". *A repressão faz da própria realidade uma força efetiva de sedução alienante.* A recorrência da imagem do consumo de massa na televisão é suficiente para robustecer seu poderio. O *status quo* cultural não tem mais tanta necessidade de segregar mitologias de ajustamento; o simples aparecer da realidade se dá como idealização atraente, como utopia conquistada. *Mas se é assim, o desmascaramento do ideológico tem que ser operado no próprio terreno da "sociedade como fenômeno", isto é, no próprio campo da reprodução publicitária, da fisionomia do consumo;* a arte deve transcrever a imagem alienada para injetar-lhe um elemento de sabotagem crítica, um *clic* desnarcotizante. A malícia do *pop* joga com a consubstancialidade de suas figuras à iconografia da alienação; com a secreta metamorfose do idêntico.

Essa metamorfose, os truques aparentemente mais modestos a detonam. Basta uma mudança de escala, de consistência, ou de material (superfícies de plástico) para que os fac-símiles de Oldenburg – sanduíches, máquina de escrever, quartos de dormir – se tornem entidades obscenas, ridículas ou repugnantes. Os *gags* visuais de John Wesley nascem de meras justaposições, sem nada do aparato conotativo da montagem surrealista. Robert O'Dowd (em seguida a Lichtenstein) se limita a traduzir para o grotesco as efígies dos grandes homens no papel-moeda ianque. Edward Ruscha desenha inquietantes postos de gasolina servindo-se apenas de um perspectivismo tão álgido quanto o de Giorgio de Chirico, enquanto Joe Goode cobre de mistérios os litros de leite entregues a domicílio, colocando-os simplesmente na frente de imensos painéis a óleo. Tamanha sobriedade de expressão justifica o qualificativo de Nicolas Calas: o *pop* é mesmo o "surrealismo da litote". Ou, talvez, com mais propriedade, uma *plástica da sinédoque*, pois o *pop*, simbolizando nos objetos singulares a rede universal do consumível, é uma verdadeira *pars pro toto*. Onde o surrealismo procedia por metáfora, o *pop*, neorrealista, atua por sinédoque.[4]

---

[4] No rastro da dicotomia estabelecida por Roman Jakobson (ver o início da parte IV, capítulo 5) entre estilo metafórico (poesia romântica) e estilo metonímico (prosa realista) o *pop* seria *metonímico*. Jakobson observa que os narradores realistas são famintos por detalhes sinedóquicos: assim, na cena do suicídio de Ana Karenina, Tolstoi se concentra na bolsa da heroína. Mas Jakobson se filia aqui aos que encaram a sinédoque (parte pelo todo, gênero pela espécie, matéria pela obra – e vice-versa – etc.), como um tipo do tropo geral "metonímia" (oposto ao tropo geral "metáfora"), ao passo que nós preferimos, com Heinrich Lausberg (*Elemente der literarischen Rhetorik*. 2ª ed. Munique, Max Hueber Verlag, 1967) não só (1) distinguir os tropos em que (a) a palavra em sentido figurado (por exemplo: "velas", por navios) pertence a uma esfera semântica limítrofe daqueles em que (b) a palavra figurada é transportada de uma zona semântica *sem nenhuma contiguidade com a do sentido literal* (por exemplo, "leão", por bravo guerreiro) – ou seja, discernir entre o bloco de tropos não metafóricos ("velas", por navios) e o bloco metafórico ("leão", por bravo guerreiro) – como (2) discriminar, agora já dentro da classe dos tropos não metafóricos, entre aqueles em que a substituição de um termo

A autêntica linguagem *pop* não é um dialeto exclusivamente americano; alguns artistas europeus, canadenses, japoneses e ibero-americanos sabem usá-la com a maior energia – a energia simbólica que emana, por exemplo, das sinistras tubulações e máquinas de Konrad Klapheck, de Düsseldorf, ou do linearismo implacável que, nas pinturas em acrílico do italiano Valerio Adami, une objeto, espaço e figura humana (Jacques Dupin) numa cadeia tão asfixiante quanto compacta, esquadrinhando com destreza incomparável o ambiente da existência urbana, a arena banal dos desejos e frustrações. A dialética entre corpo fragmentado e depuração do *décor* anônimo em Adami é, a nosso ver, um dos pontos culminantes da arte *pop* em sua máxima capacidade de prospecção materialista.

Em bloco, porém, a elite da produção *pop* vem dos Estados Unidos, assinalando um fenômeno que o informal já prenunciara: o destino transatlântico da iniciativa artística, depois do longo reinado das vanguardas sediadas em Paris. O *pop* frutificou principalmente na área nacional de convergência dos emblemas do consumo ostensivo com o substrato iconoclasta (Nicolas Calas) do *éthos* protestante; ele é a *aplicação corrosiva da obra de arte dessacralizada ao fetichismo da imagística comercial*. E como esses dois *fatores* – dessacralização da arte e "fetichismo da mercadoria" – lavram com ímpeto muito mais forte no solo sociológico da América pós-industrial, não admira que a *homeopatia pop* (resposta à dessacralização da obra de arte por meio da obra em série, resposta ao fetichismo do consumo por meio da hábil distorção de suas próprias imagens) ganhe mais eficácia no território americano. Como desafio crítico poderosamente motivado por um habitat-arquétipo em matéria de cultura tecnológica, o *pop* americano está para o neodadá e o neossurrealismo europeus assim como a revolução

---

pelo outro se mantém dentro do plano conceitual (por exemplo: "velas", por navios) – e aqueles em que a substituição transgride o plano conceitual: por exemplo, substituição do conteúdo pelo continente ou vice-versa ("beber um copo"). Somente neste último caso temos metonímia propriamente dita.

cultural das comunidades *hippies* da Califórnia para a revolta parisiense de Maio de 1968, o trotskismo e o maoísmo do *gauchisme* europeu: em ambos os planos, a estrada europeia, por mais explosividade que aparente, é intelectualmente tradicionalista, atada às experiências políticas e culturais do primeiro Novecentos; a rota americana, ao contrário, se mostra promissoramente porosa em relação às características específicas da sociedade industrial avançada – aquela que já se configurou plenamente nos *States*, mas que se oferece como meta a todas as regiões já decisivamente conquistadas pela dinâmica social da industrialização.

Aqui surge naturalmente uma perplexidade: se a abundância e a diversidade do consumo e dos *mass media* condiciona a tal ponto a vitalidade do *pop*, tem cabimento propor uma estética *pop*, e tentar praticá-la, nas sociedades de consumo fraco? Em outras palavras, que legitimidade apresentaria a arte *pop* nos países ainda subdesenvolvidos? De nossa parte, acreditamos que o folclore comercial do consumo ostensivo é apenas uma *forma particular* (evidentemente dominante no mundo desenvolvido) do tema básico do *pop* – a cultura popular, entendida no sentido de cultura das camadas urbanas (e como tal já profundamente distinta das modalidades tradicionais e rurais de cultura plebeia). O objeto fundamental do *pop* é o folclore *urbano*, que pode *ou não* assumir o aspecto de mitologia da *conspicuous consumption* de Thorstein Veblen, hoje democratizada nas nações mais ricas.

Logo, a figuração *pop* é suscetível de prosperar legitimamente nos países menos desenvolvidos. Na América Latina, o *pop* depara inclusive com uma "reserva" opulenta, que é o conjunto de formas culturais imitadas das matrizes do Ocidente pelas elites nativas, e impostas aos costumes urbanos com uma margem de deformação de interesse único para as antenas da arte e da reflexão sociológica, pelo muito que revelam sobre a verdadeira natureza da cultura crioula. Algumas produções do movimento tropicalista – como a *mise-en-scène* de José Celso

Martinez Correa ou o cinema de Joaquim Pedro de Andrade –, inaugurado no Brasil por volta de 1965, souberam pescar de modo tão sutil quanto estridente certos braços dessa cultura bastarda: o mau gosto, o sadomasoquismo, a devoração "antropofágica" de padrões espirituais e humanos, etc. (cada um desses traços exibindo uma significação ambivalente, a começar pelo misto de servilismo e liberdade crítica com que os valores europeus e/ou norte-americanos são recebidos).

Sempre que o *pop* se conserva fiel à crítica da cultura, ele supre uma necessidade nada desprezível: a de conquistar a juventude para a problematização do comportamento social. A falência da educação "humanística", incapaz de transmitir regularmente normas de conduta genuinamente aristocratizantes, individualizantes; a absorção da tradição artística pelas "vulgarizações" mutiladoras, tudo conspira para lançar a juventude num vazio cultural lamentável, onde quase nada contrabalança a atração daninha dos *media* imbecilizadores. Totalmente divorciada de uma "cultura" – o humanismo colegial e universitário – cujo odor fóssil logo os induz a suspeitar de sua incompatibilidade com os valores efetivamente reinantes, a grande maioria dos jovens só se sente à vontade no meio do *folk* popular, permanecendo surdos aos apelos da arte "culta". É fácil ver quanto o *pop*, que fala a língua deles, se habilita para levar-lhes uma mensagem intelectualmente superior. Subvertendo a escala hierárquica dos gêneros artísticos, o estilo *pop* tem condições de dar à juventude um estimulante que, por desfiguração ou distância, a arte "nobre" não proporciona mais, a não ser a grupos bem pequenos.

Segundo Walter Benjamin, "surrealismo", definido como atitude geral da arte pós-romântica, comum a Baudelaire, Proust, Kafka, Klee e ao momento surrealista propriamente dito, é a poética do *déjà vu*: o evidenciamento, por meio de uma imagem-choque, das experiências recalcadas, das aspirações negadas do ser humano. Surrealismo é suspensão abrupta dos mecanismos de censura, permitindo o reencontro liberatório do Desejo sequestrado. Essa teoria, cujo poder explicativo, no que concerne à grande arte ocidental entre 1850 e a Segunda Grande Guerra não padece a menor dúvida, nos leva a suspeitar de que o *pop* reclama outra leitura da função básica da arte. Pois o *pop* não exuma os anelos, inscritos nas coisas, da consciência reprimida – ele se cinge a demonstrar sorrateiramente a vacuidade e a sem-razão do cenário existencial do homem de hoje.

A poética surrealista é, para Benjamin, uma encarnação moderna do estilo *alegórico*, formada em plena ruína das ilusões românticas. Como alegoria, o surrealismo – inversamente ao que fizera, no período clássico-romântico, o estilo *simbólico* – não contempla mais o mundo exterior como projeção do ego, como âmbito homogêneo à consciência, e sim como espessura hostil, onde as esperanças de libertação e de felicidade do espírito deixam dolorosas cicatrizes. "*J'ai plus de souvenirs que si j'avais mille ans*" – esse verso das *Fleurs du Mal* parece resumir o rosto da consciência desnudada pelo surrealismo, que era memória dos instintos sepultos, do prazer sonegado pela repressão. Mas por isso mesmo, a poética surrealista, embora sem postular a unidade ego/cosmos, ainda focalizava essencialmente o drama do sujeito mortificado pelo universo: o drama da consciência vítima da sociedade e da cultura. Acusando implicitamente a agonia da consciência crítica na era contemporânea, o *pop* transfere o foco da arte para o caleidoscópio das imagens que a simbolizam e a perpetuam: não revela a cicatriz do espírito, mas apenas o caráter *espectral*, oco e contingente desse universo aparentemente granítico em que o homem vive enleado: o pseudocosmos dos objetos e *gadgets* da cultura alienada. O *pop* não é, portanto, surrealismo, expressionismo, luto de protesto pela humanidade humilhada – é um sibilino espelho deformante estendido à rede de reificação, um *realismo espectral*. A sátira muda da arte *pop* denuncia como história o universo que a repressão quer impingir como natureza.

Assim, podemos sintetizar a situação estilística do *pop* em quatro características: 1) relançamento da figuração no contexto do eclipse da "obra de arte" (Klein) em sentido tradicional; 2) concentração na aparência direta da sociedade de consumo (tal como ela se dá nos *mass media*) em estreita vinculação com a metamorfose imposta às formas de cobertura ideológica do *establishment* sociocultural, na medida em que ideologia, hoje, é a própria sociedade como fenômeno (Adorno); 3) emprego de uma simbolização predominante *sinedóquica* por oposição à simbolização metafórica preferida pelos estilos surrealistas; e 4) realismo espectral, em contraste com o estilo alegórico da tradição da grande arte no período pós-romântico.

Fomentado por essas quatro linhas-de-força, o *pop* constitui uma das mais sanguíneas afirmações estéticas do segundo Novecentos. Mas seria prematuro pronunciar-se sobre o seu destino final, ou mesmo sobre a sua suscetibilidade de superar a crise permanente em que vive a arte ocidental, marginalizada e incomunicada pelo seu repúdio aos valores da cultura "prometeica". No presente, não faltam sinais de que o sentimento da crise da arte, tão intenso na produção das primeiras décadas do século, se vai transmudando em pressentimento obscuro do fim da arte – ou pelo menos de certas formas de manifestação do instinto estético. Em pleno refluxo do expressionismo germânico, Wilhelm Worringer já especulava a respeito de uma provável desaparição da obra de arte (não só da obra-fetiche de Klein, mas da obra *tout court*); e já se preparava para admitir a ideia de que a sensibilidade criadora do nosso tempo habita "nos nossos *quadros mentais*", e não mais no quadro materializado, na escultura, ou em qualquer outra exteriorização duradoura.

Renovando o papel da imagem, reequipando a arte para a difícil tarefa de contribuir para a crítica da cultura, o *pop* ensaia uma alternativa menos subjetivista, e até aqui muito mais sólida e madura, do que a maioria dos novos tipos de arte-ideia ou arte-gesto (arte conceitual, *happenings*, etc.). O que é certo é que a fase de legitimidade do "retiro metalinguístico" da arte – do jejum figurativo a que a arte moderna se submetera, com o fito de sacudir o entorpecimento da forma – passou; a vigência da figuração *pop* equivale a seu atestado de óbito. Em última análise, o *pop art* será um estilo transicional e "primitivo" – o estilo de uma sociedade em visível mutação cultural, quando mais não seja pela incisiva desafeição das novas gerações em relação ao seu elenco de valores. E não é verdade que nós aprendemos a apreciar devidamente o primitivo?

Pop e hiperrealismo

O papel do *pop* nos anos 1960 parece destinado, na presente década, à arte dita "hiperrealista". Aos representantes já firmados do *pop* americano, começaram a somar-se, desde os *late sixties,* novos mestres figurativistas, quase todos nascidos entre 1930 e 1940: Duane Hanson, John Kacere, Richard McLean, Robert Cottingham, Richard Estes, John Clem Clarke, Robert Graham, Chuck Close, John de Andrea, Jann Haworth... Alguns, como Hanson ou de Andrea, são escultores, virtuosos do *trompe-l'oeil*; outros, como McLean, Cottingham, Estes ou Close, preferem o bidimensional e pintam a partir de fotografias. As produções hiperrealistas podem exibir o refinamento compositivo das escadas rolantes, interiores de metrô e portas giratórias de Estes – ou perspectivas insólitas como as que oferecem as miniaturas em vitrine esculpidas por Graham; mas em todos os casos, trata-se de uma arte resolutamente representacional, tão ou mais apegada do que o *pop* à figura humana e aos objetos do cenário contemporâneo.

O hiperrealismo é, portanto, um movimento tão *icônico* quanto o *pop* – e nesse sentido, bem oposto à "arte conceitual" de Joseph Kosuth, Vito Acconci e do grupo inglês Art-language (Terry Atkinson et al.). A arte conceitual[5] visa à eliminação da obra, do objeto artístico; com ela, "o catálogo *é* a exposição". Há críticos, como

---

[5] Ver Ursula Meyer, *Conceptual Art.* Nova York, Dutton, 1972.

Udo Kultermann,[6] que insistem em diferenciar *pop* e hiperrealismo, alegando que o primeiro se restringia à representação do objeto estandardizado, ao mundo da publicidade. O holandês Jan Leering, que dirige o dinâmico Stedelijk van Abbemuseum de Eindhoven, e foi um dos principais organizadores da Documenta IV (Kassel, 1968), acha que o *pop* tratava o objeto "como símbolo", enquanto o hiperrealismo deixa todo significado por *conta do espectador*.[7] O realismo antigo, diz Leering, acreditava na realidade em si; o hiperrealismo, ao contrário, partiria do princípio de que as coisas só chegam ao nível da realidade pela mediação da consciência. Mas essa separação realismo tradicional/hiperrealismo só tem o mérito de desautorizar o confusionismo dos afoitos que montaram na onda hiperrealista para tentar uma "recuperação" da pintura; a distinção realismo realista x realismo idealista (em termos gnoseológicos) é, afinal, irrelevante.

Do ponto de vista socioestilístico, que nos permitiu analisar o *pop*, as distinções de Kultermann e Leering são essencialmente epidérmicas. Ao menos potencialmente, o hiperrealismo se nutre *da mesma* estética que vimos inspirar *o pop:* visão crítica da vida moderna, baseada no revigoramento da imagem e num *mood* frio, em que o registro metonímico prevalece sobre o associacionismo metafórico. Às vezes, o hiperrealismo dá a impressão de ser um estilo *pop* (ou melhor, para*pop*) tornado ainda mais sóbrio – sem prejuízo da força de denúncia. As donas de casa de rolinhos na cabeça empurrando carrinhos de compras, de Hanson, parecem manequins de Kienholz que tivessem perdido o sublinhado grotesco, ou gessos de George Segal que se houvessem despido de sua aura pateticamente "lunar"...

O hiperrealismo está em continuidade em relação ao *pop*; no máximo, valerá como uma radicalização do

---

[6] Udo Kultermann, *Hyperréalisme*. Paris, Ed. du Chêne, 1972, p. 14.

[7] Ver sua entrevista a Irmeline Leber. In: *Chroniques de l'Art Vivant*, n. 30 (maio do 1972).

potencial crítico da iconografia *pop*, embora as variantes *esteticistas* deste, na linha de Warhol, não deixem de encontrar eco no naturismo eugênico, quase idílico nas suas impecáveis carnações róseas, de um de Andrea. O *pop* em seu máximo vigor plástico e intelectual, sem insistência no objeto publicitário – por exemplo: as pinturas em acrílico e guaches de Adami – constitui a fronteira natural entre a arte *pop* e o reino do hiperrealismo; Adami tanto pode ser classificado num como noutro estilo. O mesmo se poderia dizer dos excelentes desenhos do brasileiro Carlos de Moraes.

Jean-François Lyotard[8] contempla na pintura hiperrealista, que põe ênfase nas cores, nas linhas e nos volumes do universo alienado em que vivemos, uma alegoria da impotência humana. A imagem desses objetos agressivamente rútilos e esplêndidos é a contrapartida do nosso corpo humilhado, escravizado a ritmos reificantes no reino do trabalho alienado. O brilho das figurações hiperrealistas é um protesto mudo: uma confissão maliciosamente masoquista. Fixando os objetos num halo obcecante, numa *escala* contundente, o hiperrealismo obriga o mundo das coisas (e das pessoas como coisas) a exalar o perfume da repressão.

Que poderia estar mais perto da dissimulação crítica do *pop*? Já tínhamos visto no traço de Adami, que une, implacável, o corpo ao objeto (uma nádega a um radiador, um busto a uma penteadeira) talvez o ápice da malícia com que o *pop* se faz, quando se quer fazer, percepção crítica da experiência moderna. Somente o hiperrealismo pode salvar o *pop* de tornar-se um *esteticismo de masscult*.[9]

Paris, setembro de 1970; Bonn, abril de 1973.

---

[8] Jean- François Lyotard, "Esquisse d'une Économique de l'Hiperréalisme". In: *Chroniques de l'Art Vivant*, n. 36 (fevereiro de 1973).

[9] Sobre a estética da cultura de massa, ver, neste mesmo volume, a parte I, 1ª seção.

Problemática do Teatro Contemporâneo: de Artaud a Grotowski

A Arnaldo Carrilho,
Francisco e Clara Alvim
e Glauber Rocha.

Mediante a análise esquemática do *pop art,* nos defrontamos com uma instância bem significativa da revitalização da arte obtida pelo restabelecimento da plenitude de seu diálogo crítico com a cultura. O "teatro pobre" de Jerzy Grotowski é outro exemplo de recuperação desse diálogo, com efeitos igualmente revigorantes.

A práxis teatral mais viva do primeiro Novecentos foi, como se sabe, dominada pelas ideias de Bertold Brecht. O "teatro épico" de Brecht foi a mais consequente tentativa de materializar a transformação do estatuto institucional da arte advogada por Benjamin em suas teses sobre o *artista como produtor*: transformação da poética do desinteresse estético, incumbida da "criação" de universos utópicos oferecidos à "contemplação" do homem moderno, e atuando como dispositivos imaginários de compensação em face das tendências desumanizantes da sociedade, numa poética do *engagement* político-social, votada à *produção* de espetáculos dramáticos que *mobilizem* intelectual e moralmente os espectadores para a lúcida intervenção no processo histórico, ou seja, nos termos de Brecht, na luta de classes.

Amargamente instruídos acerca das terríveis deturpações práticas desse nobre utopismo, amadurecidos nessa "era da suspeita" que seria o pós-guerra, os principais herdeiros de Brecht, como os suíços Friedrich Dürrenmatt ou Max Frisch, substituíram a gramática ortodoxa do teatro épico por um ecletismo estilístico; o "*Verfremdungseffekt*" brechtiano – o distanciamento crítico, dissolvente da identificação simpática, sociologicamente obnubiladora, com os heróis do drama burguês – foi combinado (na *Visita da Velha Senhora* de Dürrenmatt, por exemplo) com as formas de afeição catártica peculiares à cena *grotesca*, à tragicomédia de Eugène Ionesco e Samuel Beckett. Esse ecletismo epigônico refletia o irisar-se da visão do mundo dos novos dramaturgos, incapazes de ater-se ao credo retilíneo do militante Brecht; mas a verdade é que ele não impediu que a produção dramática pós-brechtiana desembocasse várias vezes no puro teatro de ilustração ideológica; ainda que o seu conteúdo ideológico fosse mais sutil do que o marxismo algo simplista de Brecht, a vitalidade propriamente cênica não podia deixar de se ressentir desse brechtianismo de aplicação, gênero *Marat/Sade* de Peter Weiss.

Assim, o brechtianismo difuso dos anos 1950 e 1960 partilhava, com o descarrilhamento do teatro do absurdo[1] em má retórica humanística (*Rhinocéros*) ou shakespearianismo de bulevar (*Le Roi se Meurt*), com o neopsicologismo barato da literatura dramática americana sucessiva a Eugene O'Neill e Arthur Miller – que melhor justificação para a crítica brechtiana à catarse burguesa do que um álbum de psicopatologia familiar como *Who's Afraid of Virginia Woolf?* – da decadência da dramaturgia, rompida tão somente por fenômenos isolados como o "teatro da ameaça" de Harold Pinter; e refletia uma correlata esclerose *da mise-en-scène* (foi esse o tempo da degenerescência do método de Stanislávski nos tiques do Actor's Studio).

Nessa mesma fase, entretanto, novos diretores e novos críticos descobriram a mensagem dramática – nos dois sentidos da palavra – de um anti-Brecht: Antonin

---

[1] Sobre o teatro do absurdo, já virou "clássico" o estudo, aliás insatisfatório, de Martin Esslin, *The Theatre of the Absurd*. Londres, Penguin Books, 1961. Falta, para a dramaturgia e a *mise-en-scène* das últimas décadas, uma análise da penetração daquela que Peter Szondi consagrou ao período de Ibsen a Arthur Miller na sua *Teoria do Drama Moderno* (original alemão: Frankfurt. 1956; tradução italiana: Turim, Einaudi, 1962).

Artaud. Nascido no ano de montagem (1896) da grande peça surrealista *avant la lettre*, o *Ubu-Roi* de Alfred Jarry, morto, em 1947, depois de oito anos de internamento num hospício, Artaud, que o papa André Breton expulsara do clube surrealista, havia sido um diretor-ator-autor completamente *raté*; mas a sua reflexão sobre o teatro (*Le Théâtre et son Double*) impressionou fortissimamente vários dos melhores *metteurs en scène* atuais, do francês Roger Blin e do inglês Peter Brook ao polonês Jerzy Grotowski.

O primeiro mandamento do evangelho dramático de Artaud é a libertação da *mise-en-scène*, alforriada de sua longa escravização ao texto. Artaud queria acabar com a supersticiosa reverência pelo texto, com o teatro subordinado ao "ponto", isto é, a hegemonia de uma Palavra superior e prévia ao ato cênico. Entretanto, pregando o "triunfo da *mise-en-scène* pura", ele não tencionava banir a linguagem do espetáculo, mas sim reaproximá-la do corpo e da vida instintiva, do gesto e do grito. Artaud exigia uma palavra *visceral*, uma verbalização nascida da carne e em carne tornada. O filósofo Jacques Derrida, que lhe dedicou dois estudos cheios de "interesse,[2] atribui-lhe uma *métaphysique de la chair* de fundo vitalista, bergsoniano: Artaud opõe *la force de vie* à vida exterior, vida das formas afastadas de uma pulsação de origem. Seu sonho foi um teatro que se agarrasse a essa vida originária, a essa presença vibrante do vital, do *événement* – prevenindo o seu amortecimento no ensaio ou na repetição, no desempenho separado do engajamento *existencial*. Um teatro que escapasse à fatalidade de seu *duplo*, isto é, de toda duplicação traidora.

A esse teatro do Acontecimento, Artaud pedia nada menos do que a salvação dos homens. Seu teatro "da crueldade", quer dizer, da necessidade implacável, da experiência do Destino, porque experiência de vidas

---

[2] *La Parole Soufflée* e *Le Théâtre dela Cruauté et la Clôture de la Représentation*, hoje reunidos em *L'Ecriture et la Différence*. Paris, Seuil, 1967.

radicalmente empenhadas, é um claro substituto da religião. Ninguém reclamara tanto da ação dramática:

> *Il n'y a la peste,*
> *le choléra,*
> *la variole noire*
> *que parce que la danse*
> *et par conséquent le théâtre*
> *n'ont pas encore commencé à exister.*

Mas o valor soteriológico do teatro está na sua capacidade de juntar atores e espectadores numa mesma radicalização da existência, numa mesma reconciliação com o Perigo ("Le théâtre [...] *est décadence parce qu'il a rompu avec le Danger*"). O teatro só é salvação quando "*on y joue sa vie*".

A intransigência com que Brecht se propôs expurgar a experiência teatral de toda simpatia afetiva provocou muitas críticas; o absolutismo com que Artaud pretende destruir a representação, o fingimento inerente ao teatro, também parece recair num unilateralismo infiel à verdadeira natureza da vivência dramática. Será que Artaud proclama simplesmente, com a teoria da "performance" engajada, uma antítese ingênua da penetrante tese de Diderot (*Paradoxe sur le Comédien*) sobre o *artifício* inseparável do representar, e da arte em geral? Uma leitura em profundidade do *Théâtre et son Double* indicaria que não; pois, apesar de querer a equação teatro = verdade vital, Artaud se revela conscientíssimo do papel *artístico*, elaborado e refletido da liturgia dramática. Não recua sequer diante da afirmação de que a poética da crueldade – núcleo da aventura existencial encarnada pelo teatro – é uma sapientíssima álgebra, calçada numa vigilante codificação de gestos e máscaras, de ritos e símbolos, colhidos pelo diretor "cruel" no tesouro dramático de toda a história da humanidade. Aparentemente, ficamos bem longe da oposição "força de vida"/formas exteriores...

É que a defesa apaixonada de um teatro soteriológico, religioso era em Artaud menos uma mitologia vitalista *do que uma estratégia de crítica da cultura*. Derrida o admite, ao lembrar que a mensagem mais obstinada de Artaud foi a insistência em que a reflexão teatrológica não seja tratada à parte, sem revisão filosófica do que cerca e sustenta o domínio do dramático. O teatro da crueldade assumia explicitamente uma perspectiva histórico-cultural. Artaud acreditava que a revolução mais urgente consistia na ruptura cultural que permitisse uma "regressão à mentalidade ou aos hábitos de vida da Idade Média"; e o primeiro espetáculo do seu teatro vital devia ser uma *Conquête du Mexique* consagrada à questão da colonização, à crítica do *éthos* europeu. A regeneração do drama é um cerimonial de reorientação da cultura. A *force de vie* não é um objeto de metafísica bergsoniana, e sim um ideal etnológico.

No drama "cruel", o público, enquanto plateia refestalada, distante, distraída, contemplativa, não mais existe. "*Le spectateur est au milieu*", abraçado pelo espetáculo. Artaud quer destruir o vezo europeu de "lançar o espírito numa atitude separada da força, e que assiste à sua exaltação". Em vez de espetáculo longínquo, contágio da festa. Artaud, que quis, como Nietzsche, revogar o prestígio de um Deus-usurpador de atributos humanos, autor tirânico do drama da Criação, de rubricas despóticas algemando o *anthropos metteur en scène*, vê paradoxalmente na morte do Deus-autor um despertar do Divino – desse sentimento de plenitude de si e do mundo que "a intervenção milenar do homem acabou corrompendo".

Nessa moldura, o teatro mítico de Artaud supera o lúcido, porém intelectualista distanciamento propugnado por Brecht como norma de direção, interpretação e percepção dramáticas. O teatro épico permanece cativo da "separação entre espírito e força"; ele esclarece, mas não eletriza nem absorve; não joga o espectador no mar revolto da radicalização existencial. O teatro épico ensina, mas não agride para converter. Instrui o espectador sobre o real, mas não lhe ordena, como o torso arcaico de Apolo:

Du muss dein Leben ändern
(*Força é mudares de vida*)

nem o fere para salvá-lo, com aquela

... *sharp compassion of the healer's art.*
(*East Coker*, T. S. Eliot)

Conta Raymonde Temkine[3] que Grotowski, comparando certa vez o teatro épico de Brecht ao "*théâtre de la cruauté*", insinuou que Brecht buscava, na lucidez do distanciamento, um corretivo para a eterna propensão sentimental do alemão; inversamente, Artaud concebia o violento efeito emocional do seu teatro da crueldade como um antídoto para o indefectível cartesianismo do francês... Na verdade, contudo, a oposição Brecht/Artaud não se limita ao nível de uma *Völkerpsychologie* elementar. Enquanto teatrologia radicalizada em crítica da cultura, o pensamento de Artaud tem uma circunferência maior do que o de Brecht. Artaud pede ao teatro o que Nietzsche pedira a uma música que se fizesse herdeira da tragédia antiga: uma catarse *positiva*, catarse suscitadora – e não, aristotelicamente, moderadora – de instintos fortes. O teatro da crueldade transforma a cena numa água de juvência para a cultura; e essa órbita de revolução cultural, Brecht mal roçou.

Por outro lado, não há dúvida de que o mito do teatro em Artaud é muito mais um *horizonte* da práxis do que um estilo dramático palpável e específico. O teatro para Artaud é um modo de existência; ficou para outros a tarefa de articular a fisionomia da sua dimensão especificamente cênica – de uma dimensão que, conservando-se leal ao princípio da *mise-en-scène* como crítica da cultura, não obstante traísse necessariamente a pureza do teatro-mito para poder alcançar a sua materialização. Esta é a tarefa que Grotowski, sem descender diretamente de Artaud, vem realizando em seu "Teatr Laboratorium" de Wroclaw (Breslau). O "teatro pobre" de Grotowski é a encarnação mais próxima do teatro arquetípico de Artaud.

Artaud queria desencadear em cena uma conversão existencial; Grotowski se contenta com insuflar na

---

[3] Raymond Temkine, *Grotowski*. 2ª ed. Lausanne, La Cité, 1970.

plateia o "bacilo da inquietação". Ele propõe um teatro de "autopenetração coletiva". Totalmente isento do halo utopístico do drama brechtiano, o palco de Grotowski se debruça sobre a paixão do homem; a cena é lugar de tortura e resistência, não de combate esperançoso. O *décor* que ele dá à *Akropolis* de Stanislaw Wyspianski é o campo de concentração de Auschwitz. A autopenetração coletiva passa pelo impacto da dor.

Grotowski é mestre em atualizar o cenário, associando o simbolismo do drama poético ao *environmemt* contemporâneo. Seu *Fausto* (de Christopher Marlowe) não rejuvenesce num gabinete de alquimista, e sim no bloco operatório de um hospital moderno. Mas o cerne de suas contribuições renovadoras é a ênfase com que ele quer resguardar a especificidade mesma, inalienável, do teatro. Compreendendo que o teatro não tem condições de vencer a concorrência dos *mass media no terreno destes*, Grotowski centraliza o espetáculo naquilo que nenhum médium pode substituir: o encontro vivo do ator com o espectador. É o teatro submetido a uma redução fenomenológica; a *relação teatral* em toda a sua poderosa nudez. Aí temos o "teatro pobre". E para garantir plena intensidade a esse despojamento, dissociando-o ainda mais das outras formas de espetáculo, o Teatro-Laboratório se mantém decididamente *elitista*, admitindo apenas algumas dezenas de espectadores por representação. Elitismo, de resto, muito experiente, já que sucede ao retumbante fracasso das utopias do gênero Théâtre National Populaire, ignominiosamente convertidas em palcos massificados com a bênção das esquerdas "esclarecidas".

Porém o elitismo da relação teatral começa no severo ascetismo da *troupe*. Grotowski – e só isso já bastaria para sublinhar sua originalidade em face do mito dramático de Artaud – dá tanta importância ao ensaio quanto Stanislávski. Canto e dicção, acrobacia e dança, domínio do corpo sob todas as suas formas são para ele princípios cardinais. Deste ponto de vista, Grotowski só se separa do grande russo pela visão estética: opõe o teatro pobre ao culto stanislasvskiano do grande espetáculo;

o cenário franciscano, ao *décor* fotograficamente realista; e, sobretudo, um repertório abertamente *poético* (renascentista, barroco ou romântico-simbolista) ao lirismo de indumentária realista dos autores caros a Stanislávski: Ibsen, Tchekhov, Górki. Em suma, o Teatro-Laboratório equivale a uma denodada tentativa de atingir a meta de Artaud pela encenação stanislavskianamente disciplinada de textos tão poéticos quanto o *El Príncipe Constante*, de Calderón de la Barca adaptados pelos maiores dramaturgos poloneses do século XIX.

A partir desse repertório clássico, Grotowski institui um modo especial de contato com o texto, em nova convergência com as ideias de Artaud. Seu princípio é que o teatro não é nenhuma ilustração da literatura (como prova a energia cênica de teatros "sem textos" como a *commedia dell'arte*), mas antes o lugar de uma *confrontação* entre a palavra e a economia estética peculiar à relação teatral. O texto dramático é uma interrogação, a *mise-en-scène*, a sua resposta. O *aggiornamento* do *décor* já nos indicara com que liberdade o teatro pobre trata a dramaturgia. Mas Grotowski procede com uma liberdade essencialmente respeitosa: não hesita em manipular o texto, em focalizá-lo livremente, porém está longe de praticar interpolações sistemáticas ou qualquer outra técnica de dissolução estilística. Grotowski realiza a desfetichização da obra dramática sem cair nessa grosseira arbitrariedade com que muitos diretores atuais, usando o álibi da soberania da *mise-en-scène*, desfiguram as grandes partituras dramáticas à força de enxertar-lhes os frutos da sua indigência mental, invariavelmente decalcados nos clichês dos ismos da moda. Foi talvez pensando nessa gente que Pinter pôs aquela frase cáustica na boca de um dos personagens de suas peças num ato: "Você não conhece Fulana? Ela é muito inteligente! Domina perfeitamente a fraseologia contemporânea!". Grotowski jamais pretendeu "complementar" a linguagem de Marlowe ou de Calderón recheando-a de "fraseologia contemporânea"...

Entre outras razões, porque o núcleo, o caroço semântico do texto dramático que, segundo ele, a *mise-en-scène* deve pôr em evidência, não é nunca uma fria noção intelectualista; é um arquétipo, um mito coletivo, uma pauta existencial na memória da humanidade. Segundo o crítico Ludwig Flaszen, amigo e colaborador de Grotowski, é a porosidade natural do teatro poético a essas situações arquetípicas que explica a predileção do Teatro-Laboratório por esses dramaturgos. Inversamente, o realismo do repertório stanislavskiano e o racionalismo da sua estética proviriam – conforme observa Nina Garfinkel – de uma cultura dramática que, como a russa, não conheceu um grande teatro nacional de inspiração religiosa.

Com a busca do arquétipo transintelectual, Grotowski desemboca na teatrologia etnológica de Artaud. Citando Lévi-Strauss, seu companheiro Eugenio Barba chamará a poética do teatro pobre de "expedição antropológica" rumo às "trevas do inconsciente coletivo". Expedição, bem entendido, que abala a ordem moral reprimidora da liberdade concreta do espírito. O teatro grotowskiano é um *rito de transgressão*, destinado a quebrar as máscaras sociais aferradas ao rosto do homem profundo, do homem verdadeiro. A convivência com o mito é sacrilégio (do ângulo da repressão) e martírio (do ângulo de suas vítimas). O Príncipe constante deve sacrificar-se por sua fé.

Como opera a transgressão? Brecht exigia do espectador uma atitude crítica, *distanciada*, no curso de toda a ação; Grotowski, ao contrário, quer chocá-lo, agredi-lo, para que só então, violentado e envolvido, o espectador alcance uma reação crítica ao real. Para tanto, o "distanciamento" é claramente inadequado, do mesmo modo que a sala à italiana, com seu isolamento entre palco e plateia. Ao recusar o *Verfremdungseffekt* brechtiano, Grotowski não promove nenhum simples retorno ao patetismo de identificação da teatrologia burguesa; pois o *choque* exclui a identificação. Falando da montagem de *Akropolis* no começo do livro *Para um Teatro Pobre*, Grotowski indica como seus personagens grotescos repelem a simpatia. Quase espectros, misérrimas vítimas convertidas em carrascos sonâmbulos, esses vultos esquálidos passeiam entre os espectadores sem vê-los, habitantes agressivamente abjetos de um mundo sem comunicação possível com o nosso. Nossos impulsos de simpatia esbarram contra a desumanização superlativa desses hóspedes de Auschwitz. Em outras palavras: o expressionismo da figuração dramática impede – embora por vias diferentes das de Brecht – qualquer catarsezinha tranquilizante, qualquer terno e inconsequente emocionar-se. A catarse grotowskiana é de natureza sísmica.

Assim o ritual de transgressão mistura atores e público, mas distingue entre uns e outros – entre oficiantes e devotos do martírio-sacrilégio. Grotowski pensa que o papel social do ator oscila entre o da prostituta e o do agente soteriológico. Lembremos que, durante séculos, as atrizes foram equiparadas às meretrizes. Para Grotowski, o ator-cortesã é o que se dá *passivamente*, argila dócil, ao diretor, e se desforra no vedetismo narcisista; o ator-santo é o que se *oferece* ativamente, em lúcido sacrifício, aos imperativos da cena-altar superando a alternância sado-masoquista na pureza do esquecimento de si. É fácil compreender que o diretor, por mais cioso que seja da unidade da *mise-en-scène*, não o trate com a altaneira prepotência de um Gordon Craig, e sim com um espírito de comunhão de propósitos. O Teatro-Laboratório é realmente uma equipe – uma ordem monástica sem demiurgos nem vedetes.

Mas uma equipe devotadíssima à excelência da representação. Daí, nota Raymonde Temkine, ser ela essencialmente diversa de uma "tribo" como o Living Theater. O grupo de Julian Beck utiliza o teatro como simples tática existencial; ele visa a uma ética pelo teatro, mas não dispõe de uma ética do teatro. *O espontaneísmo do Living está para o Teatro-Laboratório assim como o happening neodadá para o* pop art. O Living, como a estética do happening, se serve de um meio artístico para executar uma política cultural, enquanto Grotowski, como o pop, insere a perspectiva da crítica da cultura no aprofundamento das próprias virtualidades expressivas peculiares a uma determinada arte.

Por isso uns são repentistas, ao passo que os segundos se prescrevem normas de elaboração.

Restaria apenas indagar se certas formas cênicas carnavalizadas, próximas do *happening* – a exemplo, não do musical erótico ou pornográfico, bem recuperável pelo consumo da dessublimação repressiva, mas de uma festa-espetáculo como o *Orlando Furioso* de Edoardo Sanguinetti e Luca Ronconi (ou o *1789* de Ariane Mnouchkine e seu "Théâtre du Soleil") não esboçam – se justapostas ao templo do teatro pobre – uma espécie de réplica moderna daquela antiga sequência de auto e entremês, de *mistério* e *farsa*, com que a cultura tradicional sabia atender a um só tempo a dupla necessidade de sublimações educativas e de compensações orgiásticas (ver, sobre o tema, o nosso ensaio *Saudades do Carnaval*. Rio de Janeiro, Forense, 1972, capítulo VII).

Paris, outubro de 1970.

Posfácios à 2ª edição

Jornal de Brasília

BRASÍLIA-DF, SÁBADO 5 DE OUTUBRO DE 1974

Formalismo e Tr

Formalismo e Tradição Moderna: o problema da arte na crise da cultura (recém-lançado pela ed. Forense Universitária e USP), é o terceiro livro de crítica de José Guilherme Merquior. Tal como nos seus predecessores, Razão do Poema (1965) e A Astúcia da Mímese (1972), nele se combinam páginas de teoria literária e teoria da crítica com análises estilísticas (agora representadas por uma brilhante interpretação de um soneto camoniano), estudos de história da literatura (inclusive um ensaio bem provocador sobre o nosso modernismo) e ensaios de estética. Mas Formalismo e Tradição Moderna (332 pags.), recheado de referências bibliográficas, também abrange amplamente o campo das artes plásticas, e discute com rara vivacidade fenômenos como o teatro moderno, a psicanálise da arte, o kitsch e a semiologia. Sem dúvida, esses treze ensaios, escritos durante anos passados na Europa, encerram as realizações mais maduras da crítica de Merquior, autor cujos escritos e conferências constituem hoje uma das presenças mais fortes da nossa vida intelectual.

Na entrevista que se segue, procuramos convidá-lo a definir sua posição diante de problemas literários e culturais da atualidade. A entrevista foi feita em Brasília, onde Merquior, diplomata de retorno ao seu primeiro estágio no exterior, reside há um ano e leciona no curso de mestrado em Comunicação da Universidade de Brasília.

— Por que esse título — Formalismo e Tradição Moderna?

JGM — Porque a "tradição moderna", isto é, a arte da sociedade urbano-industrial, a arte, digamos, do Ocidente pós-romântico, vive oscilando entre um esteticismo crítico — em revolta contra os valores inautênticos da sociedade — e os rituais formalistas, que indicam a rendição da arte à cultura alienada. Esse é o tema central do meu livro e persegue nos domínios diversos da estética, das teorias da crítica e das várias artes; é o tema que especifica o que o subtítulo aponta: "o problema da arte na crise de cultura". E diante dele, o moderno já é, em arte, uma tradição: a tradição que remonta a Baudelaire, Flaubert, Dostoiévsky ou Wagner.

— Mas com isso não se perderia de vista a diferença entre o "contemporâneo" — a "arte moderna propriamente dita" — e os estilos do século passado?

JGM — Ao contrário: o livro faz questão de explicar essa diferença, adotando uma concepção dialética da "tradição moderna". Toda a primeira parte do ensaio sobre o modernismo gira em torno dessa distinção entre a arte dos Oitocentos pós-românticos e a nossa "arte moderna". O importante é tentar mostrar como as diferenças de forma entre a arte desses períodos correspondem a fatores culturais, não porque a arte seja mero "reflexo" da cultura, mas pelo fato dela ser uma reflexão sobre problemas humanos historicamente situados.

— Por que o tom polêmico do ensaio sobre o kitsch?

JGM — Talvez porque a última das doenças da crítica alienada dita de vanguarda consiste em tentar "justificar" o kitsch, a pretexto de "democratismo" cultural. É preciso alertar contra o que há de contagiante nesse suicídio intelectual, especialmente quando se ingressa, como nós, na era da educação de massa, com o risco de uma liquidação irresponsável dos valores culturais "aristocráticos".

— Irresponsável em que sentido?

JGM — Irresponsável porque o certo não é desaristocratizar a cultura, que é intrinsecamente algo de aristocrático, e sim democratizar o acesso a ela. A defesa do kitsch é um niilismo cultural da pior espécie. Pode ser que certos intelectuais tenham medo de ser ou continuar uma minoria de gosto e opinião. Mas o dever do intelectual responsável é reagir, sem ligar para a maior ou menor popularidade de sua atitude. Popularidade não é, aliás, um "valor" bem kitsch?

— Você continua a contestar a vanguarda? Para alguns, seu recente artigo no "Jornal do Brasil" (10-8-74) sobre a situação do vanguardismo atual não permite decidir de que lado você se coloca: da neovanguarda, ou da antivanguarda?

JGM — O artigo procura apenas mostrar que uma verdadeira neovanguarda não tem direito de ser sociologicamente ingênua; não tem direito de ser formalista.

— No seu livro, você ao mesmo tempo critica a crítica estruturalista e lhe recusa a qualidade de estruturalista. Por outro lado, após ter passado cinco anos em contato com o seminário de Lévi-Strauss, mal você regressa ao Brasil, escreve aquele polêmico "O Estruturalismo dos Pobres" no Jornal do Brasil. Qual é a sua?

JGM — A maioria da crítica dita estruturalista não é de fato

O
livr
J. G. M

Entrevis
Pedro Antôn

José Guilherme Me

estruturalista, e sim formalista, porque incide — e insiste — num conceito de forma (só que agora se diz pedantemente "textualidade", "literariedade", etc..) calcado na velha antítese forma-conteúdo. Ora, conforme o próprio Lévi-Strauss se deu ao trabalho de explicar, numa célebre crítica a Propp (o mesmo Propp que certos vanguardistas aplicam na maior inocência), a estrutura não se opõe a nenhum conteúdo; na estrutura, a forma vira conteúdo e o conteúdo, forma. Estrutura é conceito dinâmico e dialético, bem adequado ao que Antônio Cândido pediu, há quase dez anos, em **Literatura e Sociedade**: um método em que a análise formal e abordagem sociológica da obra se completem, considerando-se o social não como algo "externo", mas como fator de estruturação do texto literário. Este jamais se renderá, em seu pleno sentido, a qualquer método purista, isolacionista, escravizado ao fetichismo do signo sem referencialidade. E aqui é que entra em cena uma semiologia da literatura corretamente entendida: o recurso à semiologia deve servir de arma contra a cegueira sociológica das críticas "metalinguísticas". Procuro destacar isso na argumentação da terceira parte do livro, toda dedicada aos problemas metodológicos da crítica.

— Quer dizer que, embora condenado o falso estruturalismo da crítica, no plano geral da teoria das ciências humanas, você permanece fiel ao estruturalismo lévi-straussiano?

JGM — Aproveitei muita coisa de Lévi-Strauss, desde **Razão do Poema**, mas não sou lévi-straussiano, até porque nunca me especializei em estudos antropológicos. Fico admirado ao ver como a nossa leviandade intelectual decreta que alguém tem que se filiar a esta ou àquela corrente só por ter tido um contato estudioso com ela. Lucrei muito em frequentar o seminário de Lévi-Strauss, e cheguei a escrever sobre uma dimensão mal conhecida e não-sistematizada de sua obra (A Estética de Lévi-Strauss, a sair), mas o que mais me atraiu, nesses últimos oito anos, em matéria de ciências sociais não foi tanto o estruturalismo — foi a teoria sociológica, assunto sobre o qual preparo um ensaio crítico. Para mim, a verdadeira ciência-piloto no chamado campo humanístico é, ou deveria ser, a sociologia — uma sociologia pós-parsoniana. Sem uma boa base de teoria sociológica, a crítica da cultura jamais vencerá sua vulnerabilidade diante das sereias ideológicas; e sem uma sólida e lúcida crítica da cultura como base, a crítica jamais dará conta da riqueza de significado das verdadeiras realizações artísticas do nosso tempo.

— É por isso que os seus livros se têm partilhado entre a crítica e o ensaísmo de crítica da cultura ('Arte e Sociedade em Marcuse, Adorno e Benjamin, Saudades do Carnaval')?

JGM — É. Mas ainda tenho muito trabalho pela frente no que se refere à fundamentação sociológica da crítica da cultura.

— Isso significa que você pretende se concentrar proximamente no ensaísmo não literário?

JGM — Por algum tempo, sim, pelo menos depois de lançado o meu **Drummond**; mas sem abandonar inteiramente a crítica — ela é a minha "cachaça".

— E a literatura nacional? Prosa e poesia recentes?

JGM — A melhor prosa recente é ainda modernista, magnificamente modernista: se chama Pedro Nava. Na poesia, vejo com o maior interesse o que estão fazendo poetas como Francisco Alvim ou Antônio Carlos de Brito, que se afastaram decisivamente do classicismo algo ornamental da maioria dos bons líricos da geração de 50.

— Merquior, o Itamaraty ajuda ou atrapalha o seu trabalho de escritor?

JGM — Você sabe, diplomacia e literatura têm alguns traços comuns: ambas partem do princípio de que a forma é sempre significativa, de que a forma também é "conteúdo"... Quanto ao Itamaraty, em particular, só me tem ajudado: não só nunca me coibiu, como me proporcionou experiências intelectuais altamente estimulantes. Afinal, trata-se de uma casa das mais civilizadas que temos, que se envaidece de contar ou ter contato entre seus funcionários como expoentes literários do talhe de Guimarães Rosa ou João Cabral de Melo Neto — aliás, diplomatas, e não só escritores, exemplares. Pouca gente sabe, por exemplo, que quem atuou de maneira decisiva para que fosse publicada a primeira edição de **Sagarana** foi o atual chanceler, um dos nossos diplomatas mais completamente "profissionais". Por si, a carreira não gera nenhuma oposição entre o "métier" e o amor às letras. Posso ser suspeito para depor, mas o fato é que o Itamaraty, sem sempre bem compreendido entre nós (embora sempre admirado lá fora), não fica atrás de ninguém em matéria de bem servir ao Brasil. É uma instituição em que me sinto muito bem, e a que eu me orgulho de pertencer.

Entrevista concedida ao Jornal de Brasília.
Fonte: Arquivo José Guilherme Merquior/É Realizações Editora

UNIVERSITÀ DI ROMA
FACOLTÀ DI LETTERE E FILOSOFIA
ISTITUTO DI FILOLOGIA ROMANZA

STUDI PORTOGHESI E BRASILIANI

00185 ROMA 29 de Janeiro de 1975
Facoltà di Lettere e Filosofia
Città Universitaria

Meu caro José Guilherme Merquir:

há tempo queria escrever-lhe para lhe agradecer a Formalismo e tradição moderna. Mas sempre com o desejo de ler tudo antes de responder, atrasei a resposta. No entanto aconteceram várias coisas. Gostei à epigrafe do Manganelli (Você lhe enviou o livro? Ele gostaria fare amicizia: o endereço é: Giorgio Manganelli, via Senafé 19, Roma), gostei imenso do ensaio sobre o Kitsch (temos q e falar). O resto ficou para sistematização futura. "as o livro é importantíssimo.
Depois estive em Portugal: no " nosso " curso. Gente formidavel, simpática, viva: vai ver. Você vai gostar como eu gostei.
Depois conheci a sua cunhada, agora minha aluna-colaboradora no curso de brasileiro. Por ela soube que Você vai voltar a Europa. Gostaria tanto convida-lo entre nós. Vamos ver se isto for possivel na altura em que Você chegar aqui.
E depois... ontem li na " Coloquio " o seu ensaio Ut ecclesia parnassus I (tudo com letra pequena. E gostei tanto que pensei que gostaria escrever-lhe: para lhe dizer isto tudo, muito confusamente, mas com amizade.
Espero que Você volte à Europa, e que a gente se possa encontrar, colaborar e sobretudo que a gente possa falar.
Por enquanto parabens, obrigada pelo livro e até breve da amiga

Luciana Stegagno Picchio

Carta de Luciana Stegagno Picchio.
Fonte: Arquivo José Guilherme Merquior/É Realizações Editora

Rio, 23 de novembro, 1974
Meu querido amigo José Guilherme

Só um acúmulo de fatores poderia me levar à grosseria cometida com você de nem sequer lhe agradecer o envio de seu Formalismo & tradição moderna. Sucede que o livro chegou simultaneamente à confirmação do convite para que passasse três meses na Alemanha, em contato com professores de teoria e literatura comparada (Jauss, Stempel, Iser, e outros que ainda desconheço). Tratei então de resolver de imediato os problemas necessários à ida. Não esperava então contar com tanto dispêndio de tempo para a liberação de meu passaporte. Formou-se então uma novela de que só há duas semanas me liberei. Neste entretempo fiquei sem cabeça para coisa alguma. Assim não pude, como esperava fazê-lo, ler seu livro antes de lhe escrever. Vejo-me agora na situação de, embarcando na próxima sexta 29, nem o ter lido nem lhe ter agradecido. Assumo pois o mal imediatamente menor: escrever-lhe antes de ter condições de lhe dizer o que seu livro merece. Apenas o tenho folheado, com inveja, confesso, pois sempre que vejo um livro bom, principalmente de uma "patrício" – Portugal está na moda –, fico puto da vida em não ter sido eu quem o fez...Pois saiba, que seu livro me deixa com inveja. Por outro lado, pelo pouco que dele li, concordo com sua observação oral: talvez estejamos mais próximos teoricamente do que eu supunha pela leitura de sua Astúcia. As discordâncias serão excelentes para que eu aprenda com suas objeções. Confesso entretanto ficar contristado em passar tanto tempo para lhe dizer tão pouco. Estou certo que você entenderá. Por outro lado, como espero, quando de meu retorno, em março, principiar a trabalhar seriamente na conversão de ex-comunicação ao Encontro puciano em algo bem maior, estou certo que terei muito a lhe perguntar. – No momento, todas minhas dúvidas, perguntas e interesses dizem respeito à sintaxe alemã! Ah coisa complicada. Andei matando a cabeça com o M. Kommerell, à procura de elementos para minha reflexão sobre a mimese. Valeu a pena, apesar do enorme complexo que me deu a dificuldade de entender os parágrafos que eram capitais para minha procura. Tenho passado para o Jauss, que me parece de fato importantíssimo, embora, talvez por teimosia nordestina, eu não acredito que responda às questões que eu me formulara sobre o papel da estética. De todo modo, estou certo que meu exame se tornará menos incompleto ou menos parcial. Vou parar por aqui. Esta carta entretanto só será enviada depois de eu descobrir seu endereço – a terceira razão, e a menos importante, de não haver lhe escrito antes.
A Hilda e Júlia meu abraço. Do amigo

Carta de Luiz Costa Lima.
Fonte: Arquivo José Guilherme Merquior/É Realizações Editora

dificuldade maior: a criação da linguagem adequada. Diz ela: «Depois da pesquisa histórica: local, flora, fauna, costumes, reconstituição do pensamento mágico e totémico, esbarrei na verdadeira dificuldade. Para realizar o pensamento primitivo em termos de literatura, eu tinha que lutar *contra* as palavras e não *com* elas. Usando uma câmera imaginária e focalizando a cena, aparece em meu quadro uma figueira e um tapir. Pois bem. Como é uma figueira, se nós tivermos que dispensar o nome — figueira —, e apenas descrevê-la? Como o faria o homem primitivo? Como é um tapir, para o homem a quem esse nome nada representa? Ora, eu nunca vira um tapir! E uma verdade desabou sobre mim: nós estamos tão aprisionados nas palavras que esquecemos a realidade, ou talvez, prescindimos dela. E então veio um aprendizado estranho e fascinante — aprender a 'ver' de novo a partir da própria realidade. Veio a tentativa de descobrir as coisas, como pela primeira vez no mundo: apalpando, cheirando, redescobrindo cada forma, cada ser, cada cor...»

Como diz Paulo Duarte na apresentação do romance, «são poucos os escritores que têm a indispensável imaginação para se internarem nessa *selva oscura*, nesse campo maravilhoso, mas de difícil penetração, que é a arqueologia pré-histórica. Alguns franceses e italianos o fizeram, tentando reconstituir o ambiente arqueológico e ressuscitar a mentalidade do homem pré-histórico; mas na maior parte dessas obras a fantasia colaborou muito mais do que o conhecimento científico, e a matéria surge falseada».

E entre os «poucos» que se aventuraram nessa *selva oscura* está Stella Carr, cuja «fantasia e imaginação assentam em dados objectivos do conhecimento pré-histórico, assimilados e manipulados com todas as cautelas de um verdadeiro investigador e o espírito criador de um poeta».

A nosso ver, um dos maiores méritos deste romance está na reinvenção da linguagem inaugural, realizada por Stella. A linguagem daquele momento em que as coisas ainda não tinham nome, não possuíam ainda o *rótulo* que depois as delimitaria para sempre em uma única significação ou possibilidade de ser.

Obra absolutamente nova dentro das fronteiras da literatura brasileira, O Homem do Sambaqui é o romance que só um espírito de poeta, mesclado a uma funda consciência especulativa, poderia ter escrito. Daí a hibridez do volume: completam a narração fabular um ensaio informativo, «A Cultura Sambaqui», e a Bibliografia básica que serviu de alicerce ao conhecimento objectivo da matéria-prima.

Nelly Novaes Coelho

Ensaio

JOSÉ GUILHERME MERQUIOR
FORMALISMO E TRADIÇÃO MODERNA
Editora Forense-Universitária, S. Paulo / 1974

A aurora dos tempos modernos se caracteriza também pela ruptura arte-vida. Desde a antiguidade grega até o século XVIII a unidade arte-vida não tinha sido teoricamente questionada.

No século XIX, no entanto, toma vulto uma tendência artística que pretende atingir a essência do poético. Passa-se a desbastar a poesia de tudo o que se considera espúrio, e que não tinha sido entendido como tal até então. Esta vaga atravessa o Simbolismo, atinge os movimentos de vanguarda no início do século e ainda se manifesta fecunda, num movimento como o Concretismo, nas últimas décadas da presente centúria.

A ruptura arte-vida desencadeou paralelamente a preocupação pela especificidade da obra de arte. A reflexão generalizada levou a um aprofundamento sem similar no passado. É frequentemente o artista e o crítico coincidem. Os exemplos são muitos: Poe, Baudelaire, Mallarmé, Flaubert, Eliot, Ezra Pound, Adonias Filho — para citar apenas alguns.

Ao mesmo tempo que se reflectia sobre a especificidade da arte, uma abordagem diversa enfatizava a arte como fenómeno de cultura e chegou a subordiná-la a outras esferas da actividade humana. Enquanto isto, continuam a se preocupar pela arte como realidade desvinculada da vida uma parte do neocriticismo americano, o formalismo russo e alguns estruturalismos franceses.

Entre estes pontos extremos firma-se uma linhagem de críticos que, sem negar a autonomia da arte, pretendem vinculá-la à cultura. Nesta orientação podem citar-se nomes como Auerbach, Lukács, Goldmann, Volpe e António Cândido. Entre estes últimos inscreve-se categorizadamente José Guilherme Merquior com o livro *Formalismo e Tradição Moderna*.

Embora o livro seja uma colecção de treze ensaios surgidos em várias circunstâncias ao longo dos últimos seis anos, apresenta uma sólida unidade em torno do tema que lhe dá título. Merquior une uma copiosa informação a uma sólida formação, que se manifesta na sua ininterrupta actividade de conferencista e escritor. Inconformado com o abandono de atitude crítica diante dos fenómenos culturais, penetra com rigor no debate em torno do *kitsch* e emite sobre a questão conceitos maduramente reflectidos e altamente pertinentes. O mesmo vale para o debate que mantém com os estruturalistas que, abstendo-se de juízos de valor, nivelam a literatura de consumo e a literatura criativa. No ensaio «A Estética Semiológica» retoma um debate iniciado por Kant e revigora o interesse pelo valor estético abandonado por aqueles críticos que limitam sua actividade a uma análise desinteressada.

Uma obra como a de J. G. Merquior requer, para se lhe fazer justiça, cuidadoso e demorado exame. Limitar-nos-emos a algumas observações que a lucidez do Autor contestará com facilidade. Sentimo-nos, não obstante, compelidos a registrá-las, porque traduzem inquietações surgidas durante a leitura deste livro desafiante que agora comentamos.

A *mímese* forma o núcleo do pensamento crítico e estético de Merquior. Como se sabe, o termo *mímese* foi usado pela primeira vez com referência à produção artística por Platão, na *República*. E Platão argumentou com a imitação (*mímese*) para banir os artistas da República, denunciando-os como imitadores de imitações — os objectos do mundo fenomenal, cópia imperfeita da realidade das ideias invisíveis. Aristóteles, afirmando, contra seu mestre Platão, que na arte imita-se a forma, a essência, e não aparências, faz a primeira apologia sistemática da arte no Ocidente.

Platão e Aristóteles lançam o primeiro problema crucial: a arte imita o particular ou o universal? Merquior parece decidir-se pelo universalismo aristotélico. No livro *A Astúcia da Mímese* refere-se à mímese nestes termos: «A obtenção de um conhecimento especial sobre aspectos 'universais' da vida humana (considerados de interesse constante para o espírito) mediante a figuração de seres singulares é comum a todos os géneros literários; é o *modus operandi* da literatura em geral. Ora, a astúcia da mímese indica a causa final do literário, que guarda o segredo da universalidade das suas obras: essa capacidade de interessar aos homens em qualquer tempo e lugar» (p. 12).

Em *Formalismo e Tradição Moderna*, o A. volta a falar da «alusividade universal inerente à natureza *mimética* do literário em si, logicamente anterior a toda diversificação em géneros» (p. 226).

Admitida a mímese como «alusividade universal» (embora este pressuposto não esteja suficientemente esclarecido), como fará o A. a passagem do universal ao particular? Ora, a mímese assim entendida subtrai a arte à história. Nesse caso a teoria deveria levar o A. a um caminho oposto ao desejado: a aproximação da arte à cultura na sua manifestação histórica.

Em outro lugar, Merquior define a mímese como «indicação *expressa* de um determinado mundo imaginativo» (p. 226). A mímese é então interna, objecto da mímese já não é o mundo exterior, mas é «o mundo imaginativo». A ele pertencem, segundo Merquior, os ditos, os pensamentos, os gestos das personagens e os aspectos do cenário. Embora Merquior não cite Bonati, esta ideia já foi amplamente desenvolvida pelo teórico chileno em *Estructura de la Obra Literaria*, chegando a destacar um «estrato mimético» no cosmo ficcional.

O mundo imaginativo é autónomo ou reproduz vivências subjectivas? O A. parece não se definir com clareza a esse respeito. Em *A Astúcia da Mímese* pensa Merquior que a «lírica tem por objecto a imitação dos estados de ânimo» (p. 14). Ora, «estados de ânimo» e «mundo imaginativo» são coisa muito diversa, pela convincente demonstração de Husserl, Ingarden e Sartre. Identificar «estados de ânimo» e «mundo imaginativo» é aderir ao psicologismo. Não nos ocorre ter encontrado a identificação «mundo imaginativo» e «estados de ânimo» em *Formalismo e Tradição Moderna*, o que pode ser indício de que o A. já não a abone mais.

Como se relaciona a referencialidade interna à externa? Merquior responde com a *Poética* de Aristóteles (p. 227). Mas a mímese aristotélica subordina a ordem da obra à ordem cósmica. Se a solução aristotélica está correcta, em que reside a especificidade da obra literária?

O apreço à obra de José Guilherme Merquior nos levou ao debate destas questões. *Formalismo e Tradição Moderna* impõe-se pela firmeza da análise, pela riqueza de informação, pela clareza dos objectivos. Numa época em que somos ameaçados pela avalanche de ideias não assimiladas, a atitude vigilante e reflexiva do A. desempenha função relevante.

Donaldo Schüler

Resenha de Donaldo Schüler.
Fonte: Arquivo José Guilherme Merquior/É Realizações Editora

A MODERNIDADE ALTERNATIVA DE JOSÉ GUILHERME MERQUIOR

João Cezar de Castro Rocha

Um livro-mosaico

Formalismo & Tradição Moderna é um dos livros mais ambiciosos de José Guilherme Merquior. Trata-se de uma impressionante reunião de ensaios de dimensão diversa, cujo horizonte transita do modernismo brasileiro às artes plásticas contemporâneas – isso sem mencionar o teatro de Jerzy Grotowski, a emergência do fenômeno do *kitsch*, questões teóricas atinentes à semiologia e à teoria da literatura, a pintura renascentista como estudo de caso dos limites da interpretação estilística, as promessas e os dilemas da estética enquanto disciplina filosófica.

E, como se fosse pouco, Merquior ainda discute a formação e os impasses da história da arte, estuda um poema de Camões, oferece uma leitura instigante da *pop art*, analisa a especificidade da lírica nas condições da modernidade ocidental, apresenta uma das primeiras reflexões em língua portuguesa sobre o método hermenêutico de Giovanni Morelli – tornado moeda corrente entre nós apenas em 1989, por ocasião da tradução de *Mitos, Emblemas e Sinais*, do historiador italiano Carlo Ginzburg.

E há mais, muito mais – como descobrirão os leitores de *Formalismo & Tradição Moderna*.

Eis como o autor descreveu seu esforço:

> Treze ensaios que discutem amplamente vários temas de estética, teoria literária, teoria da crítica da arte, história da literatura, história das artes, semiologia e psicanálise da arte. Todos os ensaios trazem extensa bibliografia.[1]

---

[1] José Guilherme Merquior, "Curriculum Vitae". Universidade de Brasília/Departamento de Política e Relações Internacionais, 1981. Fonte: Arquivo José Guilherme Merquior/É Realizações Editora.

Por isso, dada a complexidade e a amplitude dos tópicos tratados, talvez seja útil sintetizar as linhas de força do pensamento de José Guilherme Merquior, e, na medida do possível, recorrendo às palavras do ensaísta.

Comecemos, pois, recordando uma entrevista concedida em 1974, na qual Merquior oferece o fio condutor de seu raciocínio:

> Porque a "tradição moderna", isto é, a arte da sociedade urbano-industrial, a arte, digamos, do Ocidente pós-romântico, vive oscilando entre um esteticismo *crítico* – em revolta contra os valores inautênticos da sociedade – e os rituais *formalistas*, que indicam a rendição da arte à cultura alienada. Esse é o tema central que meu livro persegue nos domínios diversos da estética, das teorias da crítica e das várias artes [...].[2]

Aí se encontra, portanto, o eixo que sustenta este livro, desdobrado numa miríade de temas e preocupações.

Forma *versus* formalismo?

De fato, o autor principia sua reflexão com uma advertência que, pelo avesso, esclarece o ponto de vista que articula os textos aqui coligidos:

> Não faltará quem leia o primeiro elemento desse título – *Formalismo* e *Tradição Moderna* – como uma espécie de definição do seu segundo elemento, tomando o formalismo por uma das principais características da tradição moderna no terreno da arte.[3]

Pelo contrário, Merquior desenvolve um longo e erudito percurso com a finalidade de dissociar os dois termos, ou, pelo menos, questionar seu vínculo imediato.

---

[2] "*Formalismo e Tradição Moderna*: o novo livro de J. G. Merquior". Entrevista concedida a Pedro Antônio de Albuquerque. *Jornal de Brasília*, Suplemento, 5 de outubro de 1974, p. 1.

[3] Ver, neste livro, p. 39.

Por isso, no parágrafo seguinte, o autor explicita o projeto que o move:

> Na verdade, quisemos justamente contar com o que há de aliciante nessa aproximação automática entre modernidade e formalismo – mas só o fizemos para poder problematizá-la.[4]

A tarefa não era nada simples, já que se tornou dominante, especialmente a partir do final dos anos de 1960,[5] o estabelecimento de uma equivalência simples entre metalinguagem e função poética. Vale dizer, a concentração no aspecto formal foi entendida como passo necessário, às vezes exclusivo, para a análise integral da obra de arte. Sem negar a relevância desse tipo de estudo, o autor de *Razão do Poema* confia numa perspectiva diversa, com base numa compreensão muito particular da circunstância contemporânea:

> Nosso ponto de partida foi a consciência da *posição marginal da arte* na era contemporânea, do fato de que a experiência estética se desenvolve perifericamente em relação ao núcleo ativo da cultura moderna. Vários autores não hesitam em saudar essa circunstância, acreditando que ela exime a arte de toda cumplicidade com uma civilização cujo estofo ético lhes parece desumanizante; porém, como as análises de Edgar Wind em *Art and Anarchy* o demonstram, a situação é bem mais complexa. A mentalidade artística do nosso tempo *colabora* frequentemente com o processo de marginalização da arte, reforçando-lhe o *impulso formalista*, ou seja, a tendência a despojar-se de significações mais densas, a renunciar a fazer do(s) estilo(s) uma forma viva articulada com os problemas centrais da cultura, e a

---

[4] Idem, p. 39.

[5] José Luís Jobim, em "Relendo José Guilherme Merquior: 40 anos de *Formalismo & Tradição Moderna*", no prefácio desta reedição, contextualiza o ensino de letras nas universidades brasileiras na época do lançamento do ensaio de Merquior.

fundamentar, nessa mesma articulação, a ressonância universal da imagem artística.⁶

O panorama se abre: a preocupação estética sugere a reflexão antropológica acerca da cultura moderna e, sobretudo, de sua permanente crise de valores. Desse modo, o formalismo, compreendido como valorização exclusiva da função metalinguística, apontaria, ironicamente, para fatores externos à fatura artística, iluminando, à revelia de seu desejo de autossuficiência, os impasses maiúsculos da arte na sociedade contemporânea.

Em outras palavras, Merquior leva adiante a pesquisa sobre a crise da cultura – tema de *Saudades do Carnaval* (1972) – e o estudo acerca do estatuto da lírica na literatura moderna – tema de *A Astúcia da Mímese* (1972). Além disso, não se esqueça de *Arte e Sociedade em Marcuse, Adorno e Benjamin* (1969), cujo título anuncia o norte das análises aqui apresentadas, pois o ensaísta sempre buscou estudar o fator estético em conjunção com os processos sociais. Naturalmente, o destaque concedido às intuições de Jan Mukarovsky deve ser entendido nesse horizonte de preocupações.

Contudo, não se trata de idiossincrasia conservadora, isto é, recusa do plano propriamente formal, que seria desvalorizado em nome de um humanismo anacrônico ou de uma concepção normativa do plano estético, visto como mero receptáculo de um conteúdo exterior à obra. Na verdade, Merquior segue de perto a Claude Lévi-Strauss na caracterização da "tradição moderna",⁷ e também no retrato do "formalismo".⁸

---

⁶ Ver, neste livro, p. 258.

⁷ Na definição de Merquior: "o conjunto de tendências estilísticas surgidas de há um século para cá, e "grosso modo" caracterizadas por dois aspectos: a) a reação crítica contra os modos de vida impostos pela sociedade urbano-industrial; e b) a fidelidade a uma poética essencialmente distinta das coordenadas estéticas vigentes durante a precedente era clássico-romântica". Idem, p. 266.

⁸ Eis, em todo o livro, a definição mais sucinta: "o equívoco em que o senso da autonomia da função artística degenera na ilusória pretensão a um isolamento entre arte e cultura (...)". Idem, p. 291.

Daí, a possibilidade de estabelecer um vínculo inesperado e multissecular: "Ora, o esteticismo é a matriz da pseudoarte, do *kitsch*".[9] Na perspectiva de Merquior, os impasses gerados por certo formalismo foram gestados na estética de "l'art por l'art".[10] Afinal, esse projeto teria produzido um afastamento crescente da esfera artística em relação aos fatores sociais. Em consequência, surge "o efetismo vulgar do esteticismo sem inquietação humana. Baudelaire, o primeiro poeta da grande cidade, o primeiro lírico da angústia moderna, é esteticista, mas não formalista".[11]

(Em passagens similares, o leitor acredita escutar ecos do José Ortega y Gasset de *Deshumanización del Arte*, o ensaio-manifesto de 1925.)

Estamos a um passo da polêmica: "a *vida dupla* levada pela arte de vanguarda (a única que conta) na sociedade de massa".[12]

Esclareça-se o alvo: como vimos, na percepção de Merquior, a autossuficiência estética buscada por certa vanguarda ironicamente reproduz a marginalização imposta à arte nas circunstâncias da sociedade moderna. Aqui, onde se julga afirmar a criticidade, somente se verifica a renúncia à tarefa mais urgente, ou seja, a denúncia das condições alienantes do cotidiano massificado.

Tal projeto somente se realiza se o impulso artístico não for dissociado dos modos de construção de mundos – recorde-se o sugestivo título do ensaio de Nelson Goodman, *Ways of Worldmaking*.

Tal projeto exige, por isso mesmo, o resgate de um conceito-chave na história do pensamento ocidental.

---

[9] Idem, p. 77.

[10] "A demonstração, feita por Broch, do parentesco espiritual existente entre o efetismo do *kitsch*, a exuberância *simulada* da arte de passatempo e o esteticismo moderno é altamente perturbadora". Idem, p. 78.

[11] Idem, p. 80.

[12] Idem, p. 81.

Um resgate: a mímese

O tema já havia surgido em *A Astúcia da Mímese*, favorecendo inclusive a grafia particular do conceito.[13] Vale a pena, portanto, acompanhar o aprofundamento da problemática, ainda que brevemente, pois detalharemos o ponto na reedição daquele livro.

Refiro-me ao resgate do conceito de mímese; resgate pensado como um lance estratégico na polêmica contra o formalismo.

Acompanhemos a exposição de Merquior:

> Mímese é nos nossos dias um conceito tratado a pancadas, uma noção que atrai a cólera dos mais escutados entre os pós-estruturalistas (ver, sobretudo, Jacques Derrida, 1972, p. 159 e passim). Gostaríamos, não obstante, de abordá-la, e isto por duas boas razões. Primeiro, porque a *Poética* associa muito judiciosamente a ideia da arte como mímese à ideia da *autonomia* expressiva da arte (ver, por exemplo, a rejeição explícita de todo servilismo "fotográfico" na imitação, na *Poética*, 1460b, 13). Em seguida, porque o conceito de mímese, ressaltando o papel do imaginário na arte, se entrosa facilmente com a tese bem moderna segundo a qual a obra de arte é um objeto *intencional*, isto é, um objeto cuja existência só tem sentido se nossa consciência o toma a seu cargo, aceitando animar-lhe as significações, de outro modo inertes.[14]

Citação longa, porém indispensável. O autor a completa com uma sentença aforismática, revelando seu

---

[13] "A grafia do título deste livro requer um esclarecimento: mímese ou mimese? A opção pela forma proparoxítona visa a salientar a diferença entre mimese, figura de retórica, e o conceito de poética e de estética homônimo. [...] Em outras palavras: *mimese* é apenas uma espécie do gênero *mímese*." José Guilherme Merquior. *A Astúcia da Mímese*: Ensaios sobre a Lírica. Rio de Janeiro, Livraria José Olympio, 1972, p. X. No ensaio "Natureza da Lírica", Merquior desenvolve sua hipótese através da noção de *mimese interna* (Idem, p. 9-11).

[14] Ver, neste livro, p. 186.

entendimento inovador do problema da mímese: o *idêntico* da repetição mimética *não* é o *mesmo*.[15] No fundo, o projeto de Merquior exige preservar o sentido referencial da operação mimética – a fim de assegurar a crítica das relações sociais –, sem descuidar da dinâmica peculiar da operação mimética em sua dimensão estética – a fim de reconhecer o alto nível de autonomia das formas em relação ao processo histórico.

Daí, a proposta:

> Despojada de toda significação reflexa, "fotográfica", a mímese, enquanto conceito da referencialidade autônoma da produção estética, poderia designar mesmo as artes mais resolutamente "antifigurativas".[16]

Afinal, trata-se de pensar a potência mimética como eminentemente criadora, em lugar de reduzi-la à pálida imagem de reflexo de uma referência prévia. A força dessa reflexão brilha nos ensaios "Do Signo ao Sintoma" e "Sentido e Problema do *Pop-Pop* e Hiperrealismo" e, em sentido mais geral, estrutura este livro.

Merquior vai além:

> O que há de mais revelador no conceito de mímese é a sua própria ambiguidade: o fato de que ele evoca, às vezes, uma relação com a realidade exterior, outras vezes, a irredutível liberdade do imaginário em face a esta mesma realidade. Exatamente como as palavras *imago* e *figura*, mímese é um termo cujo sentido oscila forçosamente entre essas duas direções. A estética da mímese afirma a referencialidade da arte sem negligenciar absolutamente a autonomia de sua linguagem.[17]

---

[15] A passagem na íntegra: "Se, portanto – uma vez que o texto poético é um objeto intencional –, a leitura é a vida da mímese, o processo mimético deriva da repetição diferenciadora (Deleuze, 1968), não da reprodução mecânica e uniforme; o *idêntico* da repetição mimética *não* é o *mesmo*". Idem, p. 188, destaques do autor.

[16] Idem, p. 189.

[17] Idem, p. 191.

Tal ambiguidade estrutural constitui, no vocabulário do autor deste livro, *a astúcia da mímese*.[18] Portanto, o modelo crítico de Merquior, modelo que autorizou a condenação de todo formalismo, repousa sobre uma base teórica precisa: o resgate da riqueza originária do conceito de mímese. Salvo engano, essa é uma de suas mais notáveis intuições, ainda hoje pouco reconhecida pela crítica.[19]

Finalmente, então, Merquior explicita a hipótese defendida ao longo deste ensaio:

> A fim de melhor caracterizar esse fenômeno, do ponto de vista da história das ideias, é que avançamos a tese de que *todas as variantes da atitude formalista são, em última análise, resíduos românticos extraviados e inassimilados em meio à "tradição moderna"*, ou seja, ao complexo estilístico que personaliza a era pós-romântica e, cristalizando-se inicialmente em Baudelaire, Flaubert, Dostoiévsky, Wagner, a plástica impressionista, etc. rege até hoje o panorama estético por meio de sua descendência ou, simplesmente, de sua sucessão.[20]

Eis o argumento forte que alinhava os diversos textos deste livro.

Alguns pensarão que se trata de uma hipótese polêmica. Por certo.

---

[18] "Por uma espécie de *astúcia da mímese*, a representação do singular logra uma significação universal". José Guilherme Merquior, *A Astúcia da Mímese: Ensaios sobre a Lírica*. Rio de Janeiro, Livraria José Olympio, 1972, p. 8.

[19] Há exceções: "Existe assim uma astúcia da *mímesis*, conforme a feliz expressão de J. G. Merquior (1971). Damos-lhe contudo outra interpretação. Tal astúcia consiste em subtrair do receptor parcela que, entretanto, compõe o fenômeno". Cruz e SOuza Costa Lima, *Mímesis e Modernidade: Formas das Sombras*. Rio de Janeiro, Edições Graal, 1980, p. 230.

[20] Ver, neste livro, p. 305. Um pouco adiante, o autor reitera a "tese geral de que todas as variantes formalistas da consciência estética moderna derivam da ação negativa de resíduos românticos". Idem, p. 306.

Caso contrário, não estaria à altura da intensidade das reflexões de José Guilherme Merquior.

Esta edição

A primeira edição deste livro saiu em 1973, numa publicação conjunta da Editora Forense Universitária e da Editora da Universidade de São Paulo. A circunstância é significativa e ilumina as palavras finais da "Advertência":

> À exceção dos "Fragmentos de História da Lírica Moderna", todos os ensaios contêm amplas referências bibliográficas. É esperança do autor que elas sirvam – tanto ou mais do que estes escritos – para a ampliação e aprofundamento do debate universitário e extrauniversitário sobre problemas estéticos no Brasil.[21]

Nesse exato momento, no final dos anos de 1960 e na década seguinte, o sistema de pós-graduação conheceu um fortalecimento inédito no Brasil, configurando um novo modelo de pesquisa na área de letras. No entanto, a frase de Merquior é precisa ao aludir a um duplo sistema de referência: *debate universitário e extrauniversitário.*

Em alguma medida, a trajetória do autor de *Liberalism – Old and New* sempre transitou entre os dois polos. Isto é, exatamente como seu entendimento da potência da mímese, o pensamento de Merquior *oscila forçosamente entre essas duas direções.* Por assim dizer, é a *astúcia da crítica.*

Vejamos.

De um lado, seus exercícios críticos são caracterizados pelas inúmeras citações, pela atualização bibliográfica rigorosa e pela escrita que se deseja clara – regras do método propriamente universitário, portanto.

De outro lado, seus textos nunca abriram mão da verve polêmica, cuja virulência foi rapidamente jogada para escanteio pela sisudez acadêmica. Pelo contrário,

---

[21] Idem, p. 41.

Merquior preservou a dicção ferina como marca definidora de seu estilo.

Essa tensão, aliás, foi percebida por seus leitores. Recorde-se um eloquente testemunho da época do lançamento do livro:

> Em seu recentíssimo "*Formalismo e Tradição Moderna – O Problema da Arte na Crise da Cultura*", José Guilherme Merquior, o mais extraordinário ensaísta da nova geração de intelectuais brasileiros, debate ao longo de trezentas e tantas páginas com singular acribia os problemas mais agudos da cultura da sociedade de massa, demorando-se em reflexões cuja perspicácia e cuja pertinência reclamam urgentemente a atenção dos estudiosos, *especialmente dos docentes universitários*.[22]

Tal percepção do contexto dos anos de 1970 permite reavaliar tanto a dureza da prosa ensaística de Merquior, quanto a resistência que ela enfrentou (ainda enfrenta) em certos círculos acadêmicos.

(No fundo, colaborar para tal reavaliação é o propósito da reedição das obras completas de José Guilherme Merquior.)

Leia-se, nessa encruzilhada de contradições, o direto de direita desferido pelo autor:

> Porém, Moles, preso aos mitos cientificistas da estética da informação, continua aparentemente bem longe de renunciar à alienação festiva da sua teoria do *kitsch*. Glorificando as dessublimações "digestivas" do consumo de massa, os ensaios kitschistas viram objetivamente candidatos a rivais de *Playboy*...[23]

---

[22] Nogueira Moutinho, "Da crise da cultura à explosão vocabular". *Folha de S. Paulo* / Folha Ilustrada, 8 de outubro de 1974, p. 38, meus destaques.

[23] Ver, neste livro, p. 72.

Sem dúvida, seria difícil imaginar frase similar nas teses e tratados que começavam a se impor na escrita universitária, porém, e ao mesmo tempo, nada mais comum na longa tradição do discurso polêmico, caracteristicamente dominada pela argumentação *ad hominem*. No espaço luso-brasileiro, aliás, a virulência na explicitação de eventuais diferenças possui uma rica história, à qual Merquior parece conscientemente se associar.

Às vezes, porém, a dicção polêmica passava do ponto – não se pode deixar de reconhecê-lo. É difícil entender, por exemplo, a agressividade (ainda que temperada pela evidente intenção irônica) com que Merquior brinda determinada artista francesa:

> (Quanto à grande pintora de animais, Rosa Bonheur, trata-se de uma artista que, até por fidelidade a seu tema predileto, deveria ter insistido mais no autorretrato).[24]

Nome merecidamente inexpressivo na história da arte, Bonheur dedicou-se, como a passagem esclarece, à pintura de animais, num estilo tão figurativo quanto sentimental. A mediocridade de sua "obra" é inegável; porém, daí a sugerir que a pintora encontraria, digamos, a pura felicidade na confecção de autorretratos talvez seja uma observação, ela sim, pouco feliz.

Reitero o ponto: a observação importa porque ajuda a entender a posição especial de Merquior num contexto de transição.

O autor de *A Estética de Lévi-Strauss* mantinha-se atualizado com a mais recente bibliografia internacional com um rigor dificilmente encontrável na universidade, porém decidiu preservar a dicção polêmica característica de certo ensaísmo cultural de alto nível. Ora, a especialização universitária, especialmente na área de letras, precisou, para impor-se, afastar-se estrategicamente daquela tradição. Portanto, Merquior assumiu um papel ambivalente. O fundamento da crítica radical do autor

---

[24] Idem, p. 58.

ao formalismo relaciona-se intrinsicamente a essa posição dúplice. Sua concepção da *"arte como depoimento humano* (inconfundível com qualquer mera função 'documental')"[25] implica a postulação de um elo entre *universitário e extrauniversitário*. Ora, se uma preocupação exclusivamente formal é favorecida pelo autocentramento típico do sistema *universitário*, o olhar atento para as mediações entre arte e sociedade é estimulado pelo cuidado com o universo *extrauniversitário*.

O ponto é decisivo.

Em primeiro lugar, destaque-se a visão da arte como produtora de conhecimento acerca da condição humana[26] – nesse contexto, vale a pena recuperar a expressão. Logo, "a 'esquizofrenia' da arte é, portanto, consequência inevitável do estado patológico da civilização".[27]

Em segundo lugar, *et pour cause*, Merquior toca na mesma tecla de outros ensaios: a sociedade contemporânea experimenta uma crise aguda de valores e, em boa medida, o ensaísta brasileiro atribui-se a tarefa de esquadrinhá-la.

Não apenas.

Ele também buscou alternativas, como a conclusão do ensaio o demonstra:

> [...] o juízo estético coloca o indivíduo autônomo e, por isso mesmo, mais *humano*, no lugar do autômato que é, ou tende a ser, o alienado consumidor do *kitsch*. No que se revela o sentido profundamente liberal e plenamente libertador da estratégia "aristocrática" da arte de vanguarda, em sua constante guerrilha contra o *kitsch*.[28]

Entenda-se o sentido de *estratégia aristocrática* na economia do pensamento de Merquior: trata-se de fugir dos efeitos alienantes de certos produtos de massa impostos pela indústria cultural. Recusar essa noção precisa

---

[25] Idem, p. 92.

[26] "[...] arte, atividade essencialmente *antropográfica*". Idem, p. 95, destaques do autor.

[27] Idem, p. 92.

[28] Idem, p. 98, destaques do autor.

de *aristocracia*, no espírito do livro que ora se reedita, significa abrir mão da vigilância crítica – a "guerrilha" cultural, defendida pelo autor.

Na verdade, a mais completa tradução de seu esforço crítico encontra-se na análise certeira que ele mesmo propôs do primeiro Lukàcs:

> [...] uma crítica que, desejando-se atenta à forma, não aspire menos a captar plenamente o sentido histórico e humano da arte literária – e de poesia em particular. [...] Tudo está em saber ler a história *no texto poético* em vez de dissolvê-lo na história.[29]

Reencontram-se, aqui, o ensaísta a caminho da maturidade e o jovem crítico de *A Razão do Poema*:

> [...] afinal de contas, a poesia é um produto da inteligência humana – da inteligência, e não do músculo cardíaco; e pelo menos tudo o que o seu intelecto cria, o homem não só pode como deve compreender.[30]

Por fim, não se esqueça do bom humor, tão característico da visão do mundo de Merquior, e que desponta na nota de número 39 do ensaio "Formalismo e Neorromantismo".

Mais não digo: apenas sugiro as afinidades eletivas entre as preocupações deste livro e a obra do "crítico austro-parisiense Rupert Lenoir".[31]

("Arte" *e* "sociedade", como se sabe, também se diz "forma" *e* "processo social".)

---

[29] Idem, p. 103.
[30] Idem, p. 115.
[31] Idem, p. 295, nota 39.

A Dialética da Militância

Peron Rios[1]

Se é verdade que os estudos sobre literatura, exercidos de modo amplo e menos sofisticado, correm sempre o risco de padecer da alternância entre o absolutismo de uma leitura fechada e o monopólio do extraliterário, a história do exercício crítico no Brasil leva tal afirmação ao fulgor da evidência. Desde seus momentos de afirmação, com a geração de 1870, o vezo maniqueísta entre nós marcava seus contornos com traço firme e, por vezes, irredutível (o que as polêmicas, não raro transbordando para o viés pessoal, materializavam). Um século depois, a defesa imoderada do fator nacional como critério axiológico, vislumbrada em Sílvio Romero e José Veríssimo, escorrega diametralmente: vê-se a ênfase na autonomia do texto literário significar, degenerativamente, a eliminação dos elementos semânticos que envolvem a obra.

É precisamente nesse cenário que, em 1974, em pleno auge do modelo formalista no Brasil, *Formalismo & Tradição Moderna* (FTM) emerge como uma obra ousada. De fato, embora nos advertisse Boris Eichenbaum de que os princípios da escola russa não configuravam nenhuma metodologia,[2] assim foram consideravelmente abordados, sobretudo na universidade brasileira, os pilares clássicos daquela corrente eslava. Um representativo quinhão da produção acadêmica desse momento (que se estendeu, no mínimo,

---

[1] É mestre em Teoria da Literatura pela Universidade Federal de Pernambuco e doutorando em Literaturas Africanas pela Universidade de Lisboa e pela Université Paris III – Sorbonne Nouvelle.

[2] Cf. Boris Eichenbaum, *A Teoria do "Método Formal"*. In: T. Todorov (org.), *Teoria da Literatura: Textos dos Formalistas Russos*. Trad. Roberto Leal Ferreira. São Paulo, Editora Unesp, 2013, p. 31.

por mais uma década) punha em circulação, muitas vezes sem o devido ajuste conceitual, uma enxurrada de termos operatórios como "literariedade" e "imanência textual".

De antemão, talvez fosse basilar esclarecer que, para José Guilherme Merquior, a tradição moderna consiste no movimento iniciado em meados do século XIX e que tem como premissas a crítica ao modelo de vida da sociedade urbano-industrial e uma saída aos parâmetros estéticos clássicos e românticos. Com seu famoso espírito combativo, Merquior subleva-se então contra o dogmatismo formalista que prosperou nessa tradição da modernidade. Por meio de ensaios densos de erudição e de espírito, nos quais se pode facilmente verificar um esforço hercúleo de extrair uma quadratura do círculo, pratica certo panopticismo ideológico e, para tanto, revigora o pensamento brasileiro com o frescor das ideias mais atualizadas, com um suporte bibliográfico ancorado na tradição anglo-germânica pouco presente na *intelligentsia* nacional do momento. Não foi casual, portanto, o conhecido elogio que lhe rendeu, *in memoriam*, Claude Lévi-Strauss.[3]

É essencial perceber, contudo, que Merquior não representou um sopro absolutamente solitário ou puntiforme: sua resistência retomava o fôlego menos largo – mas nem por isso pouco propositivo – de Franklin de Oliveira (*Viola d'Amore*) e se filiava ao modelo vigoroso consagrado entre nós por Antonio Candido, que não abria mão da síntese entre a leitura propriamente estética da obra literária e os signos culturais que com ela dialogam. Não por acaso Merquior elogiará o discípulo de Candido, Roberto Schwarz, cujas observações "são um exemplo concreto de *verdadeira* análise semiológica do estilo".[4]

O livro se compõe de cinco momentos que, a despeito da miríade temática explorada, guardam unidade e se reforçam. Merquior parece usar, então, os dois eixos solicitados para uma composição limpa e persuasiva: a

---

[3] Em carta de próprio punho, escreveu o antropólogo à viúva do ensaísta: "Eu admirava em Merquior um dos espíritos mais vivos e bem informados de nosso tempo".

[4] Ver, neste livro, p. 178.

progressão e a anáfora. Se a argumentação se prolifera em rizoma, por campos inteiramente diversificados, é evidente no entanto a recursividade sobre aspectos centrais e incontornáveis do volume, como logo se observará.

O valor estético: uma passagem obrigatória

No que diz respeito ao curso fluente de seus tópicos, pode-se notar que, de início, o autor expõe o problema da alienação dos fatos culturais – muitas vezes convertidos e rarefeitos em objetos *kitsch* – e realiza detido inquérito sobre o papel central e incontornável do juízo de valor na abordagem reflexiva sobre a arte. Nesse quesito, Merquior se aproxima de Wellek, distanciando-se de Northrop Frye, na polêmica a respeito da valoração da arte:

> Frye zomba do "palavrório literário que faz as reputações de poetas subir e baixar numa imaginária bolsa de valores". [...] Frye tem evidentemente razão para ridicularizar a "ventoinha do gosto", mas não pode concluir que, "como a história do gosto não tem conexão orgânica com a crítica, pode ser facilmente separada".
>
> Na minha *História da Crítica Moderna* mostrei que isso não pode ser feito. A opinião de Frye de que "o estudo da literatura nunca pode basear-se em julgamentos de valor", de que a teoria da literatura não está diretamente relacionada com julgamentos de valor, parece-me completamente equivocada. Ele próprio concede que "o crítico logo descobrirá, e constantemente, que Milton é um poeta mais compensador e sugestivo para ser estudado que Blackmore".[5]

A grande diferença de uma avaliação como a de José Guilherme Merquior, todavia, é que sua palavra vem lastreada por uma *episteme* maciça, que exclui qualquer possibilidade de *doxa* aleatória ou irresponsável. Em outros

---

[5] René Wellek, *Conceitos de Crítica*. Trad. Oscar Mendes. São Paulo, Cultrix, s/d., p. 16.

termos, o adjetivo que ele profere sobre um texto ganha caráter conclusivo, não constituindo jamais um pressuposto. Vale destacar ainda que, se ao texto literário não basta a fatura verbal para lhe conferir grandeza, também não pode angariar valia fora da dimensão formal. É com tal percepção dialética que Merquior escapará simultaneamente à esparrela do esteticismo autotélico e do culturalismo filisteu. Benedito Nunes enxerga com clareza os meandros do caminho crítico escolhido pelo autor de *A Astúcia da Mímese*: retomando a estética, Merquior agrega ao deslindamento estrutural um deciframento sociológico, político, histórico – cultural em suma.[6] Aliás, pode-se notar, disso, certo efeito colateral: *FTM* apresenta uma constelação de saberes tão vasta que, por vezes, tal erudição favorece longas digressões, pondo o tópico abordado em provisória suspensão.

Seguindo esses princípios, Merquior reconsidera alguns mitos que se instalaram em nosso imaginário comum. Ao debater a respeito do *kitsch*, por exemplo, faz uma distinção inteiramente necessária entre elite (minoria) criadora e elite social – advertindo que, muitas vezes, ambas as categorias não coincidem: "É claro que as 'minorias criadoras' podem *ou não* ser camadas socialmente dominantes".[7] Do mesmo modo, repensando a crença que o Romantismo ajudou a disseminar, contradiz o espontaneísmo da cultura popular, destacando seu caráter mimético, através do qual se dispõe a tomar os valores da elite criadora: signo da influência.

Um pouco adiante, discorrendo sobre o problema da semiologia da literatura, José Guilherme enfatiza: contrariamente às mensagens cotidianas, nas mais diversificadas claves genéricas, a textualidade poética guarda inescapavelmente um teor axiológico. Ao declarar tal instância distintiva do poético, o autor d'*A Razão do Poema* dará um corte divergente e ortogonal em relação à "cronofobia estruturalista", que começava a ganhar força com as

---

[6] Cf. Benedito Nunes, *Crítica Literária no Brasil, Ontem e Hoje*. In: Maria Helena Martins (org.), *Rumos da Crítica*. São Paulo, Senac/Itaú Cultural, 2000, p. 69.

[7] Ver, neste livro, p. 47.

correntes de centrifugação valorativa, ancoradas na Desconstrução. Mukarovsky, exceção no grupo formalista, já mostrava o quanto a valia de uma obra se perfaz de modo mais agregador do que asséptico ou excludente: "Para a estética estruturalista de Jan Mukarovsky, o valor estético se define precisamente pela sua *porosidade* em relação aos demais campos axiológicos. A grandeza estética se nutre da absorção de valores heterogêneos".[8] Embora apoiando sua argumentação no formalista russo, José Guilherme Merquior não deixa de fazer ecoar os conhecidos preceitos de T. S. Eliot, em *Tradition and Individual Talent* (com a diferença que, para o norte-americano, se a obra literária se eterniza na grandeza, já conquista valor no artifício). Com vigor e desassombro, Merquior inicia uma trilha escarpada em busca do valor estético e, assim, encarna uma personalidade que se diria mesclada entre Hércules e Dom Quixote. Seguem-se os passos:

a. Com Martinet, ele vê a qualidade poética na voltagem polissêmica do texto. No anseio de extrapolar qualquer arbítrio solipsista, demanda a historicidade sociocultural da literariedade.

b. Retornando ao seu *leitmotiv* crítico, José Guilherme Merquior se vale das concepções semiológicas de Luís Prieto e Georges Mounin e as coloca em diálogo com o jogo triádico de Charles Sanders Peirce, para contradizer o formalismo hegemônico. Aqui, a oposição essencial se faz entre sinal e sintoma: o primeiro designando "todos os signos (artificiais) utilizados pela deliberação de comunicar", enquanto o segundo seria o sinal banhado por sentidos mediatos ou subliminares, "como as pegadas, as nuvens ameaçadoras de chuva, ou o rubor da face envergonhada".[9] Admitindo tais conceitos operatórios como premissas, Merquior conclui a favor da historicidade do signo, em que repousaria sua verdadeira qualidade: "o valor estético profundo

---

[8] Ver, neste livro, p. 174.

[9] Ver, neste livro, p. 176.

de um texto literário estaria ligado a essa energia sintomatológica".[10] Ou, dizendo de outra forma: todo sinal, em literatura, aspira a ser sintoma. Assim, o autor elucida seu objetivo anti-imanentista: "Orientar a semiologia da literatura para dialética sinal/sintoma equivale a salvar a teoria literária do formalismo com que a ameaça a voga das poéticas da metalinguagem".[11] E, mais do que isso, esclarece com argúcia absolutamente singular que a reconsideração do contexto não supõe apenas a historicidade dos referentes, mas igualmente a diacronia das formas. É neste ponto particular que lança uma censura a Frye: "Foi pena que o único grande crítico consciente do esquecimento do contexto, Northrop Frye (*The Anatomy of Criticism*), tivesse restringido a visão contextual ao sistema dos arquétipos mítico-literários, em vez de perseguir as complexas relações entre os *dois* registros contextuais: o da tradição formal, e o da evolução social".[12]

Porém, a declaração mais incisiva de Merquior a respeito do imperativo dever de valorar certamente ocorreu num ensaio sobre o poeta e crítico Matthew Arnold, que, defendendo a literatura sob um ângulo humanista, a percebia como impeditivo da demissão espiritual frente aos tecnicismos emergentes:

> Quando a crítica perde de vista a profundidade histórica do texto literário; quando, por mais refinados que sejam seus ideais metodológicos, ela negligencia o dever do julgamento, emudecendo ante o confronto incessante dos valores, os críticos viram – numa evolução que o universitarismo mal concebido saúda com ingênua euforia – meros depositários de conhecimentos instrumentais.[13]

---

[10] Ver, neste livro, p. 176.

[11] Ver, neste livro, p. 177.

[12] Ver, neste livro, p. 178.

[13] Ver, neste livro, p. 226.

Esclarecendo o "pormenor" axiológico, que poderia dar ocasião a acusações indevidas, como a de certo encastelamento extemporâneo, o autor é implacável com os produtos que apostam na inautenticidade kitschcizante para prosperar. O *kitsch*, diz Merquior, reduz o impacto estético de uma obra de arte, por usar o que o historiador Ernst H. Gombrich chamou de *"gating"*, uma espécie de economia intelectiva. O produto desse *midcult*, portanto, chega digerido, espoliado de seus mais duros impasses, e prevê os efeitos de sua recepção. No entanto, que ninguém se engane: "A 'contemplação' estética é [...] pura volúpia do perceber errante, livre de toda urgência prática. Mas essa volúpia tem um preço, que é o enfrentamento de dificuldades perceptivas muito mais numerosas do que as da visão pragmática" e, para isso, "o indivíduo é convidado a um esforço mental bem superior ao ordinário".[14] Nesse mecanismo de reificação e de rotulação do evento singular, o *kitsch* cumpre sua função ideológica de reprodução dos sistemas e, portanto, de alienação.

Outro caráter do *kitsch* é sua capacidade de produzir luzes e ruídos, seguidos de fumaça: o "efeitismo". Se o Barroco desautoriza a ver nesse traço uma originalidade *midcult*, dele se diferencia por sua fatura complexa e de signos sofisticados. "Já a arte *kitsch*", destacará Merquior, "dispensará sem hesitação a convivência com requisitos mentalmente elevados".[15] E é na decadência das sociedades aristocráticas e na ascensão da burguesia, a partir de 1800, que a utopia da grandiosidade tende a minguar.

Com sua verve polemista, José Guilherme Merquior debate amplamente o controverso conceito *cultura de massa* – tão minado que chega a ser considerado por Umberto Eco um "conceito-fetiche", de certa

---

[14] Ver, neste livro, p. 50.

[15] Ver, neste livro, p. 55.

"invalidade metodológica".[16] Ao afirmar as distinções entre alta cultura e cultura de massa, o crítico brasileiro toca num aspecto a essa altura incontornável, dados os tempos em que o livro foi escrito: a censura por parte da crítica culturalista a uma diferenciação presumivelmente excludente. Assim, confronta as visadas teóricas de um Erich Fromm, por um lado, e de T. S. Eliot ou Ortega y Gasset, por outro. Entende que, embora haja de fato uma crescente democratização dos bens culturais, e a ascendência dos *mass media* force seus mais legítimos concorrentes a aprimorar a qualidade, "resta o fato de que a civilização urbano-industrial vem engendrando variedades de arte e de comunicação amplamente desumanizantes [...]".[17]

Na análise dialética e minuciosa que faz desses fenômenos, José Guilherme Merquior sublinha as posições apologéticas de Edgar Morin e Abraham Moles à cultura de massa e ao *kitsch*, respectivamente. Na defesa dos valores aristocráticos em crise, o crítico plasma a posição apocalíptica memoravelmente destrinçada por Umberto Eco, ausência sentida na bibliografia do nosso ensaísta sobre o assunto.[18] E com isso tenta, não sem alguma dose de ironia, fazer uma radiografia psicológica dessas posturas "complacentes", sugerindo remorso e esquizofrenia estética.

A partir de certo idealismo platônico, Merquior nota o quanto o *kitsch* significa um risco de conversão (pela sua prática de teatralização e simulacro) do ascetismo heroico das classes aristocráticas em dessublimação populista da burguesia emergente. Todo o esforço para o usufruto das produções menos porosas parecia reduzido

---

[16] Cf. Umberto Eco, *Apocalípticos e Integrados*. Trad. Pérola de Carvalho. São Paulo, Perspectiva, 2008, p. 16.

[17] Ver, neste livro, p. 63.

[18] Publicado em 1965, *Apocalípticos e Integrados* enfeixa ensaios lúcidos e alentados sobre o tema (destacaríamos o texto de abertura, intitulado "Cultura de Massa e 'Níveis' de Cultura") e certamente não era desconhecido por José Guilherme Merquior, sempre atento aos estados recentes da técnica, em diversos idiomas.

a um "passeio alegre",[19] na expressão de Roberto Acízelo de Souza; a um consumo fácil das faturas *digest*. Essa mesma burguesia, aliás, findou por transformar o ludismo espontâneo e aristocrático num sublime pesado, repleto de gravidade: "o *éthos* burguês conseguiu emascular a exuberância vital".[20] Para Merquior, tudo isso no fim das contas seria resultado daquele efeitismo *kitsch*, da busca por uma beleza autotélica esteticista e desprovida de verdade. Estabelecia-se uma crise axiológica.

Após oferecer alguns exemplos de artistas que exageraram nos efeitos, carregaram nas tintas com o objetivo de, para usar os termos de João Cabral, "perfumar sua flor, poetizar seu poema" (a saber: Charles Dickens, George Sand, o Tolstói de certas passagens dissertativas, o Van Gogh das cores veementes, o "academizador" Salvador Dali), Merquior lhes contrapõe um Nerval, um Hölderlin, um Novalis, os surrealistas e, sobretudo, Baudelaire, por somarem ao esteticismo que os caracterizou certa crítica da cultura, que "é a metamorfose que salva o esteticismo da kitschização".[21] Sem essa dose contramimética, até mesmo as revoluções de vanguarda são vampirizadas e sabotadas em ornamentos sentimentais. O efeito estético genuíno degenera num penduricalho de amenidades imitativas, o que Merquior traduz com metáfora perturbadora: "A certa altura, vanguarda e kitsch, criados no mesmo habitat – a crise dos valores na sociedade alienada – se reconhecem como irmãos inimigos".[22] E destaca o quanto a arte autêntica não se opõe ao *kitsch*, "como o 'sério' ao descontraído", na medida em que vários escritores como Pound, Auden, Celan, Montale, Ungaretti, Drummond, Bandeira ou Cabral trazem nos seus textos uma carga considerável de humor. A partir do momento em que combate a *kitschização* (e o discurso de Merquior

---

[19] Roberto Acízelo de Souza, *Iniciação aos Estudos Literários*. São Paulo, Martins Fontes, 2006, p. 147.

[20] Ver, neste livro, p. 76.

[21] Ver, neste livro, p. 80.

[22] Ver, neste livro, p. 82.

faz constantemente referência ao belicismo entre a arte moderna, por exemplo, e a arte falsificada), a arte elitista e aristocrática expõe seu viés liberal, ao desviar o homem do caráter de autômato, peculiar ao "alienado consumidor do kitsch".[23]

A LITERATURA COM VISTA PARA O MUNDO

Em reflexão sobre Georg Lukàcs (sobretudo *A Alma e as Formas*, de 1910), Merquior segue a senda especulativa: uma análise formal do texto literário não deve inscrevê-lo em suas próprias fronteiras, mas, contrariamente, estabelecer vínculos com a dimensão histórica da enunciação (sob pena de kitschizar-se, como ele afirmou anteriormente), sem que, em vias inversas, a investigação contextual subtraia a realização concreta da palavra. Tal método equilibrado encontrou entre suas realizações mais elevadas, como bem se sabe, a crítica de Walter Benjamin a respeito da poesia de Baudelaire (*Um Lírico no Auge do capitalismo*) e de Octavio Paz sobre a lírica pós-clássica, em *O Arco e a Lira*. Porque, afinal, "tudo está em saber ler a história *no texto poético*, em vez de dissolvê-lo na história".[24]

Todavia, Merquior recupera a discussão de base herderiana entre as heranças germânicas e românicas, empreendidas por Octavio Paz (ou, ainda, por Yves Bonnefoy). O mexicano observa, por exemplo, que o verso silábico reflete certa subserviência da poesia românica ao racionalismo gramatical, ao que os românticos – e, ao extremo, Baudelaire – reagirão inserindo uma prosódia prosaica nos poemas (Valéry, por sinal, dirá que a poesia francesa saiu da França e se difundiu verdadeiramente com o autor de *Les Fleurs du Mal*).[25] Do mesmo modo,

---

[23] Ver, neste livro, p. 98.

[24] Ver, neste livro, p. 103.

[25] Cf. Paul Valéry, *Variedades*. Trad. Maiza Martins de Siqueira. São Paulo, Iluminuras, 1999, p. 21.

The Waste Land, de T. S. Eliot, fará uma cisão no discurso rítmico-analógico para, mimeticamente, escrever numa associação de ideias que será emblema da fragmentação do mundo moderno. Para Merquior, tais polaridades não passam de "clichês prestigiosos", porque a especularidade entre herança latina e poesia moderna subtrai suficientes nuances para apresentar alguma verossimilhança, muitas das quais se revelam desnorteantes contradições, na transposição automática. A mais tonante, alerta-nos o crítico, é curiosamente o culto de vários escritores anglo-saxões à tradição latina.

O equívoco estaria, na verdade, na essencialização superficial e historicamente inverificável entre dois ocidentes (românico e germânico), quando mais interessante seria uma recuperação do percurso diacrônico em que ambas as tradições se imiscuíram. Paz, contudo, consegue libertar-se um pouco das amarras deterministas, do "abstracionismo sociológico" e da fixação pelos estilos nacionais, graças ao seu espírito intuitivo e propenso à rebelião: sua liberdade está sob a clave de um eterno retorno, de uma mitologia arquetípica que refreia a ideologia positivista, teleológica, da flecha do tempo.[26] E quando o autor de *Corriente Alterna* observa que a literatura de vanguarda de extração latina busca relativa "rebelião cultural", o que parece ecoar a poética de Jorge Luis Borges: a função da poesia é criar um complexo de Édipo – levar a linguagem de volta às fontes.[27] Não é à toa, igualmente, que um de seus ensaios mais emblemáticos intitula-se "Literatura de Fundação".[28] Tudo isso ganha maior verossimilhança

---

[26] Os vetores da temporalidade finalista, contra os quais a cronologia cíclica se impõe, são didaticamente elucidados em André Comte-Sponville, *L'être temps*. Paris, PUF, 1999, p. 72.

[27] Cf. Jorge Luis Borges, *Esse Ofício do Verso*. Trad. José Marcos Macedo. São Paulo, Companhia das Letras, 2000, p. 85-86.

[28] Texto de 1961, composto como prólogo ao número dedicado à literatura hispano-americana jovem, da revista *Lettres Nouvelles*. No Brasil, foi inserido na coletânea *Signos em Rotação*, editada pela Perspectiva, em 1972. [Edição em catálogo: Octávio Paz, *Signos em Rotação*. 4ª ed. Trad. Sebastião Uchoa Leite. São Paulo, Perspectiva, 2015.]

quando vislumbramos os poetas espanhóis com seu anelo de restauração ou os portugueses ansiando pelos tempos gloriosos e imemoriais. Na escritura das Américas, por outro lado, na ausência de uma história grandiloquente a ser resgatada, resta aos autores a inflação da realidade pedestre através de uma *amplificatio* pelo imaginário.

Há em Paz, portanto, uma percepção essencialista que naturaliza na poesia latino-americana o "desenraizamento" e o "cosmopolitismo", plasmados numa concepção lúdica, mística, mágica e utópica da arte verbal. Por outro lado, a força política de sua escritura, lastreada em tais caracteres, localizar-se-ia na absorção e no condicionamento da cultura e em sua, para falar em termos hegelianos, suprassunção, no ideário contracultural que se vê presente desde o nascedouro da poesia moderna.

Com razão, Merquior destaca como quesito qualitativo, em Octavio Paz, a compreensão de que, constituída essencialmente de linguagem, a poesia a ultrapassa. O autor de *Blanco* sabiamente se esquiva às armadilhas de morte do referente, nas quais os formalistas ortodoxos tanto se enredaram. Reina o tom elogioso à refração de Paz frente à rarefação dos vetores históricos, cultuada pela crítica formalista então hegemônica.[29] Assim, a tal respeito podemos ler: "[...] o ensaio de Paz reencontra a inspiração mais iluminadora da crítica novecentista: a tentativa de reunir análise imanente e interpretação histórica, de focalizar o *social* (que não é simples 'reflexo') no âmbito mesmo da *forma*".[30] Em outros termos, até em função da ascendência, na modernidade, de um escritor que reúne os perfis do *écrivain* e do *écrivant*,[31] a crítica literária não deve dispensar o entrelaçamento inseparável entre Érato e Clio, poesia

---

[29] Na verdade, os epígonos da hermenêutica eslava é que deram força a tal abordagem do literário: estruturalistas fecundos, como Louis Hjemslev, já haviam notado o quanto os conteúdos dão sentido formal a todo evento semiótico, e um Roland Barthes mais maduro partirá da leitura formal de textos em circulação por vários quadrantes da cultura para realizar um corte hermenêutico de teor histórico e político (*Mythologies*).

[30] Ver, neste livro, p. 115.

[31] Cf. Roland Barthes, *Essais Critiques*. Paris, Seuil, 1964, p. 152-59.

e história. E somente por tê-lo visto de modo cristalino, assegura Merquior, é que o potencial revolucionário da escritura moderna pôde ser localizável.

LOGOPEIA: A EVASÃO DO CÍRCULO FORMAL

A elevada voltagem especulativa é avaliada por Merquior como uma saída para o impasse formalista e seu mecanicismo estiolado. E a lírica moderna, com o germe construtivista de um Novalis (ou com a escritura de Wolfgang von Goethe, situada na encruzilhada entre a iluminação poética e a perseguição conceitual), surge e se distingue por pensar o mundo. Ao esquadrinhar o vínculo inextricável entre o fulgor e o conceito na produção goethiana, Merquior transforma em ação aquilo que deseja ver no corpo da reflexão teórica: a permanente conexão entre o texto como matéria verbal e enquanto antena de captação das ondas socioexistenciais da vida.

Ao especular, de modo pouco abonador, a respeito do grau de modernidade efetiva do modernismo brasileiro, José Guilherme advoga explicitamente sobre a condição necessária, embora insuficiente, de uma abordagem colada ao material literário:

> Nenhuma tese sobre o estilo modernista será plenamente convincente fora da confirmação trazida pela leitura técnico-formal de pelo menos os principais livros do período, de *Macunaíma* a *Angústia*, de *Serafim Ponte Grande* à *Rosa do Povo* ou *Parábola*.[32]

Como o título da presente obra sugere, Merquior realiza muito mais uma crítica da cultura e uma síntese espiritual do que, propriamente, crítica literária cerrada, pautada na leitura pormenorizada dos textos. A grande exceção é, seguramente, o ensaio a respeito do poema "O dia em que nasci moura e pereça", de Camões: na contramão de seu naipe escritural, o crítico elabora então

---

[32] Ver, neste livro, p. 154.

um procedimento *close reading* – e o adjetivo da expressão, nesse caso, sinaliza proximidade, não fechamento –, amparado pelo instrumental da estilística. Nesse aspecto, aliás, poder-se-ia fazer uma avaliação um tanto restritiva: é patente demasiada gravidade em tais reflexões de ordem generalista, sem que os poemas, por exemplo, sejam saboreados num corpo a corpo produtivo, a partir do qual a construção de um sistema conceitual ganhasse beleza e brilho.

De todo modo, sua ensaística é atravessada por esse intenso poder de síntese, materializado numa linguagem pulsante, irônica, temperada por comparações insólitas: "Suas *Fleurs* [*du Mal*], a segunda dentição da poesia do mundo, têm com o lirismo de Goethe a coincidência de surgir em maré baixa na história do pensamento filosófico",[33] escreve a propósito de Baudelaire. Emblemático de sua verve estilística irreverente, o epílogo do ensaio ironiza a suposta alienação do modelo formalista de análise literária:

> [...] a crítica formal-estruturalista dos Jakobson e Todorov se parece bastante com Nero tocando violino ante Roma em chamas... A única diferença é que: 1) a crítica formal-estruturalista não sabe que está tocando violino; e 2) a crítica formal-estruturalista nem sequer desconfia de que Roma está em chamas...[34]

Sobre todo esse *imbroglio*, porém, Merquior certamente leria a justificativa relatada por Todorov, em seu livro *A literatura em perigo*, anos depois.[35]

---

[33] Ver, neste livro, p. 130.

[34] Ver, neste livro, p. 179.

[35] Tzvetan Todorov, em tom de depoimento, informa que, na sua Bulgária da década de 1950, o dogma marxista-leninista imperava. No anseio de se esquivar à ideologia dominante, mas sabendo dos riscos aí envolvidos, tomou "um dos raros caminhos em que era possível escapar da militância geral. Essa via consistia em tratar de objetos sem cerne ideológico: ou seja, nas obras literárias, abordar a própria materialidade do texto, suas formas linguísticas". Cf. T. Todorov, *A Literatura em Perigo*. Trad. Caio Meira. Rio de Janeiro, Difel, 2009, p. 16-18.

Ao escapar da noção redutora que se lhe atribuiu (de imitação fiel do mundo empírico, de "significação reflexa"), a mímese, tão desqualificada nos tempos de Merquior, converte-se em seu pensamento na instância mediadora entre o texto e o imaginário, a imanência e a consciência transcendente. O autor sublinha: mesmo os romances modernos, que para boa parte da crítica haviam demitido a representação de suas linhas, guardam o veio mimético atuante. Só para limitar-se a um caso canônico e exemplar, José Guilherme nos recorda "a obra madura de Joyce [...], ao mesmo tempo fulgurante de força e de riqueza miméticas".[36]

Uma vez mais, sem vislumbrar na mímese ou na metalinguagem o valor estético das obras, Merquior parte em busca desse quesito essencial e, ao mesmo tempo, proteiforme. E, com coerência, reafirma seu credo de que o elemento axiologicamente distintivo na literatura é a largueza semântica dos textos: "De nossa parte também acreditamos que as conotações encerram o segredo do valor poético de um texto. O poético deriva, com efeito, do sugestivo, do evocatório [...]".[37] Mais do que isso, afirma com desassombro que tal polissemia está lastreada justamente no caráter social da linguagem (potencializado na literatura), aquele que o formalismo pretende ignorar.

Merquior compreende o quanto um escrito só pode ser devidamente avaliado *a partir* de sua materialidade, mas de modo que o gênero em que se vê majoritariamente organizado, sua dicção ou sua topologia figural sejam postos em confronto com o curso diacrônico (para que a própria ideia-chave de *desvio* dos formalistas possa ter organicidade. É o que Terry Eagleton, em 1986, observaria: só há dissidência de uma norma, que precisa ser elencada):[38]

---

[36] Ver, neste livro, p. 189.

[37] Ver, neste livro, p. 196.

[38] Cf. T. Eagleton, *Teoria da Literatura: Uma Introdução*. Trad. Waltensir Dutra. São Paulo, Martins Fontes, 2003, p. 7.

É supérfluo acrescentar que o olhar que vai do texto à história e vice-versa passa, de forma obrigatória, por um segundo movimento, interior ao primeiro: o movimento que leva do texto singular às obras do mesmo estilo, do mesmo gênero, da mesma época e, finalmente, ao conjunto da tradição literária implicada pelo texto em exame.[39]

O autor se vale, além da ironia frequente, de imagens líricas para corporificar de modo mais duradouro e eficaz alguns conceitos. Ao escrever a respeito do caráter refratário, mediato, de pouca adesão entre as palavras e as coisas, finda com a metáfora encantadora:

> A *significação literária nasce no seio do* décalage *entre sinal e sintoma*. Em relação à consciência de seu produtor, o sentido poético é, de certo modo, um tabu. Como Orfeu, o discurso literário só alcança o êxito sob a condição de *não* contemplar o objeto de seu mais ardente desejo.[40]

De certa maneira, reaviva o que Italo Calvino, em suas *Seis Propostas para o Próximo Milênio*, imaginara. E através de outra figura mítica: o poeta é como Perseu, que não se paralisa verbalmente graças ao olhar oblíquo que emite.[41] Do ponto de vista ideológico, Merquior desenvolve nas letras brasileiras um ponto de vista sem o qual outra revolução se faria impossível. É justamente na passagem do signo ao sintoma, desenvolvida à exaustão em seus ensaios, que pôde ser dado um passo relevante para a estética da recepção, iniciada por Hans Robert Jauss, em 1967 (em sua aula inaugural na Universidade de Constança). O ensaísta Karlheinz Stierle não nos informa outra coisa:

> Partindo-se da ideia de que a base da recepção é constituída por uma sequência de "significantes" e, ainda

---

[39] Ver, neste livro, p. 205-06.

[40] Ver, neste livro, p. 206.

[41] Cf. Ítalo Calvino, *Seis Propostas para o Próximo Milênio*. Trad. Ivo Barroso. São Paulo, Companhia das Letras, 1990, p. 16.

mais, da ideia de que um significante só é significante quando a ele pertence um significado, conclui-se que a tradução do significante no significado parece ser o passo mais elementar da recepção.[42]

Tal legado já seria absolutamente bastante para compreendermos o papel incontornável que teve José Guilherme no desenvolvimento analítico das letras nacionais.

UMA IDEOLOGIA RESIDUAL

Na consideração a respeito do impacto que a literatura exerce sobre o cotidiano brasileiro de seu tempo, Merquior ainda diz muito do nosso. Fazendo um recuo longínquo para enxergar melhor o que temporalmente se lhe avizinha, o crítico destaca o quanto a reação desmedida aos poetas, verificada em Platão ou em Descartes, sinaliza a força que o texto literário possuía, seu poder de infecção e envenenamento do código social. Em vias inversas, numa sociedade que "institucionalizou a revolução", o tratamento quase lisonjeiro com as artes finda por agir contra elas mesmas. Afinal, "na nossa absoluta tolerância, habita um desprezo secreto pela inofensividade da obra".[43]

No instante em que adquiriram autonomia estética, com a *Crítica do Juízo* de Kant, as artes ironicamente experimentaram o dissabor do isolamento e do pouco poder de instabilidade nos sismos da vida social. Merquior dirá que a arte se transmudou em cão doméstico, mas que, ainda assim, "é capaz de morder" (seguindo a mesma senda, Antonio Carlos Secchin certa feita assinalou que a literatura era um apêndice: saliência "insignificante" que tem, no entanto, o poder de desestabilizar os padrões de normalidade do corpo que a acolhe).

---

[42] Karlheinz Stierle, "O que Significa a Recepção dos Textos Ficcionais?". In: Luiz Costa Lima (org.), *A Literatura e o Leitor*. Rio de Janeiro, Paz e Terra, 1979, p. 123.

[43] Ver, neste livro, p. 229.

Via-se, portanto, uma prática fichteanamente egocêntrica que o Romantismo erigiu contra o utilitarismo atiçado pela Revolução Industrial. De todo modo, os românticos desenvolverão um saudosismo que deseja lustrar o habitual cotidiano, vazado todavia por uma espontaneidade e um biografismo que viriam a ser recusados pela modernidade, preocupada com o fingimento pessoano ou a despersonalização ao modo de Rimbaud. Do ponto de vista da representação temática, a cidade – ameaça, pela massificação que encarna, à manutenção das individualidades – será sempre vista em lente negativa. Os modernos, por sua vez, buscam assimilar a cidade, de modo desemocionalizado, despersonalizado.

Merquior, após fazer essa distinção entre as estéticas romântica e pós-romântica, empenha-se em detectar o que os modernos mantiveram, de forma negativamente residual, do período anterior. Enumera, lastreado em Edgar Wind, alguns indícios: inclinação formalista da análise estilística, subestimação da relação entre arte e pensamento, superestima dos efeitos da imediatez e cegueira frente ao abastardamento qualitativo. No que concerne ao primeiro tópico, o autor ataca a percepção endógena do crítico de arte Heinrich Wölfflin. Conforme essa linha de visão, carregada de imanentismo, a história da arte é um movimento cíclico de negação entre os estilos, uma "briga de família". É nesse aspecto que a contenda antiformalista se volta contra Wölfflin: "Infelizmente, Wölfflin saltou da ênfase no *desenvolvimento autônomo e intrínseco* das formas para a ilícita miragem do *isolamento* da arte".[44] Segundo Merquior, a dialética entre a história social e a história das formas (*Formgeschichte*) define com mais precisão o curso das transformações artísticas:

> Bem andou Johan Huizinga ao advertir que o conceito de causalidade imanente, tão fecundo em biologia, é pouco rendoso em História: pois a biologia se vê forçada a considerar o organismo, em larga medida,

---

[44] Ver, neste livro, p. 281.

independentemente do meio, ao passo que a História se ocupa sempre de objetos ininteligíveis fora de seu comércio com o *environnement*.[45]

Outro teórico da arte que favoreceu o formalismo "adulterando a *démarche*, em si legítima, da análise formal" foi Alois Riegl. Por outro lado, a fecundidade da leitura artística reabilitou-se em historiadores "tão 'culturais' quanto 'formais'", como Walter Friedlaender, Max Dvorak e Arnold Hauser – responsáveis pelo resgate do maneirismo como estilo autônomo. De certo modo, Picasso (e em boa medida todo o cubismo) resgatou a pintura do vezo formalista e de desreferenciação daquele modernismo. Com seu traço paródico porém reconhecível, mostrou na prática o quanto a ideia de mímese convive com o deslocamento da reprodução fiel, redundante e improdutiva:

> Esse compromisso do cubismo com o processo de atualização da percepção estética já o diferencia do formalismo construtivista, onde o quadro se anula enquanto referência ao exterior, só valendo como forma não representacional. O "sentido metafórico" da tela cubista é a garantia da sua capacidade de figuração; o veículo da sobrevivência da pintura como janela-sobre-o-mundo, *além* do abandono do quadro-espelho, isto é, do figurativismo tradicional. A tela cubista deixou de ser janela *fotográfica*, mas não deixou de ser *mimética*.[46]

Em uma palavra, poderíamos entender que o cubismo foi a dobradiça entre o moderno e o contemporâneo. Abordando esses aspectos na crítica literária, José Guilherme exalta o eslavista Ignazio Ambrosio, por ter recusado o residualismo neorromântico dos formalistas russos ("um motivo irracionalista finissecular"), em sua negação peremptória dos contextos sociais que dialogam com as obras de literatura. Como se verifica

---

[45] Ver, neste livro, p. 283.
[46] Ver, neste livro, p. 261.

recursivamente no livro, o formalismo e o *new criticism*, limitados às assépticas investigações estruturais e imanentes do texto literário, queriam instaurar o "jejum do sentido", a exclusão da referencialidade. Por isso, Fergusson observa, em termos aristotélicos, que a obediência a tal prática respondia bem aos instintos da harmonia e do ritmo, mas ignorava a instância mimética. Por isso, o crítico insiste: "O papel das metalinguagens é de falar da linguagem. Em contrapartida, a tarefa da literatura, enquanto linguagem de conotação, não é falar da linguagem – é *servir-se desta*, para falar *de outra coisa*.[47] Na sequência, Merquior obstina-se em distinguir o formalismo de Jakobson e Chklovsky do estruturalismo francês de Roland Barthes, T. Todorov et al., na medida em que esta última corrente hermenêutica não prescindia das variáveis literárias para compor o significado dos textos que se dispunha a analisar.[48]

Quanto aos efeitos do imediatismo superestimado, Merquior lhes impôs críticas duras (mas, infelizmente, esses efeitos reverberam até hoje). Isso porque o seu resultado é sempre o alijamento da reflexão e a preferência pelo fragmento, inclusive pelos esboços (não são raros os textos que se querem admirados pela pura fraseologia, pelo dado micrológico, em detrimento do conjunto semântico do texto). E trata-se, aliás, de fragmentação diversa da experimentada pelos românticos: para estes, o fragmento indica um desejo de infinito; nos modernos, o resíduo disso degenera em sensorialismo hedonista. Todos esses fatores resultam numa incapacidade de se estabelecerem vínculos mais abrangentes através do fato artístico, da qual Benedetto Croce, com seu projeto isolacionista,

---

[47] Ver, neste livro, p. 184.

[48] O estruturalismo também experimentou momentos de largo radicalismo. Roland Barthes, por exemplo – com sua conhecida mutabilidade –, chegou a chamar a referência de ilusão, limitando-a a um jogo de signos e a uma rede de citações da literatura consigo mesma, revitalizando certa noção endógena do literário. Cf. Antoine Compagnon, *O Demônio da Teoria*. Trad. Cleonice Paes Barreto Mourão e Consuelo Fortes Santiago. Belo Horizonte, Editora da UFMG, 2001, p. 109.

seria representante. Opondo-se a tal insularidade, Luigi Pareyson realizaria uma correção de olhar, emprestando à interpretação estética a noção de formatividade (a forma em seu processo de formação). A argúcia analítica de Merquior, diante de todo esse impasse, leva-o a empreender uma percepção fina e permanentemente dialética – que o faz reprovar o formalismo sem cair porém no reducionismo filológico, nas "derrapagens sociologistas" de um Lucien Goldmann, por exemplo.

Aqui é onde ele destoa diametralmente do divórcio que se realizou entre a arte e o pensamento. Com seu espírito iluminista, José Guilherme busca reatar, no intercâmbio entre a forma e a cultura, o ideal do artista ilustrado; alijar do imaginário gerado pelo romantismo (ao qual nem o antiespontaneísta Novalis escapou) o vínculo absoluto entre arte e irracionalismo; e devolver à arte seu estatuto de experiência com potência cognitiva (e deve-se retomar Hegel: se a arte é anterior ao conceito, tampouco é desprovida de logopeia).[49] Não é por acaso que Octavio Paz observa: a arte não só representa como também *apresenta* o mundo. Negar isto seria um retrocesso aos tempos anteriores a Alexander von Baumgarten, que com sua *Estética* subtraiu a arte, em medida considerável, da gnoseologia inferior a que a destinavam.

O fato é que, para quem tem esse apreço pela arte e conhece o seu alcance cognitivo, as distorções da reprodutibilidade técnica e seu impacto na experiência estética são de importância essencial:

> Sem dúvida, a arte se populariza graças à reprodução em massa; mas não se esqueça do que a popularização, na esmagadora maioria dos casos, obscurece ou anula. Wind compara uma honesta cópia em preto e branco de Renoir a uma transcrição pianística de uma partitura para orquestra sinfônica; e 90% das suas reproduções coloridas, a uma transcrição para *pequena* orquestra – com a agravante de que os instrumentos

---

[49] Cf. Georg Friedrich Wilhelm Hegel, *Cursos de Estética*. São Paulo, Edusp, 1999, p. 90-103.

são todos desafinados. O "museu imaginário" oculta quase tanto quanto mostra.[50]

A negligência de tais fatores neorromânticos conduz a um filistinismo que desemboca em progressiva afasia até dos escritores mais louvados, na modernidade.

A SEMIOLOGIA PROFILÁTICA

A semiologia vai funcionar como prevenção contra o formalismo e toda espécie de redução da experiência artística. Ao mesmo tempo, o caráter estético não oblitera as funções pragmáticas dos objetos, mas a elas se coaduna: "Prólogo à estética semiológica, a teoria mukarovskyana da função estética não trai a plenitude humana do *verdadeiro* conceito estruturalista da arte".[51] O estruturalismo de Mukarovsky contrabalanceia o formalismo de Chklóvsky, "fazendo observar que determinados *princípios constitutivos*, de natureza antropológica, relacionados com a própria constituição do ser humano, servem necessariamente de pauta à variação das normas estéticas".[52] Somente por essas vias, portanto, o ofício crítico – no sentido etimológico do termo (*krinein* = separar, julgar) – torna-se possível: é no contraste com as normas sociais que o "*charm of novelty*" de Wordsworth aflora. Tal consciência neutraliza o vírus do abastardamento a que Merquior se referia – um dos resíduos românticos presentes na tradição moderna. Essencial, porém: o valor estético, para Mukarovsky, sempre transbordará o recipiente material da arte, assumindo assim suas esferas de grandeza.

É pelo viés semiológico, por suas trilhas multifacetadas e de ampla variedade de linguagens, que José Guilherme Merquior finaliza o circuito reflexivo e mantém a unidade vislumbrada no decorrer de toda a obra.

---

[50] Ver, neste livro, p. 342.

[51] Ver, neste livro, p. 355.

[52] Ver, neste livro, p. 358.

O estrato derradeiro de suas especulações lança luz sobre o problema da interpretação estilística da pintura clássica. O crítico analisa um enigma que repousa na arte da Alta Renascença: criadora da tridimensionalidade na representação espacial, deu primazia, no entanto, às faturas de prevalência plana. No mesmo ensaio, ele procura delinear uma genealogia dos procedimentos técnicos na composição do espaço (como a perspectiva), nas pinturas do século XV. Ali, medita a respeito da preterição que a noção de profundidade recebeu nas criações de motivo religioso, em favor da "claritas". E argumenta, igualmente, o quanto a planimetria clássica de Leonardo, Michelangelo ou Rafael representava um freio e uma refrega contra a "dissolução da forma" empreendida pela pletora naturalista; isso sem deixar de sublinhar que o idealismo de um Botticelli, reagindo à tridimensionalidade, reacende a disputa com o mesmo naturalismo e instaura uma distância considerável dos pressupostos da verossimilhança (é quando o empirismo de Da Vinci, com seu projeto de *antiphysis*, daí se distancia). Voltando, mas de modo espiralar, à temática inicial, desfia longas considerações a respeito do *pop art*, fazendo um balanço – muitas vezes à luz da Escola de Frankfurt – da força implosiva que o movimento plasmou: "A audácia do *pop* consiste precisamente em *tentar exercer uma distância crítica no seio do próprio contato com os instrumentos da alienação*".[53]

José Guilherme Merquior, crítico, sociólogo e diplomata, conseguiu, num breve tempo, ensinar que a militância ideológica não supõe uma traição intelectual, no sentido de Julien Benda: ao contrário, ela se realiza dialeticamente com a especulação mais concentrada, que por sua vez demite qualquer espécie de imobilismo.

---

[53] Ver, neste livro, p. 412.

Bibliografia Geral

ACKERMAN, James. "Toward a New Social Theory of Art". *New Literary History*, vol. IV, 2, 1973.
Actes du 4ème Congrès International des Linguistes. Copenhague, Einar Munksgaard, 1938.
ADORNO, Theodore W. *Philosophie der neuen Musik*. Tübingen, 1949. (Trad. Francesa: Paris: Gallimard, 1962.) [Em edição brasileira: *Filosofia da Nova Música*. Trad. Magda França. 3ª ed. São Paulo: Perspectiva, 2014.]
ALBUQUERQUE, Pedro Antônio de. "*Formalismo e Tradição Moderna*: o novo livro de J. G. Merquior". Entrevista concedida a Pedro Antônio de Albuquerque. *Jornal de Brasília*, Suplemento, 5 de outubro de 1974, p. 1.
AMBROGIO, Ignazio. *Formalismo e Avanguardia in Rússia*. Roma: Ed. Riuniti, 1968.
ANDRADE, Carlos Drummond de. *Carta Manuscrita a José Guilherme Merquior*. Rio de Janeiro, 25 de novembro de 1974. Arquivo José Guilherme Merquior/É Realizações Editora.
ANTAL, Friedrich. *Classicism and Romanticism*. Londres: Routledge & Kegan Paul, 1966.
ARENDT, Hannah. "A Crise na Cultura: Sua Importância Social e Política". In: *Entre o Passado e o Futuro*. Trad. Mauro W. Barbosa. São Paulo: Perspectiva, 1972. (Ed. original em inglês, 1963.)
ARGAN, Giulio Carlo e LASSAIGNE, Jacques. *Le XVème Siècle – de Van Eyck à Boticelli*. Genebra: Skira, 1965.
ARGAN, Giulio Carlo. *Botticelli*. Genebra: Skira, 1957.
AUERBACH, Erich. *Mimesis*. Berna: Francke, 1946. [AUERBACH, Erich. *Mimesis*. São Paulo: Perspectiva, 1971.]
BAKHTIN, Mikhail. *L'Oeuvre de François Rabelais et la Culture Populaire au Moyen Age et sous la Renaissance*. Paris: Gallimard, 1970 (trad do russo). [Em edição brasileira: BAKHTIN, Mikhail. *A Cultura Popular na Idade Média e no Renascimento: o Contexto de François Rabelais*. Trad. Yara

Frateschi Vieira. São Paulo: Hucitec; Brasília: Editora Universidade de Brasília, 2008.]

BAKHTIN, Mikhail. *La Poétique de Dostoievski* (orig. russo de 1929). 2ª ed. Paris: Seuil, 1970. [Em edição brasileira: BAKHTIN, Mikhail. *Problemas da Poética de Dostoiévski*. Rio de Janeiro: Forense Universitária, 2010.]

BARTHES, Roland. *Le Degré Zéro de l'Ecriture*. Paris: Seuil, 1953. [Em edição brasileira: *Grau Zero da Escrita*. São Paulo: WMF Martins Fontes, 2011.]

_____. *Mythologies*. Paris: Seuil, 1957. [Em edição brasileira: *Mitologias*. Rio de Janeiro: Difel, 2003.]

_____. *Sur Racine*. Paris: Seuil, 1960. [Em edição brasileira: *Sobre Racine*. Trad. Antonio Carlos Viana. Porto Alegre: L&PM, 1987.]

_____. *Essais Critiques*. Paris: Seuil, 1964. [Em português: *Ensaios Críticos*. Lisboa: Edições 70, 2009.]

_____. *Critique et Vérité*. Paris: Seuil, 1966. [Em edição brasileira: *Crítica e Verdade*. Trad. Leyla Perrone-Moises. São Paulo: Perspectiva, 2009.]

_____. *S/Z*. Paris: Seuil, 1970. [Em português: *S/Z*. Lisboa: Edições 70, 1999.]

BASTIDE, Roger. *Le Rêve, la Transe et la Folie*. Paris: Flammarion, 1972.

BAUDELAIRE, Charles-Pierre. *Salon de 1846*, XI. *Oeuvres Completes*. Paris: Gallimard/La Pléiade, 1961.

BAUER, Raymond e BAUER, Alice. "America, 'Mass Society' and Mass Media". *Journal of Social Issues*, vol. 16, n. 2, 1960.

BÉNICHOU, Paul. *Morales du Grand Siècle*. Paris: Gallimard, 1948.

BENJAMIN, Walter. *Schriften*. Frankfurt: Suhrkamp, 1955.

_____. *Angelus Novus*. Turim: Einaudi, 1962.

_____. *Poésie et Révolution*. Paris: Denoël, 1970.

_____. "O Surrealismo – O Último Instantâneo da Inteligência Europeia" (original alemão de 1929); trad. fr. no vol. *Mythe et Violence*. Paris: Denoël, 1971.

_____. "Sur quelques Thèmes Baudelairiens" (1939). In: *Poésie et Revolution*. Paris: Denoël, 1971a (trad. do alemão).

_____. "A Obra de Arte na Época de sua Reprodutibilidade Técnica" (original alemão, 1939); tradução brasileira: Rio de Janeiro, Zahar, *passim*. [Em edição brasileira corrente:

A Obra de Arte na Era de sua Reprodutibilidade Técnica. Trad. Gabriel Valladão Silva. Porto Alegre: L&PM, 2014.]

BENVENISTE, Émile et al. *Problèmes du Langage*. Paris: Gallimard, 1966.

BIEMEL, Walter. "Les Phases Décisives dans le Développement de la Philosophie de Husserl". In: *Husserl, Cahiers de Royaumont*. Paris: Minuit, 1959.

BING, Gertrude. *La Rinascita del Paganesimo Antico*. Florença: Nuova Italia, 1966.

BLANCHOT, Maurice. "Réflexions sur le Surréalisme". In: *La Part du Feu*. Paris: Gallimard, 1949.

_____. *La Part du Feu*. Paris: Gallimard, 1949.

_____. *L'Espace Littéraire*. Paris: Gallimard, 1955.

BONNEFOY, Yves. *Un Rêve Fait à Mantoue*. Paris: Mercure de France, 1967.

BORGES, Jorge Luis. *Esse Ofício do Verso*. Trad. José Marcos Macedo. São Paulo: Companhia das Letras, 2000.

BORNHEIM, Gerd A. *Aspectos Filosóficos do Romantismo*. Porto Alegre: Instituto Estadual do Livro, 1959.

BOYD, John D., S. J. *The Function of Mimesis and its Decline*. Cambridge: Harvard University Press, 1968.

BREST, Jorge Romero. *La Pintura Europea Contemporanea*. Cidade do México: Fondo de Cultura Económica, 1952.

BRITO, Antônio C. de. "Tropicalismo: Sua Estética e sua História". *Revista Vozes*, ano 66, n. 9, Petrópolis, nov. 1972.

BROCH, Hermann. *Création Littéraire et Connaissance* (1955). Paris: Gallimard, 1966 (trad. do alemão).

_____. *Dichten und Erkennen*. Zurique: Rhein, 1955. (trad. fr. *Création Littéraire et Connaissance*. Paris: Gallimard, 1966).

BROOKS, Cleanth. *The Well Wrought Urn*: Studies in the Structure of Poetry (1947). Londres: Methuen, 1968.

BULLOUGH, Edward. "'Psychical Distance' as a Factor in Art and an Aesthetic Principle" (1912). In: *Aesthetics*. Londres: Bowes & Bowes, 1957.

BURKE, Kenneth. *A Grammar of Motives e A Rhetoric of Motives* (1945 e 1950). Nova York: Meridian Books, 1962.

BURNHAM, Jack. *The Structure of Art*. Nova York: G. Braziller, 1971.

BUYSSENS, Eric. *La Communication et l'Articulation Linguistique*. Paris: P.U.F., 1967.

Calvino, Ítalo. *Seis Propostas para o Próximo Milênio*. Trad. Ivo Barroso. São Paulo: Companhia das Letras, 1990.

Camões, Luís de. *Obra Completa*. Editado por Professor Antonio Salgado Jr. Rio de Janeiro: Aguilar, 1963.

Campos, Haroldo de. "Superación de los Lenguajes Exclusivos". In: Moreno, César Fernández (org.). *América Latina en su Literatura*. Cidade do México: Ed. Siglo XXI, 1972.

Candido, Antonio. *Formação da Literatura Brasileira*. São Paulo: Ed. Martins, 1959. [Em edição corrente: *Formação da Literatura Brasileira*. 15ª ed. Rio de Janeiro: Ouro sobre Azul, 2014.]

_____. *Vários Escritos*. São Paulo: Livraria Duas Cidades, 1970.

Cardinal, Roger e Short, Robert S. *Surrealism – Permanent Revelation*. Londres: Studio Vista/Dutton, 1970.

Cassirer, Ernst. *Philosophie der Aufklärung*. Tübingen: Mohr, 1932 (trad. ital. Florença: ed. La Nuova Italia, 1952).

Celan, Paul. *Mohn und Gedächtnis*. [*Papoula e Memória*, 1952.]

_____. *Sprachgitter*. [*Grade de Linguagem*, 1959.]

_____. *A Morte (Fuga) e Outros Poemas de P. Celan*. Trad. Sergio Bath. Roma, 1972 (ed. fora do comércio).

Chamie, Mário. *Carta Datilografada a José Guilherme Merquior*. São Paulo, 7 de fevereiro de 1975. Arquivo José Guilherme Merquior/É Realizações Editora.

Chastel, André. *Art et Humanisme à Florence au Temps de Laurent le Magnifique*. Paris: Presses Univ. de France, 1961.

Chomsky, Noam. "A Review of B. F. Skinner's Verbal Behavior" (1959). In: Fodor e Katz (eds.). *The Structure of Language*. Nova Jersey: Prentice Hall, 1964.

Christiansen, Broder. *Philosophie der Kunst*. Hanau, 1909.

Coelho, Jacinto do Prado. *A Letra e o Leitor*. Lisboa: Portugália, 1969.

Cohen, Keith. "Le New Criticism aux Etats-Unis". In: *Poétique*. n. 10, 1972.

Compagnon, Antoine. *O Demônio da Teoria*. Trad. Cleonice Paes Barreto Mourão e Consuelo Fortes Santiago. Belo Horizonte: Editora da UFMG, 2001.

Comte, Auguste. *Cours de Philosophie Positive*, Leçon LII, V, 14 (Littré [ed.]).

Comte-Sponville, André. *L'être Temps*. Paris: PUF, 1999.

Coseriu, Eugenio. "Determinación y Entorno". In: *Teoria del Lenguaje*. Madri: Gredos, 1967b.

_____. "Logicismo y Antilogicismo en la Gramática". In: *Teoria del Lenguaje y Linguística General*. Madri: Gredos, 1967a.

Curtius, Ernst Robert. *Kritische Essays zur europäischen Literatur*. Berna: Francke, 1954 (trad. ital. Bolonha: Il Mulino, 1963).

_____. *Literatura Europeia e Idade Média Latina*. Rio de Janeiro: Instituto Nacional do Livro, 1957 (1ª edição alemã, Berna, 1948). [Em edição corrente: *Literatura Europeia e Idade Média Latina*. Trad. Teodoro Cabral e Paulo Rónai. São Paulo: Edusp, 2013.]

Dahrendorf, Ralf. *Class and Class Conflict in Industrial Society*. Palo Alto: Stanford University Press, 1959.

De Diéguez, Manuel. *L'Ecrivain et son Langage*. Paris: Gallimard, 1960.

De Man. Paul. "Impasse de la Critique Formaliste". In: *Critique*, junho de 1956.

Deleuze, Gilles e Guattari, Félix. *Anti-Oedipe (Capitalisme et Schizophrénie*, I). Paris: Minuit, 1972. [Em edição brasileira: *O Anti-Édipo: Capitalismo e Esquizofrenia*. Trad. Luis B. L. Orlandi. São Paulo: Editora 34, 2010.]

Deleuze, Gilles. *Différence et Répétition*. Paris: P.U.F., 1968. [Em português: *Diferença e Repetição*. Lisboa: Relógio D'água, 2000.]

_____. *Logique du Sens*. Paris: Ed. de Minuit, 1969. [Em edição brasileira: *Lógica do Sentido*. Trad. Luis Roberto Salinas Fortes. São Paulo: Perspectiva, 2009.]

Derrida, Jacques. *L'Ecriture et la Différence*. Paris: Seuil, 1967. [Em edição brasileira: *A Escritura e a Diferença*. Trad. Pedro Leite Lopes, Pérola de Carvalho, Maria Beatriz Marques Nizza da Silva. São Paulo: Perspectiva, 2009.]

Derrida, Jacques. *La Dissémination*. Paris: Seuil, 1972.

Dévereux, Georges. *Essais d'Etnopsychiatrie Générale*. Paris: Gallimard, 1970.

Dilthey, Wilhelm. *Vida y Poesía*. Cidade do México: Fondo de Cultura Econômica, 1945.

Dufrenne, Mikel. *O Poético*. Trad. Luiz Arthur Nunes e Reasylvi K. de Souza. Porto Alegre: Globo, 1969.

EAGLETON, Terry. *Teoria da Literatura: Uma Introdução*. Trad. Waltensir Dutra. São Paulo: Martins Fontes, 2003.

ECO, Umberto. *Apocalípticos e Integrados*. Trad. Geraldo Gerson de Souza. São Paulo: Perspectiva, 1970.

_____. *La Struttura Assente*. Milão: Bompiani, 1968. [Em edição brasileira: *A Estrutura Ausente*. Trad. Pérola de Carvalho. São Paulo: Perspectiva, 2001.]

_____. *Le Forme del Contenuto*. Milão: Bompiani, 1971. [Em edição brasileira: *As Formas do Conteúdo*. Trad. Pérola de Carvalho. São Paulo: Perspectiva, 1974.]

ELIOT, T. S. *Selected Essays*. Londres: Faber, 1951.

ELLMANN, Richard e FEIDELSON JR., Charles. *The Modern Tradition*. Oxford: Oxford University Press, 1965.

ELTON, William (org.). *Aesthetics and Language*. Oxford: Blackwell, 1959.

ERLICH, Victor. *Russian Formalism*. Paris: Mouton, 1955.

ESSLIN, Martin. *The Theatre of the Absurd*. Londres: Penguin Books, 1961.

FAURISSON, Robert. *A-t-on Lu Lautréamont?* Paris: Gallimard, 1972.

FERGUSSON, Francis. *The Idea of a Theater*. Princeton: Princeton Univ. Press, 1949.

FLEISCHMANN, Eugène. "De Weber à Nietzsche". *Archives Européennes de Sociologie*, t. V, n. 2 (1964).

FOUCAULT, Michel. "La Pensée du Dehors". In: *Critique*, de 1966.

_____. *Archéologie du Savoir*. Paris: Gallimard, 1969. [Em edição brasileira: *A Arqueologia do Saber*. Petrópolis: Vozes, 1972.]

_____. *Cahiers Renaud Barrault*, n. 59. Paris: Gallimard, 1967.

_____. *Les Mots et les Choses*. Paris: Gallimard, 1966. [Em edição brasileira: *As Palavras e as Coisas: Uma Arqueologia das Ciências Humanas*. Trad. Salma Tannus Muchail. São Paulo: Martins Fontes, 2000.]

FRANCASTEL, Pierre. *Art et Tecnique*. Paris: Minuit, 1956.

FREEDBERG, Sideney Joseph. *Painting of the High Renaissance in Rome and Florence*. (2 vols.). Cambridge: Harvard Univ. Press, 1961.

FREUD, Sigmund. *Le Mot d'Esprit et ses Rapports avec l'Inconscient* (1925) (trad. do alemão). Paris: Gallimard, 1953. [Em edição brasileira: *Os Chistes e sua Relação com o*

Inconsciente. Edição Standard Brasileira das Obras Psicológicas Completas. Rio de Janeiro: Imago, 1996, v. VIII.]

FREYER, Hans. *Teoria da Época Atual.* Trad. F. Guimarães. Rio de Janeiro: Zahar, 1966.

FREYRE, Gilberto. *Telegrama n. 319 – 07.10.74.* Arquivo José Guilherme Merquior/É Realizações Editora.

FRIEDRICH, Hugo. *Die Struktur der Modernen Lyrik* (1958). 2ª ed. Hamburgo: Rowohlt, 1958 (tradução espanhola: Barcelona: Seix Barral, 1959).

_____. "Strukturalismus und Struktur in Literaturwissenschaftlicher Hinsicht". In: FRIEDRICH et. al. *Europäische Aufklärung.* Munique: Wilhelm Fink, 1967.

FRIEDRICHS, Robert W. *A Sociology of Sociology.* Nova York: Free Press, 1970.

GARVIN, Paul (org.). *A Prague School Reader in Esthetics, Literary Structure and Style.* Washington: Georgetown University, 1964.

GARY-PRIEUR, Marie Noülle. "La Notion de Connotation(s)". In: *Littérature,* n. 4, 1971.

GIBSON, A. Boyce. *Muse and Thinker* (1969). Londres: Penguin, 1972.

GOLDING, John. *Cubism: A History and an Analysis – 1907-14.* Londres: Faber, 1959.

GOMBRICH, Ernst H. "Psychoanalysis and the History of Art". In: *Meditations on a Hobby Horse and Other Essays.* Londres: Phaidon, 1963.

_____. *Meditations on a Hobby Horse.* Londres: Phaidon, 1963.

_____. "Vom Wert der Kunstwissenschaft für die Symbolsforschung". In: BAUER, Hermann et. al., *Probleme der Kunstwissenschaft II.* Berlim: Gruyter, 1966.

_____. "Freud's Aesthetics". In: *Encounter,* vol. XXVI, n. 1, 1966.

GOMBRICH, Ernst H. *Freud e la Psicologia dell'Arte.* Turim: Einaudi, 1967.

HABERMAS, Jürgen. *Teoria e Prassi nella Società Tecnologica.* Bari: Laterza, 1969.

HAMBURGER, Michael. *The Truth of Poetry: Tensions in Modern Poetry from Baudelaire to the 1960s* (1ª ed., 1969). Londres: Pelican Books, 1972.

HARTMAN, Geoffrey. *Beyond Formalism*. New Haven: Yale Univ. Press, 1970.

HATZFELD, Helmut. "El Estilo Manuelino de Camões". In: *Estudios sobre el Barroco*. Madri: Gredos, 1964.

HAUSER, Arnold. *The Social History of Art*, 1948, livro VI, cap. 6 (trad. port., Lisboa, ed. Jornal do Foro, 1958). [Em edição brasileira: HAUSER, Arnold. *História Social da Arte e da Literatura*. São Paulo: Martins Fontes, 1998.]

_____. *The Philosophy of Art History*. Londres: Routledge & Kegan Paul, 1959.

_____. *Il Manierismo: La Crisi del Rinascimento e l'Origine dell'Arte Moderna*. Turim: Einaudi, 1965.

HAYMAN, David. "Au-delà de Bakhtine". In: *Poétique*, n. 13, 1973.

HEGEL, Georg Friedrich Wilhelm. *Cursos de Estética*. São Paulo: Edusp, 1999.

HJELMSLEV, Louis. *Prolegomena to a Theory of Language* (1943). Madison: Univ. of Wisconsin Press, 1961. [Em edição brasileira: *Prolegômenos a uma Teoria da Linguagem*. Trad. José Teixeira Coelho Netto. São Paulo: Perspectiva, 2009.]

HORKHEIMER e ADORNO. *Dialetik der Aufklärung*. Amsterdam: Querido Verlag, 1947 (tradução italiana: *Dialettica dell'Illuminismo*. Turim: Einaudi, 1966). [Em edição brasileira: HORKHEIMER, Max e ADORNO, Theodor W. *Dialética do Esclarecimento*. Trad. Guido de Almeida. Rio de Janeiro: Zahar, 1985.]

HORKHEIMER, Max e ADORNO, Theodor W. *Sociologia II*. Frankfurt am Main: Europäische Verlagsanstalt, 1962 (trad. esp: Madri: Taurus, 1966).

HYMAN, Stanley Edgar. *The Armed Vision: A Study in the Methods of Modern Literary Criticism*. Nova York: Knopf, 1948.

_____. *The Tangle Bank – Darwin, Marx Frazer and Freud as Imaginative Writers*. Nova York: Grosset & Dunlap, 1966.

INGARDEN, Roman. *Das literarische Kunstwerk* (1931). 2ª ed. Tübingen: Max Niemeyer, 1960. [Em português: *A Obra de Arte Literária*. 3ª ed. Lisboa: Calouste Gulbenkian, 1965.]

_____. *Vom Erkennen des literarisches Kunstwerks*. Tübingen: Max Niemeyer, 1968.

JAEGER, Werner. *Early Christianity and Greek Paideia*. Nova York: Oxford University Press, 1961. [Em edição brasileira:

Cristianismo Primitivo e Paideia Grega. Trad. Daniel da Costa. São Paulo: Editora Academia Cristã, 2012.]

JAKOBSON, Roman. *Essais de Linguistique Générale* (trad. do inglês). Paris: Minuit, 1963.

_____. *Questions de Poétique*. Paris: Seuil, 1973.

_____. *Selected Writings* IV. Paris-Haia: Mouton, 1966.

JONES, Robert Emmet. *Panorama de la Nouvelle Critique en France*. Paris: SEDES, 1968.

KLEIN, Robert. *La Forme et l'Inteligible*. Paris: Gallimard, 1970.

KRIS, Ernst. *Psychoanalytic Explorations in Art*. Nova York: Schocken Books, 1952.

KRISTELLER, Paul Oskar. "The Modern System of the Arts". *Journal of the History of Ideas*, vol. XII (1951), 4 e vol. XIII (1952),1; republicado em *Renaissance Thought*, II. Nova York: Harper & Row, 1965.

KULTERMANN, Udo. *Hyperréalisme*. Paris: Ed. du Chêne, 1972.

LAFER, Celso. "O Problema dos Valores n'*Os Lusíadas*". *Revista Camoniana*, vol. 2, 1965, Instituto de Estudos Portugueses da Universidade de São Paulo.

LANGER, Suzanne. *Felling and Form*. Nova York: Scribner's, 1953. [Em edição brasileira: *Sentimento e Forma*. Trad. Ana Maria G. Coelho e J. Guinsburg. São Paulo: Perspectiva, 1980.]

LAUDE, Jean. *Les Sciences Humaines et l'Oeuvre d'Art*. Bruxelas: La Connaissance, 1969.

LAUER, Quentin. *Phénoménologie de Husserl*. Paris: PUF, 1955.

LAUSBERG, Heinrich. *Elemente der literarischen Rhetorik*. 2ª ed. Munique: Max Hueber, 1967. [Em português: *Elementos de Retórica Literária*. Tradução e prefácio R. M. Rosado Fernandes. 5ª ed. Lisboa: Fundação Calouste Gulbenkian, 2004.]

LAZARSFELD, Paul e MERTON, Robert K. "Mass Communication". In: *Mass Culture*. Glencoe: Free Press, 1960.

LEMON, Lee T. e REIS, Marion J. (org.). *Russian Formalist Criticism*. Lincoln: University of Nebraska Press, 1965.

LENOIR, Rupert. *Die Misstrauen der Undine* (Zagalia Verlag); em português: *Iara, ou da Desconfiança*. Trad. João Gustavo Rolchiem. Rio de Janeiro: Ed. Lagado, 1965.

LÉVI-STRAUSS, Claude. "Introduction à l'Leuvre de Marcel Mauss". In: MAUSS, M. *Sociologie et Anthropologie*. Paris: PUF, 1950.

Lévi-Strauss, Claude. "La Structure et la Forme (Réflexions sur un Ouvrage de Vladimir Propp)". *Poetics*, 3, 1960.

_____. "La Structure et la Forme". In: *Cahiers de l'Institut de Science Economique Appliquée*, série M, 7, 1960.

_____. *Le Cru et le Cuit* (*Mythologiques I*). Paris: Plon, 1964. [Em edição brasileira: *O Cru e o Cozido*. Trad. Beatriz Perrone-Moisés. 2ª ed. São Paulo: Cosac Naify, 2010.]

_____. "Resposta a um Questionário sobre a Crítica Literária". In: *Paragone,* n. 182, abril de 1965, Milão.

_____. *L'Homme Nu* (*Mythologiques IV*). Paris: Plon, 1971. [Em edição brasileira: *O Homem Nu*. Trad. Beatriz Perrone-Moisés. São Paulo: Cosac Naify, 2009.]

Lima, Jorge de. *Obras Completas*. Rio de Janeiro: Aguilar, 1958.

Lima, Luiz Costa. *Mímesis e Modernidade: Formas das Sombras*. Rio de Janeiro: Edições Graal, 1980, p. 230.

Lippard, Lucy R. (secundada por Lawrence Alloway, Nancy Marmer e Nicolas Calas). *Pop Art*. Londres: Thames and Hudson, 1966.

Lotman, Yuri M. *La Strutura del Texto Poetico*. Milão: Mursia, 1972 (original russo: Moscou, 1970).

Lovejoy, Arthur O. *Essays in the History of Ideas*. Baltimore, 1948.

Lucas, Fábio. *Carta Datilografada a José Guilherme Merquior*. Madison, Wisconsin (USA), 6 de dezembro de 1974. Arquivo José Guilherme Merquior/É Realizações Editora.

Lucas, Frank Lawrence. *The Decline and Fall of the Romantic Ideal* (1936). Cambridge: Cambridge University Press, 1963.

Ludz, Peter (org.). *Georg Lukàcs: Literatursoziologie*. Neuwied/Berlin: Luchterhand, 1961.

Lukàcs, Georg. *A Teoria do Romance*. Trad. José Marcos Mariani de Macedo. São Paulo: Editora 34, 2000.

_____. *L'Anima e le Forme*. Milão: Sugar, 1963. (O original húngaro é de 1910; a edição alemã, *Die Seele und die Formen*, de 1911).

Lyotard, Jean-François. "Esquisse d'une Économique de l'Hiperréalisme". In: *Chroniques de l'Art Vivant*, 36 (fevereiro de 1973).

MacDonald, D. "Masscult & Midcult". In: *Partisan Review*, n. 4 (1960).

_____. *Against the American Grain*. Nova York: Random House, 1962.

Madsen, S. Tschudi. *L'Art Nouveau*. Paris: Hachette, 1967.
Marcuse, Herbert. *One-Dimensional Man*. Boston: Beacon Press, 1964.
Marrou, Henri-Irénée. *St. Augustin et la Fin de la Culture Antique*. Paris: Payot, 1938.
Martinet, André. "Connotations, Poésie et Culture". In: Vários autores. *To Honor Roman Jakobson*, t. 2. Paris: Mouton, 1967.
Martins, Wilson. *O Modernismo*. São Paulo: Cultrix, 1965. (vol. VI da coleção *A Literatura Brasileira*.)
Mendel, Gérard. *La Révolte contre le Père*. Paris: Payot, 1968.
Merquior, José Guilherme. *Arte e Sociedade em Marcuse, Adorno e Benjamin*. Rio de Janeiro: Tempo Brasileiro, 1969.
_____. "Analyse Structurale dos Mythes et Analyse des Oeuvres d'Art". *Revue d'Esthétique*, n. 3-4, 1970.
_____. "L'Art Anti-Oeuvre selon Robert Klein". *Chroniques de L'Art Vivant*, 14. Paris, outubro de 1970.
_____. "Gênero e Estilo das *Memórias Póstumas de Brás Cubas*". *Colóquio/Letras*, n. 8, 1972.
_____. *Saudades do Carnaval: Introdução à Crise da Cultura*. Rio de Janeiro: Forense, 1972.
_____. *A Astúcia da Mímese*. Rio de Janeiro: José Olympio, 1972.
_____. "Situación del Escritor". In: C. Fernández Moreno (org.). *América Latina en su Literatura*. Cidade do México: Ed. Siglo XXI, 1973.
_____. "Curriculum Vitae". Universidade de Brasília/Departamento de Política e Relações Internacionais, 1981. Fonte: Arquivo José Guilherme Merquior/É Realizações Editora.
_____. *A Estética de Lévi-Strauss*. Trad. Juvenal Hahne Jr. 2ª ed. São Paulo: É Realizações, 2013.
_____. *Razão do Poema*. São Paulo: É Realizações Editora, 2013.
Merton, Robert K. "Manifest and Latent Functions: Toward the Codification of Functional Analysis in Sociology". In: *Social Theory and Social Structure*. Glencoe: Free Press, 1949.
Meyer, Augusto. *Camões o Bruxo e outros Ensaios*. Rio de Janeiro: Livraria São José, 1958.
_____. *Preto & Branco* (1956). 2º ed. Rio de Janeiro: Grifo, 1971.
Meyer, Ursula. *Conceptual Art*. Nova York: Dutton, 1972.

MICHEL, Paul Henri. *La Fresque Romane.* Paris: Pierre Tisné, 1961.

MITCHELL, William C. *Sociological Analysis and Politics – The Theories of T. Parsons.* Englewood Cliffs, Nova Jersey: Prentice Hall, 1967.

MITSCHERLICH, Alexander. *Auf dem Weg zur vaterlosen Gesellschaft.* Munique, 1963; trad. fr. *Vers la Société sans Pères.* Paris: Gallimard, 1969.

MITTNER, Ladislao. *Storia della Letteratura Tedesca dal Pietismo al Romanticismo.* Turim: Einaudi, 1964.

MOLES, Abraham. *Le Kitsch – L'Art du Bonheur.* Paris: Mame, 1971. [Em edição brasileira: MOLES, Abraham. *O Kitsch: A Arte da Felicidade.* Trad. Sergio Miceli. São Paulo: Perspectiva, 1975.]

MORÁWSKI, Stefan. "Mimesis". *Semiotica,* II, 1, 1970.

MORIN, Edgar. *Cultura de Massas no Século XX (L'Esprit du Temps).* Rio de Janeiro: Forense, 1969.

MOUNIN, Georges. "De la Lecture à la Linguistique". In: *La Communication Poétique.* Paris: Gallimard, 1969a.

_____. "La Notion de Situation en Linguistique et la Poésie" (1966). In: *La Communication Poétique.* Paris: Gallimard, 1969b.

_____. *Introduction à la Sémiologie.* Paris: Minuit, 1970.

MOUTINHO, Nogueira. "Da crise da cultura à explosão vocabular". *Folha de S.Paulo*/Folha Ilustrada, 8 de outubro de 1974, p. 38, meus destaques.

MUKAROVSKY, Jan. *Studie z Estetiky.* Praga, 1966. (Trad. parcial alemã: *Kapitel aus der Aesthetik.* Frankfurt: Suhrkamp, 1970; trad. parcial italiana: *La Funzione, la Norma e il Valore Estetico come Fatti Sociali.* Turim: Einaudi, 1971.)

_____. *Kapitel aus der Poetik.* Frankfurt: Suhrkamp, 1967.

_____. *Aesthetik Function, Norm and Value as Social Facts.* Ann Arbor: Michigan Slavic Contributions, 1970.

_____. *Kapitel aus der Ästhetik.* Frankfurt: Suhrkamp, 1970.

_____. *La Funzione, la Norma e il Valore Estetico come Fatti Sociali.* Turim: Einaudi, 1971 (trad. parcial do original tcheco *Estudos de Estética* [*Studie Estetiky*]. Praga, 1966).

MURRAY, Peter e MURRAY, Linda. *The Art of the Renaissance.* Londres: Thames and Hudson, 1963.

NIETZSCHE, Friedrich. *Par-délà Bien et Mal.* Paris: Ed. Colli-Montinari, Gallimard, 1971.

NOVOTNY, Fritz. *Painting and Sculpture in Europe: 1780-1880*. Londres: Pelican, 1960.

NUNES, Benedito. *Crítica Literária no Brasil, Ontem e Hoje*. In: MARTINS, Maria Helena (org.). *Rumos da Crítica*. São Paulo: Senac/Itaú Cultural, 2000.

OTTO, Rudolf. *West-Ostliche Mystik* (trad. francesa. Paris, Payot, 1951).

PANOFSKY, Erwin. "Sobre a Relação entre História da Arte e Teoria da Arte" (1925), hoje republicada em apêndice à tradução italiana de *A Perspectiva como Forma Simbólica*. Milão: Feltrinelli, 1961.

_____. *Die Perspektive als "symbolische Form"*. Leipzig: Teubner, 1927; tradução italiana. Milão: Feltrinelli, 1961.

_____. *Studies in Iconology*. Nova York: Oxford University Press, 1939. [Edição em português: *Estudos de Iconologia*. Lisboa: Editorial Estampa, 1986.]

_____. *Renaissance and Renascences in Western Art*. Estocolmo: Almqvist & Wikselk, 1960.

_____. *Il Significato nelle Arti Visive* (trad. do inglês). Turim: Einaudi, 1962. [PANOFSKY, Erwin. *Meaning in the Visual Arts*. Nova York: Doubleday, 1955. [Em edição brasileira: *O Significado nas Artes Visuais*. 2ª ed. Trad. Maria Clara F. Kneese e J. Guinsburg. São Paulo: Perspectiva, 2014.]

PARSONS, Talcott. "The Mass Media and the Structure of American Society" (em colaboração com Winston White), 1960.

_____. *Societies – Evolutionary and Comparative Perspectives*. Englewood Cliffs, Nova Jersey: Prentice Hall, 1966.

_____. *Politics and Social Structure*. Nova York: Free Press, 1969.

_____. *The System of Modern Societies*. Englewood Cliffs, Nova Jersey: Prentice Hall, 1971.

PAUL Tillich. *Religionsphilosophie*. Frankfurt: Ullstein, 1962 (trad. fr., Genebra: ed. Labor et Fides, 1971).

PAZ, Octávio. *Puertas al Campo*. México: UNAM, 1966.

_____. *Claude Lévi-Strauss o el Nuevo Festín de Esopo*. Barcelona: Seix Barral, 1967. [Edição brasileira: *Claude Lévi-Strauss ou o Novo Festim de Esopo*. São Paulo: Perspectiva, 1993.]

_____. *Corriente Alterna*. México: Siglo XXI, 1967.

PAZ, Octávio. *Signos em Rotação*. Trad. Sebastião Uchoa Leite. São Paulo: Perspectiva, 1972. [Em edição corrente: PAZ,

Octávio. *Signos em Rotação*. 4ª ed. Trad. Sebastião Uchoa Leite. São Paulo: Perspectiva, 2015.]

PEIRCE, Charles Sanders. *Semiótica e Filosofia* (antologia de artigos trad. do inglês). São Paulo: Cultrix, 1972.

PENA, Cornélio. *Fronteira* (1936). Rio de Janeiro: Ediouro, 1989.

PERLINI, Tito. *Utopia e Prospettiva in G. Lukàcs*. Bari: Dedalo, 1968.

PEVSNER, Nikolaus. *An Outline of European Architecture*. 5ª ed. Londres: Pelican, 1957.

PLEBE, Armando et al. *L'Estetica Tedesca del Novecento*. In: *Momenti e Problemi di Storia dell'Estetica*. Milão: Marzorati, 1961", vol. 3.

PLEBE, Armando. "Origini e Problemi dell'Estetica Antica" (II, 3 e 4). In: *Momenti e Problemi della Storia dell'Estetica*. Milão: Marzorati, 1959.

POLITZER, Heinz. *Franz Kafka Parable and Paradox*. 2ª ed. Ithaca: Cornell University Press, 1966.

POPE-HENNESSY, John. *La Scultura Italiana*, vols. II e III (2 ts.). Milão: Feltrinelli, 1966.

POPPER, Karl. *The Poverty of Historicism*. Londres: Routledge, 1957.

PORTELLA, Eduardo. *Fundamento da Investigação Literária*. Rio de Janeiro: Tempo Brasileiro, 1974.

RAIMONDI, Ezio. *Tecniche della Critica Letteraria*. Turim: Einaudi, 1967.

RAMOS, Maria Luiza. *Fenomenologia da Obra Literária*. Rio de Janeiro: Forense, 1969. In: BENSE, Max. *Aesthetica*. Stuttgart: Deutsche Verlags-Anstatit, 1954; tradução argentina: Buenos Aires: Ed. Nueva Visión, 1957.

RANSOM, John Crowe. *God without Thunder*. Nova York: Harcourt, Brace and Company, 1930.

_____. *The World's Body*. Nova York: Charles Scribner's, 1938.

RENNER, Karl. *Wandlungen der modernen Gesellschaft* [Transformações da Sociedade Moderna]. Viena, 1953.

RICARDO, Cassiano. *Martim Cererê* (1928). Rio de Janeiro: José Olympio, 2003.

RICARDOU, Jean. "Nouveau Roman, *Tel Quel*". In: *Poétique*, n. 4, 1970.

RIFFATERRE, Michael. *Essais de Stylistique Structurale*. Paris: Flammarion, 1971.

Rocher, Guy. *T. Parsons et la Sociologie Américaine*. Paris: P.U.F., 1972.

Rosenberg, B. et al. *Mass Culture*. Glencoe: Free Press, 1960.

Rosenberg, Harold. "Popular Culture and Kitsch Criticism". *Dissent*, inverno de 1958.

_____. *The Tradition of the New*. Nova York: Horizon Press, 1959.

Russell, John e Gablik, Suzi (org.). *Pop Art Redefined*. Londres: Thames and Hudson, 1969.

Salmi, Mario *Masaccio*. Florença: Longui R., 1932.

Saporta, Sol. "The Application of Linguistics to the Study of Poetic Language". In: Sebeok, Thomas. *Style and Language*. Cambridge: M.I.T. Press, 1960.

Sartre, Jean-Paul. *L'Imaginaire*. 30ª ed. Paris: Gallimard, 1956.

Saussure, Ferdinand de. *Cours de Linguistique Générale* (1916). 5ª ed. Paris: Payot, 1962.

Schwarz, Roberto. *A Sereia e o Desconfiado*. Rio de Janeiro: Civilização Brasileira, 1965.

_____. "Remarques sur la Culture et la Politique au Brésil, 1964-69". In: *Les Temps Modernes*, n. 288. Paris, 1970.

Scrivano, Riccardo. *Il Manierismo nella Letteratura del Cinquecento*. Pádua: Liviana, 1959.

_____. *Cultura e Letteratura nel Cinquecento*. Roma: Ed. Dell'Ateneo, 1966.

Segre, Cesare. *I Segni e la Critica*. Turim: Einaudi, 1969.

Simmel, Georg. *Philosophische Kultur. Gesammelte Essays* (1911); trad. inglesa em Simmel, Georg et al. *Essays on Sociology, Philosophy and Aesthetics*. K. Wolff (org.). Nova York: Harper & Row, 1965.

Sodré, Muniz. "A Crítica da Falsa Cultura". *Revista Visão*, 4 de novembro de 1974.

Souza, Roberto Acízelo de. *Iniciação aos Estudos Literários*. São Paulo: Martins Fontes, 2006.

Spencer, John e Gregory, Michael J. "An Approach to the Study of Style". In: Freeman, Donald (ed.). *Linguistic and Style*. Nova York: Oxford Univ. Press, 1964.

Spitzer, Leo. *Essays in Historical Semantics*. Nova York, 1948.

Sporn, Paul. "Critique et Science aux Etats Unis". In: *Poétique*, n. 6, 1971.

STANKIEWICZ, Edward. "Linguistics and the Study of Poetic Language". In: SEBEOK, Tomas (ed.). *Style in Language*. Cambridge: M.I.T. Press, 1960.

STAROBINSKI, Jean. "Freud, Breton, Myers". *L'Arc*, n. 34, 1968.

STEINER, George. *Extraterritorial*. Nova York: Atheneum, 1971.

STIERLE, Karlheinz. "O que significa a recepção dos textos ficcionais?". In: LIMA, Luiz Costa (org.). *A Literatura e o Leitor*. Rio de Janeiro: Paz e Terra, 1979.

SUTTON, Walter. *Modern American Critics*. Nova Jersey: Englewood Cliffs, 1963.

SYPHER, Wylie. *Rococo to Cubism in Art and Literature*. Nova York: Random House, 1960.

SZONDI, Peter. *Teoria do Drama Moderno* (original alemão: Frankfurt, 1956; tradução italiana: Turim: Einaudi, 1962). [Edição brasileira: SZONDI, Peter. *Teoria do Drama Moderno*. Raquel Imanishi Rodrigues. São Paulo: Cosac Naify, 2011.]

TATE, Allen. *On the Limits of Poetry*. Nova York: Swallow Press, 1948.

_____. "The Man of Letters in the Modern World" (1952). In: *Essays of Four Decades*. Nova York: Morrow, 1970.

TEMKINE, Raymond. *Grotowski*. 2ª ed. Lausanne: La Cité, 1970.

TODOROV, T. et al. *Qu'Est-ce que le Structuralisme?* Paris: Seuil, 1968.

TODOROV, Tzvetan. *Théorie de la Littérature: Textes des Formalistes Russes Réunis, Présentés et Traduits par Tzvetan Todorov*. Paris: Seuil, 1965. [Em edição brasileira: TODOROV, Tzvetan (org.). *Teoria da Literatura: Textos dos Formalistas Russos*. Trad. Roberto Leal Ferreira. São Paulo: Editora Unesp, 2013.]

_____. "Les Études du Style". In: *Poétique*, n. 2, 1970.

_____. *A Literatura em Perigo*. Trad. Caio Meira. Rio de Janeiro: Difel, 2009.

TOLEDO, Dionísio (org.). *Círculo Linguístico de Praga: Estruturalismo e Semiologia*. Textos reunidos, anotados e apresentados por Dionísio Toledo. Trad. Zênia de Faria, Reasylvia Toledo e Dionísio Toledo; introdução de Julia Kristeva. Porto Alegre: Globo, 1978.

TROTSKI, Leon. *Literatura e Revolução*. 2ª ed. Rio de Janeiro: Zahar, 1980.

VALÉRY, Paul. "Eupalinos ou l'Architecte" (1923). In: *Ouevres*. vol. II. Paris: Gallimard, 1960.

VALÉRY, Paul. *Variedades*. Trad. Maiza Martins de Siqueira. São Paulo: Iluminuras, 1999. Ver sua entrevista a Irmeline Leber in *Chroniques de l'Art Vivant*, 30 (maio de 1972).

VOLPONI, Paolo. *Masaccio*. Milão: Rizzoli, 1968.

WARRY, John G. *Greek Aesthetic Theory*. Londres: Methuen, 1962.

WEISE, Georg. *L'Ideale Eroico del Rinascimento e le sua Premesse Umanistiche* (2 vols.). Nápoles: Ed. Scientifiche Italiene, 1961.

WELLEK, René. "The Mode of Existence of a Literary Work of Art". *Southern Review*, 7, 1942.

_____. *Concepts of Criticism*. New Haven: Yale University Press, 1963. [Em edição brasileira: WELLEK, René. *Conceitos de Crítica*. Trad. Oscar Mendes. São Paulo: Cultrix, s/d.]

_____. "The Main Trends of 20th Century Criticism". In: *Concepts of Criticism*. New Haven: Yale Univ. Press, 1963a.

_____. "Philosophy and Postwar American Criticism". In: *Concepts of Criticism*. New Haven: Yale Univ. Press, 1963b.

_____. "The Literary Theory and Aesthetics of the Prague School". In: *Discriminations: Further Concepts of Criticism*. New Haven: Yale University Press, 1970.

_____. "A Map of Contemporary Criticism in Europe". In: *Discriminations*. New Haven: Yale Univ. Press, 1970a.

_____. "Stylistics, Poetics and Criticism". In: *Discriminations*. New Haven: Yale Univ. Press, 1970b.

WILLEY, Basil. *The 17th. Century Background: Studies in the Thought of the Age in Relation to Poetry and Religion* (1934). Londres: Penguin Books, 1962.

WILLIAMS, Raymond. *Culture and Society 1780-1950*. Londres: Chatto & Windus, 1961.

_____. *The Long Revolution* (1961). Londres: Pelican, 1965.

WIND, Edgar. *Art and Anarchy*. Londres: Faber & Faber, 1963.

_____. *Formalismo e Avanguardia*. Roma, Editori Riuniti, 1968.

WÖLFFLIN, Heinrich. "Renascença e Barroco". In: *Conceitos Fundamentais da História da Arte. Renaissance and Baroque*. Tradução de Kathrin Simon; introdução de Peter Murray. Ithaca, N.Y.: Cornell University Press, 1964.

WORDSWORTH, William. *The Poetical Works of Wordsworth*. Ed. Th. Hutchinson, revista por Ernestde Selincourt. Nova York: Oxford University Press, 1959.

ÍNDICE ONOMÁSTICO

Acconci, Vito, 420
Ackerman, James, 370
Adami, Valerio, 415, 422
Adonias Filho, 147
Adorno, Theodor W., 27-28, 40, 50, 52, 64-65, 73, 80, 101, 190, 211, 224, 229, 240, 244, 250, 299, 305, 347, 412-13, 419, 445
Afro Basadella, 401
Agostinho, Santo, 178
Albers, Josef, 255
Alberti, Lenone Battista, 383, 389
Alcuíno, 106
Alencar, José de, 30, 94
Alexander, Samuel, 70, 95, 230, 310, 337, 475
Alloway, Lawrence, 408, 412
Almeida, Guilherme de, 152
Almeida, José Américo de, 156
Almeida, Renato, 153
Alonso, Dámaso, 180
Amado, Jorge, 149, 156, 160
Amaral, Tarsila do, 86
Ambrogio, Ignazio, 181, 211, 228, 305-06, 309, 312-14, 320-21, 377
Américo, Pedro, 86, 156
Amora, Antonio Soares, 147
Andrade, Joaquim Pedro de, 417
Andrade, Mário de, 20, 30, 135, 143, 148, 152, 154, 159-60, 164, 235
Andrade, Oswald de, 137, 148, 164-65
Andrea, John de, 279, 382, 386, 389, 391, 420, 422
Andreas-Salomé, Lou, 294
Anjos, Cyro dos, 149, 160
Anouilh, Jean, 86
Antal, Frederick, 75, 289
Antonioni, Michelangelo, 346
Araújo, Jorge, J. G., 48

Araújo, Murilo, 149, 155
Arendt, Hannah, 56-58, 74, 97-98
Argan, Giulio Carlo, 256, 302, 379, 381, 385, 387, 400
Aristóteles, 64, 176, 181, 186-87, 190, 192-94, 354, 359
Arman (Armand Pierre Fernandez), 409
Arnim, Achim von, 275
Arnold, Matthew, 32-33, 56, 115, 216, 218, 220, 222, 460
Arrabal, Fernando, 86
Artaud, Antonin, 85, 423, 425-31
Arvers, Félix d', 66
Ataíde, Tristão de, 154
Atkinson, Terry, 420
Auden, Wystan Hugh, 91, 150, 463
Auerbach, Erich, 127, 139, 178-80, 206, 209, 211, 307, 343-45

Bachelard, Gaston, 180, 323, 327
Bach, Johann Sebastian, 190
Bacon, *Sir* Francis, 411
Bakhtin, Mikhail, 79, 206, 211
Bally, Charles, 198
Balmont, Konstantín, 309
Balzac, Honoré de, 69, 119, 130, 199
Bandeira, Manuel, 91, 137, 148, 151-52, 154, 164, 167, 463
Banham, Reyner, 405
Barba, Eugenio, 431
Barilli, Renato, 331
Barr, Alfred, 262
Barras, Paul F. J. N. de, 154
Barrès, Maurice, 93
Barry, Charles, 71
Barthes, Roland, 23, 25, 116, 175, 188, 192-93, 198-99, 201-02, 211, 306, 327-28, 360, 466, 474
Bartolomeo, Fra, 390, 394

Bastide, Roger, 92-93
Bath, Sergio, 91
Baudelaire, Charles, 37, 70, 78, 80, 87-89, 102, 104, 111-12, 117, 119, 127-32, 139, 142, 145, 164, 182, 196, 224-25, 235-36, 238-42, 276, 305, 309, 319, 334, 339, 343, 417, 446, 449, 463-64, 468
Baudry, Paul, 87
Bauer, Raymond e Alice, 50, 59
Baumgarten, Wilhelm, 188, 475
Beardsley, Arthur, 89
Beckett, Samuel, 90, 424
Beck, Julian, 432
Beethoven, Ludwig van, 70, 121, 190, 241
Béguin, Albert, 132, 180
Belinsky, Vissarion, 221
Bell, Clive, 335
Bellini, 394
Bellocchio, Marco, 346
Bely, Andrei, 309
Bénichou, Paul, 56
Benjamin, Walter, 27, 40, 64, 70, 101-02, 108, 128-29, 140, 143, 175, 179-80, 182, 201, 211, 224, 229, 235, 240, 244, 265, 267, 299, 305, 313, 339, 341, 343-45, 347, 360, 405, 417-18, 423, 445, 464
Benn, Gottfried, 78, 91, 116, 137, 236
Bense, Max, 347, 352, 366
Berenson, Bernard, 294, 296, 302
Bergman, Ingmar, 346
Bergson, Henri, 47, 68, 113, 251, 252, 312-13
Bernini, Gianlorenzo, 54, 286
Beuys, Joseph, 409
Biemel, Walter, 255
Bilac, Olavo, 93
Bill, Max, 255, 260
Bing, Gertrud, 290
Blackmur, Richard Palmer, 180, 342
Blake, William, 39, 105, 108, 157
Blanchot, Maurice, 82, 165, 185, 206-07, 211, 327, 340

Blechen, Karl, 88
Blin, Roger, 425
Bloch, Pedro, 48
Blok, Alexandr, 137, 309
Boecklin, Arnold, 71
Bogatyrev, Piotr, 46
Bogdanovitch, Peter, 346
Boileau, Nicolas, 187
Bonheur, Rosa, 66, 87, 452
Bonnard, Pierre, 81, 402
Bonnat, Léon, 87, 88
Bonnefoy, Yves, 104-05, 107, 464
Bopp, Raul, 137, 148, 151
Borges, Jorge Luís, 86, 91, 137, 140, 145, 217, 334, 344-45, 465
Boring, Edwin Garriges, 271
Botticelli, Sandro, 228, 295, 382, 385-87, 400, 477
Boudin, Eugène, 88
Bouguereau, William-Adolphe, 87, 89
Boyd, John, 192, 211, 361
Brancusi, Constantin, 90, 140, 404
Braque, Georges, 260, 262-63
Brecheret, Victor, 135
Brecht, Bertold, 90, 140, 313, 423-24, 426-28, 431-32
Bremond, abade Henri, 132, 158, 243, 303
Brentano, Bettina, 94, 126, 253, 275, 294
Brentano, Clemens, 94, 126, 253, 275, 294
Brest, Jorge Romero, 260
Breton, André, 82, 109, 265, 360, 408, 425
Brion-Guerry, Liliane, 290
Brito, Antonio Carlos de, 179
Broch, Hermann, 73-78, 80, 91, 145, 197, 211, 225, 446
Bronzino, Agnolo, 71
Brook, Peter, 425
Brooks, Cleanth, 180-81, 206, 211, 218, 221
Bruegel, Peter (O velho), 71, 373
Brunelleschi, Filippo, 379, 383
Bruner, Jerome, 50

Bruni, Leonardo, 388
Buck, Pearl, 48
Buffon, Georges-Louis, conde de, 198, 335
Bühler, Karl, 351
Bullough, Edward, 83, 269, 354
Burckhardt, Jacob, 221, 280-81, 285-86, 290, 334
Burke, Edmund, 44, 181
Burke, Kenneth, 180, 212
Burnham, Jack, 200, 212
Burns, Robert, 94
Burri, Alberto, 401
Buyssens, Eric, 203, 212, 327
Byron, Lord George, 49, 94, 100, 127, 275

Cabanel, Alexandre, 87-88
Cage, John, 408
Calas, Nicolas, 408, 414-15
Calcar, Jan van, 335
Calderón de La Barca, Pedro, 69, 231, 430
Callot, Jacques, 71, 288
Camões, Luís de, 40, 119, 167-68, 170-72, 252, 288, 442, 467
Campos, Haroldo de, 350
Camus, Albert, 140
Cândido, Antonio, 21, 164
Canova, Antonio, 75
Capistrano de Abreu, José, 137
Caravaggio, Michelangelo Merisi da, 54-55, 279
Cardinal, Roger, 83
Cardozo, Joaquim, 147, 160
Carlos Magno, 106
Carlyle, Thomas, 222
Carvalho, Ronald de, 148, 153, 462
Cassirer, Ernest, 188, 212, 255, 269, 289, 340
Castagno, Andrea del, 382, 386
Castelvetro, Ludovico, 298
Castro Alves, Antônio de, 94
Cavalcaselle, Giovanni Battista, 294
Celan, Paul, 91, 115-16, 463
Cervantes, Miguel de, 231

César (César Baldaccini), 71, 189, 350, 409
Cézanne, Paul, 80-81, 87-88, 271, 290, 335, 340
Chagall, Marc, 81
Chamisso, Adalbert von, 275-76
Charbonnier, Georges, 263
Char, René, 91, 116, 189
Chassériau, Théodore, 88
Chastel, André, 400
Chateaubriand, René, 94, 106, 275
Chaucer, Geoffrey, 219
Chestov, Leon, 312
Chirico, Giorgio de, 414
Chklóvsky, Viktor, 180, 306, 308-10, 312-15, 357, 476
Chomsky, Noam, 208, 212, 325
Christiansen, B., 314, 352
Cícero, Marco Túlio, 57
Clarke, John Clem, 420
Claudel, Paul, 132
Close, Chuck, 420
Coelho Neto, Henrique Maximiliano, 86
Cohen, Keith, 212
Cohn, Robert Greer, 340
Coker, East, 428
Coleridge, Samuel Taylor, 113, 127, 193, 220, 223, 234, 275, 359
Collingwood, R. G., 337
Comte, Auguste, 279, 465
Conrad, Joseph, 94, 137
Constable, William, 243, 293
Contini, Gianfranco, 180
Corbière, Tristan, 104
Corbusier, Le (E. Jeanneret), 257, 407
Corduas, Sergio, 365
Corot, Jean-Baptiste, 87-88
Correggio (Antonio Allegri, Dito), 391
Coseriu, Eugenio, 186, 196, 212
Costa, Claudio Manuel da, 174
Costa Lima, Luiz, 314, 449, 471
Cottingham, Robert, 420
Courbet, Georges, 87, 262
Couto, Ribeiro, 148, 151
Couture, Thomas, 87, 89

Craig, Gordon, 432
Crane, Ronald S., 180, 307
Croce, Benedetto, 34, 249-52, 267, 273, 293, 303-04, 313, 331, 337, 349, 361, 474
Cruz e Sousa, João, 93
Cummings, E. E., 91, 144, 188
Cunha, Euclides da, 137
Cunha, Fausto, 157
Curtius, Ernst Robert, 106-07, 170, 180, 197, 204, 212, 226, 284, 288, 290, 369

Dahrendorf, Ralf, 116
Dali, Salvador, 84, 408, 463
Dantas, Júlio, 152
Dante Alighieri, 69, 104, 118-19, 145, 149, 155, 178, 309
Danton, Georges-Jacques, 153
Darío, Rubén, 109, 158
Daumier, Honoré, 88
David, Louis, 51, 75, 79, 276, 294, 299
Decamps, Alexandre G., 87
Degas, Edgar, 81, 87, 334-35
Delacroix, Eugène, 87-88, 142, 241, 276, 335
Delaroche, Paul, 87
Deleuze, Gilles, 92-93, 188, 201, 212, 448
Derrida, Jaques, 186, 212, 218, 425-26, 447
Descartes, René, 230, 255, 471
Dessoir, Max, 190, 273
Detaille, Edouard, 87
Dévereux, Georges, 92
Diaz, Narcisse, 89
Dickens, Charles, 79, 463
Diderot, Denis, 426
Diéguez, Manuel, 181
Dilthey, Wilhelm, 102, 209, 251, 252-54, 277, 307, 369
Donatello, 286, 379-82, 386
Donne, John, 172, 252, 288
Doré, Gustave, 88
Dostoiévski, Fiódor, 225, 305

Dreiser, Theodore, 161
Drummond de Andrade, Carlos, 20, 133, 147, 149, 314
Dryden, John, 105, 219
Dubuffet, Jean, 403
Duccio, Agostino, 377
Duchamp, Marcel, 90, 407
Dufrenne, Mikel, 35, 192, 336-37
Dufy, Raoul, 81
Dunkel, Bertha, 295
Dupin, Jacques, 415
Duran, Carolus, 87
Dürer, Albrecht, 46
Durrell, Lawrence, 48
Dürrenmatt, Friedrich, 90, 423-24
Dutra, Waltensir, 157, 469
Dvorak, Max, 284-85, 288, 388, 473

Echeverría, Roberto González, 106
Eco, Umberto, 49, 59, 89, 141, 201, 203, 212, 362-63, 406, 461-62
Eichenbaum, Boris, 306-07, 315, 455
Eichendorff, Joseph, 275
El Greco (Geórgios Theotokópoulos), 71, 288
Eliot, Thomas Stearns, 60, 91, 94, 104-05, 113-16, 127, 132, 137, 140, 145, 150, 161, 180, 182, 197, 212, 223, 237, 369, 398, 428, 459, 462, 465
Ellmann, Richard, 39
Empson, William, 180, 316
Enzensberger, Hans Magnum, 91
Erlich, Victor, 23, 181, 212, 314-15, 351, 352
Ernst, Max, 50, 105-06, 170, 180, 192, 197, 207, 212-13, 226, 255, 266, 269, 284, 290, 300-01, 340, 369, 461
Esslin, Martin, 424
Estes, Richard, 420

Fabriano, Gentile da, 386
Faria, Otávio de, 23, 149, 155, 160
Faulkner, William, 90, 137, 161
Faurisson, Robert, 112

Fautrier, Jean, 402
Fechner, Gustav Theodor, 271-72, 356
Feidelson Jr., Charles, 39
Fellini, Federico, 346
Ferber, Edna, 49
Fergusson, Francis, 180-81, 186, 212, 307, 474
Fernández Moreno, César, 46, 189, 350
Ferreira, Ascenso, 157, 160, 455
Feuerbach, Anselm, 256
Fichte, Johann Gottlieb, 32, 121, 123, 125, 231-33, 269
Ficino, Marsilio, 385, 387
Fiedler, Konrad, 256, 259, 270, 274, 279-80, 304, 358
Figueiredo, Jackson de, 154
Firth, John Rupert, 206, 311
Fitzgerald, Scott, 151
Flandrin, Hippolyte, 87
Flaszen, Ludwig, 431
Flaubert, Gustav, 37, 130, 139, 142, 241, 305, 334, 345, 449
Fleischmann, Eugène, 63
Focillon, Henri, 243, 283
Fontana, Lucio, 401
Fortuny y Carbó, Mariano, 87
Foucault, Michel, 26, 188, 201, 212, 340, 345
Fouché, Joseph, 154
Fra Angelico, 380
Francastel, Pierre, 261, 332
Francis, Jammes, 153, 180, 212, 307, 406, 411
Frazer, *Sir* James, 229, 297
Freedberg, Sideney Joseph, 383, 388-89, 393, 397, 400
Freud, Sigmund, 50, 63, 82, 143, 207, 212-13, 236, 294, 296-302, 323, 408
Freyer, Hans, 51
Freyre, Gilberto, 21, 149, 156, 162
Friedlaender, Walter, 288, 473
Friedländer, Max, 294, 296
Friedmann, Georges, 138
Friedrich, Carl Joachim, 269

Friedrich, Caspar David, 276
Friedrich, Hugo, 180, 209, 236, 240, 307
Friedrichs, Robert W., 63
Frisch, Max, 189, 423
Fromentin, Eugène, 87
Fromm, Erich, 60, 462
Fry, E. F., 262
Frye, Northrop, 178, 307, 369, 457, 460

Gablik, Suzi, 408
Gadamer, Hans-Georg, 330
Gadda, Carlo Emilio, 189
Galbraith, John Kenneth, 48
Gallé, Émile, 89
Garfinkel, Nina, 431
Garin, Eugenio, 385
Garnier, Charles, 71
Gartner, 71
Gary-Prieur, Marie Noële, 197-98
Gaudí, Antonio, 89
Gauguin, Paul, 81, 87-89, 142
Gautier, Théophile, 78, 131, 276
George, Stefan, 59, 79, 96, 100-03, 114, 117, 132, 140, 342, 421, 463
Gerôme, Jean Léon, 87-88
Gervex, Henri, 87-88
Gessner, Salomon, 273
Ghiberti, Lorenzo, 381
Ghirlandaio, 383
Giambellino, 295
Giambologna, 71, 286
Gibson, A. Boyce, 95, 174
Gide, André, 140, 261
Giorgione da Castelfranco, 295, 391
Giotto di Bondone, 290, 377-80
Gleizes, Albert, 262
Godard, Jean-Luc, 68, 346
Goethe, Wolfgang, 39, 64, 69, 100, 115, 117-24, 130, 144, 220, 222, 225, 233, 237, 274-75, 294, 317, 340, 467-68
Golding, John, 261
Goldmann, Lucien, 114, 175, 327, 332, 475

Gombrich, E. H., 50-51, 80, 192, 207, 213, 277, 290, 301-02, 461
Gombrowicz, Witold, 91
Gonda, Alexander, 70
Góngora, Luís de, 53, 55
Goode, Joe, 414
Goodman, Sam, 409, 446
Gorduas, Sergio, 350
Górki, Maxim, 430
Gourmont, Remy de, 237
Goya y Lucientes, Francisco, 70
Grabbe, Christian D., 275
Graça Aranha, José P. da, 148, 153-55, 162
Graham, Robert, 420
Greenberg, Clement, 53
Gregory, Michael J., 206, 214, 311
Grillparzer, Franz, 275
Groos, Karl, 272-73
Gropius, Walter, 255-57
Grotowski, Jerzy, 346, 423, 425, 428-32, 442
Guattari, Félix, 92
Guillén, Jorge, 91, 137
Guimaraens, Alphonsus de, 93
Guimard, Hector, 89

Habasque, Guy, 262
Habermas, Jürgen, 250
Halliday, Michael A. K., 311
Hamburger, Michael, 104
Hamilton, Richard, 410
Hanslick, Eduard, 276, 277
Hardy, Thomas, 86, 140
Hartman, Geoffrey, 181, 206, 213
Hartung, Hans, 401
Hatzfeld, Helmut, 168, 172, 180, 288, 307
Hauser, Arnold, 48, 172, 278, 284, 288, 473
Haworth, Jann, 420
Hayman, David, 79
Haym, Rudolf, 307
Hazlitt, William, 323
Hefner, Hugh, 72

Hegel, Georg Wilhelm Friedrich, 21, 70, 110-11, 123, 222, 228, 240, 249, 251, 269, 272, 274, 282, 338, 340, 349, 380, 475
Heidegger, Martin, 35, 366
Heine, Heinrich, 56, 100, 131, 222, 240, 275-76, 307
Hemingway, Ernst, 151, 342
Herbart, Johann Friedrich, 250, 269-70, 358
Herder, Johann Gottfried, 105, 108, 118, 121, 137
Herskovits, 356
Hesse, Hermann, 142
Hetzer, Theodor, 290
Hildebrand, Adolf von, 271, 273, 286, 384
Hjelmslev, Louis, 177, 184, 194-95, 198, 213, 324
Hocke, Gustav René, 284, 288
Hoffmann, Ernst Theodor Amadeus, 275
Hofmannsthal, Hugo von, 74
Hölderlin, Friedrich, 68, 79, 117, 119, 122-24, 130, 132, 225, 241, 340, 463
Homero, 119, 225
Horácio, 192
Horkheimer, Max, 52, 73, 250, 412
Horta, barão Victor, 89
Hostinsky, Otokar, 350
Huch, Ricarda, 307
Hugo, Victor, 94, 129, 180, 209, 212, 236, 240, 245, 275, 307
Huidobro, Vicente, 109
Huizinga, Johan, 76, 141, 220, 283, 472
Husserl, Edmund, 35, 187, 253-57, 337
Huxley, Aldous, 223
Huysmans, Joris Karl, 93
Hyman, Stanley Edgar, 181, 213, 297

Ibsen, Henryk, 139, 424, 430
Immermann, Karl, 275
Ingarden, Roman, 176, 187, 213, 317-18, 337, 352

Ingres, J. A. Dominique, 87-88
Ionesco, Eugene, 85, 424
Ivanov, V. Ivanivic, 309

Jaeger, Werner, 47, 57, 177, 179
Jakobson, Roman, 213
James, Henry, 94, 113, 137, 370, 411
Jarry, Alfred, 425
Johns, Jasper, 408, 409
Johnson, dr. Samuel, 75, 369
Jones, Allen, 410
Jones, Robert Emmet, 181, 213, 410
Jouvet, Louis, 88
Joyce, James, 48, 90, 94, 104, 137, 139-40, 142, 144-45, 189, 223, 240, 334, 340, 342, 347, 469
Jünger, Ernst, 91
Juromenha, visconde de, 167

Kacere, John, 420
Kafka, Franz, 94, 137, 140, 144-45, 224, 225, 240, 340, 343-45, 417
Kahnweiler, D. H., 262
Kandinsky, Wassily, 90, 256, 402
Kant, Immanuel, 31, 58, 97, 118, 121, 123, 193, 231-32, 249, 269, 348-49, 354, 471
Kaschnitz-Weinberg, Guido von, 289
Kayser, Wolfgang, 164, 180, 225, 317, 326
Keats, John, 79, 127, 142, 219, 237, 275
Kelemen, Pál, 287
Keynes, John M., 342
Khliébnikov, Victor, 91, 116
Kienholz, Edward, 410-11, 421
Kierkegaard, Sören, 222
Klapheck, Konrad, 415
Klee, Paul, 89-90, 256, 260, 266-67, 335, 404, 417
Klein, Robert, 141, 290, 360, 404-05, 419
Kleist, Heinrich von, 241, 275
Klimt, Gustav, 89
Kline, Franz, 403
Klopstock, Friedrich, 120

Koestler, Arthur, 300
Kooning, Willem de, 403, 408
Korff, H. A., 275
Kosuth, Joseph, 420
Kris, Ernst, 207, 213, 300-01
Kristeller, Paul Oskar, 107, 348
Kristeva, Julia, 23, 79
Kubrick, Stanley, 346
Kuentz, Pierre, 202
Kultermann, Udo, 421

Lafer, Celso, 100, 113, 172
Laforgue, Jules, 104, 118, 132
Lamartine, Alphonse de, 94, 275
Lange, Konrad, 190, 361
Langer, Suzanne, 207, 213, 338
Lassaigne, Jacques, 400
Laude, Jean, 333
Lauer, Quentin, 257
Laurens, Jean-Paul, 87, 88
Lausberg, Heinrich, 169, 204, 213, 414
Lautréamont (I. Ducasse), 112, 340
Lawrence, D. H., 48, 140, 408, 412
Lazarsfeld, Paul, 59, 63
Leão de Moura, Paulo, 290
Leavis, Frank Raymond, 181, 224
Leech, Geoffrey, 311
Leering, Jan, 421
Léger, Fernand, 265, 407
Lehmann, Andrew George, 112, 132
Leibl, Wilhelm, 88
Leibniz, Gottfried Wilhelm, 118, 120, 200
Leiris, Michel, 189
Leite, Sebastião Uchoa, 103, 465
Lemon, Lee T., 312, 357
Lenau, Nikolaus, 275
Lenoir, Rupert, 295, 454
Leonardo da Vinci, 390, 394
Leoni, Raul de, 153
Leopardi, Giacomo, 127-28, 220
Lepschy, Giulio C., 311
Lermolieff, Ivan, 295
Lessing, G. Efraim, 118
Leverkuhn, Adrian, 257

Lévi-Strauss, Claude, 25, 113, 117, 189-91, 197, 200, 204, 207, 213, 216, 263, 292, 319, 328-29, 333, 363, 431, 445, 452, 456
Lewin, Samuel, 313
Lichtenstein, Roy, 411-12, 414
Lima, Jorge de, 48, 84, 147, 149, 156-58, 160-61, 314, 449, 471
Lins do Rego, José, 149, 156, 160-61
Lippard, Lucy R., 408-09, 412
Lippi, Filippino, 387
Lippi, Filippo, 382, 386
Lipps, Theodor, 272-73
Lisboa, Henriqueta, 40, 48, 149, 155, 172
Lisle, Leconte de, 93
Lispector, Clarice, 147
Lomazzo, Giovanni Paolo, 380
Lopes, Bernardino, 93
Lorca, García, 91, 137
Lorenzetti, Ambroggio, 377
Losey, Joseph, 346
Lotman, Juri M., 193, 201, 213, 322, 360
Lovejoy, Arthur O., 134
Lowell, Robert, 109
Lucas, Frank Laurence, 21, 236
Lucrécio, 118
Ludz, Peter, 102
Lukàcs, Georg, 101-02, 108, 114, 176, 180, 192, 224, 273, 354, 360, 369, 454, 464
Luxemburgo, Rosa, 295
Lyotard, Jean-François, 422

Mabe, Manabu, 49
MacDonald, Dwight, 45, 48-49, 85
Machado, Alcântara, 140, 148, 150, 296, 334, 345
Machado de Assis, Joaquim Maria, 140, 296, 334, 345
Madsen, S. Tchudi, 89
Magnelli, Alberto, 403
Maiakóvski, Vladimir, 91, 347
Makart, Hans, 89
Malebranche, Nicolas de, 188
Malevitch, Casimir, 403
Malfatti, Anita, 135
Malinowski, Bronislaw, 311
Mallarmé, Stéphane, 29, 93, 108, 112, 131-32, 139, 185, 189, 225, 235, 238, 240-41, 309, 334, 340, 347
Malraux, André, 49, 341
Manet, Edouard, 87, 345
Manganelli, Giorgio, 189
Mann, Thomas, 90, 140
Marcuse, Herbert, 27, 40, 64-65, 67, 101, 229, 240, 244, 250, 299, 305, 412-13, 445
Marées, Hans von, 88, 271
Marino, Giambattista, 53
Maritain, Jacques, 154
Marlowe, Christopher, 429-30
Marmer, Nancy, 408
Marrou, Henri-Irénée, 57
Martinet, André, 174-75, 179, 193, 195-98, 213, 324, 459
Martinez Correa, José Celso, 417
Martins, Hélcio, 314
Martins, Wilson, 146-47, 153, 163
Marvell, 230
Marx, Karl, 110, 282, 297, 323
Masaccio, 378-83, 386, 388, 400
Matisse, Henri, 81, 90, 402
Mauss, Marcel, 207, 213
McLean, Richard, 420
McLuhan, Marshall, 67, 96, 113
Meinecke, Friederich, 282
Meireles, Cecilia, 86, 149, 155, 161
Meissonier, Ernest, 87
Melo Neto, João Cabral de, 91, 228
Melville, Herman, 139, 356
Mendel, Gérard, 93
Mendes, Murilo, 91, 93, 137, 147, 149, 157, 228, 457
Menzel, Adolf, 71
Merleau-Ponty, Maurice, 255, 332, 336, 340
Merquior, José Guilherme, 19-38, 46, 51, 64, 79, 101, 107, 112, 192, 200, 213, 229, 333, 360, 367, 442-54, 456-72, 474-77

Merton, Robert K., 59, 63, 367, 368
Metz, Christian, 346
Metzinger, Jean, 262
Meyer, Augusto, 170, 198, 213
Meyer, Ursula, 420
Michelangelo, 70-71, 172, 246, 286, 288, 381, 383, 390-98, 477
Michel, Paul-Henri, 26, 189, 201, 212, 340, 345, 375, 400
Milano, Dante, 149, 155
Miller, Arthur, 85, 424
Millôr Fernandes, 49
Mills, C. Wright, 62
Milton, John, 105, 119, 457
Mino da Fiesole, 381
Mirò, Joan, 408
Mitchell, William C., 63
Mitscherlich, Alexander, 230
Mittner, Ladislao, 122, 125, 233, 246, 308
Moerike, Eduard, 275
Moles, Abraham, 66-70, 72-74, 77, 451, 462
Molière (J. B. Poquelin), 231
Mondrian, Piet, 90, 255, 259-60, 402, 407
Monegal, Emir Rodriguez, 106
Monet, Claude, 87
Montaigne, Michel E. de, 172, 288
Montale, 91, 116, 137, 150, 463
Moraes, Carlos, 401, 422
Moraes, Vinicius de, 149
Moráwski, Stefan, 191-92, 362
Moreau, Gustave, 87
Morelli, Giovanni, 294, 295-97, 303, 442
Moreyra, Alvaro, 151
Morin, Edgar, 67-70, 72, 74, 78, 462
Morris, Charles, 48, 366
Mounin, Georges, 176, 179, 195-96, 198, 203, 214, 327, 459
Mukarovsky, Jan, 23, 174, 179-80, 193, 214, 310, 312, 349-70, 445, 459, 476
Müller-Freienfels, R., 273
Munch, Edmund, 89

Munro, Thomas, 364
Murici, Andrade, 155
Murray, Peter, 287, 400
Musil, Robert, 91, 137, 140
Musset, Alfred de, 94

Natorp, Paul, 254
Nava, Pedro, 166
Neruda, Pablo, 84
Nerval, Gérard de, 79, 132, 463
Nicholson, Ben, 403
Nietzsche, Friedrich, 63, 79, 92, 138-39, 202, 214, 218, 252, 294, 323, 354, 427-28
Nolde, Emil, 90
Novalis (Fr. von Hardenberg), 68-69, 79, 94, 106, 123, 125-26, 139, 141-42, 223, 233-35, 245-47, 274, 321, 336, 463, 467, 475

O'Dowd, Robert, 414
Oldenburg, Claes, 411, 414
Olímpio, Domingos, 156
Olson, Elder, 180, 307
O'Neill, Eugene, 424
Orcagna, Andrea, 286
Orígenes de Alexandria, 177
Otto, Rudolf, 233
Overbeck, Franz, 276

Paci, Enzo, 329
Palladio, Andrea, 71
Panofsky, Erwin, 172, 176, 179, 205, 214, 228, 266, 287, 289-90, 292-93, 318, 323, 345, 366-67, 374-76, 378, 388
Paolozzi, Eduardo, 410
Pareto, Vilfredo, 47
Pareyson, Luigi, 331, 350, 475
Parsons, Talcott, 59, 61-63
Pascal, 108
Pasolini, Pier Paolo, 346
Passavant, 294
Pasternak, Boris, 319
Pater, Walter, 223
Patinir, Joachim, 373

Paz, Octávio, 103-15, 117, 224, 464-66, 471, 475
Pearce, Roy Harvey, 209
Peirce, Charles S., 176-77, 179, 201, 203, 254, 317-18, 351, 366-67, 459
Pena, Cornélio, 67, 149, 155, 160
Peregrino Jr., 146
Péricles, 280
Perlini, Tito, 101
Perse, Saint-Jean, 157, 236
Perugino, 383, 393-94
Pessoa, Fernando, 91, 104, 116, 137, 150, 225, 236, 319
Petrarca, Francisco, 69, 119, 145
Pevsner, Nikolaus, 75
Phillips, Peter, 410
Picabia, Francis, 406
Picasso, Pablo, 80, 89-90, 135, 140, 260-62, 265-66, 335, 360, 473
Picchia, Menotti del, 148, 151
Pico della Mirandola, Giovanni, 385
Piero della Francesca, 286, 386, 388
Pinter, Harold, 424, 430
Pinturicchio, 383
Piombo, Sebastiano del, 391
Pisano (Esc.), 378
Platão, 187, 192, 203, 229, 471
Plebe, Armando, 190, 214, 271, 361
Plotino, 303, 375
Poe, Edgar Allan, 131, 218, 274, 276, 334
Poliakoff, Serge, 401
Politzer, Heinz, 343, 344
Pollaiuolo, Antonio, 387
Pollock, Jackson, 403, 406
Ponente, Mello, 403
Ponge, Francis, 91, 189
Pontormo (J. Carrucci, Dito), 71, 279, 288
Pope, Alexander, 105, 119, 219, 400
Pope-Hennessy, John, 400
Popper, Karl., 282
Porfírio, 303
Portella, Eduardo, 27, 35, 118, 314
Poulet, Georges, 180, 327

Pound, Ezra, 91, 104, 115, 137, 145, 180, 347, 463
Poussin, Nicolas, 106, 286, 335
Prado Coelho, Jacinto do, 133, 172, 217
Prado, Paulo, 163
Praz, Mario, 241
Prieto, Luís, 176, 196, 203, 327, 459
Proust, Marcel, 64, 90, 93, 129, 137, 139, 191, 224, 240, 340, 343, 417
Prudêncio, 375
Prudhon, 75
Puccini, Giacomo, 75
Púchkin, Alexandr, 94
Pugin, 71
Puvis de Chavannes, Pierre, 88

Quain, Herbert, 295
Quercia, Jacopo della, 381

Rabelais, François, 189, 206, 211
Rachmaninof, 86
Racine, Jean, 69, 175, 211, 231-32
Rafael, Sanzio, 106, 279, 286, 290, 295, 383, 388, 390-91, 393-98, 477
Raggi, Antonio, 54
Raimondi, Ezio, 200, 214, 217
Ramos, Graciliano, 91, 137, 149, 156, 159
Ramos, Maria Luiza, 352
Ranke, Otto, 281
Ransom, John Crowe, 180, 182, 214, 243, 306, 313
Rauschenberg, Robert, 408-09, 411
Raymond, Marcel, 59-60, 64, 94, 131, 133, 162, 428
Rebelo, Marques, 148, 150-51
Reik, Theodor, 297
Reis, Fernando Guimarães, 312, 346, 357
Reis, Marion J., 312, 346, 357
Rembrandt, Harmenszoon van Rijn, 286
Reni, Guido, 54
Renner, Karl, 116

Renoir, Auguste, 81, 342, 475
Restany, Pierre, 409
Reynolds, *Sir* Josuah, 220
Ricardo, Cassiano, 147, 148, 152, 164
Ricardou, Jean, 189, 214
Richard, Jean-Pierre, 39, 180, 273, 342, 410, 420
Richards, Ivor Armstrong, 180, 193, 306
Ricoeur, Paul, 329
Rieff, Philip, 298
Riegl, Aloïs, 269, 270-71, 278, 280-81, 284-87, 289-94, 303, 358, 473
Riesman, David, 51, 299
Riffaterre, Michael, 175, 179, 201, 214, 320, 330
Rilke, Rainer Maria, 91, 137, 207, 225, 236, 294, 340
Rimbaud, Arthur, 68, 83, 131-32, 139, 142, 164, 235, 240, 309, 472
Robbia, Lucca della, 381
Robespierre, Maximilien, 153
Robortello, Francesco, 298
Rocha, Glauber, 21, 25, 346, 423, 442
Rocher, Guy, 63
Rodin, Auguste, 244
Rohe, Mies van der, 255
Rolchiem, João Gustavo, 295
Romano, Giulio, 71
Ronconi, Luca, 433
Rosa, Guimarães, 51, 87, 91, 134, 145, 147, 159, 161, 230, 295, 334, 452, 467
Rosenberg, Harold, 39, 53, 59, 69-70, 403
Rosenblum, Robert, 262
Rosenquist, James, 411
Rosselino, Antonio, 381
Rossini, Gioacchino Antonio, 75
Rosso, G. Battista, 71, 288
Rothko, Mark, 401
Rousseau, Douanier, 341
Rousseau, Jean-Baptiste, 230
Rousseau, Jean-Jacques, 121, 123-24
Rousseau, Théodore, 88
Roussel, Raymond, 162, 188

Rousset, Jean, 180
Rubens, Peter Paul, 54, 286, 335, 373
Rumohr, Carl Friedrich von, 294, 380
Ruscha, Edward, 414
Ruskin, John, 75, 222, 256
Russell, John, 408
Ruwet, Nicolas, 313, 320

Sá da Costa, 167
Sade, Marquês de, 340, 424
Saint-Phalle, Niki de, 409
Salgado Jr., Antonio, 167
Salgado, Plínio, 148, 152
Salinas, Pedro, 91, 116
Salisbury, João de, 107
Salmi, Mario, 380, 400
Salutati, Coluccio, 388
Sanctis, Francesco de, 127, 220-21
Sand, Georges, 79, 463
Sandro, 385, 387
Sanguinetti, Edoardo, 433
Santomaso, Giuseppe, 401
Sanzio, 394
Sapir, Edward, 324
Saporta, Sol, 185, 209, 214, 325
Sargent, John, 88
Sarto, Andrea del, 279, 389, 391
Sartre, Jean-Paul, 116, 128, 186, 214, 405
Saussure, Ferdinand de, 46, 184, 203, 214, 322, 324, 328, 351
Savonarola, Girolamo, 385, 392
Saxl, Fritz, 228, 290
Scaliger, Julius Caesar, 206
Scheler, Max, 333
Schelling, Friedrich, 113, 119, 123, 125, 187, 193, 233, 247, 269, 274, 336, 359
Schiller, Friedrich, 121, 269, 274-75, 317
Schlegel, August Wilhelm, 125, 131, 142
Schlegel, Friedrich, 32, 39, 125, 225, 231-33, 236, 247, 274
Schleiermacher, Friedrich, 119, 126, 233, 251-53, 330

Schlesinger, John, 346
Schlosser, Julius von, 285
Schmidt, Augusto Frederico, 149, 155, 161
Schmitt, Carl, 238
Schoenberg, Arnold, 90, 140, 190, 244
Schopenhauer, Arthur, 127-28, 139
Schubert, Franz, 276
Schumann, Robert, 276
Schwarze, Johannes, 295
Schwarz, Roberto, 44, 165, 178-79, 456
Schwind, Moritz von, 276
Schwitters, Kurt, 406
Scott, *Sir* Walter, 49, 150
Scrivano, Riccardo, 172, 288
Segal, George, 421
Segre, Cesare, 205, 214, 327, 349
Selincourt, Ernest de, 245
Semper, Gustav, 280
Sena, Jorge de, 167
Settignano, Desiderio da, 381
Seurat, Georges, 87
Shakespeare, William, 69, 119, 172, 252, 288, 342, 398
Shelley, Percy B., 127, 275
Short, Robert S., 83, 218
Signorelli, Luca, 295
Silveira, Tasso da, 149, 155
Simmel, Georg, 247, 253
Singier, Gustave, 401
Sluter, Claus, 378
Smith, Richard, 410
Snow, Charles Percy, 335
Sollers, Philippe, 86
Soulages, Pierre, 401
Souza, José Jeronimo M., 35, 50, 297, 463
Spencer, John, 206, 214, 301, 311
Spiegelberg, Herbert, 253-54
Spinoza, Baruch de, 120, 231, 233
Spitzer, Leo, 131, 134, 144, 180, 193, 307, 330
Spitzweg, Karl, 276
Spoerri, Daniel, 409

Sponde, Jean de, 288
Sporn, Paul, 209-10, 214
Staël, Nicolas de, 401
Staiger, Emil, 317
Stankiewicz, Edward, 185, 215, 310
Starobinski, Jean, 82, 180, 322, 327, 330
Stegagno Picchio, Luciana, 319
Steinbek, John, 48
Steiner, George, 59, 96, 342-43
Stendhal (H. Beyle), 86
Stevenson, Robert Louis, 86
Stifter, Adalberto, 275
Strauss, Leo, 25, 113, 117, 178, 180, 189-91, 197, 200, 204, 207, 213, 216, 263, 292, 319, 328-29, 333, 363, 431, 445, 452, 456
Stravinsky, Igor, 140
Strich, Friedrich, 307
Stumpf, Carl, 253
Sutton, Walter, 215
Swenson, Gene R., 412
Swift, Jonathan, 94
Sypher, Wylie, 261
Szondi, Peter, 424

Taine, Hippolyte, 221
Talleyrand, Charles-Maurice de, 154, 234
Tallien, Jean L., 154
Tarde, Gabriel, 47
Tasso, Torquato, 149, 155, 172, 252, 288
Tate, Allen, 95, 180-82, 215
Tchaikóvsky, Piotr Ilitch, 140
Tchekhov, 430
Teixeira, Oswaldo, 86
Temkine, Raymonde, 428
Tennyson, Iord Alfred, 275
Terracini, Benevuto, 180
Ticiano, Vecellio, 161, 290, 295, 341, 391
Tieck, Johann Ludwig, 233
Tiffany, Louis Comfort, 89
Tillich, Paul, 84-85
Tintoretto (J. Robusti, Dito), 71, 288

Tocqueville, Alexis de, 55, 74-75, 130, 221
Todorov, Tzvetan, 23, 25, 179, 206, 215, 217, 306, 320, 325-28, 358, 455, 468, 474
Tolstói, Leon, 69, 79, 139, 463
Tomachévsky, Boris, 180
Tomás de Aquino, S., 106
Toynbee, Arnold, 47
Trakl, Georg, 91, 137, 236
Trilling, Lionel, 298
Troyon, Constant, 87
Trubétskoy, Nikolai, 314
Truffaut, François, 346
Tura, Cosmè, 295
Turner, John Mallord William, 276
Tussaud, Mme., 224
Tynianov, Iúri, 180

Uhland, Johann Ludwig, 275
Ungaretti, Giuseppe, 91, 137, 463
Uris, Leon, 49
Utitz, Emil, 354

Valéry, Paul, 91, 137, 162, 180, 189, 215, 236, 361, 464
Van Dongen, Kees, 81
Van Eyck, Jan, 400
Van Gogh, Vincent, 80-81, 292, 463
Varela, Fagundes, 94
Vasarely, Victor, 259
Vasari, Giorgio, 381
Veblen, Thornstein, 68, 416
Venturi, Adolfo, 270, 294
Verdi, Giuseppe, Verlaine, 75
Verne, Júlio, 86
Vernet, Horace, 87, 89
Veronese, 391
Verrochio, 382, 390
Vieira da Silva, Maria Helena, 403
Vieira, José Geraldo, 147
Vieira, padre Antonio, 231
Vigny, Alfred de, 94
Vigolo, Giorgio, 124
Vinteuil, 191
Vischer, Friedrich Theodor, 271

Vischer, Robert, 271-72
Vlaminck, Maurice de, 81
Volkelt, Johannes, 273
Volpe, Galvano della, 305, 321, 337, 350
Volponi, Paolo, 381, 400
Vossler, Karl, 105
Vuillard, Edouard, 87, 89

Wackenroder, Wilhelm, 106, 125, 233
Wagner, Richard, 37, 71, 79, 138, 140, 142, 190, 241, 276, 305, 340, 449
Walzel, Oskar, 307
Warburg, Aby, 228, 290, 343
Warhol, Andy, 86, 405, 411-12, 422
Warren, Robert Penn, 180
Warry, John G., 190, 215
Weber, Jean-Paul, 276
Weber, Karl Marie von, 276
Weber, Max, 56, 63, 108, 222, 323, 333
Webern, Anton, 90
Weise, Georg, 388, 400
Weiss, Peter, 424
Wellek, René, 112, 132, 180-81, 183, 185, 215, 218, 221, 244, 326, 350, 352, 360, 362, 457
Wells, Herbert George, 86
Wesley, John, 414
Wesselmann, Tom, 411-12
West, Morris, 48, 233
Weyden, Rogier van der, 383
Whistler, James A. Mcneill, 87
Whitman, Walt, 109, 153
Wieland, Christoph Martin, 120
Wilde, Oscar, 361
Willey, Basil, 188, 215, 230
Williams, Carlos Williams, 91
Williams, Raymond, 60, 64
Williams, Tennessee, 86
Wimsatt, William K., 180, 218
Wind, Edgar, 228-30, 242-43, 258, 261, 267, 269-90, 292-93, 296, 303, 305, 335-36, 341, 343-44, 472, 475

Winterhalter, Franz, 87
Winters, Yvor, 181
Wittgenstein, Ludwig, 330
Wittkower, Rudolf, 287
Wolff, Christian, 118, 247
Wölfflin, Heinrich, 25, 266, 268-69, 271, 273, 277-85, 287-88, 290-91, 294, 296, 303-04, 307, 358, 366, 372-74, 378, 382, 384, 396, 400, 472
Wols (Alfred Otto Wolfgang Schulze), 90, 403
Woodhouse, 238
Woolf, Virginia, 90, 424
Wordsworth, William, 127, 220, 234, 245, 275, 312, 476
Worringer, Wilhelm, 273, 291-93, 419
Wyspianski, Stanislaw, 429

Yeats, William B., 91, 94, 105, 116, 157, 161, 236

Zich, Otokar, 351
Ziff, Paul, 337
Zimmermann, Robert, 250, 270, 280, 350, 358
Zirmunsky, Vítor, 308, 312

Do mesmo autor, leia também:

Este livro tem origem em uma contribuição oral ao seminário conjunto de antropologia social, dirigido por Claude Lévi-Strauss, exposta por Merquior em 1969. A ótima recepção do antropólogo estimulou o autor a transformá-la em ensaio. No entanto, a obra ultrapassa uma simples apresentação burocrática e acrítica das ideias de Lévi-Strauss, contribuindo para a revitalização de suas concepções no campo da estética, da teoria da arte e da teoria do conhecimento.

Nas palavras de Antonio Candido, Merquior foi sem dúvida um dos maiores críticos que o Brasil teve. Esta coletânea de dezenove ensaios, primeiro livro publicado pelo autor, com apenas 23 anos, confirma seu talento precoce. Dividido em duas partes – crítica e estética –, o livro traz tanto uma revisão do modernismo brasileiro quanto uma reflexão acerca das promessas e dos impasses da arte moderna.

facebook.com/erealizacoeseditora
twitter.com/erealizacoes
instagram.com/erealizacoes
youtube.com/editorae
issuu.com/editora_e
erealizacoes.com.br
atendimento@erealizacoes.com.br